政治の覚醒

マキァヴェッリ・ヘーゲル・ヴェーバー

笹倉秀夫

Hideo Sasakura

東京大学出版会

The Political Awakening
Machiavelli, Hegel, and Weber Reconsidered
Hideo SASAKURA
University of Tokyo Press, 2012
ISBN 978-4-13-030154-1

目次

第三部 ヴェーバー

凡　例

一、〈　〉内は、筆者による要約部分である。
二、〔　〕内は、筆者による挿入部分である。
三、〔…〕は、筆者による省略箇所を示す。
四、引用文中の傍線、本文中の傍点は、筆者による強調部分を示す。
五、邦訳書からの引用は、問題意識のちがいに応じて語句を改めたところがある。
六、人名の生年・死亡年・欧文表記、重要語・地名などの欧文表記は、索引で示す。
七、文脈により、民主政・共和政等と民主制・共和制等とを使い分けしている。
八、ヘーゲルの Sittlichkeit は倫理性、Moralität は道徳性、Legalität は適法性と訳す。

序論——西洋史に見る「政治の覚醒」

本書は、政治が覚醒されていく歴史のなかにマキァヴェッリ・ヘーゲル・ヴェーバーを位置づけることによって、その政治思想を再解釈することを課題にしている。この作業のためには、まず、「政治」とは何か、政治の「覚醒」とは何か、右の三人はこの問題にどう関わるか、を明らかにしておかなければならない。そこで以下では、本書での「政治」の概念を示し、それを踏まえて「政治の覚醒」とは何かを説明し、そのこととの関連で重要な「国民主義」と、三人をめぐる前提的な事実とを検討する。

一　「政治」・「政治の覚醒」について

「政治」の定義は論者の数だけある、と言われる。それらの検討は、本書では必要ない。ここではただ、本書の内容との関連では、「政治」は次の広・狭の二概念（ともに存在認識と当為とが混在したかたちで使われてきた）に収斂させるのが妥当であることを確認しておく。すなわちここで「政治」は、広義においては、集団の統合・統治（運営）に関わる諸行動を意味し、狭義においては、そのなかでも、利益や思想等を異にする諸個人・諸集団間の交渉、とりわけヘゲモニーをめぐる「友と敵」の闘争にまで先鋭化した関係、を意味する、と。

広義の「政治」概念は、東洋でも西洋でも、古くから使われてきた。ここでは議論は、おおよそ次のように展開する。〈国家は、その構成員にとって大切なものであり、各構成員がそれぞれその役割に応じ共同で担っている。したがってリーダーによる統合・統治、非リーダーである一般人の参画から成る「政治」は、公共善を追求する崇高な行為であり、倫理・正義にかなったものでなければならない。人びとには、それゆえ公共心が求められ、なかでも統合・統治を担当するリーダーには、高い徳性が欠かせない。リーダーが模範を示すことによって、一般人もその徳性を高めうるからである〉と。このような思考は、東洋の儒教（君子のあり方を説く）、西洋の古代以来の「政治学」や「君主鑑」（君主のあり方を説く。クセノフォンやイソクラテスら以来の伝統である。本書第二章一節参照）などに、顕著に見られる。実際、これらでは「政治」をめぐって、公共性・連帯、討議とそれを支える理性、主体の諸徳・それの基盤を成す人間の善性、要するにアイディアリズム（理想主義）が強調される。

狭義の「政治」は、最終的にはカール＝シュミットが、その『政治的なものの概念』（*Der Begriff des Politischen*, 1927）で、〈政治とは、「友と敵」の関係を主軸とした、ヘゲモニーをめぐる闘争・運動である〉と定式化したことによって明確になった。この「政治」においては、闘争の契機が前面に出るため、私的利益・欲望・権力、それと結びつく人間の性悪性、現実の悪魔性、それらに対処する統治技術、思考の脱道徳性・客観性、要するにリアリズム（現実主義・合理性）が強調される。後述するように、こうした「政治」はマキァヴェッリが――内容的には――、広義の「政治」とともに議論の基底に置いていたところでもある。その際マキァヴェッリは、後述のように、この政治観念を古代の（クセノフォンらの）政治学・軍事学から汲み取った。それゆえこの「政治」も、古代ギリシア以来の伝統と無縁ではない。

以上のように、広義・狭義二つの「政治」では、奇妙なことに、原理となるものが、前者では善、後者では悪と、正反対のかたちで前面に出る（政治家なる職業が、ときには「聖職」に、ときには「賤業」に映るのも、これに関係している）。もっとも、広義の「政治」の世界においても、統合・統治の技が重視されるところでは、一般人が操作の対象とされるので、狭義の「政治」に見られるような、技術性やリアリズムが強くなる。また逆に、狭義の「政治」の世界においても、自集団内では、団結が重んじられるので、広義の「政治」に見られるアイディアリズムが追求される。

さて、統合・運営・闘争は、集団があるところには必ず現出する。それゆえ、「社会あるところに法あり」と同様、「社会あるところに政治あり」が妥当する。しかしこの政治の特徴や必要な手段・技術・思考が明確にとらえられるためには、そしてとりわけ、ある集団内で、広義の「政治」が支配的であった伝統の中から狭義の「政治」が鮮明に自覚化されていくためには、人類は長い間、歴史的経験を積み上げその省察を深めていかなければならなかった。

その際、統合や闘争を担う者は、どのようにすれば人心をつかめるか、妨害者・敵からどう身を守り・どうかれらを無力化するか、を考える。その結果、①人間心理や集団の力学、運動の最終手段としての実力（経済力・政治力・武力）の契機の考察が深まり、②人心のつかみ方、敵と味方の識別、それを踏まえてどう巧みに身を処し目標を達するかの判断力・技術（その先鋭化したものが、マキァヴェッリズムである）が磨き上げられ、加えて、③何が公的・公共的なものであり、それを目指させるにはどういう働きかけが必要かが問い直される。「政治」があるところには、こうした努力もある。したがって、こうしたものとしての「政治」の自覚化は、認識上の緩慢な動きとしてである。

だが歴史上ではときによって、とりわけある国が政治紛争や戦争など対外的に闘争に入った場合、相手国に対しては狭義の「政治」が問題になるとともに、国内では結束強化を求めることになるから、広義の「政治」に関わる意識が先鋭化し、国民全体を巻き込み、またかれらを動員した運動に依拠して対処することが必要になり、国の統合・統治・運営、行為の有り様が、切迫した関心事となる。そして外国をめぐって狭義の「政治」が先鋭化すると、やがてその認識が国内にも投射される。国内での闘争の激化も、狭義の「政治」を先鋭化させる。このような場合には、「政治」が（道徳や宗教など）他の諸要素に対し独自のものであることが、より鮮明になる。こうして、右の①の点では、国の統合・統治・運営に関わる諸行動への理論的関心が、②の点では、リーダーに政治を自覚させることが、③の点では、民衆に政治への関心を呼び覚ますことが、現出する。

これらの過程が、「政治の覚醒」である。したがって「政治の覚醒」には、広義の「政治」に関わる覚醒と、狭義の「政治」に関わる覚醒とがあることになる。

以下では、この覚醒の態様を西洋史に即して概観し、ことがらを具象化しよう。

広義の「政治」に関わる覚醒は、西洋史においては民主政下の古代アテネにおいて最初に見られた。すなわち、ソフィストたちが、社会は何のためにできたのか、どういうかたちで正統性ないし正当性をもつのか、を問うとともに、その社会で成功するための技術としての、レトリックや弁論術をも重視した。この問題提起に対し、ソクラテス・プラトン・アリストテレス・キケロらが応答し、社会でどういう人間行動が求められているか、社会生活における幸福とは何か、どういう社会制度が望ましいか、社会はどう形成されどう変容するか、を論じた（つまり西洋古代において議論の中心となったのは、政治行動について問う「政治の覚醒」よりは、もっと広く社会について問う「社会の覚醒」であった（拙著（本書注18）『法思想史講義』上巻三四頁）[1]）。

この西洋古代においてはまた、軍事や政治においてリーダーがどう行動し思考すべきかを論じた軍事学・政治学が発達した。クセノフォンやフロンティヌス、プルタルコスらによってである。これらがマキァヴェッリらによって掘り起こされ、新しい政治論のもう一つの骨格となっていくのである（後述）。

こうした「政治の覚醒」はその後も、激化した権力闘争下で何度か見られた。たとえば、①ヴァンダル族の侵略下において思考したアウグスティヌスは、五世紀初頭にその著作『神の国』において、現実の国家の装置性・暴力性について醒めた見方を示した。②イングランドで教会とヘンリー二世との確執の現場に立ち会ったソールズベリーのジョンは一一五〇年代の終わりに、古代ローマの軍事学に関する知見をその政治論に活用して『ポリクラティクス』を執筆した（この点は、後述するマキァヴェッリの先駆的事象として興味深い。拙著（本書注18）『法思想史講義』上巻一九四頁）。③神聖ローマ皇帝とローマ教皇の確執下にあったパドヴァのマルシリウスは、一三二四年に『平和の擁護者』を書き、君主による統合・秩序化の重要性、国家の装置性を強調した。

しかし、狭義の「政治」に関わる覚醒が先鋭化するのは（それにともなって、内部固めのため広義の「政治」に関わる覚醒も進むのは）、国の分裂・抗争が深刻化し、それに乗じた外国の介入・侵略が頻発した特殊な情勢下においてであった。すなわち、第一に、ルネサンス期イタリアの内乱・侵略と向きあったマキァヴェッリらにおいて、第二に、ユグノー戦争期フランスの内乱と向きあったボダン『国家論』（一五七六年）・モンテーニュ『エッセー』（一五八〇年）等において、第三に、イギリスでピューリタン革命と向きあったホッブズ・ハリントンらにおいて、第四に、フランス革命後の侵略戦争下、ないし帝国主義的対外競争下にあったドイツでのヘーゲルからヴェーバーにいたる人びとにおいて、第五に、革命・内乱が頻発した一九世紀中葉以降のマルクス主義において、第六に、敗戦とワイマール共和国の政治分裂とに直面したドイツでカール＝シュミットらにおいて、であった。

これらにあっては、事態を打開するため、リーダーによる国の統合が緊要であること、人民とリーダーとに公的なものを自覚し追求する意識変革が重要なことが主張された。そしてある論者は、公的な価値や政治道徳の重視という理想主義を説き、別の論者は、現実の政治に対するリアルな眼、政治運動を道徳や宗教から区別する思考、統治ないし政治運動に求められる技術重視の現実主義・合理主義を説いた。

それらの人びとのうち、本書が主対象とするのは、マキァヴェッリ、ヘーゲル、ヴェーバーである。①マキァヴェッリは、右の第一の時期にあって、イタリア人とそのリーダーに国の統合・統治・運営への関心を喚起し（この点では広義の「政治」の覚醒に関わる）、かつ、国際・国内政治の現実としての「友と敵」の権力闘争の契機を直視し、それに対処するための、強いリーダーシップ、政治の技術や政治的思考の深化を進めた（この点では狭義の「政治」の覚醒に関わる）。②ヘーゲルは、右の第四の時期にあって、ドイツ人とそのリーダーにドイツ国家統合の必要を説き政治参加を喚起し（この点では広義の「政治」の覚醒に関わる）、その哲学的深化を摸索した。同時にかれは、国際政治の現実を直視し、強い統合者を希求した（この点では狭義の「政治」の覚醒にも関わる）。③ヴェーバーは、右の第四の時期の後半において、ドイツ人とそのリーダーにドイツ国家統合の必要を説き政治への関心を喚起した（この点では広義の「政治」の覚醒に関わる）。かれはとりわけ、国際政治の現実を直視して強い統合者を希求するとともに、政治においては権力掌握が決定的であること、その最終手段は暴力であり、したがって政治には集団暴力をめぐる悪魔性が現実であることを鮮明化させ、それを自覚した思考が重要であることを説いた（この点では狭義の「政治」の覚醒に関わる）。

時代も国も思想も異にしているので、一見相互に無関連な三人ではある。しかしかれらは、その置かれた相似た環境への相似た反応において、相互に比較可能な関係にあり、かつそうした比較によってこそそれぞれの特徴がヨリ鮮明になる、そういう関係にもあるのである。[2]

二　「国民主義」について

本書にとって重要なもう一つの道具概念が、丸山眞男が定式化した意味における「国民主義」（とその前近代版の「前期的国民主義」）である。ここで「国民主義」とは、〈はつらつとした統合国家は、自由・自立の諸個人を基盤とし、かつかれらをすぐれたリーダーと善き制度とによって積極的に結束させるところに得られる。逆に個人は、そうした統合下にあってこそ自立性・主体性を高める〉とする思想である。後述のようにこの思想は、とりわけマキァヴェッリ・ヘーゲル・ヴェーバーにおいて、民衆とリーダーとに政治を自覚させて結束・統合を強化する点で、広義・狭義の「政治」の覚醒と密接な関係にある。

丸山において「国民主義」は——分析上の道具概念に徹している場合もあるが——論考「明治国家の思想」等では、かれの政治的志向と深く結びついた価値概念としても機能している。この論考で丸山は、維新直前から明治二〇年代までの日本には、「福沢諭吉から陸羯南へと連なる国民主義」があった（『戦中と戦後の間』二九四頁。傍点・丸山）とする。それは、「民権論と国権論の結合、つまり個人的な自由独立という基礎の上に立つて、そういう個人的な自由独立に支えられたところの国家的な独立、及び国家的な発展」（同二三四頁）を追求した思想であり、「日本国家を遠心的要素（個人自由）と求心的要素（国家権力）との正しい均衡の上に発展させようとした」（同二八五頁）ものであった。[3]

丸山によれば、外敵や災害に対抗するため結束を強化することは、どの政治集団にも欠かせないのだが、その際には通常二つの課題が同時に追求されることが多い（本書注3参照）。一方の、集中による統合・統治の強化と、他方の、広く構成員を活性化させ集団を主体的に担わせ結束させることとである。これら二つのうち、集中の道は、部分権力の打破・中央集権の強化・官僚制の整備・支配者のカリスマ性の強化などの方向に進められ、構成員活性化の道は、国家の活動への動員、公共善や祖国愛・(企業の場合の) 愛社精神等の強調の方向に進められる。

その際、ある特殊な環境の下では、政治集団を構成する広範な人びとに私的・公的な自由と政治参加とを保障することによる活性化の道がとられる。そういうところでは、自由な人格とその社会とが確立していくとともに、かれらを基盤にして国家が強さを増す、とされる。福沢や陸らの「国民主義」は、この理想を追求したのであり、この点で「進歩性と健康性」をもっていた、と丸山は讃えるのであった。

丸山によれば、第二次世界大戦で勝利したアメリカやソ連、中国の強さを支えたのも、この健全な「国民主義」であった、

「例えば、これは余談でありますが、今度の戦争を見ましても、アメリカとソ聯というものの戦争遂行形式というものを見ますと、一方では執行権の強化、それによつて政治力というものを能う限り集中して、戦争遂行を能率的にする、しかし決してそれだけではない、同時に他方においてかく集中された政治力を能う限り広く民衆の上に基礎づけて行くという、この二つがよくバランスが取れていた、だから一番強い抗戦力を発揮したということがいえるのではないかと思うのであります。これは例えば中国共産党が民主的集中《デモクラティック・セントラリゼーション》という言葉でいつているのが、この二つの原理の対立的統一を非常によく現〔表〕しています」(『戦中と戦後の間』二〇五―二〇六頁)。

丸山のこのような見方は、第一には、かれの複合的思考の一表出としてある。かれは、ある思想家について、その内部の複数の相対立する要素の拮抗を重視した。すなわち、ここでの問題に関して言えば、ある思想家を〈自由主義者か国家主義者か〉、〈国際派か民族主義者か〉といったかたちで二者択一的にとらえるのではなく、これらそれぞれの項が不可分な構成要素であるという関係において、全体的にとらえようとしたのである。

第二に、それは、個人の独立・個人尊重のリベラリズムとともに、政治への関心・政治における主体性を追求する民主主義をも重視する、丸山の実践的立場と密接に関連している。たとえばかれの日本政治思想史論には、一方に、〈国

民を政治から疎外して国権だけを強める道を採ってきた、近世以来の伝統〉に対する民主主義の立場からの批判が、他方に、〈支配者やその国が絶対価値となって個人を服属させてきた伝統〉に対するリベラリズムの立場からの批判が、込められている。「国民主義」は、これら二方向の批判から帰結した原理なのである。それゆえまた丸山は、戦後日本の政治にもっとも重要な課題をも、この「国民主義」を実現することに求め続けた。自立した主体が政治に主体的に関わるリベラル＝デモクラシーに、日本再生の道があるとしたのである。この視座はまた、丸山の、超国家主義批判、ロマン＝ロラン論やラスキ論、大衆社会論などにおいても重要である。拙著（本書注3）『丸山眞男の思想世界』で示したように丸山はこれらの議論を、リベラリズムと民主主義、個人的自立性と政治的主体性の同時追求という立場から、進めているからである。

丸山にとって、政治抜きの個人の自立は空虚であり、個人の自立抜きの政治は虚弱であった。かれはその政治思想史研究を――意識的にないし無意識的に――この「国民主義」の実践課題と結びつけつつ進めたのである[4]。

もっとも丸山において「国民主義」概念は、〈それによって個人と国家が難なく結合できる〉とする、伝家の宝刀的な概念ではなかった。右に引用した箇所で丸山は、「二つの原理の対立的統一」と言っていた。個人と国家の、単なる「統一」ではなく「対立的統一」、すなわち個人と国家が緊張をもちつつ共存（＝「均衡」）する関係、そうした永遠の課題への不断のチャレンジが大切だと、丸山は考えているのである（拙著（本書注3）『丸山眞男の思想世界』参照）。

第三に、丸山の「国民主義」は、かれのヘーゲル研究やヴェーバー研究と深く関係している。丸山はそのごく初期から、ヘーゲルやヴェーバーらドイツの自由主義者に関心を寄せ、右の第一点に見た視座で、〈かれらにともに見られる、国家重視と個人の自立尊重の立場とをどう統一的に説明するか〉を追究した。そして、かれらには「主体性の原理と実体的統一との綜合」の思考が働いている、との認識をもった。〈国家の強い統合は、個人の積極的な関与があるところで可能となる。個人の自立は、自由な国家が現実であるところで可能となる〉とする思考が、である（丸山のジョン＝ロック論もこの延長線上にある）。この関係こそが、「国民主義」概念の核を成しているのでもある[5]。

右のことは、丸山の「国民主義」概念を西洋政治思想史分析に応用すること、その視点からヘーゲルとヴェーバーらを連関づけることが可能であり、有効であることを物語ってもいる。丸山が主対象にしたことがなかった、マキァヴェッリ・ヘーゲル・ヴェーバーなど西洋の思想において「国民主義」概念による分析を進める作業は、丸山のこの概念・それによる問題提起がいかに国際的にも射程距離の長いものであるかを、明らかにするであろう[6]。

以上を要するに、「国民主義」においては、第一に、内面ないし私生活における自由・自立と、それに根ざした、政治における主体性・祖国愛とを、ともに追求することになる。したがってここでは、広範な人びととリーダーとに公共・国家・政治を自覚させることが、とくに重要となる。これは、広義の「政治」の覚醒に関わる。第二に、政治化した国民を前提にすると、リーダーは統合・統治の仕方にとりわけ注意するようになり、この結果、政治とは何かの考察が全体として深まる。すなわち、政治の本質を成す「友と敵」の関係への眼が研ぎ澄まされ、また、政治的手段・技術・政治的思考の認識も深化し、さらに、政治が社会において占める位置の明確化（政治の論理を道徳・宗教・自然の論理と非連続化すること）も進む。これはとりわけ、狭義の「政治」の覚醒に関わる。

「国民主義」はそれゆえ、それ自体が〈政治参加・統治の技術を強調する点で〉「政治の覚醒」であるが、同時に、政治参加と統治作用とを通じて政治を身近なものにするという点では、「政治の覚醒」を促進するものでもある。マキァヴェッリ、ヘーゲル、ヴェーバーは、このような「国民主義」から来る「政治の覚醒」の観点からも重要である。

「国民主義」の観点はまた、かれら三人それぞれの思想構造（とくに、一方での〈個人の自由・自立の尊重〉と、他方での〈強い国家的結束の追求〉との二要素の関係）を理解するうえでも、各自の思想的相互関係を知るうえでも、重要である。あとで詳しく論じるように、かれらの政治思想をめぐってはともに、〈国家ないしその支配者を至上とする立場なのか、それとも個人尊重の立場なのか〉のかたちで解釈上の対立が続いてきた。この点に関して本書は、〈そのような二者択一的発想ではかれらの思想構造はとらえられず、「国家」・「支配」と「自由」との内的関連を明らかにすることが重要である〉と考える。三人は共通して、強い国家的結束の追求と、個人の自由・自立の尊重とを同時追求した、とするのである。その際、「国民主義」は、三人の思想の全体構造とその意味を、かれらを思想史の中に置きかつ相互に関連づけつつ理解するカギとなるだろう。

さて、こうした「国民主義」の思考は、私見によれば、西洋ではすでに古代アテネの民主政期にその萌芽を見出すことができる。この萌芽は、共和政期ローマで成長したあと、ルネサンス期から近世にかけて広く再生され、やがて市民革命後、丸山が言うところの「近代的国民主義」へと成長していく。以下ではこの経過を概観し、本書での考察のバック＝グラウンドを確認しておこう。(7)

古代共和国では、自由な市民が国を担った。そこで、〈かれらに自由を保障することが政治上の結束＝強いアテネとどう関係するか〉が、重大関心事となった。この点については、ヘロドトスの次の言明が、まず注目に値する。

「かくてアテナイは強大となったのであるが、自由平等ということが、単に一つの点のみならずあらゆる点において、いかに重要なものであるか、ということを実証したのであった。というのも、アテナイが独裁下にあったときは、近隣のどの国をも戦力で凌ぐことができなかったが、独裁者から解放されるや、断然他を圧して最強国となったからである。これによって見るに、圧制下にあったときは、独裁者のために働くのだというので、故意に卑怯な振舞をしていたのであるが、自由になってからは、各人がそれぞれ自分自身〔のものであるアテナイ〕のために働く意欲を燃やしたことが明らかだからである」（ヘロドトス『歴史』中巻、松平千秋訳、岩波文庫、一九七二年、巻五―七八）。

これが事実だったかはともかく、ここで重要なのは、平等な政治的自由を市民に保障すること（＝民主制）が、強いアテネを築き上げるうえで重要な意味をもった、という見方である。〈国民主義的原理の実施による祖国愛涵養〉という思考の原初的表明である。

個人の自由保障と国の統合とが矛盾しないこと、それどころか前者が後者に大きく貢献するのだという認識の出現については、ペリクレスの次の言明に見られる思考も、注目に値する。かれは、紀元前四三一年にペロポンネーソス戦争

の戦死者を弔う式典で演説し、個人的自由を制限した敵国スパルタと対比したアテネの優越性を、次のように説いた、

「われらはあくまでも自由に公につくす道をもち、また日々互いに猜疑の眼を恐れることなく自由な生活を享受している。よし隣人が己の楽しみを求めても、これを怒ったり、あるいは実害なしとはいえ不快を催すような冷視を浴びせたりすることはない。だが事公に関するときは、法を犯す振舞いを深く恥じおそれる」。「子弟の教育においても彼我の距たりは大きい。彼らは幼くして厳格な訓練を始めて、勇気の涵養につとめるが、われらは自由の気風に育ちながら、彼我対等の陣をかまえて危険にたじろぐことはない」。「理をわけた議論を行動の妨げとは考えず、行動にうつる前にことをわけて理解していないときこそかえって失敗を招く、と考えているからだ。〔…〕しかるにわれら以外の人間は無知なるときに勇を鼓するが、理詰めにあうと勇気をうしなう。だが、一命を賭した真の勇者とは他ならず、真の恐れを知り真の喜びを知るゆえに、その理を立てて如何なる危険をもかえりみない者の称とすべきではないだろうか」（トゥーキュディデース『戦史』中巻、久保正彰訳、岩波文庫、一九六六年、三七―四〇頁）。

アテネは個人の自由を尊重し自由な生活を享受しながら、（個人に自由を認めない）スパルタと互角に戦っている。それは、アテネ人が自由によって意識を高め、かつその大切なもの（自由によって享受できる、自分たちの家族生活や財産）を守ろうと積極化したことが、敵に対する戦闘エネルギーをもたらしたという関係があったからである、とペリクレスは見る。かれはまた、アテネの市民が「行動にうつる前にことをわけて理解」すること、すなわち全員が討議に参加し、情勢の不利・困難さをも知ったうえで戦いを決意する手続きをとったこと――これは既にホメロスに見られる――が、真の強さの発揮を可能にした、とも言う。こうした態様が、「自由に公につくす道」である。ペリクレスはこの見地から、強い政治共同体の結束と自由な市民とが両立可能でかつ相補的だ、と説いたのである（ここでも重要なのは、この言明が、事実に合致しているか否かではなく、そこに一つの思想が確認できることである）。

それでは、「自由に公につくす道」はどうすれば可能か？　自由になれば自動的に「公につくす」ということではな

いのであり、市民に対する何かの働きかけ・意識形成が重要である。この点についてはアリストテレスが『政治学』で、プラトン批判――ソクラテス批判のかたちをとってはいるが――を通じて示していることがらが、重要である。

アリストテレスはまず、国の運営にとっては構成員の幸福確保が肝腎であるとする。かれは言う、

「さらにまた、ソクラテスは守護者たちからその幸福さえも取り上げながら、国全体を幸福にするのが立法家の務であると言っているのである。しかし全体はその部分の全部か或は大多数か或は一部かが幸福をもたないなら、幸福であり得ない」（1264b. 山本光雄訳、岩波文庫、一九六一年。以下同じ）。

アリストテレスはこの立場から、個人の幸福・自由を前提にしながら政治共同体の結束を強固にする道を求める。かれがその道として前面に押し出したのは、市民生活上の諸制度がもつ徳化の力であった。すなわちかれは、第一に、政治への市民の参加が最良の政治教育だとする。「しかしかれら〔農夫や職人〕が市民権に与らないとすれば、どうしてそのような国制に対して好意を持つことができるであろうか」（1268a）、と。かれによれば、「大多数の人々にとって共同なものは気遣われることの最も少いものだからである。何故なら彼らは自分のものといえば最も多く気にかけるが、しかし共同のものは余り気にかけないか、或はそれぞれの人に係わりのある範囲において気にかけるかであるから」（1261b）。したがって人びとが、共同体を気遣うようになるには、共同体がかれらに深く関わっていることの実感が欠かせない。

かれは、第二に、市民生活上の諸制度がもつ感化力と、政治教育・すぐれたリーダーの指導とが市民を徳化するうえで重要であることを強調する、

「しかし国は、さきに述べられたように、多数であるから、教育の力によってそれを共同的なものにし、かくて一つのものにしなければならない。そして教育を採用しようとし、またそれの力によって国が優越したものになるだろうと信じるその人〔ソクラテス、すなわちプラトン〕が、上述のような手段〔いわば全体主義的な体制〕によってその市民を正しくし得ると思い、慣習や哲学や法律によってそうし得ると思わないというのは奇妙なことである」（1263b）。

ここでは、「慣習」や「法律」が諸制度のもつ感化力に、「教育」や「哲学」が政治教育に関わっている。〈自分たちは祖国で自由に生きられているがゆえに、この自分たちの自由な祖国を愛し守り抜くのだ〉という、自由な制度と政治教育による〈国民主義による祖国愛涵養〉の思考は、古代ローマでも見られた。キケロやリウィウスらにおいてである。そしてこの「自由を護るパトリオティズム〔＝祖国愛〕」は、ルネサンス期イタリアでシヴィック＝ヒューマニズム（Civic Humanism＝古代ローマの共和制を理想とする政治的人文主義）の担い手たち、たとえばフィレンツェ人のアルベルティやブルーニらの間で古代共和制の理念が再生するにともない、再生した。(8)

マキァヴェッリも、その伝統を担う一人であった。先に示唆したが、マキァヴェッリは、フィレンツェないしイタリアへの祖国愛に燃え、内紛除去・外国勢力の介入防止のため強い国を望んだ。そしてこのためには、第一には、すぐれた政治リーダーないし君主が人民・諸都市・諸侯を統合し、かれらに国民意識を目覚めさせていくことが――政治覚醒が遅れたイタリアでは――欠かせない、と考えた。かれはこの見地からは、リーダーが統合の技術や政治的思考を身につけることを重視した。しかし、かれは同時に第二に、〈自由で政治を自ら担う市民〉を強化していくことが欠かせないと考えた。あとで詳論するが（一二八―一二九頁）、かれはたとえば『ディスコルシ』（第二巻二章）において、祖国の独立・自由を確かなものにするためには、市民が公益の主体的な担い手である必要がある、とする。そしてこのことが実現するのは、「その国が自由な政体のもとで運営されているばあいにかぎられている」と言う。共和主義と結びついた〈国民主義による祖国愛涵養〉の立場である。この言明が、近代的でありつつも、古代的でもあることは、これまでの考察から明らかであろう。

この立場からリーダー論と市民的自由論とをともに深めたことによって、マキァヴェッリは、「政治の覚醒」の第一点（市民の自由と主体化、および政治リーダーの確立）においてとともに、第二点（政治的思考の鋭利化）においても、重要な位置を占める。かれが「政治の発見者」とされてきたのは、これら双方で明確な方向を示したからである。

同様な思想を近世においてさらに明確化したのは、モンテスキューであった。かれは、古代ローマの共和国を念頭に置きつつ、市民の自由・平等とそれに根ざして強まった公共心・祖国愛とが結びついた状態を理想とした。そしてかれは中期以降は、ジェントリに担われた同時代のイングランドを肯定的にとらえつつ、商業の発達の帰結である社会もまた——古典古代とは別様のかたちで——自由な祖国愛をはぐくむものであるとの認識をもった（本書注146参照）。

祖国愛は、ヴォルテールやルソー、アメリカの独立戦争やフランス革命においても古代共和政のイメージと結びつきつつ重視された。それはまた近世のドイツ等では、君主・国家への忠誠心・献身の情となった。

民族性の自覚、国として統合することの重視、それを支える祖国愛の強調は、フランス革命後の近代ドイツでは、フィヒテやヘーゲルら、祖国がイタリアと同様に分裂し国際的に遅れた状態にあることを切実に感じていた人びとにおいて——マキァヴェッリの思想の再評価とも結びつきつつ[9]——強まった。

フィヒテにおいては祖国愛は、〈ドイツ文化は世界的意義をもつ。したがってドイツ人が国民として自己を確立することは、ドイツの世界的使命を果たすことだ。われわれは、教育の充実によってその使命達成の道を進んでいこう〉というかたちで、もっぱら文化政策と結びついていた。かれに先行する、ゲーテやシラー、カントらは、基本的に文化的コスモポリタンであり、国家、（国家間の）政治の観念は重要ではなかった[10]。フィヒテも、この伝統を尊重したのである。

これに対してヘーゲルにおいて「国家」の問題は、政治的性格を濃くした。先に示したようにヘーゲルは、諸外国が国の近代化＝統一国家づくりを進めているのにドイツが分裂したままであり、そのため（フランスの）侵略を受けている現実を直視した。かれは、ドイツのこの国家的後進性の打開策として、（リーダー＝君主による統合の下で）国民に自由と国政への関与を保障し、国・公共善への関心・祖国愛を涵養していくことを追求した。ヘーゲルは、個々人が個人として自由・自立を保障されつつ政治に参加していくところに成り立つ「主体性の原理」が、そうした自由を保障してくれる国を自発的に支持することになる、と考えた。〈国民主義による祖国愛涵養〉の思想である。したがってかれにおいて「祖国愛」は、「異常な献身や行為」ではなく、日常の場において「共同体を実体的な基礎および目的と心得ること」といったものとなる（この点については、ヘーゲル『法の哲学』第二六八節参照）。ヘーゲルは自由な個人が自発的に公共意識をもち祖国愛に燃えている状態を、自由な個人と国家の「実体的一体性」と呼んだ（同第二六〇節参照）。

ヘーゲル前の人物としては、F・v・シュタインが重要である。かれが主導して一八〇八年に発布された『都市条令』の前文には、住民参加を通じた政治意識形成を追求することがこの条令の目的である、と明記されている。シュタインは、同時に開明的な君主による統合をも前提にしているのであるから、かれには「国民主義」的思考が鮮明だと言える。かれと並ぶ「国民主義」者としては、ハルデンベルクやフムボルトがいる（三人はともに、貴族的自由主義の思想家である）。

ヘーゲルがその「国民主義」的な政治思想を、しかも思索の中軸として打ち出し始めたのは、すでに一七九〇年代（その青年期）においてである。したがって同時代のドイツにおける「政治の覚醒」の第一走者として、かれはとりわけ着目に値するのである。

ヘーゲル後、右の思考は、一九世紀ドイツの自由主義者を中心に広く見られた。そのような人物としては、拙著『近代ドイツの国家と法学』（東京大学出版会、一九七九年）の第二章で示した、イェーリング、ライヘンスペルガー、ハンゼマンらの他に、ロテック、ダールマン、ヴェルッカー、ギールケら多数の人物がいる。かれらは、民主制か君主制か、中世的・身分制的自由か近代的自由か、フランス革命を支持するか批判するか、のそれぞれの項をどう組みあわせるかによって左派と右派に分かれるが、思想の基本構造は同じであった。

後述のようにヴェーバーの思考も、この一九世紀ドイツ自由主義の伝統上にあった。かれは、帝国主義段階に入った世界での競争を勝ち抜くためにはドイツの国家確立が緊要なのに、（ビスマルク一人が政治を握ったため国民も指導層もが脱政治化され、）ドイツに政治主体が育っていない、と見た。加えてヴェーバーは、近代化につきものの官僚制化・巨大機構化が政治主体の疎外をもたらすことをも重視した。かれはこのような状況下で、リーダーを希求するとともに、「各人が自己の小さな範囲でわが国民の政治的教育というこの課題を自覚し、その課題の実現に貢献することが、われわれにとって何よりも厳粛な義務だ」〈本書注166の『国民国家と経済政策』参照〉と、〈国民主義による政治主体の形成〉の道によってドイツ人の「政治の覚醒」を進めようとしたのである。

ヘーゲル、ヴェーバーにおいては、プロテスタンティズムやカントの思想、さらには近代の経済的自由が前提になっているので、内面および個人の生活での自由・自立を踏まえつつ、いかにして国の結束を強固にしうるかが重要になる。とりわけヘーゲルの生涯の思索は、この点を中心としていた。これらの点も、あとで詳しく見るだろう。

三　マキァヴェッリ・ヘーゲル・ヴェーバー相互の関係

さきにも見たように、マキァヴェッリ・ヘーゲル・ヴェーバーは、〈諸外国が統一国家を確立し侵略政策を推し進めているのに、祖国は分裂・抗争、国民の政治的疎外の、遅れた状態のままである〉という危機意識を共有していた〈西洋史上、こうしたタイプの危機意識は、マキァヴェッリの時代のイタリア、ヘーゲルの時代・ヴェーバーの時代のドイツに、とくに鮮明であった〉。そしてかれらはともに、現状打開の道を、国がすぐれたリーダーによって統合されることと、国とその政治とを主体的に担う国民を形成していくこととに求めた。三人は、このように状況認識と「国民主義」のパラダイムとを共有していたうえに、マキァヴェッリの「国民主義」や、リアリスティックで合理的な政治的思惟が、ヘーゲル・ヴェーバーに直接影響を与えた点でも、思想史的に緊密な関係にあった。

マキァヴェッリが生涯をかけて追求した、〈自由な市民が自分たちの共和国を自分たちの武装した力で守る〉という古代共和政理念は、若きヘーゲルが追求したものでもあったが、それは、次の点からも、けっして偶然ではなかった。すなわち、第一に、マキァヴェッリのこのシヴィック＝ヒューマニズムは、ハリントン、アメリカ建国者たちの思想やルソーを貫流し、ドイツでは若きヘーゲルの思想にも浸透していったからである。第二に、マキァヴェッリが、そしてかれの属するルネサンス期の思想家が、モデルとしたのは、古代ローマの共和政であったが、ヘーゲルやかれの同時代のドイツ文化人は、モデルを――古代ローマとともに――古代ギリシャの自由な都市国家に求めたからである。第三に、ヘーゲルが直面したドイツの分裂と隷属の状況が、マキァヴェッリが直面したイタリアのそれに酷似していたからである。こうして若きヘーゲルもまた、近代国家へと統合していく政治と、それを支える市民の形成とを真剣に考え、その思考過程上で、自覚的にマキァヴェッリに結びついていったのでもある。

他方、ヴェーバーが、同じ一九世紀ドイツの政治状況下で思考した点で、ヘーゲルと問題意識を共有していたことは、さきに示したとおりである。すなわちヴェーバーが直面したのも、ドイツの危機的状況であり、その打開策も「国民主義」の道を進むことであった。ヴェーバーの場合、もはや古代共和政をヘーゲルのようにモデルとすることはなかったが、かれにおいては同時代の民主国家アメリカが一つのモデルとなったのであり、そのアメリカは、シヴィック＝ヒューマニズムを一つの基底としていたのである。この点で二人はともに、国の統合と自由な政治主体の形成とを同時追求する姿勢を示した。そして、近代ドイツでは、このように思考する多くの人びと（ドイツ自由主義者）が――その最初の一人としてのヘーゲルと最後の一人としてのヴェーバーとの間にも――たくさんいたのである。

ヴェーバーの政治的リアリズムも、この危機意識、それに対する「国民主義」的課題と無関係ではない。そしてヴェーバーにおいても、そのリアリスティックな思考は明確にマキァヴェッリとも結びついていた。

しかもヴェーバーはヘーゲルとともに、近代社会の発展がプラスとともに深刻なマイナスをもたらす点を、重く受け止めた。それゆえ二人はともに、近代化を追求すると同時に、近代化の問題への防波堤をどのようにして確保するかをも真剣に考え、その観点から、伝統的な諸制度（中間団体）を――一方では批判しつつも――他方では自由の砦としての側面や倫理的な力をもつ側面をめぐって再評価し、近代化しつつ再利用しようとした。

上記三人を関連づけつつ考察するのは、右のように状況に対する反応が「国民主義」に結びついていたからだけではない。次の点も重要である。

すなわち、これら三人に関するこれまでの解釈史においてはそれぞれ、「〇〇問題」というかたちで呼ばれる、次のような同一パターンの根本的対立がつきまとっている。

「マキァヴェッリ問題」とは、マキァヴェッリにおける、①〈強い国・君主による統合〉を求める立場と〈自由な市民の祖国愛〉重視の立場とがどういう関係にあったかという問題、および、②共和主義的姿勢・その点での理想主義者の面と（目的のためには道徳に反する手段を採ることも辞さない）マキァヴェッリストの面とがどういう関係にあったかという問題である。これが、今日でもマキァヴェッリ解釈の主要論点である。

「ヘーゲル問題」とは、ヘーゲルにおける、①〈強い国家・君主による統合〉を求める立場と、〈内面で自立した自由な個人〉重視の立場とがどういう関係にあったかという問題、および、②フランス革命讃美者だったかれが、のちにプロイセン全面支持へと保守化したかどうかの問題である。これが、今日でもヘーゲル政治思想の解釈上の主要論点である。

「ヴェーバー問題」とは、ヴェーバーにおける、①〈強い国家・リーダーによる統合〉を求める立場と、〈内面で自立した主体的な国民を基盤にすること〉を重視する立場との関係づけの問題、および、②ドイツ的な思考の強い人物である側面とアングロ＝アメリカへ傾斜する思考の側面との関係の問題である。これが、今日でもヴェーバー政治思想の解釈上においての主要論点である。

このようにこれら三つの「○○問題」は、原理を相互に同じくする。すなわち第一に、かれらはともに、強固な政治的結束を求めた。それがなければ、他の国による占領が避けられず、また社会の進歩や調整もできない、と考えたからである。

第二に、かれらはともに、そうした真に強い国をつくる道は、上からの一方的な統制・強制にではなく、人びとが自立し主体的に結束する下からの道、にあると考えた。そしてそのためには、人びとに自由を保障し、また自主的に共同するための制度（宗教や自治団体、政治教育）が必要だとした（ヘーゲル・ヴェーバーにとって個人の自立は、それ自体が新時代の必要条件であった）。

第三に、かれらはともに、政治リーダー（君主や大統領など）による上からの統合も欠かせないとするリアルな見方をも共有していた。主体的な市民の形成は、自然発生的には起こりえないのであり、政治リーダーがその活動を通じて人びとに国を自覚させ政治の覚醒を図る必要がある、と考えたのであった。

以上のことは、別の観点から言えば、三人においては、一方で、個人は自由を得ても自閉化するのではなく団結に向かう存在であり、他方で、君主ないし国は権力を得ても私益追求や抑圧に向かうのではなく統合の担い手としてあり、ともに公共性・公共善を担う存在だと位置づけられていたことを意味する。

これら三つの「〇〇問題」を解くカギも、こうして（先にも示唆したように）「国民主義」にあることになる。三人は、時代は異なるけれども、置かれた政治状況が相似していることから、似た発想をもったのである。このことを明らかにすることによってこそ、人間の思考を無意識に規定する共通の精神構造、一つのパラダイムの力、を確認することができるし、そうした広い視野のなかで三人を考察することによって、かれらの思想理解が深まる。

以上のところから明らかなように、本書は、①思想史上の直接的影響関係を考えることと、②似た状況への似た反応としての、発想の類似性を見ること（無意識下の類似性の析出）とを機軸にする。本書はまた、マキァヴェッリ・ヘーゲル・ヴェーバーの政治思想を――単にその時々の政治的出来事への直接的反応としてではなく・また抽象的な原理からの演繹的帰結としてでもなく――かれらそれぞれの発想の構造全体・その生涯にわたる変化との関連において把握しつつ、それを「国民主義」の生成やドイツ自由主義といった、時代の精神構造の文脈において理解する道を採る（その際に、三人の時代と個性とのちがいがもたらす差異性にも配慮すべきこと、前述のとおりである）。

第一部　マキァヴェッリ

微笑むマキァヴェッリ
(Santi di Tito 作．フィレンツェ・ヴェッキオ宮殿所蔵)
写真提供：ユニフォトプレス

本第一部は、マキァヴェッリにおける、〈君主による上からの統合〉を求める立場と〈市民の自由・自発的な祖国愛〉を重視する立場とはどういう関係にあったか、かれに見られる理想主義（道徳の強調）とマキァヴェッリズム・政治の技術の精緻化とはどういう関係にあったか、を問う。ここではこの作業を通じて、マキァヴェッリにおいて「政治の覚醒」は具体的にどういうものであったか、それがどうして可能だったか、を解明する。その際、「政治」に関して問題になるのは、前述（三頁）の、①統合・運動の手段としての実力（経済力・政治力・武力）の契機、②闘争・運動の場で巧みに身を処し目標を達する技術・マキァヴェッリズム、③公的・公共的なもの、の三つすべてである。

これらの考察を進める際の本書の方法上の特色は、次の点にある。すなわち、本書は、第一に、これまでの多くのマキァヴェッリ論のように、マキァヴェッリの思想を『君主論』・『ディスコルシ』を機軸にして検討するだけではなく、かれの他の著作である『戦争の技術』、『フィレンツェ史』、『カストルッチオ＝カストラカーニ』、その他報告書や手紙等々をも取り上げて考察する。第二に、これまでのマキァヴェッリ研究の傾向である、マキァヴェッリを「マキァヴェッリスト」とか「共和主義」者とか「シヴィック＝ヒューマニズム」の人とかといったカテゴリーに押し込めて論じるのではなく、かれの書いたものの精細な分析を通じその複雑構造の全体像を理解することを追求する。第三に、マキァヴェッリを比較思想史的に検討することにも重点を置く。すなわち同様な政治状況下にあると思われる他の人物を取り上げ、かれらの思考との比較を通じてマキァヴェッリの思想を考察する。

以上の点を、これまでのマキァヴェッリ研究と連関づけつつ、敷衍しよう。マキァヴェッリ研究では、かれの思想中の、何組かの相互に対立する要素をそれぞれどう統一的に理解するかが、課題であり続けている。そのような要素とは、①君主主義の面と自由な共和制擁護の面、②リアリスト（政治の力学者・脱道徳論者＝マキァヴェッリストともされる）の面と〈古代の自由な共和国に憧れる〉理想主義者・古典的徳性の讃美者の面、③〈近代政治思想の創始者――アリストテレスやキケロに代表される古典古代的実践哲学の伝統を打破した人物〉の面と〈古典古代的実践哲学の伝統上に立つ人文主義者〉の面（後述のように、①・②・③は、『君主論』と『ディスコルシ』との関係如何の問題としてもある）、④脱宗教的な言動とカトリック信者的言動、といったものである。

歴史上のマキァヴェッリ像は、上の①から④に関連して、［A］君主主義者・マキァヴェッリストないし近代政治学の父・創始者（パワー＝ポリティックスの方向を進めた）とされる点を主要なものと見るか、それとも、［B］共和主義・シヴィック＝ヒューマニズム、その線上での近代的自由の思想家とされる点を主要なものと見るか、によって分かれる。最近のイギリスとアメリカではマキァヴェッリ研究が盛んだが、ここでも大別すると、［A］に傾斜するレオ＝シュトラウス的マキァヴェッリ論（マキァヴェッリを政治上の悪の教師とする）と、［B］に傾斜するポーコック・スキナー的マキァヴェッリ論（古代の自由な共和政を讃美した点を重視する）との二潮流に分かれる。[11] 日本においても最近、これら二潮流を意識した研究が出始めた。[12]

［A］の、悪の教師的マキァヴェッリ像は、『君主論』（*Il Principe*, 1513）のかなり一面的な読み方に規定されたマキァヴェッリ像である。これを概括的に示せば、次のようなものになる。マキァヴェッリは、道徳と一体化した伝統的な政治思想（古典古代的な実践哲学）との対決を通じて〈道徳から自立した、新しいリアリズム政治学〉を打ち立てた。具体的には、①かれは、人間を貪欲で狡猾な存在だとする性悪説を採る。そして性善説に立った伝統的な政治学の人間観とは対照的に、政治をこのような人間たちのヘゲモニー闘争を本質とするものと見た。②それゆえマキァヴェッリ的世界には、従来の政治思想が前提にしていたような、調和・秩序はもはや存在しない。抗争に明け暮れる同時代のイタリアに似て、カオスこそ常態である。秩序は、所与のものではなく、君主が政治力を発揮してうまく統治することによ

ってはじめてつくられる。③君主は、統治のためには、実力と知謀を組み合わせた効果的な政治的技術をマスターしなければならない（君主は、狐でありライオンでなければならない）。これがマキァヴェッリズムの成立事情である、といったものである。こうした見方は、多くの政治思想史の教科書や通俗的マキァヴェッリ伝に、今でもよく見うけられる。

［B］の、理想主義的共和主義者マキァヴェッリの像は、『ディスコルシ』（一五一七年完成。正確には、『ティトゥス・リウィウス〔のローマ史書〕の最初の一〇巻に関する論考』（*Discorsi Sopra la Prima Deca di Tito Livio*）と題されている。『リヴィウス論』とか『政略論』、『ローマ史論』とかとも訳される）にとりわけ依拠した、もう一つのマキァヴェッリ像である。そこでは、マキァヴェッリは、古代の自由な共和国の讃美者として、また祖国フィレンツェないしイタリアの統合・独立を希求したパトリオットであり、そのための道を、政治リーダーと古代的な市民軍や古代的な徳論・古代的な共和主義的自由などに求めた人物として、位置づけられる。この〈共和主義的自由論者ないしパトリオット的マキァヴェッリ〉の像は、後述のように、ハリントン、ルソー、フィヒテやヘーゲルらから始まるが、それを最近において前面に押し出したのが、〈共和主義・シヴィック＝ヒューマニズム・「マキァヴェッリアン＝モーメント[13]」のハラダイムを重視する〉ポーコックやスキナーらのマキァヴェッリ像である。

『君主論』と『ディスコルシ』との論調のこのちがい（とされるもの）を、［A］・［B］の論者を含め人びとはどう統一的に説明しようとしてきたか？　ここでは、ハンス＝バロンに代表される見解と、佐々木毅の見解を扱っておこう。

バロンは、［B］のマキァヴェッリ像の立場からする統一化を進める。マキァヴェッリは、共和主義者として、一四九八年以来、フィレンツェ共和国の要職を担った。しかしこの共和政は、一五一二年に崩壊した。かれはこのため失脚し、さらには投獄されもした。その後、再就職をあせったマキァヴェッリは、実権者のメディチ家に取り入ろうと君主主義者を装い、一五一三年に『君主論』を完成させメディチ家の重要人物に献呈した。しかしかれは一五一五年頃には、もう再就職は無理だと思い知るにいたる。そこでかれは、開き直って自分の本来の共和主義に立ち帰り、『ディスコルシ』に着手し、一五一七年に完成させた、と。[14]

だが、バロンのこの説のように『君主論』と『ディスコルシ』を、二つの時期に分かれ原理を異にするものとして扱うのでは、両著をことさら対立化させようとすることになり、それぞれが一面的に描かれ、両著の連関、両著を貫通している思想が無視されてしまう。実際、このバロン説をめぐっては、次のような問題点が指摘できる。

第一に、バロンらが『ディスコルシ』に固有で『君主論』には見られないとする、マキァヴェッリの主張と思考方法は、実際には『君主論』にも見られる。たとえばバロンは、『ディスコルシ』の特徴とされる古典主義、とくに古代の自由や伝統的徳性を重視し理想主義でさえある傾向は、『君主論』ではマキァヴェッリズムが強いため見られないとするが、実際には後述するように『君主論』でも鮮明である。バロンらの見方では、こうしたことが看過される。[15]

また逆に、『君主論』に固有な柱とされてきた、君主・リーダー（とくにかれらの政治的技術）を中心において議論する傾向、さらにこの君主・リーダーが統治するうえで重要な、マキァヴェッリズム・政治技術論や、後述する機能論的・動態論的・多元的な思考方法、それに支えられた政治的リアリズムは、『ディスコルシ』や、さらには一五二〇年代のマキァヴェッリの著作、たとえば『カストルッチオ＝カストラカーニ』（*La Vita di Castruccio Castracani da Lucca*, 1521）や『戦争の技術』（*Arte della Guerra*, 1519–21）、『フイレンツェ史』（*Istorie Fiorentine*, 1520–25）にも見られるのだが、『君主論』と『ディスコルシ』とを、時期的・原理的に峻別するバロンらの見方では、これも説明できない。

第二に、バロンらはまた、『ディスコルシ』の特徴とされるシヴィック＝ヒューマニズムの中身を一面化している。かれらは、シヴィック＝ヒューマニズムの源流となった古代の政治思想を、キケロが重要な影響を与えており理想主義的なものだ、としている。けれども古代の政治思想は、この傾向だけでなく、たとえばクセノフォン、リウィウスやタキトゥスの書物や、古代共和国の政治家＝軍人の戦記から読み取れるように、政治的リアリズムの傾向（さらにはマキァヴェッリズム）からも、成り立っていた（しかも、これらクセノフォン、リウィウスらもまた、他方では理想主義的な要素を内在させてもいる）。確かに政治的リアリズムは、マキァヴェッリが『君主論』において、ルネサンス期以降では初めて前面に押し出した。しかしそれは、古典的伝統（の一つ）に属するものでもあった（この点は、後述する）。

筆者の観点からマキァヴェッリを読むことによって、たとえば『ディスコルシ』や『カストルッチオ＝カストラカーニ』、『戦争の技術』のなかで、理想主義とリアリズムの両傾向が共存している構造が、けっしてマキァヴェッリにおける「アポリア」ではなく、またマキァヴェッリだけに見られる特異な現象でもない、ということが分かるのだが、これはバロンらの見方によっては見えてこない。[16]

マキァヴェッリの書物は、かれの前期・後期を問わず、①（『君主論』についてしばしば強調される）君主主義者の要素と（『ディスコルシ』についてしばしば強調される）共和主義者の要素とを、そしてまた、②マキァヴェッリズムないし政治的リアリズムと（マキァヴェッリが対決したとされる）古代的徳性論・理想主義とを共存させている。したがって、これらの諸要素については、マキァヴェッリの思想を時期的に分けて分裂的に扱うだけでなく、時期を越えて相互にどう結びつきあっていたかをも考えなければならない。

以上に対し佐々木毅は、［A］のマキァヴェッリ像の立場に引き寄せた統一化を進める。かれは、マキァヴェッリの政治思想を「その原理的政治観」からの展開において体系的に解釈する必要があるとする（「マキアヴェッリの基本的前提を抽出し、その上に「政治観」を再構成」すべきだと言う）。そして佐々木は、その「基本的前提」なるものを、「野心と貪欲に駆り立てられる人間」という「原理的人間像」に求め、この欲望的人間からの演繹のかたちで、マキァヴェッリの政治思想の全体を「再構成」しようとする。[17] 佐々木はこの結果、『君主論』の世界はもちろんのこと、『ディスコルシ』をも、「野心と貪欲」の性悪的な人間に対処する技術学、性悪思想の表現物として、パワー＝ポリティックスに傾斜したものと読むのである。

たとえば佐々木は、『ディスコルシ』における柱の一つである〈自由な共和制〉希求――それを強調するのがバロンらのシヴィック＝ヒューマニズムである――に対してすら、マキァヴェッリは、共和制のほうが侵略に適した強力な国家をもたらすから共和制を支持するのだ、といったふうに、「野心と貪欲」の展開において読む（本書注28）。

だが、マキァヴェッリを性悪論者だと見るのは、後述のように、マキァヴェッリ自身の強調するところに反する。それはまた、マキァヴェッリの思考の複合性を見失うものである。後述のように、マキァヴェッリは、或るものを〈本質的に善か悪か〉といった実体論的思考ないし二者択一で考える人ではなく、また、ある原理から政治論のすべてを論理展開で構成しようとする思考の人でもない（実践に鍛えられた政治的思惟とは、そんな単純なものではないのだ）。

佐々木はまた、自分が定式化したマキァヴェッリ的人間観は、獣欲が爆発し武断と権謀術数とが渦巻いていた――とかれが見る――ルネサンス期の徴表だとする。そして佐々木は、ルネサンス期を完全に（秩序が崩壊した）近代に入った時代と見るので（これ自体が、問題である）[18]、そこに出現したマキァヴェッリの政治思想を〈きわめて近代的〉と位置づけることになる。つまり佐々木は、マキァヴェッリ以降の近代政治思想を、マキァヴェッリ的パワー＝ポリティックスの学が順調に成長していったものとして描く。こうして佐々木は、ルネサンス期や近代の思想を、〈伝統的（前近代的）な道徳的政治観と根本的に対立する、リアリスティックな政治観〉と性格づけるのである。かれにおいては、ルネサンス期や近代の思想を規定する伝統的要素――古代的および中世的――や理想主義は問題にならない。こうして佐々木の政治思想史学は、典型的な近代主義史観（断続史観）のそれとなっている（近代主義の政治思想史学者は、二群を成す。一方は、近代政治思想を〈暗い過去を清算した自由の思想〉としてバラ色に描く。他方は、近代政治思想を〈道徳主義的な過去を科学ないしリアリズムによって清算した思想〉として描く。この後者には、①だから近代政治思想は道徳的に退廃していると批判する者と、②だから近代政治思想は高度化したと評価する者とがいる。シュトラウス等は①に、佐々木は②に属す）。

ある思想家を、その根底を成す「原理」を押さえ、その展開において整合的・総合的にとらえようとすること自体は、思想史研究上の重要な作業である。だがこの作業に入るに当たっては、作業の対象人物に関して、（イ）そもそも原理からの演繹的説明に親和的な相手か、（ロ）原理からの説明が、相手の思想と行動のどこまでをカバーしうるか、（ハ）原理としているものは、そこからすべてが演繹できるような一枚岩的なものか、の自問が欠かせない。

〈その思想家の思想の全体が、根底にあるただ一つの原理（たとえば「社交性」や「理性性」や「性悪」といった「原理的人間像」）から出発し、かつそれからの演繹的な体系展開において、構成されている〉との想定でいくのは、デカルトやホッブス、その後の近世自然法論者、カント、あるいはスコラ哲学者についてはともかく、伝統的軍事論の思考を継承し、古代ローマ人的でイタリア人でもある（＝すなわちカズイスティックで実用性重視の思考の持ち主である）マキァヴェッリ[19]については、場ちがいである（実はデカルト・ホッブズらの思考とて、そう単純な構造ではなかろう[20]）。

さて、以上の考察からして本書は、マキァヴェッリの政治論に見られる多様な要素の相互連関（複合構造）――自覚的および無自覚的な――を解明し、それを踏まえたうえで政治論全体の特性を解明する道を採る。この観点から重要な論点となるのは、マキァヴェッリの政治思想そのものの他、人間論、古代的道徳（徳性）についての態度、議論の仕方と思考方法の特徴である。

本書はさらに、これらの検討を踏まえつつ、マキァヴェッリの思想と思考方法との基盤を成すものをも求め、古代以来の軍事学（＝戦争の技術（arte della guerra）の学）の伝統との連関をも考察する。マキァヴェッリが古代の軍事学を学び、そこで得たものを対外的・対内的活動（＝政治）についてのかれの直接体験と相互作用させたところに、かれの、政治思想の形成過程、政治思想の独特の複合構造、特徴ある思考、を理解するカギが潜んでいるのではないか、というのが、ここでの問題提起である。

以下では、まず（第一章）第一・二節において、従来のマキァヴェッリ像の再検討というかたちで問題を提示し、続いて第三・四・五節において、マキァヴェッリの従来あまり論じられてこなかった著作、『カストルッチオ＝カストラカーニ』、『戦争の技術』および『フィレンツェ史』を検討することを通じて、新しいマキァヴェッリ像を具象化する。さらに第二章において、マキァヴェッリの思想と古代の軍事学の比較をおこない、かれの思想像を比較思想論的にも理解することをめざす。

第一章　マキァヴェッリ像の新構築

第一節　『君主論』・『ディスコルシ』から見えてくるもの

一　人間論――マキァヴェッリは性悪論者か

右にも見たように、マキァヴェッリを性悪論者ないしリアリストとして伝統と断絶したとし、かれにそうしたことが可能になった背景として、いわゆるルネサンス的人間観・自然観や、イタリアの政治的現実との関わりを問題にするのが、通説である。以下、この見方がどこまで妥当かを検討しよう。

確かにマキァヴェッリには、人間を性悪とするかのような発言が、とくに『君主論』に、目立つ。「そもそも人間は、恩知らずで、むら気で、偽善者で、厚かましく、身の危険は避けようとし、物欲には目のないものである」、「がんらい人は邪悪であるから、たんに恩義の絆でつながれている愛情などは自分の利益が絡む機会が起きれば、すぐにでも断ち切ってしまう」（第一七章）、といった風にである。『ディスコルシ』にも、たとえば、「すべての人間はよこしまなものであり（tutti gli uomini rei）、自由かってにふるまうことのできる条件がととのうと、すぐさま本来の邪悪な性格をぞんぶんに発揮してやろうとすきをうかがうようになるものだ」（第一巻三章。二九章をも参照）、とある。[21] マキァヴェッリの政治的リアリズムが、人間に関するこのような見方と結びついていることは疑いない。毒は毒をもって制す、ということである。

しかしながらわれわれは、マキァヴェッリのこうした言明を「マキァヴェッリの人間観」そのものだと一般化することには、慎重でなければならない。①それが人間観そのものなのか、すなわちマキァヴェッリが人間をそのようなものとしてしか見ていないのか、②それとも人間の一側面についての指摘であるのか、すなわちかれが人間の示すさまざまな特徴の一つとして、とくに特定の状況下では強くなりうる一傾向として、右の点を指摘しているのか、③さらには単なる誇張、警告のためのオーバーな発言に過ぎないのか（②・③が組み合わさっているのではないか）、については、上記のような片言隻語だけからではなく、その言明が出てくる箇所全体、さらにはかれの著作全体・生き方の全体・関連する思想史ないし歴史の全体を踏まえて、判断しなければならない。

たとえばマキァヴェッリは、『君主論』第二二・二三章で、君主が側近をどう扱うべきかを論じているが、そこでかれは、「助言者たちが私利私欲を追うようにならないなどとは、とても考えられない。なぜなら、人は、必要に迫られて善人となっているのであって、そうでなければ、あなたに対してきまって悪事を働くであろうから」と言っている（第二三章）。これなど、読み様によっては〈人間は性悪であって、したがって上から監視し抑制していないと悪を犯す〉と言っているかのように聞こえる。だが、当のこの箇所でマキァヴェッリが、それでは君主は側近の心をどう掌握するべきか、をめぐって提言しているのは、①君主が、「有能であり、誠実であ」る人材を見つけられる賢明な人物であるべきこと（la prudenzia del principe）と、②「君主は秘書官に忠誠を保たせるために、かれに名誉を与え、生活を豊かにさせておき、恩義をかけ、栄誉と責務とを分かち与えるようにして、その身のことを考えてやらなければいけない」（『君主論』第二二章）ということとである。①は、人間のなかに（ワルとともに）誠実な者（有徳の者）がいることを、マキァヴェッリが前提にしている事実を物語っている。また、②は、側近を正当に処遇することが必要であると説くものである。その際、〈人間の本性が悪だから――ないしは悪であっても――誠実な者を探し出し正当に処遇することが必要だ〉という論理は、政治の世界ではありえない。しかもマキァヴェッリによれば、正当な処遇がおこなわれたときには、誠実な側近と賢明な君主は「たがいに信頼しあうこと」になり、側近は、ひいては「自分のことなどけっして考え」ず「つねに君主のことを思って」くれ、「りっぱに忠誠をつく」すようになる（同章）。つまりここでは、処遇に恩義を感じ期待に応えようとする道徳感情や、自分を正当に評価してくれる者に忠実であろうとする公正感覚が――功利的な動機とともに――前提になっている。マキァヴェッリについては、まずこうした読み方が大切なのである。

また、マキァヴェッリは、人間の根源的な動力因として野心（ambizione）があることにしばしば言及する。なかでも貴族は、激しい自己顕示欲（grandezza. 偉大さを示すことへの欲求）をもっている。ローマ共和国の民も、それをもっていた、とマキァヴェッリは指摘する。マキァヴェッリはまた、人間には強い所有欲があることをも強調する。精神のこの傾向は、個人的にも集団的にも人間の自己拡大運動を引き起こし、悪（すなわち内乱、他者の抑圧、偽善など）の源泉となり、秩序や形式を不断に損なうものとなる、とかれは言う。この点でかれの人間観は、性悪説に結びついているかのように見える。しかし実際には、マキァヴェッリにとって、それらも一面的に悪というものではなかった。なぜなら、それらはまた、徳（＝偉業・強い結束・公共心など善の側面）への原動力でもあったからである。要は、それらに内在する徳の力を、社会制度や訓練がもつ人間形成の力に依拠して発揮させるように工夫することであった。

その他の事例はあとで扱うが、ここで肝腎なのは、マキァヴェッリの人間論が、原理からの幾何学的な演繹で展開するホッブス的な人間論とは異質だという点である。ホッブスの場合のように、新しい学問をベースにして自覚的に幾何学的方法を使い、しかもその論述の出発点となる原理を〈性悪的人間〉に見出して出発するのであれば、そこからの論理的帰結として、法も国の組織も、本来悪しき人間どもを、（自己制御が期待できないがゆえに）外から抑える装置として位置づけられ、自由抑圧的なものにならざるをえない。そこには法や教育による人間改造（善き人間への変革）の余地が、ないからである。[22] だがマキァヴェッリは、ホッブズではない――まだホッブズではないし、そもそもホッブズではありえない。まだ幾何学的方法の時代ではないし、政治・軍事に深く関わる者は、そういう思惟ではそもそもやっていけないからである。[23]

加えて、マキァヴェッリの人間論について重要なのは、一見悲観的であるその議論が、〈どの時代においても人間は、無政府状態のもとでは邪悪なエゴイストに成り下がる〉という制度論と結びついている事実である。このことはまた、マキァヴェッリが次のように考えていたことをも、意味する。〈人間が示す問題ある状態は、適切な制度、とりわけ立派な法律・教育・訓練がもつ力によって防ぐことができる。善い制度が定着している国では人間は、無法に走ることが少ないし、逆に向上心を発揮する。したがって人間が本性上悪いか善いかの議論には、意味がない〉と。

たとえば、確かにマキァヴェッリは、先の『ディスコルシ』（第一巻三章）からの引用部分において、「すべての人間はよこしまなものであり」と言っていた。しかし、これには「自由かってにふるまうことのできる条件がととのうと」という限定がついていた。無紀律・無政府の状態では、ということである（実際われわれ自身、紀律がないとだらけ、監視がないと悪を犯す）。そしてかれは、この関連で上の引用部分のすぐあとで言う、「飢えとか貧困とかが人間を勤勉へとかりたて、法律が人間を善良にする（le leggi gli hanno buoni）」。マキァヴェッリはまた、これに続く章でも言っている。「英雄的な偉業は正しい教育のたまものであり、正しい教育はよき法律から生まれる（la buona educazione dalle buone leggi）」（第一巻四章）。さらに次のような言明もある。「法の支配のもとで秩序正しく統治されている人民ならば、たとえ賢君の誉れ高い君主に対しても、いささかのひけもとらない。それどころか、むしろこれをしのぐばかりの落ち着き、賢明さ、それにあたたかい感謝の心（stabile, prudente e grato）をかねそなえているものだからである」（第一巻五八章）。

一五〇六年頃に書かれた「野心について」のなかでも、かれは言う。イタリアが外国の侵略を受けている原因、イタリアに雄々しい人間が生まれない原因を、風土のせいにしてしまってはならない。「自然によって与えられぬものは教育によって補うことができるのだから。そのような教育こそかつてわが父祖（古代ローマ）の地が開花させたものであり、逞しい教育は全世界を我がものとする力さえも与えてくれたのであった」と。[24]

無紀律・無政府状態が人間を堕落させ、逆に整備された善い法・政治制度が――単に犯罪を防ぐだけでなく――立派な人間をつくるという、マキァヴェッリのこの制度論（今日的に言えば「卓越主義」的立場）を見逃さないことが、ここでの主題（人間論）との関係でも、伝統に対するマキァヴェッリの姿勢との関係でも、重要である。というのも、この、善き制度を通じて徳性の高い人間をつくろうという立場は、古代の制度的倫理学の伝統（次頁参照）につながることを窺わせるものだからである。もしそうだとしたら、マキァヴェッリの思想は、伝統的倫理学と断絶するどころか、むしろその延長線上にあることになる。

マキァヴェッリのこうした制度論はまた、かれが人間を性悪・性善と固定的にとらえる人ではなく、社会生活を通じて諸制度から受ける影響によって善にも悪にもなりうる可変的な存在として、動態論的にとらえる人であったことを物語っている。実際マキァヴェッリは、右のように『ディスコルシ』第一巻五八章で、君主よりも人民のほうが道徳的であると述べた際に、両者のこのちがいは、「彼らがもっているそれぞれの本性に由来するものではない。それは双方で同一である」と言い、ちがいは「法律」（＝諸制度）のもつ人間形成力によるのだとする議論を展開している。

そして、ここでマキァヴェッリが、法・社会の諸制度による人間改造を強調している点は、思想史的には二つの論点をめぐって注目に値する。第一には、これがその後の近世国家において開花した紀律化（Disziplinierung）の運動（＝指導部のイニシアティブによる、生活態様や環境の改善を通じた人間改造の運動）の先駆だと位置づけられるものであること。第二には、マキァヴェッリのこの〈法による紀律化〉の思想は、古代の軍事学で発達した、軍隊における規律（軍紀）の重視という思想を継承・展開させたものであることである（これに関わるのが、かれの著書『戦争の技術』である。本書九五頁以下。なお、『ディスコルシ』第三巻三一章をも参照）。これらの点でマキァヴェッリは、古代から近世へ発展する紀律化運動上の、重要な中継者であったのである。

そしてこの点に関連して興味深いのは、近世における紀律化運動の創始者であるリプシウスが、その紀律化の思想を、古代の軍事学やストア派の思想とともにマキァヴェッリの『戦争の技術』からも汲み取っているという事実である。[25] この関連から言えることは、①マキァヴェッリとストア派的な古代思想との結びつきを明らかにすることが重要であること、②マキァヴェッリにおける政治思想と古代の軍事学との関係を考える必要があること、および、③マキァヴェッリの政治思想とかれの『戦争の技術』との関係の解明が重要であること、である。

ところでマキァヴェッリが〈善い人民を形成するうえで重要だ〉と見た社会制度としては、法律のほかにもいくつかある。かれがなかでも重視するのは、(a)共同生活自体がもつ、人民の公共心を育てる力、および、(b)有徳なリーダーが人民に与える倫理的感化であった。この二つを取り上げつつ、右の点を以下で検討しよう。

(a)共同生活がもつ倫理化力 マキァヴェッリは言う、

「なんらかの秩序のもとに共同生活を営んでいる人々は、外部の事件の刺激のためか、あるいは自発的な意志によるかは別として、自分自身を掘りさげて考えるようになってくる。つまり、団体の一員として生活する人間として、法律の意義を再認識するという動きが当然ひとりでに生まれてくる。あるいは、市民の中から傑出した人物(uno uomo buono)が出て、みずから手本を示すだけでなく、そのりっぱな行動によって一般市民を教化し、法律と同じ効果を与えるのである」(『ディスコルシ』第三巻一章)。

この言明に見られるのは、ヘーゲルが『法の哲学』(第一五三節)で紹介しているクセノフィロスと同様の伝統的な制度的倫理学の思考である(ディオゲネス゠ラエルティオス(VIII-16)によると、この古代のピタゴラス派の哲学者は、〈息子を教育する最善の道は何か〉と聞かれて、「かれを善く治められているポリスの一員にしなさい」と答えた)。善き社会制度のなかで生き・共同生活において関係しあうことを通じて、人間は公共心をもった者に高まる、というのである(市民軍のもつ教育的意義――市民軍がそこでの訓練や生活を通じて人びとの公共心・祖国愛を高めること――を重視する立場もこの一環である)[26]。今日的に言えば、かれらはこの点で、コミュニタリアニズムの思想家でもあるのである(この思考のヘーゲル版については二〇七頁以下、ヴェーバー版については二九八頁以下参照)。

その際、この立場においては、①法や共同体の内容が倫理や正義にかなっていることと、②リーダーの徳性が高いこととの二点が前提となる。すなわち、マキァヴェッリにとって、法や共同体は単なる抑制・強圧の道具ではないし、リーダーは単なる抑圧者・強権的ないし欺瞞的な統合者であってはならないのである。

マキァヴェッリが、自由な生活が公共心をつくる力をもっていることを評価するのは、まさにこの立場と結びついていた。かれは言う、

「個人の利益（il bene particolare）を追求するのではなくて、公の利益（il bene comune）に貢献することこそローマ市の発展をもたらした〔…〕。しかも、このような公けの利益が大切にされるのは、共和国をさしおいては、どこにもありえないことは確かである。〔…〕」「奴隷の状態におちいっている国では、右に述べたこととはまったく反対の現象がみられる。その国において、人民に対する抑圧がきびしければきびしいほど、かれら固有の醇風美俗はますます地に堕ちていく」（『ディスコルシ』第二巻二章）。

政治的自由・独立が公共心のある市民をつくるのだとするこの立場こそ、ヘーゲルやイェーリング、ヴェーバー、福沢諭吉についても問題となる「国民主義」に関わっている[27]。

かれが市民宗教のもつ道徳的感化力を重視するのも、この立場からであった。

「ローマの歴史をよくよく吟味するなら、軍隊を指揮したり、平民を元気づけたり、善人（uomini buoni）を励まし悪人を恥いらせたりするのに、どれほど宗教の力が役にたっていたかがわかるであろう」（『ディスコルシ』第一巻一一章）。

これは、一見宗教を政治の道具としているようだが、しかし、〈宗教は政治の道具でしかない〉と言っているのではない。しかもここで議論の対象となっているのは、キリスト教でなく古代の市民宗教である。すなわちこれは――ルソーの市民宗教論、ベルン期・フランクフルト期のヘーゲルの市民宗教論と同様な――（古代）共和政下の市民宗教の評価論である（後述するヴェーバーの、プロテスタンティズムのゼクテ論も、宗教がアメリカ民主主義を支えた関係の指摘である点で、発想は同じである。三〇一頁以下参照）。そうしたものとしてそれは、後述のようにマキァヴェッリがまじめなクリスティアンであることと、かれにおいて矛盾しているわけではない。相似た宗教・政治関係論を展開しているヘーゲルやヴェーバーもまた、まじめなクリスティアンだったのである。

かれが清貧な生活を市民の徳性を確保する条件として重視するのも、ここでの問題に関係している、「自由な市民生活をりっぱに秩序づけるために、もっともたいせつなことは、市民に清貧（la povertà）を守らせることである」（『ディスコルシ』第三巻二五章）。清貧の保持は、マキァヴェッリの政治論の根幹に関わっている。かれによれば、清貧の生活形態をもっとも確実に確保できるのは、独立自営小農民の生活様式である。しかもこの農民こそ、質実剛健で自然現象や地勢に対する知識と鋭い感覚を有しており、兵士としての国の守り手にふさわしい。このことを理由にマキァヴェッリは、戦いにおいて勇敢で、平時において生業に勤勉であるこの独立自営小農民を、市民軍の中軸と位置づけ、政治的自由の未来をこの軍に託そうとした（マキァヴェッリ自身、実際にフィレンツェのコンタードの農民を中軸にした軍隊の組織化を進めた。一三三頁参照）。これもまた、ルソーの立場であり、トーマス＝ジェファソン、青年期ヘーゲルやフリードリヒ＝リストらの立場でもあった。

〈独立自営の小農民を基盤にした自由な共和制、そこでの善き教育と紀律、すぐれたリーダー、清貧な生活などによってこそ、人間は善い社会主体になる〉という、マキァヴェッリのこの見方は、右からも窺えるように、別に特異なものではない。この考え方の根底にあるマキァヴェッリの人間論が、一面的に性悪論的・悲観的なものでありえないことも、容易に分かる。かれは人間（市民）変革論の立場をとっているのであり、そこから出発して〈あるべき共同体〉を考えるマキァヴェッリは、むしろ理想主義的であり道徳教育論者のようでもある（もちろんこの側面だけで、かれの思想を理解するのは十分ではないが）[28]。

（b）有徳なリーダー　人民がバラバラな分裂状態にあるときには、（人民の公共心を高めるものとしての）法律の整備・紀律化が不可能である。教育には、それにふさわしい手続・制度（秩序）が必要だからである。したがって、どうしてもまず、このバラバラの人民を結束させ、法制度を確立して秩序化する人物――ユダヤのモーゼ、ペルシャのキュロス王、アテネのテセウス、ローマのロムルスらに典型化される――が出なくてはならない。「新しい法律を定め、考えついた新制度をととのえることは、新たに起こる君主にとって、何よりも大いなる名誉を与えるものである」（『君主論』第二六章）[29]。『君主論』に鮮明に出ている、統合力をもつリーダーを希求する立場は、このように実は（b）に深く関わっている。

以上のような政治リーダーは、統合のために必要に応じて実力行使をも含めた――様々の統治の手法を使いこなせなければならない。しかしかれは、また以上の点からして、権力的統合者・巧みな政治的技術の人であるだけではダメであり、その徳性の高さをも問われる。マキァヴェッリの言葉で示せば君主は、おりに触れて人民との会合をもち、「みずから豊かな人間味（umanità）や度量の広さ（munificenza）の範を示すべきである。それでいて、君主の厳然たる威光をたえず堅持していなければならない」（第二一章）。リーダーは、人間味と権威、やさしさと厳格さを併せもつ人でなければならないのである。

そして右のことは、また、マキァヴェッリが専制君主支持でなかったことを物語ってもいる。あとでも見るようにかれは自分たちが置かれた状況に対応して強い君主に期待を寄せるが、専制には終始反対である。しかもかれは、第一義的には共和制を重視する。したがって、かれを〈君主主義者か共和主義者か〉の二者択一的発想でとらえようとするのも、正しくない。かれの思想を全体として押さえると、かれは、共和制的要素（自由な市民の政治）を基盤としつつ君主制的要素（すぐれた統合者・リーダー論）を組み込んだ国、すなわち混合政体の国（かれはこの国をも「共和国（repubblica）」と呼んだ）を考えていたのであった[30]（実際の行動においても、かれは――ミケランジェロがまさにそうであったように――共和政下では自由のために闘ったが、その崩壊後は、メディチ家等に取り入ろうとした）。

ちなみに、この「混合」性は、マキァヴェッリの思考全体の理解に関しても一つのキー＝ワードとなる語である。

以上のように、マキァヴェッリにとって人間は、倫理化可能な＝陶冶が期待できる、可変的存在であった。かれにとって人間は、一面的に性悪ではなく、それゆえ君主が単に抑圧と欺瞞とによって支配すべき対象ではなかった。そのような、自由な参加を欠いた、抑圧と欺瞞の土壌からは退廃しか育たない、とかれは見たのである。

マキァヴェッリのこの考え方との関連で押さえておくべきことがらとして、かれが人間問題を考える際に駆使する、次のようなものの見方がある。すなわち、マキァヴェッリは言う、

「人民が本来もっている性質が、よいものなのか、または悪いものなのか（la buona o mala disposizione）、どちらかにきめてみたところで、それはたいした意味があるとも思えない。むしろ、民衆の性質が本来よいものなら、それなりにかれらを受けいれているような体制をととのえておけばよいのである。またかりに、かれらが悪くて手におえない存在ならば、それにひどい目にあわされないように、あらかじめ準備をしておけばよいのである」（『ディスコルシ』第一巻五七章）。

つまり「人間が本性として善か悪か」の問題に煩わされるよりも、人間を多様な可能性をもち、状況に応じてそのいずれかの側面を表に出す存在であると想定し、その変化に機敏に対応できるよう備えておくべきだ、というのである。人間をその多様な可能性に着目してとらえるマキァヴェッリの姿勢は、悪党として定評のあるジョヴァンパゴロをめぐってさえ、次のように示されている。

「この思いきった挙〔客人として訪れた宿敵の教皇の殺害〕に出ることのないようにジョヴァンパゴロをおしとどめたものは、彼の心の中の善意（bontà）とか良心（conscienza）とかというものに他ならない、としか考えることができない。つまり、実の妹と近親相姦の事実があり、王位を奪うためには、従兄も甥も殺してしまったこの破廉恥漢の心のかたすみにも、まだなにかしら慈悲心めいたものが残っていたにちがいないのである。かれのこの行動から、人間とは極悪人でもないし、かといって、まったくの善人でもないのだ（gli uomini non sanno essere onorevolmente cattivi, o perfettamente buoni）という事実をひきだすことができる」（『ディスコルシ』第一巻二七章）。

人間は、一面的に天使であるのでもなければ一面的に悪魔であるのでもない。人間は、複数の要素をもっており、状況に応じて——意識的に・無意識的に——それらの一つを前面に出す。だからこそ、前述のように環境を整備するなどの手当てをすれば、良い要素・良い可能性を確保することもできる。マキァヴェッリの、実際の結果に即して（機能論的に）、時間的変化に着目して（動態論的に）、相手・ケースの特性に応じて（多元的に）、見る見方は、このような論理

において、制度的倫理学の立場、教育的国家論に結びついている。

マキァヴェッリにとって人間の問題では、「そもそも論」よりも「実際の結果」、それゆえにまた、「敵視」でも「過信」でもなくて、「観察」・「改善」が大切なのである。このような思考のマキァヴェッリを、性悪論者・人間悲観論者だとすることはできない[31]。

以上のようなものの見方の上に立ったマキァヴェッリの人間論は、〈共和制を主題にした〉『ディスコルシ』においてだけでなく、〈君主制を主題にし反道徳の悪名が高い〉『君主論』においても、鮮明に打ち出されている。

たとえば、マキァヴェッリは『君主論』で、〈相争っている二つの陣営の間にあって君主はどうふるまうべきか〉という問題に関して次のように述べている。

「これに反して、ある君主は、勇敢にも、ある者の側にくみしていると旗幟を鮮明にするとする。こういうばあい、もし加勢したほうの者が勝利を握るとすれば、たとえその者が強力で、あなたが意のままに動かされることは避けられないとしても、勝利者はあなたに対して恩義を感ずる。そして、友情のきずなで結ばれることとなる。それに人間というものは、恩知らずの見本を示してあなたをしいたげるほどには、不実ではないのである（e li uomini non sono mai si dishonesti che con tanto esemplo di ingratitudine ti opprimessino）。そのうえ、勝利を握ったといっても、勝利者がいささかの配慮もはらわずに、ことに正義に関する配慮をはらわずにすむような、完璧な勝利はありえないものである」（『君主論』第二一章）。

すなわち、自分の意のままに政治を動かせる暴君でも、その心の奥には人間味があり、また正義を無視しえないという意識をもつ、とマキァヴェッリは見る。『君主論』においてさえマキァヴェッリは、政治的世界における人間をけっして一面的に性悪と見、それ一色の議論をしているわけではない。

それでは、『君主論』におけるマキァヴェッリを性悪論者だと論じる際にその決定的根拠としてしばしば引きあいに出され、その際〈君主は狐とライオンでなければならない〉というかたちで——つまり「人間」の語をオミットして

――「引用」される、あの有名な言明（第一八章）は、この関連でどう読むべきか？

これは確かに、権謀術数（「狐」）と武力・威嚇力（「ライオン」）を連想させる言葉であり、人間関係に対するシニカルな見方を物語っているかのようである。とくにこの関連で語られている、「人間は邪悪なものであって、あなたに対する信義を忠実に守ってくれるものではない」（第一八章）と併せ見ると、そのようなマキァヴェッリ解釈に傾きたくなるのが、人情だろう。

だが、実際にはこの言明自体も、マキァヴェッリにとっては善の勧めの言明でもあった。すなわちかれは、すぐ前のところで次のように言っている。

「ところで、闘いに打ち勝つには、二つの方法があることを知らなくてはならない。その一つは法律によるもの（con le leggi）であり、他は力によるもの（con la forza）である。前者は人間固有のものであり、後者は本来野獣のものである。だが多くのばあい、最初のものだけでは不十分であって、後者の助けを求めなくてはならない。つまり、君主は、野獣と人間とをたくみに使いわけること（bene usare la bestia e l'uomo）が必要である」（『君主論』第一八章）。

つまりここでは、①「人間固有のもの」としての「法律」による統治と、②「野獣」に対する「力」とが、君主にはともに必要だとされている。そしてこの①「法律」は、さきに見たように、人間が理性や善意・徳性をもち正義をも尊重して動く存在であるとの前提上でとらえられた制度であり、人間をその下での生活を通じて陶冶する役割をもつものである（『君主論』第一九章をも参照）。これが、上記の「人間固有のもの」に関わることがらなのである。

このようにここでも人間は、一面的に善でも・一面的に悪でもなく、その両側面を具している、と見られている。各人は、状況に応じて両側面のどちらかを押し出すのであり、また他人が状況によってどちらかを押し出すのだということを自覚し、その動きに備えておくことが肝腎なのである。それゆえにこそマキァヴェッリは、右に続けて言う、

「ここで、［古代の君主たちが］半人半獣を家庭教師にしたという話は、君主たる者はこうした両方の性質を使いわけることがぜひ必要であるということを言おうとしているのである。そのどちらか一方が欠けても、君位は長続きしない（l'una sanza l'altra non è durabile）ことを言ったのである。こうして、君主は野獣の性質を適当に学ぶ必要があるのであるが、そのばあい、野獣の中では狐とライオンに習うようにすべきである。というのは、ライオンは、策略のわなから身を守れず、狐は狼から身を守れないからである。わなを見抜くという点では、狐でなくてはならず、狼どものどぎもを抜くという点では、ライオンでなければならない。もっとも、ただたんにライオンのうえに腰を落ちつけているような連中は、このことがよくわかっていないのである」（『君主論』第一八章）。

相手の出方に応じて、こちらも、「両方の性質を使いわけること」が肝腎なのである。

しかも上の引用箇所では、「狐」は、〈だますこと〉にではなく「わなを見抜く」こと（賢さ）に関わっており、「ライオン」は、暴力的であることにではなく「狼どものどぎもを抜く」、すなわち、秩序を乱す連中を規制すること（威厳）に関わっている。このようなことは、現代の普通の国家が治安上の課題にしているところでもある。加えて、「狐とライオン」は、君主の備えるべき心がけの一面にすぎない。上述のようにマキァヴェッリは、もう一つの面である「人間」である必要をも、君主に向かって説く。「半人半獣」であるとは、「人間」らしい、紀律と正義・人情に対する感覚とをもち、同時に、必要に応じてそれ以外の要素（策略や武力）をも行使するということである。[32]

マキァヴェッリがこれらで避けるべきだとしているのは、固定的な思考、すなわち「一般に、良い人だと考えられるようなことばかりを後生大事に守って」いるような態度である。かれは、「できうればよいことから離れずに、それでいて必要やむをえぬときは、悪にふみこんでいくことが肝要である」とあるように、政治における道徳の重要さを説きつつも、最後の手段として道徳に反する手段を採ること、政治における道徳の位置を相対化させることをも念頭に置けと言うのである。さきに見たところと変わらない常識論である。先入観をもって読むから、異様に見えるだけである。

二　〈政治と道徳〉論――伝統的道徳論との関係

マキァヴェッリの政治道徳論、とくに古代以来の伝統的な徳論に対するかれの態度については、シニカルでさらには破壊的なものであることが、従来強調されてきた。マキァヴェッリを弁護する人も、〈マキァヴェッリは政治をリアルな眼でとらえ、そのことによって政治の世界を宗教論や道徳論から切り離した。伝統的な理想主義的政治道徳論は、これによって克服され、近代政治学の基礎が築かれた〉ということ自体は、前提にしている。しかし、かれの人間論と、その根底にある、かれの上述した動態論的思考、「楯の反面」をも併せ見る多元的なものの見方、さらにはかれ自身の理想主義、を前提にすると、この見方に対しても疑問がわく。

かれが政治をリアリスティックに見たことは否定できないが、そのことからただちに〈マキァヴェッリは、政治を脱道徳化した〉とするのは、短絡である。〈政治と道徳の非連続化〉と、〈政治の脱道徳化〉ないしマキァヴェッリ自身の反道徳性とは、直結するものではないからである。また、上述のようにかれが人間の善である側面・善くなる可能性を前提にしているということは、かれが道徳――それは人間の善の側面に基盤をもつ――を重視しつつ考えていることをも意味するからである。加えて、人間の善である面・善くなる可能性を、悪である面・悪くなる可能性と併せ見るのが、マキァヴェッリの政治論の特徴の一つとしてあったのだから、かれにおいて道徳は、政治論から一方的に切り離されたのではなく、逆にかれの政治論において重要な柱の一つを成しているのではないかという推測も成り立つ。かれの多元的な見方を前提にすると、道徳と政治の関係についても、かれは〈道徳的政治論か非道徳的政治論か〉の二者択一的思考ではなくて、もっと別の思考によっていたのではないか、と考えるべきなのである。

以上の点からはまた、〈当時において「道徳」は、内容的に伝統（古典古代以来の道徳論）に定礎しているから、〉伝統に対してマキァヴェッリがどのような姿勢を取ったかをめぐっても、従来の見方に対する疑問が出てくる。かれは、政治論を道徳から全面的に切り離そうとしたのでない以上、政治論を伝統理論から全面的に切り離そうとしたのでもないのではないか、という疑問である。(33)

ここではこれらを踏まえて、マキァヴェッリにおいて道徳と政治が相互に密接に結びついている側面に光を当ててみよう。

（一）『ディスコルシ』

『ディスコルシ』では、古代共和国を主体的に担った市民の讃美、シヴィック＝ヒューマニズムの立場が、はっきり出ている。その際、マキァヴェッリが共和政期のローマを理想とするのは、①そこでは共同体生活を通じて公共心を高めた市民が、自由擁護のために団結して祖国の独立を維持したからであり、②そうした自由な団結力によって軍事的にも成果が挙がり国が栄えたからであった（第一巻五五章）。つまりマキァヴェッリは、古代ローマの市民を、その徳性・政治道徳の高さに関しても讃美しているのである。この点を、詳しく見ていこう。

古代ローマ人の徳性の高さをマキァヴェッリが強調する一事例として、次のものがある。すなわちローマ人たちは、ウェイイ（エトルリア人の都市）との戦争に勝って得た戦利品を市民間で分配した。しかしかれらは分配後、指令官のカミルスが開戦前に〈戦利品の十分の一をアポロ神殿に奉納する〉と誓っていたことを思い出した。そこで元老院は、各自、分配で得た財の十分の一を拠出するようローマ市民に訴えた。このとき市民はそれに従い、ごまかすことなく拠出した。マキァヴェッリはこれを古代ローマの市民的徳性の現れであるとして、次のように高く評価する。

「以上の例は、これまでにかかげてきたほかの多くの例とともに、ローマ人民がどれほど善意と宗教心とにみちあふれていたか、またどれほど多くの善行が彼らから期待できたかということを示すものにほかならない。したがって、実際のところこういった善意がないところでは、けだかい行為などさらさら期待しえない（dove non è questa bontà non si può sperare nulla di bene）」（第一巻五五章）。

ここでマキァヴェッリがローマ人の徳性を素直な道徳心で高く評価していることは、明らかである。[34] なお、上にある「けだかい行為」とは、戦争において果敢に戦い、政治共同体を確立することである。マキァヴェッリはここでも、自由な、よく整えられた共和制のもとで秩序正しく生活することによって身についた公共心が、勇敢な戦士をつくり出したのだと言う。〈自由な、よく整えられた共和国の市民であることから身についた公共心こそが、祖国愛を育て、戦争においては激しい闘志を生み出しもする〉とする、前述の――ルソーやヘーゲルにも見られる――「国民主義」の思想である。

マキァヴェッリはまた、自由な共和制を樹立する際に必要だとされるリーダーの資質に関しても、次のようにその徳性、とくに公共心を強調する。

「こまかい心配りで共和国を打ち建てていこうとする者で、自分の利益でなく公の利益となることを念願し（volere giovare non a se ma al bene comune）、自分の子孫のことよりは、祖国（patria）を第一とする人物こそ、まさに絶対的な権力を手に入れるために奮闘してもらわなければならない」（第一巻九章）。

建国は、一回きりの例外的行為ではなく日々の仕事でもある。それゆえこのような政治リーダーの徳性はマキァヴェッリにとって、普段の政治においても重要なものだということになる。

かれを一面的な反道徳家、シニカルな道徳論者とするような見方は、成り立たないのである。

ところで、マキァヴェッリがこのように古代共和国の徳性の高さを素直に讃美していることをも、佐々木は、先に示唆したように（二七頁以下）、そのとおりには受け止めない――佐々木の方法論的出発点からして、受け止められない。そこで佐々木の見方は、〈マキァヴェッリは、自由な共和制が帝国主義的な対外的膨張を推進するのにもっとも適していると判断して、共和制を採ったのだ〉となる（本書注11『マキアヴェッリの政治思想』一八八頁以下）。佐々木的マキァヴェッリは、ここまで徹底したリアリストなのである。だが、佐々木のこの解釈が強引すぎることは、次の三点から明らかとなる。

第一に、マキァヴェッリが古代共和政讃美の際に、農本主義的な立場を見せていることが、重要である。マキァヴェッリによれば、ローマ市民軍の一員としてそうした共和国を担う人びとは、前述のように、自営の農業を基盤とした清貧な生活を営んでいた。そのリーダーたちでさえ、「小さな山荘の四ユーゲラ〔八反程度〕にもみたない菜園」で生計を営むことに幸福を見出していた。共和政下では、このような市民の意向が戦争のあり方を左右したのである。

佐々木の眼で読めば、この記述も、〈自営の小農民こそが強い兵士になりうる〉というかたちで、帝国主義的な立場につながっていると映るだろう。しかしながら、マキァヴェッリがこの小農民を重視するのは、共和国の市民としての〈個人的および政治的な〉自由と公共心が、そうした生活を基盤にしてのみ両立可能であり、そのことによって〈政治的に自由な市民の祖国愛による結束〉が可能となるからであった。実際、マキァヴェッリにとって、本職として小規模の農業を営む市民は、貪欲にかられて侵略に走る人々ではなかった。だからマキァヴェッリは言う、「もし市民が、戦争によって富み栄えようと考えているのであれば、自分の田畑が〔他人に〕荒らされることなど無視したことであろう」（以上、第三巻二五章）と。かれらは――マルクス・レグルスに代表されるように幹部でさえ――遠征中も自分の家の畑仕事のことを心配していた、と言うのである（この点はのちにかれの『戦争の技術』を検討する際に、さらに鮮明になるだろう。九九頁参照）。

第二に、トップ＝リーダーについてのマキァヴェッリの評価に注目すべきである。すなわち、マキァヴェッリは、ローマの対外膨張主義の権化であるカエサルやポムペイウス等は低く評価し、これに対して農本主義の立場から農地法制定に努力したグラックス兄弟（の意図）――その政治手腕のなさは問題であったが――を高く評価する（第一巻三七章および第一巻一〇章）。

第三に、かれが、同時代のドイツの自由都市（とスイス共和国）を、自由で有徳の共和国として評価していることに注目すべきである。マキァヴェッリにとってそれらは、次のような国であった。

「ところが、マーニャ〔北ドイツ〕に目を移すと、その市民の中にはきわめて高度の善意と宗教心とが保たれているのがわかる。この地方では多くの共和国がそれぞれの自由を享受しながら共存しているが、かれらはその国の内外をとわず共和国を支配しようとするいっさいのたくらみを寄せつけないように法律を守っているのである」（第一巻五五章）。

これらの自由都市は、自由と徳性・信仰心を尊んで、その小さな世界で充足し平和共存しあっている、とマキァヴェッリは見ているのである。こうした都市国家が対外的膨張とは縁のない国であることは、これらの市民の公共心（「昔ながらの醇風美俗」）が高いことの基盤を、マキァヴェッリが、①自給自足で近隣諸国と交渉のない国であること、②清貧が重視されていること、③市民間に平等が確立していることに求めていることから分かる（同様なドイツ讃美は、『君主論』第一〇章に見られる。ここでは、ドイツにおける軍事教練や紀律の重視にも注目している）。

確かにマキァヴェッリは、内乱や戦争の原因が人々の「野心」にあると言っている。たとえば、次のような言明がある。「ある人たちは、現在持っているものをさらにひろげようとし、また、ある人たちはすでに獲得したものを手放すまいとする。このため、敵対関係や戦争が生じることとなる」（第一巻三七章）。しかしこれも、虚心坦懐に読めば、歴史上に現象した一部の人間行動を描写している言明にすぎず、野心を全面的に肯定した記述でもないし、野心で動く人間を政治論の基礎に置いた論述でもない。

マキァヴェッリは心底、有徳な古代ローマの共和政を理想にしていた。かれはこのため、古代的な歩兵中心の軍事学を脱却することができず、その結果、当時すでに出現していた大砲の活用法や常備軍配置を、正当に評価できなかった。『ディスコルシ』（および後述の『戦争の技術』）でとりわけ顕著な、強い理想主義や、伝統との強い結びつきを無視して、『ディスコルシ』を、マキァヴェッリの近代的領土拡大要求を主動因としたシニカルで攻撃的な作品として読み、そこに見られる〈領土拡大に反対〉の主張に眼を向けなかったり、また理想主義の傾向が『君主論』ではまったく見られず、そこでは正反対の帝国主義的リアリズムのみがあったなどとして、『ディスコルシ』と『君主論』を相互に切り離したりするのは、両著の正しい読み方ではない。実際、『君主論』もまた、上述のように、そしてまた後述するように、伝統的道徳論の上にも立った書物なのでもある。

マキァヴェッリの深いまじめさを補強する事実として、次の点を挙げておこう。すなわちマキァヴェッリは、『君主論』を執筆していた頃の自分の心境について、次のように書いている。

「夕方には帰宅し書斎に入る。書斎の入口で、泥とほこりにまみれた仕事着を脱ぎ、豪華で優雅な衣服に着替える。きちんと正装してわたしは古代人が集う広場に入るのである。そこでは古代人たちが心から歓迎してくれる。わたしは、わたしだけに属しわたしがそれを得るために生まれた、かれらが与えてくれる糧を摂取する。わたしは古代人の行動についてその理由を尋ね、かれらはそれに快く答えてくれる。こうしてわたしは、四時間の充実した時をもち、身の不幸を忘れ、貧乏や死について患わされることもない。それほど深く、古代人との対話に浸りきれているのである」（フランチェスコ＝ヴェットーリ宛の手紙、一五一三年一二月一〇日付）。

マキァヴェッリがこの手紙を書いた頃、かれはひどい逆境にあった。すなわち前述のように、かれが幹部として担っていたフィレンツェ共和政が一五一二年に崩壊し、その後まもなくしてかれは、反メディチ陰謀に加わったとの嫌疑をかけられ逮捕・投獄された。釈放後かれは、フィレンツェから一二キロ南方にあるペルクッシーナのサンタンドレア村（Sant'Andrea in Percussina）の（父所有の）山荘にひきこもり、持ち山の薪を売って生計を立てるという状況にあった。引用文中の「泥とほこりにまみれた仕事着」は、その山仕事に着用した服のことである。かれはその逆境の日々を、深夜の数時間の、古典や古代の歴史との対話を通じて、古代人の世界に浸りきることによって、生き抜こうとしている。この手紙に見られるかれの態度は、真摯である。換言すれば、古代の徳性や古代人の生き方に対してシニカルで攻撃的でさえある悪魔的マキァヴェッリは、ここにはいない[35]。そもそも、どこにもいない。

（二）『君主論』

以上の観点から、『君主論』をも再検討しておこう。マキァヴェッリが、一方で政治において道徳を尊重していること、それゆえそうした伝統を継承してもいることは、『君主論』でもはっきり出ている。

たとえば、（壺作りの子として生まれシラクサの軍司令官になった）アガトクレスについて、かれは次のように言う。アガトクレスがそこまで出世しえたのは、かれの非道ぶり、そしてそれを支えた心身両面の virtù、とりわけ、すぐれた軍事能力と勇気による。しかし、かれほどに非道であれば、たとえそれによって偉大な成果を挙げたとしても、立派な人間とは言えない、と。

「同郷の市民たちを虐殺したり、味方を裏切ったり、信義も慈悲心も宗教心もないこと〈essere sanza fede, sanza pietà, sanza religione〉をvirtùと呼ぶことはできない。こういう手段で支配権を手に入れることはできても、栄光を手に入れることはできない（ma non gloria）。〔…〕かれの枚挙にいとまのない非道な行為や、あの言語道断の残虐性と非人道性は、そうしたすぐれた名士の列の中にはいることを許すものではない」（第八章）。

マキァヴェッリにとって偉大な人物とは、道徳や宗教に反する手段に一面化する実力者のことではなかった。[36] 非人道的な手段は、「自分の立場を守る必要上一度はそれを行使しても、その後、それに固執せず、できるかぎり臣下の役に立つ方法に転換」すべき、例外的に必要な——それゆえ限定的にのみ許される——ものであった（また、右から明らかなように、マキァヴェッリのvirtùは、「能力」という中性的な意味とともに「徳・徳性」という、伝統的・評価的な意味をももたされている。だからこのvirtùに関しても、〈伝統概念がマキァヴェッリによって完全に意味替えされた〉などと単純化することはできない。本書注46参照）。

このような道徳論が出てくるのは、マキァヴェッリが、〈道徳に反する手段は、支配の道具としては効率が悪い〉と、ドライな計算をした結果からだけではない。道徳に関して仮言命法と定言命法とを区別し、〈一回でも仮言命法によって行為すれば、不純・不道徳な人間であることになる〉とするのは、主としてカント以降の発想である（古代でも、ソクラテスやストア派には部分的に、そして福音書や中世以降の原罪思想に典型的なようにキリスト教には、この潔癖主義が見られた）。これに対し、古典古代的な倫理的態度においては、〈道徳について醒めた態度をとりながら、しかも他方で道徳を尊重しもする〉ということ、また、ある人物の行為全体に仮言命法と定言命法とがともに働いていることは、通常のものであった。マキァヴェッリはこのような古代的思考をしている（この点は、さらにあとで詳述する）。実際、右の言明は、そう読まないと理解できない道徳重視をも感じさせる。[37]

『君主論』で説かれている君主像は、実際には次のように、当時一般的な「君主鑑」において常識的であったものと大差はない。

「君主が卓越した人物で、臣下からも敬愛されている（eccellente e re verito da' suoi）ことがすべての人々に知れわたっていれば、〔その国に対して〕侵略をくわだてることなど容易にできるものではない」（第一九章）。

「ある君主が、民衆のうえに土台を置き、しかも指導的な立場にあり（possa comandare）、決断力をもち、逆境にあってもあわてふためかず、諸般の準備を怠らなければ、とともに一般大衆の気持を人間味と規律をもって（con lo animo e ordini）しっかりとつかんでいれば、けっして民衆にあざむかれることはなく、確実な土台に立っているという自信をもつことができる」（第九章）。

「敵から身を守ること、味方をつかむこと、力または策略で勝利をおさめること（vincere o per forza o per fraude）、民衆から愛されるとともに畏れられること（farsi amare e temere da' populi）、兵士を服従させるとともにかれらから尊敬されること（sequire e reverire da' soldati）、君主に向かって危害を加えうる、あるいは加えそうな連中を抹殺すること、古い制度を新しいかたちに改革すること、厳格であるとともに感謝の心をもち、寛大で闊達であること（essere severo e grato, magnanimo e liberale）、忠実でない軍隊を廃して、新軍隊をつくること、自分に当然の尊敬をはらわせ、あるいは危害を加えるにも二の足を踏むように、国王や君侯達とは親交を結ぶこと〔が、チェーザレ＝ボルジアを新君主の模範たらしめた諸点であった〕」（第七章）。

すなわち君主に必要なものとして、①賢明であること（右にある、「指導的な立場にあり」・「諸般の準備を怠ら」ない、を参照）、②勇気があること（「決断力を持ち」・「勇気」、参照）、③自制ができること（「逆境にあってもあわてふためかず」、参照）、④公正で正義にかなうこと（「民衆のうえに土台を置き」、「愛され」、参照）が、⑤力と策略、⑥厳格さ＝紀律重視と並んで説かれている。

右のうちの④を、さらに説明しておこう。マキァヴェッリは、「民衆の憎しみを受け」ない（第一〇章）・「恨みを受けない」（第一七章）ためにはどうしたらよいかを問い、それは「君主が自分の市民と領民の財産や、かれらの婦女子にさえ手を出さなければ、かならずできることである」（第一七章）と答えている。つまり民衆の権利を尊重するなど正義（法）にかなった行動をとることが、欠かせない。そしてさらに、民衆の生活を確保してやること（第一〇章）、そして、民衆から軽蔑されないこと（第一九章）が、「民衆から愛され」、「民衆のうえに土台を置」くために必要だとするのである。

総じて、①から④までの四つの徳性を兼ね備えかつ有能である人物こそが、「卓越した人物で、部下からも敬愛されている」君主たりうるのであり、君主国はそのような君主の統治下でのみ堅固になると、マキァヴェッリは見ている。そして右の四つの徳性こそ、前述したし、また後述するように、プラトン以来の古典的倫理学・政治論の柱を成してきた四元徳（賢明 prudentia・正義 iustitia・勇気 fortitudo・自制 temperantia（不動心 constantia とも言う））から成る）そのものなのであった。

そしてマキァヴェッリが、このような徳性をもつ、古代ローマのリーダーとして随所で高く評価しているのが、スキピオ＝アフリカーヌスであった。マキァヴェッリのスキピオへの心酔ぶりに注目するだけでも、これまでのマキァヴェッリ像からの脱却が可能となる。『君主論』第一四章においてマキァヴェッリは、君主に、歴史書を読み古代の偉人の行動から学ぶべきだと説いている。その際マキァヴェッリは、スキピオが、クセノフォンの『キュロス伝』に描出されたキュロス王を手本とすることによって偉大になったと説き、これらスキピオとキュロス王に共通の徳性として、誠実（castità）、善意（affabilità）、人間味（umanità）、寛大さ（liberalità）を挙げている（かれの詩 *Ingratitudine*（忘恩）をも参照）。これもまた、古典的道徳に立脚したマジメな議論である(38)。

マキァヴェッリを読むときには、この《キュロス王―クセノフォン―スキピオ》の関係に注意しなければならない。マキァヴェッリにおいて「君主」のモデルは、実は――しばしば権謀術数の象徴とされるチェーザレ＝ボルジアではなく――このクセノフォン的キュロス王ないしスキピオだったのである。これが、早くからマキァヴェッリの政治思想形成過程上で中軸となっていたのであって（この点は、後述する。本書一一三頁以下）、ボルジアは、その中軸にかなう限りにおいて、あとでモデルに加わったにすぎない。〔右の『君主論』第七章からの引用（本書五〇頁）にあるように、マキァヴェッリにおいては、このボルジアもまた、高い徳性の人なのでもあった。〕

以上のように、『君主論』においてもマキァヴェッリは、実際には伝統的道徳のパラダイムでも思考している。かれが言いたかったのは、〈道徳に一面的に固執して政治行動を論じてはならず、道徳に反する手段を採ることの必要性・可能性をも考慮に入れるべきだ〉ということである。一面的に善良であるだけではならず、とはいって一面的に非道徳であるだけでもいけない。複数の可能性を踏まえた人間でなければならない、と。当時の政治のタテマエ論では、「善良であること」が強調されすぎであったため、それへの警告上、かれは「道徳に反する手段の必要性」に眼を向けさせる挑発的な発言をもしたのである。それゆえそうしたかれの発言は、そのままとるのではなく、文脈ないしかれの思想全体と関連づけて、とらえなければならない。

ところで、マキァヴェッリの以上のような道徳論もまた、かれの動態論的・多元的な思考から来る。この点は、マキァヴェッリの次のような総括的な言明にも、出ている。

「それゆえ、君主は、運命の風向きと事態の変化とに従う気がまえ（uno animo disposto a volgersi secondo ch'e' venti della fortuna e le variazioni delle cose）をもつことが必要である。また、前述したとおり、できうれば、よいことから離れずに、それでいて必要やむをえぬ（necessitato）ときは、悪にふみこんでいくことが肝要である」（第一八章）。

この言明についてはこれまで、最後の部分（「悪にふみこんでいくことが肝要である」）だけが注目されてきたが、実際にはその直前の、傍線部分をも軽視すべきではない。

三　諸命題の限定性について

これまでの叙述からも明らかなように、『君主論』と『ディスコルシ』は、さまざまの命題が慎重な限定つきで提示されている書物である。これまでの厖大な数のマキァヴェッリ論に共通して見られる問題点の一つは、ステレオタイプに囚われて、その限定を無視して、かれが出す命題を一面化し、その結果、〈反道徳を説くマキァヴェッリ〉なる虚像をつくり上げてきたことにある。そこで以下では、マキァヴェッリが提示した諸命題のこの限定性に焦点を合わせた考察をし、本書のここまでの議論を補強しておこう。

（一）著作の主題自体の限定性

まず『君主論』の主題についての次のような言明に注意すべきである。

「共和国のことは別のところ〔『ディスコルシ』〕でながながと論じたので、その論述は省かせていただこう。ここでは、君主国に限ることにして（volterommi solo al principato）、いま述べた区別を軸にして、論議をくりひろげることにしよう。そして、君主国はどのように統治し、維持したらよいか（come questi Principati si possoro governare e mantenere）を論じてみよう」（第二章）。

つまり、ここでマキァヴェッリは、『君主論』では主題を、〈君主――とりわけその実力によって座を確保した――は、どのようにして臣民を統治し国を維持するべきか〉に限定して書くのだ（マキァヴェッリは一五一六年に、君主へのこの忠告書を、メディチ家の当主ロレンツォに献呈するべく友人ヴェットーリに手渡した）、このためここでは、『ディスコルシ』におけるとは異なり、共和国の統合や維持に関する議論は割愛した、と言う。かれが、このように主題・観点をそれぞれに配分して両著を書いている事実を無視して、『君主論』と『ディスコルシ』とを原理的に対置（君主主義 対 共和主義）させたり、『君主論』から性悪論的人間観を読み取ったりするのは、妥当でない。そもそも、君主論を書く者がロイヤリストであるとは限らない――「酒屋の主人必ずしも酒客に非ず、餅屋の亭主必ずしも下戸に非ず」である。

（二）〈非道性の是認〉の限定性

道徳に反する手段を採る必要があることをマキァヴェッリが君主に説いているのは確かだが、実はそれらも、ほとんどが慎重な限定つきの・文脈的な主張である。たとえば、次のようにである。

（a）マキァヴェッリの有名な、悪徳奨励の言説として、次のものがある、

「しかしながら、悪徳を行使しなくては、自分たちの政治的存立を維持しがたい（sanza quali [vizi] è possa difficilmente salvare lo stato）容易ならぬばあいには、汚名などかまわずに受けるがよい。というのは、全般的によく考えてみれば、たとえ美徳のようにみえることでも、これを行なっていくうちに自分の破滅に通ずることがあり、他方、一見、悪徳のようにみえても、これを行なうことによって、自分の安寧と福利とがもたらされるばあいがあるからである」（『君主論』第一五章）。

——ここでは傍線部分のような厳格な条件に注目すべきである。これは、〈人間は本質的に悪の存在だから、それを支配する君主は、自分の悪徳行動を恐れてはならない〉などといった一般論ではない。そうではなくて、自国の危急存亡の秋という非常時を想定した言明である。これは——法律家のタームを使えば——正当防衛や緊急避難など違法性阻却が該当する例外的ケースである。つまり、ここでマキァヴェッリは君主に向かって、悪徳者であれと言っているのではなく、必要止むをえぬときには道徳に反する手段をも辞さない（今日の国家でもそうする）心の準備、そのための柔軟な判断、状況に対する鋭い感覚・分析力が大切だと、言うのである。だとすればこの言説は、実は常識論に過ぎない。

（b）マキァヴェッリはまた、君主が愛されるべきか畏れられるべきかについても、次のようなかたちで条件つきの主張をしている。

「かりにどちらかを捨てて考えなければならないとすれば（quando si abbia a mancare dell'uno de' dua）、愛されるより畏れられるほうがはるかに安全である。というのは、人間については一般に次のことがいえるからである。そもそも人間は、恩知らずで、むら気で、偽善者で、厚かましく、身の危険は避けようとし、物欲には目のないものである、と」（『君主論』第一七章）。

——傍線部分の限定はここでも無視しえない。「どちらかを捨て」る二者択一が必要なケースは、実際には例外的なもの（＝危機的状況下のもの）であり、それゆえこの主張を逆読みすれば、平常においては、君主は愛されることをも追求すべきだということになる。実際このことは、前述のように『君主論』の第一九章や第七章で見たとおりである。

マキァヴェッリが、君主は「畏れられる」だけでなく「愛される」ことが大切だと考えていたことは、先のものの他に、さらに次の箇所からも明らかである。

「このコジモの思慮深さ、その富、その生き方と幸運が、彼をフィレンツェの市民たちから畏れられ、かつ愛され、そしてイタリア国内のみならずヨーロッパ全土の君主たちから異常なほど尊敬される存在にしたのである」（『フィレンツェ史』第七巻六。〔本書注29〕『マキァヴェッリ全集』第三巻三三四頁の訳による）。

さらにかれは、君主は「畏れられる」以上に「愛される」ことが大切だと言ってもいる、

「要するにロレンツォ＝デ＝メディチは、畏れられるよりも愛され尊敬されている。これは、もっとも得がたいことなので、それだけにますます称讃に値することである」（一五一三年八月のフランチェスコ＝ヴェットーリ宛の手紙。なお、九〇頁、一二五頁、一四六頁をも参照）。

先の引用文の後半に、そもそも論としての悲観的人間論が出ているが、しかしこれも、例外的状況に対処する場合の記述として理解されるべきものである。なぜなら、右にあるように日常生活では君主が愛される必要があることが前提になっている以上、愛されるためには君主に徳性や人間味が求められる。そしてこのことはまた、君主を愛する民衆の側に、君主のそうした徳性や人柄を受け止め・それに共感する道徳感情・正義感覚が備わっている、とマキァヴェッリが考えていることをも、意味しているからである。

（c）次のような言明はどうだろうか、

「名君は、信義を守ることがかえって自分に不利をまねくばあい、あるいは、約束したときの動機がすでに失われてしまったようなばあいには、信義を守ることをしないであろうし、また守るべきではないのである」（『君主論』第一八章）。

――一見〈約束は都合が悪くなれば、いつでも破ってよい〉と言っているかのようである。しかしながら、実はこれも

条件付きの文として読まなければならない。「約束したときの動機がすでに失われてしまったようなばあい」とは、事情変更の原則が妥当する場合である（そこでは、約束に違背することの違法性が阻却される）。また、「信義を守ることがかえって自分に不利をまねくばあい」は、「不利」の程度に依存している。ちょっとでも不利なら約束を破ってよいというのでは悪徳の勧めになるが、自国の存亡に関わるような不利の場合にもリーダーに、約束を守れというのは、無理な注文である（期待可能性がない）。この点をマキァヴェッリの他の発言に照らして読むと、かれが悪徳を奨励しているのではないことはいっそうはっきりする。後述のように（八五頁）マキァヴェッリが強調するところによれば、「きめられた同盟や、締結された条約を破廉恥に破ってしまう」（『ディスコルシ』第三巻四〇章）ことは許されない。破ってよいのは「無理じいされた約束」だけなのだ（同第三巻四二章）。だとすれば右の言説もまた、実は常識論に過ぎない。

（d）次の発言はどうか、

「慈悲ぶかいとか、信義に厚いとか、人情があるとか、裏表がないとか、敬虔だとか思わせることが必要である。それでいて、もしそのような態度を捨てさらなければならないときには（bisognando non essere [pietoso, fedele, umano, intero, religioso]）、まったく逆の気質に転換できるような、また転換の策を心得ているような気がまえが、つねにできていなくてはならない」（『君主論』第一八章）。

――ここで大切だとされているのは、非常時には普段とちがった行動に出られるような、鋭い状況認識と、その状況変化に即応できる柔軟な思考とである。

その際かれは、道徳的だと「思わせる」（parere d'averle）だけでよいと考えていたわけではない。そもそも、道徳的だと「思わせ」られるためには、普段、道徳的に行為していなければならない。かつ、道徳的に行為するためには、多少は道徳的資質をもっていなければならない。利害が深くからむ政治の場では、従う人びとは、自分を従わさせる者の偽善性などすぐ見破ってしまう。先のところに君主は「半人半獣」たるべしとあったが、ここでの「人」の側面は、右のような道徳的であることにも関わっているのである。

右の発言は、次のことに関わっていることにも、注意したい。すなわち、われわれ通常人には、全面的に道徳的な者はいない。この点でわれわれは、幾分かは道徳的な面をもち、その限りでは道徳にかなう行為をするものの、多くの場では自分の不道徳的な部分を隠し、したがってマキァヴェッリが言うように、人に道徳的だと「思わせ」て、生きている。道徳的であると見えてこそ、われわれは互いに受け容れあえるのだからである。そしてわれわれは、「そのような態度を捨てさらなければならないとき」に直面すれば、不道徳の部分を露呈させて振る舞う。その際、この「捨てさらなければならないとき」を不当に広く考えていると、人びとの信頼を得られない。それゆえこの点は、きわめて限定的に考え、隠すことに気を遣う。これが、われわれの生き様である。こう考えれば、マキァヴェッリの右の言説は、しばしば考えられているようには、特異なもの、偽善の勧めでないことが分かる。

（e）ハンニバルの残酷さに関しても、マキァヴェッリは次のように限定を付している。

「君主が軍隊を率いて多くの兵士を指揮するばあいには、そのときには残酷であるという悪名などにこだわる必要はまったくない」（『君主論』第一七章）。

――軍事行動中の場合（とりわけ長期の大遠征にある場合）、そういった例外的な関係においては、ハンニバルが採ったように軍紀を特別に厳格なものにする必要がある（一四三頁以下、一五五頁以下）。マキァヴェッリはこの常識的な判断に立って、その時のハンニバルの残酷さを評価しているのである。したがってこの言明も、実際にはそれほどショッキングなものではない。

以上（a）～（e）は、例外的状況に関わる。例外的状況下では、違法行為に出る選択肢は排除されない。そこでは、違法性阻却がありうるのである。これは、別にマキァヴェッリの発見でも何でもない。古来、広く認められてきたことである。

（f）ハンニバルについては、かれの兵士のあいだで内紛や反抗がなぜ起こらなかったのかについての、マキァヴェッリの次のような説明も、併せ読まれるべきである。

「こうしたことは、ひとえに、ハンニバルの非人道的な残酷さのおかげであった。部下の兵士の目には、幾多の徳性を持つとともにこの非道な残酷さをもつ（sua inumana crudeltà, la quale insieme con infinite sua virtù）かれは、つねにけだかい、恐るべき（venerando e terribile）人物と映ったのであった。この気質がなく、他の徳性だけだったとしたら、かれはあれほどの効果をあげるには至らなかったはずである」（『君主論』第一七章）。

——マキァヴェッリはハンニバルの残酷さを強調するが、実際にはそれも、ハンニバルの「幾多の徳性」と共存したものと、見ている。残酷さと「幾多の徳性」とがあいまってはじめて、部下の服従がかちとられた、とマキァヴェッリは考えるのである。ハンニバルの「けだかい、恐るべき人物」という表現が、この関係を端的に語っている。どちらか一方に偏するだけでは、ダメなのである。

なお、以上の点は、前述（四八—四九頁）のシチリアのアガトクレス批判と対比すれば、いっそう明らかになる。マキァヴェッリによれば、「かれの枚挙にいとまのない非道な行為や、あの言語道断の残虐性と非人道性」は、かれが「すぐれた名士の列に」入ることを許すものではないのであって、しかも「こういう手段で支配権を手に入れることはできても、栄光〔人びとから心服を受けること〕を手に入れることはできない」のであった（『君主論』第八章）。

（g）同様な主張は、『ディスコルシ』でも次のように見られる。

「だから、その人物が王国を打ち建てたり、あるいは、共和国をつくったりするのに、どのような非常手段に訴えようとも、かれが道理をわきまえた人間ならば、人はとやかくいってはならないのだ。たとえその行為が非難されるようなものでも、もたらした結果さえよければ、それでいいのだ。ロムルスの例のように、もたらされた結果がりっぱなものなら（quando sia buono come quello di Romolo）、犯した罪はいつでも許される。単なる破壊に終始して、なんら建設的な意味のない武力行使（violento per guastare）こそ非難されてしかるべきものだからである」（第一巻九章）。

——ここで「武力行使」は、「ロムルスの例のよう」な巨大事業（建国の戦い）に必要な場合で、「道理をわきまえた人間」が使う場合で、かつ「非常手段」として必要な場合にのみ、正当とされる。それは、つまらぬ目的のために使ってよいものでもないし、「道理をわきまえ」ない、自制心のない、人から尊敬されていない人間が使うべきものでもないし（この点については、クセノフォンの指摘に関して、後述する。一二五頁以下）、自己目的でもないのである。「結果さえよければ、それでいいのだ」にだけ着目して、〈典型的な、マキァヴェッリズムの言説だ〉という人がいるかもしれないが、右の限定、それをめぐる緊張感を見ておかなくてはならない。

（h）君主間における友情が不確かなものであることについての指摘も、次のように限定付きである。

「［君主が］けだかい精神や偉大さではなく、報酬で買いとった（col prezzo e non con grandezza e nobiltà di animo）友情は、役には立つが、君主はそれを自分のものとして確保しているわけではないので、いざという時には頼りにすることができない」（『君主論』第一七章）。

——これも逆読みすれば、「報酬」でなく「けだかい精神や偉大さ」でかち取った友情は、君主はある程度頼りにすることができる、ということになる（後述のカストルッチオやロレンツォ＝デ＝メディチに関する議論をも参照）。この限定に注意して臨めば、ここでもマキァヴェッリが常識的な道徳論者の側面をもつことが分かる。

以上の事実を、他の箇所（四〇頁・九四頁）と併せて見ると、総じて〈マキァヴェッリによる反道徳の提唱〉なるものは——この点の強調こそがこれまでのおびただしい数のマキァヴェッリ論の目玉であり続けてきたのだが——、実際には、それほど悪魔的なものでも革命的なものでもなかったことが判明する。

本書のこうした議論に、〈マキァヴェッリを凡庸化するものだ〉と反発し、〈それでも自分は、マキァヴェッリ政治学の（良い意味での、あるいは悪い意味での）革命性を実感する〉と言う人も、きっといることだろう。そういう人の支援のために本書が提供できるのは、次の「四」で扱う、マキァヴェッリにおける思考方法の態様の点である。

四　思考方法の特徴

前述のように、政治的判断において大切なのは、ことがらを機能論的・動態論的・多元的にとらえる眼である。そのような眼の人は、ある命題を金科玉条にはしない。別の面や例外的状況への感覚が磨ぎすまされているからである[39]。かれの主張は、それゆえ状況依存的・条件つきの限定的な・慎重なものとなる。そしてかれが選択する際には、他の可能性があるにもかかわらず今回はこれを選んだのだという「ディレンマの意識」につきまとわれたものとなる[40]（もちろん他方で、理念や原則を重視し断行するのも、政治的判断に必要なことではある[41]）。

マキァヴェッリの思考の特徴については、これまでのところで随時論じてきた。ここでは、『君主論』と『ディスコルシ』を中心に、右の観点から総括しておこう。

（a）事物の意味を状況の変化の中で考える　これは、動態論的でかつ機能論的な思考である。事物は、次のように変化を免れない

「空は、ときには曇り、ときには晴れわたる。このように、地上のすべてのものは今の状態にあり続けることはけっしてない（Quando il ciel vedi tenebroso, e quando lucido e chiaro; e cosi nulla in terra vien ne lo stato suo perseverando.）」（『黄金のロバ』第三章。本書注19『マキァヴェッリ全集』第四巻）。

このため、次のようなことが起こる、

「けれども、すべての人事は、流転してやまないものである（tutte le cose degli uomini in moto）。釘づけにしておくわけにはいかないもので、それらは上り坂にあるか、または下り坂にあるかどちらかしかありえない。〔…〕したがって、それを拡張しないでも維持していける共和国をつくりあげたところで、四囲の情勢で、どうしてもそれを拡張しなければならぬはめに追いこまれるようなことになると、その基礎はぐらつき、またたくうちに崩壊してしまうのがわかるであろう」（『ディスコルシ』第一巻六章）。

状況の変化を受けて主体間の関係が変化することによって、政治的な力関係や政治上の運動の効果も変わっていく、

ということである（なお、右の言明もまた、「拡大的共和国」（注12）に消極的な言明である）。

それゆえ大切なのは、変わり身の早さ、それを支える精神の柔軟さである。すなわち、「残酷さがりっぱに〔…〕使われたというのは、自分の立場を守る必要上一度はそれを行使しても、そののち、それに固執せず、できるかぎり臣下の役にたつ方法に転換したばあいをいう」（『君主論』第八章）とする点に見られる思考である。さきに引用した、「慈悲ぶかいとか信義に厚いとか、人情があるとか、裏表がないとか、敬虔だとか思わせることが必要である。それでいて、もしそのような態度を捨てさらなければならないときには、まったく逆の気質に転換できるような、また転換の策を心得ているような気がまえが、つねにできていなくてはならない」（『君主論』第一八章）というのも、同じ思考に関わる。政治に生きる人間は、意識を不断に緊張させ、思考を常に自己反省的にめぐらさなければならないのである。

以上の点は、法律や政治制度の見方についても、同様である。動態論的・機能論的にとらえること、すなわち、「人々の精神が健全であった国の創設期に設けられた法律や制度も、堕落がすすんでいる時代には、もはやぴったりしないものになる」（『ディスコルシ』第一巻一八章）という認識が大切である。制度をこのように可変的なものと見る見地からは、「共和国が自由を維持していくためには、時代に即応した法律制度をたえず編みだしていかなければならない」と心がけるようになる。このような思考にとっては共和国は、「大部分は毎日のように医師を必要とする病気にたとえられるほどのもの」（『ディスコルシ』第三巻四九章）という認識も出てくる。

マキァヴェッリのこの見方はまた、かれの有名な運命論（これについてはあとで詳細に論じる）の根底を成している。これは、次のような言明から明らかだ。

「すでになんども述べたように、人の運不運は時代に合わせて行動を吟味する（procedere suo con i tempi）か否かにかかっている。〔…〕誤りを犯すことも少なく、前途は洋々たる好運にいろどられている人々は、なんども述べたように、時代の性格を敏感に感じとり、いつも自然が命ずるままにことを運んでいく（si procede, secondo ti sforza la natura）ものである」（『ディスコルシ』第三巻九章）。

「ある君主が、きょうは隆盛をきわめているのに、あくる日は滅んでしまうようなことがよく起こる。しかも、この君主の心情または気質はその間になにひとつ変化したとはみえないのに、こういうことが起こるのはなぜかについて述べておこう。この事態は、さきにくわしく述べたとおり。運命に全面的に依存してしまう君主は、運命が変われば滅びるという理由からとくに起こったことだと私は思う。さらに、時勢に自分の行き方を一致させる者は成功し、反対に、時代と自分の行き方とがかみ合わない者はうまくいかないように思う」（『君主論』第二五章。第一八章も参照）。

これらも、自分の行動の意味を客観的な状況の変化・運動との関連において考えていくべきだという主張に関連している（マキァヴェッリはこの視角から、変化する状況に政治が機敏に対応しうる点でも共和制がすぐれていると言う。なぜなら共和制では、複数のリーダー候補者が競いあい、状況の変化に応じて政権が変わり、その時にもっとも適した人物がそのつどリーダーとなるからである。『ディスコルシ』第三巻九章）。

（b）行為の結果が一様でないことを見る　これは、機能論的な思考である。主観的に良いと思ってしたことが、客観的には悪い結果をもたらす。また、今はプラスの効果をもたらしていても、やがてマイナスの効果をもたらすこともある。したがって、次のパラドックスが常態である、「ここで考慮すべきことは、人の恨みは、ひとり悪行のみならず、善行からもまた生まれるということである」（『君主論』第一九章）。主観を客観との緊張関係において位置づけるこの思考は、ヴェーバーの「信条倫理 対 責任倫理」の思考に通底する（本書二八七頁以下）。

相異なるやり方が同じ結果をもたらすこともある。この問題は、たとえば『ディスコルシ』では、次のように示されている。①第三巻二一章。表題は、「スキピオがイスパニアにおいてあげたのと同じ効果を、ハンニバルがイタリアにおいて別の手段であげたのはなぜか」というものである。スキピオは道徳的な行為によって敵を感服させ帰順させた（本書九八頁）。ハンニバルは、残虐非道によって支配を拡大した。採った手段は異なっていたが、それぞれがその状況に合っていたので、同じ良い結果が出たのだ。②第三巻二二章。ここでは、マンリウスは厳格さにより、ワレリウスは人間味あふれる態度により、すなわち正反対のやり方で同じように栄光を手に入れた事実が扱われる（本書一二三頁参照）。ここでも主体の力量のちがいや具体的な事情のちがいが交錯して、同じ結果が出たのだ。

（c）タテマエと実際のちがいを見る　これも、機能論的な思考である。マキァヴェッリは言う、

「人の実際の生き方（come si vive）と人間いかに生きるべきか（come si doverrebbe vivere）ということとは、はなはだかけ離れている。だから、人間いかに生きるべきかということのために、現に人の生きている実態を見落としてしまうような者は、自分を保持するどころか、あっというまに破滅を思い知らされるのが落ちである」（『君主論』第一五章）。

すなわち、社会的関係（政治を含めて）を、理想主義的・道徳主義的に（主観的に）のみ見ることに対する警告である。

（d）徹底的に場合分けをして論じる　一般論を警戒し、場合に分けそれぞれの特徴に即して個別具体的に検討しようというのは、『君主論』の基本姿勢の一つである。マキァヴェッリは、たとえば君主については、（第二章以下で）世襲の君主の場合、自力で国を手に入れた君主の場合、他人や運命の力で国を手に入れた君主、市民型の君主、教会国家の君主、複合型国家の君主などに分けて、すなわちそれらをとりまく状況との関係に応じて論じる。かれはまた、マルクスからマクシミヌスにいたるローマ皇帝がたどった道については、〈皇帝というものはどのような運命をたどるものか〉といった一般論としてではなく、帝位に就いた経過、君主の気質やvirtùのちがいに応じて場合分けをしつつ、それぞれの道の特徴・相互のちがいを論じる（第一九章）。つまりこれは、多元的でかつ機能論的な思考である。

〈君主は気前良いのが良いか・ケチであるのが良いか〉をめぐる議論でも、マキァヴェッリは、すでに君主の地位にある人か・君主になる途上の人か、民衆に与える物を自分の固有財産から出すのか・敵から奪ったものから与えるのか、などに場合を分けて論じる（第一六章）。城砦の効果についてもマキァヴェッリは、それが「ときにより（secondo e tempi）、有効にも有害にもなるのである。また、一面あなたの役にたっても、別の面であなたの害になることもある」（第二〇章）と、時代と局面とによる「特殊事情」を考慮する必要を説く。さらに、君主が臣民に対してとるべき態度についてマキァヴェッリは、「ほかにも君主が民心を把握するには多くの手段があるが、それらは民衆の置かれた状況によって異なり（variano secondo el subietto）、一定の法則をえることはできないので、ここでは省略することとしよう」（第

九章）と、一般論を警戒する言明をしている。

一般論は、どうしても観念的になる。現実の多様性を意識しつつリアルに思考しようとする者は、場合分けを徹底しなければならない。マキァヴェッリの命題が限定つきであるという前述の議論も、このことに関係してもいる。かれが場合分けをしないで論じていることについても、われわれは、場合分けが実は前提にされているのではないか、と警戒してかからなければならない。

（e）反対物への転化に着目してものを見る見方　この動態論的な思考は、たとえば次のような言明に見られる。「市民に力能があることによって国は安穏となる。この安穏さが怠惰を生む。怠惰になることによって〔侵略され〕、町や村が焼かれる。こうしてその国はしばらくの間、無法状態に陥る。この悲惨な状態の中からやがて力能が蘇り、国力回復に向かう。われわれを支配している運命は、こうした行程をわれわれに与えまた要求する。太陽の下では不変のものはないし、ありえないのはこのためである（nulla stia o possa star mai fermo sotto il Sole.）。悪が善から、善が悪から生まれる。一方が他方の原因となるのが、常なのだ」（『黄金のロバ』第五章）。「国（provincia）は必ずといってよいほど、それが変化するに際して、秩序から無秩序へと陥り、その後、ふたたび無秩序から秩序へと移行するのが常である。それはこの世の物ごとが自然の掟によって静止することを許されておらず、その最高の完成の域に達すると、それ以上昇りつめることができなくなって、下降せざるをえないからだ。同様に、事態が低きに落ちて、その最低の底辺に達するや、もはやそれ以上下落はできなくなり、必然的に上昇せざるをえなくなる。こうして、よき状態から悪しき状態へと下降し、悪しきからよきへと上昇するのが世の常である。それは力量が平穏を生み、平穏が怠惰を、怠惰が無秩序を生み、あげくは無秩序が破滅へと導くからで、同じく破滅から秩序が生まれ、秩序から美徳が、さらにこれから栄光と幸運が生まれるのである」（『フィレンツェ史』第五巻冒頭）[42]。

一つの事物・状態のうちに、それを不断に他のものに転化させていく契機を見、それゆえその事物・状態を固定的なものと見ないこと、が重要なのである。しかもこの転化は、事物それ自体の発達がかえってその事物の自己否定をもたらすというパラドクシカルな運動によって起きる、とマキァヴェッリは見る。これは、すぐれて弁証法的なものの見方でもある。

ことがらの不断の転変を押さえる、この思考は、自分と敵の関係の認識においても次のように問題になる。

「貴族にしろ人民にしろ、自分たちの自由を守ろうと熱中すれば、いずれの側も、敵を圧倒できるだけの力をそなえるようになってくるものである。この当然のなりゆきとして、恐怖から逃れようと懸命になって努力している当の人物が、こんどは、逆に他人にとっては脅威の的となっていくものなのである。そして自分がそれからのがれようともがいていた威圧感を、こんどは、他人の頭の上におっかぶせることとなる」(『ディスコルシ』第一巻四六章)。

すなわち、自分の実力とか社会的意味とかは、つねに他の主体との関係においてとらえられるべきものであり、強弱や攻勢・守勢は、自分と相手との間での相関的なものである。そこで、弱者が弱者であるがゆえに強くなろうと努力し、強者が圧倒的に強者であるがゆえに油断することになれば、やがて位置が逆転し、弱者が強者に、守り手が攻め手にと、反対物に転化するのである。

(f) バランス感覚　これは、多元的思考と不可分であり、あることがらに対する対応を一面化・固定化させず、状況に応じて不断に組み換え、もっとも妥当な結果が出るようにコントロールしていく能力である。「君主はかるがるしく信ぜず、かるがるしく実行せず、また、自分の影におびえてはならない。そして、相手をあまり信じすぎて、思慮をなくしたり、かといってあまり不信の気持ちにかられて偏狭になったりしないように、思慮と人間味をもって、落ちついたやり方(procedere in modo temperato con prudenzia e umanità)で事を運ばなくてはいけない」(『君主論』第一七章)。このためには、不断の反省が自分の観念に対しても、自分と相手や状況との関係についても、必要となる。

バランス感覚は、さらに次のようなことがらに関係しても問題になる。「さて一般に、共和政をしいている都市では、いつも二つの目的によって影響を受けている。すなわち自国を強大にすることと、自由を維持していくことの二つである。しかし、しばしばそのうちどちらかの欲望が強くなりすぎて、失敗におわることが当然にある」(『ディスコルシ』第一巻二九章)。たとえば領土拡大のために軍隊を強化しすぎると、その結果、独裁者や軍部の支配を出現させてしまう。

戦功を挙げた者が影響力を増大させるのを警戒しすぎると、かれを冷遇し、その結果、かれの怒りを買い反乱を受ける。王政の場合は、領土拡大の欲望だけが動力となるが、共和制の場合は、領土拡大の欲望に加えて、人々の自由拡大の欲望もが動力となる。その際、領土拡大欲は、国の強い統合を必要とするが、自由拡大は、どうしても分散化・無秩序や貧富の対立を生む。こうして共和制は、領土拡大欲と自由拡大欲とのあいだで苦労することになる。共和国の政治家は、避けられない二つの対立する力の間で、バランスをとることが肝腎である。

バランス感覚の問題は、マキァヴェッリの運命論を理解するうえでも重要である。この点については、とくに『君主論』第二五章が示唆的である（この章をめぐっては『ディスコルシ』第三巻三一章をも併せて参照のこと）。上述したし、またあとで詳述するであろうように、マキァヴェッリは、一方では、運命の変化に機敏に即応すべきこと、運命の変化を予見しそれに備えることなど、思考の柔軟性を強調する。だがかれは、他方では、運命はしょせん人間の予想・対応の能力を超えている以上、人は〈逃れえぬ運命〉に対し腹を決め・それに挑戦する覚悟で、知力と勇気＝決断力をもって果敢に立ち向かう他はない、とする（これもストア的である）。この運命への挑戦は、敗北に帰す可能性が大きい。しかし、この主体的な姿勢を保持するほかに道はない…。マキァヴェッリが「用意周到であるよりはむしろ果敢」であれとか、「思慮深くなく、あらあらしく、きわめて大胆に女を支配する」若者であれとかと言うのは、この観点からである（〈決断〉に関する本書注41参照）。

マキァヴェッリの運命論については、「大胆に女を支配する」ように行動することを勧める面がエロティックであるため（サディズムを連想させる）、注目されてきた。だがマキァヴェッリの運命論を考える場合に見逃してはならないのは、以上のように、一方での、（人間を超えた力である）運命の動きを機敏に読み取る知力と、他方での、その運命にあえて挑戦する勇敢さとがともに必要であること、知と意の両力量が欠かせないこと、が強調されている点である。ここでも、相異なる二つの要素の双方に着目しつつ、一方に偏せず、使い分けやバランスをもって生きていくべきことの重要性が問題となっている。

(g) 事物を内なる矛盾の不断の闘争において見る思考 これも、多元的思考である。これは、たとえば、古代ローマで自由が、紀律と高い公共心とをともないつつ発展した原因を、貴族と平民の抗争に求めるところに現れている。自由を求める人民の運動と、それに妥協しつつ体制を整備していった貴族の工夫とが、ローマ特有の、自由でかつ紀律を担保する法制度の確立をもたらし、政治意識をも高めた、とマキァヴェッリは見る。マキァヴェッリは、この観点から、「内紛」を消極的に見る俗説を批判して、次のように述べている。「このような考え方をする人々は、どんな国の中にも二つの異なった傾向、すなわち人民的なものと貴族的なものとが存在するということを考えてみようともしない」(『ディスコルシ』第一巻四章)。

こうした物の見方は、マキァヴェッリの思想の根本に関わっている。前述のようにカール＝シュミットは、「政治」をヘゲモニーをめぐる「友と敵」の関係と定義したのであるが、これを先取りしていたのが、マキァヴェッリである。かれは、それまでの伝統的政治論・倫理学の主流が広義の(伝統的な)意味での「政治」に固執し、それゆえ政治を道徳と直結させて考えていたのに対し、「友と敵」関係に着目し、そのあいだにおける闘争の力学として政治(狭義の「政治」)を考え始めたのである。

その際「友と敵」の関係には、様々のものがある。①国内における友と敵、②国内のそれら両陣営それぞれの内部における、主流派と反主流派の相克、③国際的な場での友と敵、④国際的な場でのそれら両陣営それぞれの内部における、主流派と反主流派の相克、⑤国外の友・敵が国内の友・敵と結びつく可能性など、多様な「友と敵」の関係において政治主体のあり方を考えると、「公正な君主」とか「寛大な支配者」とかの評価も異なってくる。相手を一枚岩的・固定的に見、とくに「みんな友達だ・味方だ」ととらえてワン＝パターンの対応(味方向けの道義的なふるまい)しか眼中にないと、多元的で変化する現実に裏切られる。

「友と敵」の関係においてものを見るのは、そうした頭のコリの治療法であり、これがマキァヴェッリにおける、「政治の覚醒」の一論点だったのである。

ところで、「友と敵」の関係を中心に見る思考を発達させたのは、古代の軍事学者、およびクセノフォン・トゥーキュディデースら一部の軍事・政治論者、歴史家である。同じく古代以来のものでも、プラトン・アリストテレスらの主流的な伝統的政治論では、（統合・統治を中心テーマとしたので）「友と敵」の議論は弱かった（このこともまた、軍事学の伝統がマキァヴェッリの政治思想形成にとって重要であったことを推測させる。これが、かれの直接の政治体験とあいまって、独特の政治的思考を生み出したのである。これらの点は、あとで詳論する）。

なお、事物をその反対物との緊張において見る思考も、この関連で重要である。これは、反対物を不断に自覚することによって、自分の意識を鍛えていこうとする態度に関わる。たとえば、グッチャルディーニに宛てた一五二一年三月一七日付の手紙にある、「わたしは、天国へ道を誤らずに行くには、地獄へ行く道をよくわきまえ、それに踏み入らないようにすることだと思います」という言明や、「ソデリーニが示した法への配慮は、賢明かつ善意にもとづくものではあった。しかし、良いことに心を奪われるあまりに、好ましくない傾向が頭をもたげてくることに無関心であってはならない」（『ディスコルシ』第三巻三章）という言明に見られる思考である。

第二節　中間考察

これまでの考察を踏まえて、第一に、マキァヴェッリの功績とされる「近代政治思想の創始」（foundation of the modern political thought）ないし「政治の発見」（人びとはこれらを、マキァヴェッリとその時代の「政治の覚醒」に関して使ってきた）とは、具体的にはどういうことなのか・マキァヴェッリにどこまで妥当するか、第二に、それらはかれにおいてどうして可能だったのか、すなわちマキァヴェッリの政治思想のルーツはどこにあるか、を考察しよう。

一　「近代政治思想の創始」について

まず「近代政治思想の創始」とは一般に何を意味するか、を見ておこう。この点は、本書冒頭の「序論」で示唆したところだが、人はこれを論じる際には通常、（一）政治で重要な要素の自覚、（二）そのことを踏まえた（自然および道徳・宗教からの）政治の自立化、（三）政治的な見方・考え方の提示、のどれかを念頭に置いている。以下、これらを概観しておこう。

（一）政治で重要な要素の自覚

政治で重要な要素の自覚とは、（a）政治にたずさわるうえでとくに重要な手段・技術、（b）政治現象の一主軸である「友と敵」の関係、のいずれかの意義が認識されたことを意味する。

（a）手段・技術　統治には被治者の積極的・消極的な承認が必要だが、承認を引き出す道としては、イデオロギー（宗教・文化・思想など）を活用する道、統治者の個人的魅力（人柄、実力やカリスマ性など）を使う道、伝統がもつ権威を使う道、既成事実化によって受け容れさせる道、利益誘導による道、被治者を無知・無情報の状態におとしいれて考えさせない道、被支配状態を習慣化し問題を意識化させない道、威嚇・実力行使に頼る道などがある。

これらのうち政治（と法）で最後の手段としてあるのは、実力、とくに正統なものとして組織された物理的強制手段（軍隊・警察など）である。この実力を行使できる権限が権力であり、こうして権力の獲得・維持・拡大をめぐる集団的行為が、政治の中心的関心となる。

しかし武力による強制は、統治の最終的な担保であるとしても、自発的な服従とは正反対のものであるため、それのみでは円滑で安定した統治は達成できない。それゆえ、武力に頼らないで統治をするにはどうすればよいかということも、政治の基本に関わる。そうした手続としての、（上述のイデオロギー・カリスマ性・伝統・利益誘導・習慣化などによる）被治者の説得・妥協・欺瞞・心理操作などが重要となる。

（b）「友と敵」の鮮明化　これらについては別に論じたので（拙著『法哲学講義』（東京大学出版会、二〇〇二年）第一章参照。本書二頁をも参照)、ここでは簡単に論じておく。本書冒頭等で示したように、政治とは、集団の統合・統治に関わる行動一般を指すのではあるが、しかし人が、ある集団について〈政治化した〉と感じだすのは、その集団の内に、相互に対抗しあう部分集団が発生しヘゲモニーをめぐって争いだしたり、外に対抗集団が発生し、それとの間でヘゲモニーをめぐる争いが始まったりしたとき、すなわち「友と敵」の関係が表面化したときである。「友と敵」の争いにおいては、その運動に適合的な思考や行動技術、道徳や宗教に対する新しい位置づけなどが発達する。これら、手段・技術、「友と敵」の関係の重要性の一層の自覚が、「近代政治思想の創始」の主要契機の一つとされてきたのである。

(二) 自然および道徳・宗教からの政治の自立化

これに関しては、(a) 社会秩序は、(所与のもの=自然の一部、ではなく、) 作為の所産 (人がつくるもの) だという自覚、(b) 道徳・宗教などとは異なるものとしての政治の独自性、の二点が問題となる。

(a) 作為の所産　これが問題になるのは、社会関係を人間の意志によって改めていく必要・可能性が自覚されたときである。丸山の『日本政治思想史研究』(本書注3) の指摘をごく図式化して使えば、一般に前近代社会では、人々は社会の秩序を自然の一部と理解し、それゆえそれを当然のもの・人の意志で変えられないものとして受け容れていた。ところが近代になると、〈新しい政治関係や法関係、経済関係を自分たちの手で形成しよう〉という (「作為」の) 主体的思考が強まる。秩序形成は、政治に関わるから、この思考の登場は、「政治の覚醒」の一論点を成す (それは同時に、法の自覚化、経済の自覚化でもある)。〔ただし、〈社会秩序は自然秩序の一部ではない。社会秩序は人間の意志と工夫で形成するものだ〉とする「作為」の思考は、あとで詳しく見るように東西の古代以来の将帥や思想家にも見られた。したがって、丸山の上記の議論には、留保が必要である。〕

(b) 政治と道徳・宗教の区別　これは、政治や法が公的世界 (国) に関わるものとされて、個人の世界 (家・仲間集団・個人) に関わるものとされた道徳や宗教と区別されることであり、また、政治や法が強制 (武力) に関わるものとされて、内面の自由を基盤とする道徳や宗教と区別されることである。「公と個」、「外と内」の区別自体はどの時代にも見られるが、〈政治と法は「公的」・「外面的」なもの、道徳と宗教は「個人的」・「内面的」なもの〉という認識は、すぐれて近代のものである。

朱子学的儒教の「修身斉家治国平天下」、アリストテレスやストア派の実践哲学、トーマス＝アクィナスの神学においては、道徳的・宗教的な本質が、個人の本質、国家の本質、さらには宇宙の本質とも連続していると観念された。したがって、道徳や宗教は、その本質（＝「自然」）の一部であり、政治や法もそうであった。個人は、それらに即して行動することが求められた。それゆえここでは、道徳や宗教からの、政治や法の自立は見られなかった。

これに対して、道徳や宗教が主として「個人的」・「内面的」なもの、良心の世界のものとされるにいたってはじめて、「公的」・「外面的」なものに関わるものとしての政治・法が道徳や宗教から自立する。これは、近代に入って起こった。前近代においても、〈国に関わるものとしての「公」、個人・家に関わるものとしての『個』〉とか、〈タテマエとホンネ〉（＝公的には○○とするが、個人の世界では△△とする）とか、〈面従腹背〉（＝外面では服従を装うが、内面では反抗する）とかといったかたちでの、「公と個」、「外と内」の区別はあった。しかし、道徳・宗教は個人の内面に関わるもの、政治・法は外の社会に関わるものとされたことによって、「公と個」、「外と内」の区別の意味が変わったのである。

なお、断っておくが、道徳・宗教と政治・法の非連続化、道徳・宗教からの政治・法の解放とは、両項の完全な切り離しを意味するものではない。区別を踏まえたうえでの結合は、重要である。この点は、これまでの議論から明らかである。

(三) 政治的な見方・考え方の提示

統治をめぐっては、治者ないし被治者である相手をどう扱うか、そのためにどのような手段に訴えるか、自分の置かれた場にどう対応するかなどを考える際に、一定の特徴ある思考方法がとくに必要となる。丸山眞男によれば、それらは次の六つに集約される。[43]①状況的思考。これは、ものは置かれた状況によって効果を変えることに着目する思考である。②役割的思考。これはものを、タテマエ（目的・意図・主義）にとらわれず実際の働きに着目して見る思考である。③条件的思考。これは、二つのものを絶対的に対立させて論じるのではなく、程度のちがいとして見る思考である。たとえば政治上の選択肢（党派・政策案・制度など）を、「善か悪」の二者択一の関係としてではなく、「悪さかげん」ないし「ヨリましなほうはどちらか」の程度問題に過ぎないと見る。④過程的思考。これは、ものを不断に変化するものとして見る思考である。これによって、対立物をも一方から他方への移行において連関づけることが、可能となる。⑤函数的思考。これは、ものをその内部の種々の構成要素に分解して考察する思考である。⑥配分的思考。これは、ものを全体と部分、部分と他の部分、の相互関係に着目して見る思考である。これらの思考は、われわれがこれまでに使ってきた用語に対応させると、①と②が機能論的思考、③と⑤と⑥が多元的思考、そして④が動態論的思考にあたる。「近代政治思想の創始」は、近代において、これらの見方・考え方が鮮明化したことをも意味する。

以上の考察を踏まえ、マキァヴェッリはどの点において「近代政治思想の創始者」だと言えるか、またどの点ではこの規定があてはまらないか、を考えよう（ただし、右の（三）についてはさきに扱ったので（本書六〇頁以下参照）、ここでは検討の柱にしない）。

（A）政治で重要な要素の自覚について

この点に関して検討すべきなのは、（a）武力を重要な手段とした点と、（b）政治の技術を示した点とである。

（a）武力の契機の重視　それまでの政治思想に対するマキァヴェッリのユニークな点として、かれが「政治における武力の重視」を鮮明にしたことが挙げられる。これは、マキァヴェッリ研究上の常識である。最近でもスキナーは、ルネサンス期の政治思想を丹念に扱った論文のなかで、そのコンテキスト上でのマキァヴェッリの独自性の一つとして、道徳からの政治の解放と並んで、これを挙げている。[44]

実際マキァヴェッリは、「自分の武力を備えていなければ、いかなる君主国といえども安泰ではない」という立場から、自国の市民軍による国防を提唱する（『君主論』第六章）。また国内政治に関しては、『君主論』第六章の「武装せる預言者」に関する議論が注目に値する。すなわちマキァヴェッリによれば、「民衆にあることを説得するのは容易だが、説得されたままの状態に民衆をいつまでも引きとめておくことはむずかしい」。民衆の心もまた、時間の経過・環境の変化によって変わるからである。だから、「ことばを聞かなくなったら、力をもって信じさせるような対策を講じなければならない」。政治リーダーにおいては、最後の手段として武力による強制を留保しておく必要があるのである。こうしてマキァヴェッリは言う、「モーゼやキュロスやテセウスやロムルスにしても、もし武力をもたなかったとしたら、自分たちの律法を長期にわたって民衆に守らせることは、不可能だったろう」。リーダーの偉人な人格性も、実効性のある強制力によって担保されていなくてはならない。カリスマ的支配も、究極的には武力に基盤を置いてこそ長続きするのだという認識である。

（b）政治の技術　前述のように、最後の手段としての強制力である武力を確保しつつも、それを行使せずに統治の効果を挙げるためには、政治の技術が重要である。これを強調したのがマキァヴェッリであることも、よく知られている。たとえばかれは、『君主論』第八章で、武力は「自分の立場を守る必要上一度はそれを行使しても、そののちそれに固執せず、出来るかぎり臣下の役に立つ方法に転化」すべきこと、実力行使は「一気呵成に実行するように配慮」すべきこと、を説いている。硬柔の手段をたくみに使い分けることも、一つの政治の技術である（そのためには柔軟な思考と決断力とが必要である）。

かれが『君主論』第一八章で提唱した、「人間」と「野獣」を使い分けるべきことや、さらに、「野獣」のなかでは「ライオン」と「狐」を使い分けるべきこと（前述。四〇頁以下）も、この点に関連している。このなかでの「狐」こそ、①相手の策略を見抜き、②自分のほうから策略をしかけ、また③鋭い状況判断を踏まえ、「人間」的、「ライオン」的、「狐」的な対応の間で、異なった態様のふるまい方を巧みに選択していく「変幻自在」の能力に関わり、政治の技術を象徴する。

鋭い状況判断の力は、運命論にも関わることがらであるし、また柔軟に戦術を変えていくことは政治的思考に関わることがらでもある。

（B）自然および道徳・宗教からの政治の自立化について

マキァヴェッリにおいて、（a）秩序を所与のものとするのではなく、人がつくり出すものだとする「作為」の自覚、および（b）道徳・宗教などとは異なるものとしての〈政治の独自性〉の自覚は、どういう位置にあったか？

（a）「作為」の自覚？　マキァヴェッリは、このテーマについて一般論を展開していない。かれが『君主論』や『ディスコルシ』で提示している運命の見方が、唯一この問題に包括的な態様で関連していそうである。なぜならここでは、人間を超えた秩序（ないし無秩序）としての運命の支配と、人間の能動性・自由との関係が問題になりうるからである。マキァヴェッリの運命論については、さきにも見た。ここでは、第一に、かれの運命論では「作為」の思考が本当に中軸となっているか、第二に、かれの運命論ははたして、しばしば論じられるような「新しい時代の思想＝近代的主体性論」か、を考察する。

まず、マキァヴェッリは、人間に対する運命の支配を否定しない。運命はきまぐれで、人間を得意の絶頂に押し上げながら、あっという間に失意のどん底に引き落とす。覇権を一時は、ある民族に与えるが、まもなくそれを別の民族へと移す。運命のこの気変わりは、人間には予測できない。このように、それ自体の力においても認識対象としても、運命は人間を超越している。(45)

運命のこのような支配下で、人間の能動性（「人間の自由な意志」(il nostro libero arbitrio)。『君主論』第二五章）は、どの程度、可能なのだろうか？　この点に関するマキァヴェッリの見解は、四つに分かれる。

第一は、運命を河川にたとえ、その氾濫に対する防備を説く議論である。洪水は、あらかじめ堤防や堰を設けておれば、ある程度は防げる。「同じことは運命についてもいえる。運命は、まだ抵抗力がついていないところで、大いに力を発揮するもの」である…。この議論は、しばしば「自由意志」の思想だ、伝統的「自然」に対する「作為」の論理だ、さらには「必然性の認識による自由」の思想のはしりだとされ、マキァヴェッリの思想と思考が近代的であることのもっとも重要な根拠の一つだとされてきた。しかしわれわれは、そうは見ない。この点を、かれに即して論じよう。

政治の場で運命の転換に備えておくとは、どういうことか？　マキァヴェッリによれば、それは、君主が予め、民衆の心をしっかりつかみ、内外の同盟を固め、また強力な軍隊・堅固な城砦・十分な食糧の備えを怠らないことである（『君主論』第二五・三・九・一〇・一四章参照）。

「賢明な君主（principi savii）は、単に目先のことだけでなく、遠い将来の紛争についても心を配るべきであり、いっさいの努力を傾けてこれに対処すべきである。危害は早くから予知しておれば、容易に対策を立てられる」（『君主論』第三章）。

見られるようにここで問題になっているのは、（東洋の儒教、西洋の古代以来の「君主鑑」、において君主に対し求められてきた）先を読んでいざという時のために備える賢明さ（prudentia）、とくにその一環としての、①普段から徳性の高さ・善政によって民衆や同盟国の心をとらえておくことと、②非常事態を想定した経世策とである。こうした、先を読んで備える賢明さは、古来、四つの枢要徳＝四元徳（五一頁参照）の一つとしてあった。すなわちこれは、伝統的な徳性に関わっている（一五二頁以下）。実際マキァヴェッリ自身、こうした方向に賢明の徳を模範的に活用したのは古代ローマ人であり、とりわけその統治の仕方においてだと述べている。

ところで、同盟を固め民衆を味方につけておくためには、君主には、戦場で果敢に戦い勇気・実力があることを身をもって示すこと、対人関係において相手に譲る自制、公正さや道義を尊重すること（iustitia）、そして善政をしくことなどの徳性が必要である。高い徳性によって普段から人望を得ていなければ、いざというときに見放され、孤立するからである。このような提言は、ここでも内容からしても、そのモデル像からしても、プラトンやキケロ以来の古典的政治学、それの根底にある四元徳中の他の三つ、勇気や自制（不動心）、正義にも結びついている。

河川に対する堤防や堰とは、一見近代的な主体性を基底にしているかのようだが、実際には伝統的な徳性論、とりわけ四元徳パラダイムに立脚しているのである。したがって、これを性格づけるのに（近代的な）「自由意志」＝「主体性」、「作為」、「必然性の認識による自由」などの語を使うことは、必要でも妥当でもない。あとでも見るように（一三七頁以下）、右にあるところの「作為」の思想はすでに古代人に見られた（古代中国では、それは荀子においてはるかに鮮明である）。したがって、そもそも「自然」と「作為」で、前近代と近代を峻別するような見方は、実際には通用しない。別言すれば、前近代においても「自然」と「作為」は、拮抗しあっていたのである。〔右のことはまた、マキァヴェッリにとって世界は、しばしば指摘されることと反対に、なおまったくのカオスではなく、伝統的な価値がなお権威をもつ、秩序が支配する場でもあった、ということを意味している。この点は、後述する。本書七八頁以下参照〕。

第二は、運命の変化を鋭く読み取り機敏に対応する能力である。運命は不断に回転する車輪であるから、その車輪のひとところにしがみつき、機転をきかせない、「運命に全面的に依存してしまう君主は、運命が変われば滅びる」（『君主論』第二五章）。ここには上述の動態論的思考（とくに過程的思考）が見られる。

このテーマは、『ディスコルシ』において独立した一章を宛がって論じられている。「いつも幸運に恵まれたければ時代とともに自分を変えなければならない」と題した第三巻九章がそれである。ここでは、次の二例が挙げられている。①ポエニ戦争においてファビウスがとった慎重な姿勢は、なるほど当初は効果を発揮した。しかし戦局が別の作戦（スキピオが提起した、アフリカを攻撃する作戦）を必要としているときも、かれは当初の姿勢を変えなかった。もしローマがかれの方針に従い続けていたら、ハンニバルを追い出せなかっただろう。②ピエロ＝ソデリーニ（一五〇二年から一〇年間、フィレンツェの終身統領であった）は、最初は人間味と忍耐によって成功したが、時局が変わったのに、すなわち「忍耐も謙虚もかえりみられない世の中になっ」てしまったのに、人間味と忍耐に固執しつづけたために失脚した。状況の変化を鋭く読み取りそれにうまく適応していく過程的思考も、上述の賢明に関わる資質である（上の事例のうち、一方は軍事、他方は政治に関するものであり、それらが同一の場・テーマ下で並んで扱われていることは、後述の「軍事と政治」

のテーマとの関連で興味深い）。

第三は、運命がどう変わるかは人間の認識能力を超えており、運命はとらえがたい、ということから、パラドクシカルに前向きの姿勢を引き出す見解である。すなわち、「運命はなにをたくらんでいるかわからないし、どこをどう通りぬけてきて、どこに顔を出すものか皆目見当もつきかねるものであるから、いつどんな幸運がどんなところから飛びこんでくるかもしれないという希望をもちつづけて、どんな運命にみまわれても、また、どんな苦境に追いこまれても投げやりになってはならない」ということ（『ディスコルシ』第二巻二九章）。これもまた、運命が不断に変化するという動態論的思考に立脚している。ここではそれが、〈今の不運を永遠に続くものだとして自暴自棄になるな〉という、励ましの論理・前向き思考に使われているのである。

運命を女性になぞらえ、それを支配するためには若者のように荒々しく大胆に進むべきことを説いている（『君主論』第二五章）のも、逆境にめげない強さ・前向きの姿勢という、ここでの問題に関係している。すなわちこれも、人間が運命を支配するという近代的な主体性の立場からではなく、ストア派的・騎士的な、運命の支配を前提にしたうえでの能動的精神である。あえて逆境に果敢に挑戦するこの資質は、前述のように、古典的な徳性である勇気（fortitudo）に関わっている。

第四は、「どんな運命に対してもすこしも変わらない気迫と威厳とをそなえている」（『ディスコルシ』第三巻三一章）ことに関わる。これは、外部の変化に左右されない強力な自己制御の力に支えられた態度である。この態度は、カミルスや古代ローマ人一般の徳性とされていることから明らかなように、古代的な徳性の一つである自制（temperantia）（不動心（constantia））に関わっている（これこそ、ストア派の中軸的徳性であり、のちにネオ＝ストア派のリプシウスが重視した徳性でもあった）。

以上四点の考察からの帰結として、マキァヴェッリの運命論は、次の三つを特徴としていると言える。①変転極まりない運命が語られていること、②運命は、人間を手玉に取るもの、かつ人間の認識能力が及ばない超越的なものとされていること、③しかし、そこでも人間には一定の能動性が可能であり、この能動性を支えるのは、先を読み変化をとらえる賢明、運命に左右されない自制＝不動心、逆境に挑戦する勇気、相互の信頼関係を支える正義であった。つまり、伝統的な四元徳が問題になっているのである。

　ところで、右の①と②からは〈マキァヴェッリにとって運命が変転極まりないものだった〉とは言えるものの、ここから〈かれにとって世界はカオス状況にあった。この点でかれは、近代的世界像をもっていた〉とする短絡化は犯してはならない。古代人の精神において一般にそうであったように、運命が変転極まりないということは、それとは別に自然的秩序、神の摂理、伝統的道徳が働いていることを必ずしも否定するものではない。ある人物、ある都市や民族が運命に左右され、突然、幸運や不幸に見舞われるとしても、第一に、その混乱の全ベクトルから秩序が出来上がる（予定調和がある）というのが、古代からヘーゲル（理性の狡知）までの見方であったし、第二に、神・運命の女神がそう仕向けている（＝神の見えざる手が働いている）、したがって超越的なもの（絶対神）はなお存在していると解釈するのが今日まで続く見方である。これらでは、〈世界がカオスであるとの認識がある〉とする余地はない。

　確かにマキァヴェッリの運命論は、ボエティウスやアクィナスなどの〈摂理を前提にした理性的自由論〉とはちがうし、〈人間は賢明等の徳性を発揮することによって、運命の支配を克服できる〉とするサルターティやブラキオリーニらの、人間主義的自由論ともちがう。だがわれわれが確認したように、マキァヴェッリの運命論の上述の三つの特徴は、かれがノミナリスト的な宇宙観に立っていたからであるとか、世界をカオスとする近代的世界観にあったからとかといったことに起因するのではなく、かれがその認識において機能論的・動態論的・多元的なリアリスティックな見方を採っており、そのことのゆえに、一面的に固定的な秩序観や、〈人間は自分の徳性を高めれば運命を支配できる〉とする観念論に与しえなかったからである、ということに起因する。

　先にも示唆したが、マキァヴェッリのここでの議論を全体として見ると、かれの運命観および運命への姿勢は、むしろ古代人のそれに近い、と言える。実際、運命のもつ猛威、その絶対的な人間支配を前提にしつつ、しかしその下にあっても自制（不動心）・勇気・賢明によって雄々しくかつ合理的に生きぬこうとする、マキァヴェッリの姿勢は、たとえばプルタルコス『対比列伝』中の「アエミリウス＝パウルス」などが描きだしている古典古代の将帥の能動性を彷彿させる。

ローマの政治家であり軍人であるアエミリウス＝パウルスは、自分の凱旋式前後の一週間に、相次いで二人の息子を失った。すべての人は、運命のこのきまぐれ、それがもたらすこの残酷さに恐怖をもった。しかしアエミリウスは、「勇気と果敢は人間にとつて武器や長い槍に対する場合のみならず、一様にあらゆる運命の反抗に対する場合にも役立つものだ」という立場から、運命のこの残酷さに対しストア派的に不動心をもって立ち向かった。かれはまた、ローマの民衆に対し「神々の仕業の中では最も信頼の置けない変転極まりないものとして運命を常に恐れ、殊に今度の戦争に関しては運命が爽かな風のやうに自分の行動を助けてゐただけに、なにか変化と逆転を絶えず覚悟してゐた」と、その運命観を語った…。以上が、プルタルコスの伝える、運命に対するアエミリウスの立場である（本書注34『プルターク英雄伝』第四分冊）。

ここには、①運命が変転極まりないもので、その出方は人間には予測しがたいものであること、②運命は人間をもてあそび、絶頂に押し上げるやそこから突き落とす、信頼の置けないものであること、③これに対する人間の能動性は、賢明によってその変転を覚悟し、勇気と果敢さ、不動心などの徳性によってその攻撃に耐えることにあることなど、われわれがたった今マキァヴェッリについて見てきたのと相似た運命観が現れている。

賢明と不動心をもって運命に対抗して能動的に生きる、右の姿勢は、ストア派（古代ローマのエリートの背骨となった）の基本姿勢でもあった。たとえばセネカは言う、「運命が賢明な者の邪魔をすることは余りない（Raro, sapienti fortuna interverit.）」、「もしわれわれが運命を完全に従わせないと、その運命がわれわれを支配する（Vincit nos fortuna, nisi tota vincitur.）」（*Seneca, De Constantia Sapientis*, xv, 3-4. cf. v, 4-5. viii, 3）。

こうした近似は、偶然の所産ではない。後述するように古代の軍事学の学習によって思索を鍛えてきたマキァヴェッリには、古代戦士の精神とも関連した後期の、すなわち古代ローマの、ストア派の精神（ストア哲学に特有の、決定論的な宇宙論や、道徳的潔癖主義は別として）は、いわば知らず知らずに体質化されたものだったのである。後期ストア哲学の不動心の教えは、古代においても、また近世（ネオ＝ストア派）、第一次世界大戦期までの近代（イギリスを見よ）においても、戦士的ジェントルマンのエートスを固める中核となったものなのである。マキァヴェッリの革新性に注目するあまりに、伝統精神とかれの精神とのこの関係を見失ってはならない。

マキァヴェッリの運命論に見られる人間の能動性は、こうした古典古代の戦士・ジェントルマンのエートスに属すのである。マキァヴェッリの virtù はまた、伝統的な徳性を意味する virtus とも、まさにストレートにつながっているのである。(46)

だとしたら、〈そういう徳性・倫理が妥当する世界がある〉という、秩序の健在に対する確信は、なお、かれが古代人と共有しているということにもなる。

以上を要するに、〈秩序がまったく崩壊したカオス状況を前提にして人間が新たに社会秩序をつくっていく〉という構成は、かれのものではない。「無（カオス）からの政治の創造」（＝voluntalism）という意味での「近代政治思想の創始」は、マキァヴェッリに帰属するものではなかった。それに、近代的な自立者を連想させるような雄々しい主体自体が、戦士倫理やストア派倫理に見られるように、古代以来の伝統であったのでもある（カントやヴェーバー等の西欧の近代的自立者自体が、そうした伝統の上に立っているのである）。マキァヴェッリ（の一部に）に近代ともつながる思考が見られるからといって、かれを伝統と決別した「近代的思惟の人」だとするのは――政治思想史学者にはそうする人が多いが――論理飛躍である。

（b）〈政治の独自性〉の自覚？　これは、マキァヴェッリが、〈公と個〉や〈外面と内面〉を原理的に区別したことによって〈政治〉と〈道徳・宗教〉との非連続化を鮮明化した、と言うことがどこまでできるかの問題である。個人としての生活・内面の自覚は、宗教改革や自由な市場経済、〈我考える〉の自我意識などの発達を通じて、確かに近代の一特徴を成している。また、道徳をもっぱら個人の内面、良心に関わるものとする思想も、トマジウスやカントに見られるようにすぐれて近代の産物である。マキァヴェッリを「近代政治思想の創始者」と見る人々は、これらの点についてもマキァヴェッリをその先駆者に祭り上げようとして、それらしき言明をかれの作品中に探し求める。

しかしながら、結論を先に言うと、マキァヴェッリにおいては、〈政治は公的世界のもの、道徳は個人の世界のもの〉とか、〈政治（と法）は外面世界に関わり、道徳（宗教）は内面世界に関わる〉とかといった原理的な認識（原理的思考）は、まだ出ていない。ここで働いているのは（公的な）政治の場での、（道徳的・非道徳的なものをも含む）政治的手段と、〈まだ外面的で公的でもある）道徳との、状況における使い分けの思考だけである。前述したようにかれは、〈政治においては、道徳的にだけでなく非道徳的に行為する必要も時にある〉と言っているだけで、〈政治と道徳は原理を異にする。外面界と内面界とに分かれている〉などという決めつけをしているのではない。

道徳と政治の関係は、確かに『君主論』で直接に問題にされている。すなわち、ここでは第一五章で総論的に問題が提起され、第一六章から第一九章にわたってそれぞれの徳性についての各論がある。この総論の基本的な態度は、（さきに引用した）第一五章の次の語に要約される。

「人の実際の生き方と人間いかに生きるべきかということとは、はなはだかけ離れている。だから、人間いかに生きるべきかということのために、現に人の生きている実態を見落としてしまうような者は、自分を保持するどころか、あっというまに破滅を思い知らされるのが落ちである」。

ここで言われているのは、ものごとの意味をタテマエによってではなく実際の効果に照らして判断すべきだということであり、その際働いているのは、上述の機能論的な思考である。

『君主論』ではあまり明確ではないが、『ディスコルシ』ではこの思考が、前にも見たように（六八頁）、次のような、ヴェーバーにおける、「信条倫理 対 責任倫理」を想起させるような議論として登場する。

「ソデリーニが示した法への配慮は、賢明かつ善意に基づくものではあった。しかし、善いことに心を奪われるあまりに、好ましくない傾向が頭をもたげてくることに無関心であってはならない。〔…〕ソデリーニとしては、自分の仕事やその目的が、動機ではなく、結果で判断されることに気づかなければならなかったのである」（第三巻三章）。

善いものから善いことが生じるとは限らない。善から悪が生じ、悪から善が生じることもある。人はこのパラドックスのなかで、自己の行為の責任を考えなければならないのである。

さきに引用した、『君主論』の次のような言明も、そうである。

「しかしながら、一つの悪徳を行使しなくては、自国の存亡に関わるという容易ならぬばあいには、汚名などかまわずに受けるがよい。というのは、全般的によく考えてみれば、たとえ美徳のようにみえることでも、これを行っていくうちに自分の破滅に通ずることがあり、他方、一見悪徳のようにみえても、これを行うことによって、自分の安全と繁栄とがもたらされるばあいがあるからである」（第一五章）。

この言明も、限定付きである。ここでは「一つの悪徳を行使しなくては、自国の存亡に関わるという容易ならぬばあいには」とあるように、〈重大な例外的ケースにおいては悪徳に訴えることも辞すな〉というのである。これは逆読みすれば、平常の政治においては道徳を尊重するべきだという主張であり、政治を道徳から切り離せという主張ではない。

『君主論』の第一六章から第一九章にわたる各論においても、たとえば残酷さと憐み深さの関係について、強調されているのは、「だが、こうした温情も、やはりへたに用いられることのないように心がけねばならない」（第一七章）とあるように、道徳を固定的にとらえたり絶対化したりするなということであって、道徳が政治において重要であること自体は、むしろ前提になっている。

愛されることと畏れられることの関係（第一七章）についても、前述のように、「かりにそのどちらかを捨てて考えなければならないとしたら」という例外的状況を想定し、その下での選択肢として「畏れられること」が必要だとされている。最後の手段としては武力が必要である、ということである。これも逆に読めば、平常では、愛されることも重要であり（本書五五頁以下）、したがって「愛」や「けだかい精神」に反応する徳性が人間に備わっていること、そうした徳性が政治において重要であること、の宣言とも理解できる。

マキァヴェッリはこの関連において、畏れられることが必要な理由として、人間が「恩知らずで、むら気で、偽善者で、厚かましい」ことを挙げているが、これは一つのもの（ここでは〈道徳的たること〉）への惑溺を避けるべきことを強調するためにあえて極端な言い方をしたからにすぎない。なぜなら、さきに見たように、『君主論』においてもマキァヴェッリは実際には、人間の倫理的な面をも前提にしているからである（この点は『ディスコルシ』においてヨリ前面に押し出されている。たとえば、第一巻二章、第二巻一一章、第三巻一章・二五章）。マキァヴェッリは、ときにショッキングな言い方をする。だがそれは、挑発ないし啓発のための誇張法としてである。したがって、それを軽率に真に受け、〈マキァヴェッリの人間観・道徳観の表明だ〉などとすることは、できない。

『君主論』第一八章の、「人間」・「ライオン」・「狐」に関する有名な議論でも、前述のように主題は、これら三項のそれぞれを「たくみに使い分けること」であった。避けるべきだとされているのは、硬直した思考、すなわち「一般に、良い人だと考えられるようなことばかりを後生大事に守って」いるような態度であり、結論は、「できうればよいことから離れずに、それでいて必要やむをえぬときは、悪にふみこんでいくことが肝要である」ということである。すなわちここでは〈政治の平常において、道徳や合法性が重要であること〉が説かれているとともに、〈例外的状況下では道徳に反する手段や実力行使などの必要があることを念頭に置くべきこと〉が説かれているのであり、さきに見たところと変わらない。「あれかこれか」、〈政治の世界で必要なのは、道徳か暴力・欺瞞か〉といった二者択一的思考によっているのではない。

以上のように見てくると、マキァヴェッリにおける「政治と道徳の関係論」は、しばしば論じられるようには、〈無からの社会秩序の創造〉や〈公と個〉の区別、〈内面と外面〉といった原理的な政治・道徳区別論をもたらす、いわゆる近代的思考の所産ではない。そうではなくてそれは、関係が不断に変化することの認識と、状況によって実際の効果が異なることの認識とを重視する思考の一帰結なのである。これらの認識が、〈政治においても道徳は大切だが、しかし政治は実際には道徳的な行動だけで動いているのではない（＝道徳の相対化、政治と道徳の非連続化）〉というリアルな見方をもたらしたのである。

マキァヴェッリは、近代的思考の人だったからではなく、むしろかなりの点で伝統に生き、伝統が育んできた思考で考えたから、その思考中の近代にも通用するものを駆使できた。かれは、近代的哲学者だったからではなく、反対に、伝統的で非哲学者的な人であったからこそ、結果として、近代的思考を先取りできた。このパラドックスが、「近代政治思想の創始者」出現の実相である。

二　マキァヴェッリ政治思想のルーツ

次にわれわれは、上で見たようなマキァヴェッリの政治思想、とくにかれにおいて「政治の覚醒」が、どこから、どういうかたちで形成されていったのかを探ろう。

この点でまず注目すべきなのは、『ディスコルシ』の終わりの部分（第三巻四〇章）の言明である。「戦闘に際して策略をめぐらして敵を欺くのはむしろりっぱなことである（Come usare la fraude nel maneggiare la guerra è cosa gloriosa）」と題したこの章において、マキァヴェッリは次のように言っている。

「一般のことがらでは、どんなばあいでも、策略（la fraude）をめぐらして相手をたぶらかすことは、忌みきらうべきこと（detestabile）である。しかしながら、ただ戦争においては、称讃に値し、名誉ともなることなのである。〔…〕これと同様の意見は、偉人の伝記を書いた人々も持っていたようである。つまり、計略によって勝利を得たことできわめて有名なハンニバルや、その他の人々の行為を伝記作家は称讃してやまないのである。〔…〕ただ、次のことだけはいっておきたいと思う。つまり、計略で敵方をあざむくことが称讃に値すると私が言うのは、なにもきめられた同盟や、締結された条約を破廉恥に破ってしまうということを意味しているつもりはないということである。というのは、これまでも私が論じたように、策略によって共和国や王国を手に入れるようなことがあっても、その行動は、名誉にも何にもならないからである。私がここで対象としているだましうちというのは、最初からこちらを信用していない敵に対してこそ、用いるべき性格のもので、戦争のかけひきだけに使うべきものである」。

ここでは、道徳に反する「策略」の活用が、ハンニバルなど古代の先例にならって推奨されているのだが、しかしそれは、「ただ戦争において」かつ「敵に対して」のみ用いられるべきだった。逆に言えば、「策略」は、①味方（や敵でない者）に対して用いるべきではないし、②戦争ではない場、すなわち政治の場（＝「共和国や王国を手に入れるような」場）を含めた場では用いるべきではない。これが、ここでのマキァヴェッリの原則である。

ところで『君主論』第一八章も、上のテーマを扱っている。そこでは、上とは異なって「奸策」（l'astuzia）（＝「策略」（la fraude））は、次のように戦争だけでなく政治においても重視されている。

「君主にとって、信義を守り、奸策を弄せず、公明正大に生きることがいかに称讃に値することかは、だれでも知っている。だが、現代の経験の教えるところによると、信義などまるで意に介さず、奸策を用いて人々の頭脳を混乱させることを知っていた（hanno saputo con l'astuzia aggirare e' cervelli delli uomini）君主が、かえって大事業（gran cose）をなしとげている。しかも、結局は、かれらのほうが信義に基づく君主たちを圧倒してきていることがわかる。ところで、闘いに打ち勝つ（combattere）には、二つの方法があることを知らなくてはならない。その一つは法律による（con le leggi）ものであり、他は力による（con la forza）ものである。前者は人間本来のものであり、後者は本来野獣のものである。だが多くのばあい、最初のものだけでは不十分であって、後者の助けを求めなくてはならない。つまり、君主は、野獣と人間とをたくみに使いわけることが必要である」。

この有名な章（さきにも取り上げた）を分析すると、「奸策」が戦争に限定されておらず、政治でも使われることが前提になっていることが、次の二点から分かる。

まず、ここでは「闘いに打ち勝つ」のは「法律」と「力」とによるとされている。戦争において「法律」による闘いはないから、ここでの「闘い」は、法律が問題になる活動、すなわち国内のヘゲモニー争いや利益争い、広い意味での政治を意味していることになる（政治が主題であることは、『君主論』第一八章の全体からも明らかである）。

次に、上述の「法律」と「力」であるが、文脈からして「力」には、「力」とともに「奸策」が入る。なぜなら、マキァヴェッリは、本来「法律」が「人間」のもので、「力」が「野獣」のものだとしているが、「野獣」については、このすぐあとのところで「野獣の中では狐とライオンに倣うようにすべきである」としている。したがって、ライオンとしての「力」と、狐としての「奸策」が実際にはともに含まれている。

これら二点を総合すると、「奸策」は、ここでは政治の世界でも行使されるべきものだということになる。

以上のようなかたちにおいて、『君主論』第一八章（他に、チェーザレ＝ボルジアに関する第七章も）と、『ディスコルシ』第三巻四〇章とでは、「奸策」・「策略」が戦争だけに許されるか、さらに政治でも許されるかをめぐって、論述がくいちがっている。

『ディスコルシ』が「策略」を「戦争」に限定し、かつ「敵」に対してのみ行使すべきものとしていることには、現実には困難がともなう。第一に、「友と敵」の関係は、戦争の場のみならず政治の場でも生じる。政治は友・敵間の集団的抗争を一主軸として、そのかぎりで戦争と形態を一にし、ただ〈主として武力に訴えるか否か〉の点で異なるのである（かれの『フィレンツェ史』など、イタリア都市間で政治と戦争が相互に浸透しあった状態が叙述対象となっている）。また、第二には、敵と味方の識別に困難があることである。状況によって敵は味方になり、味方は敵になる。これはとくに、政治の場で生じる。このように考えると、「奸策」に関しては、『君主論』の上述の記述のほうが、的を得たものと言える。

実はマキァヴェッリは、『ディスコルシ』においても「策略」を戦争の場に限定してはいない。たとえばかれは、上に引用した、『ディスコルシ』のすぐあとの箇所（第三巻四一章）で、祖国の防衛という重要な目的のためにはどのような手段に訴えることをも辞すべきでないとして、その例証として次のような事例を挙げている。ローマ軍がサムニウム人に包囲され、〈屈辱的な条件（武装解除されくびきをはめられて帰国すること）を呑んででも助かることを選ぶか、それとも抵抗して殲滅されることを選ぶか〉を迫られたとき、ローマ人たちは、〈ローマの存亡は軍隊にかかっており、軍隊さえ維持できれば自由を保持し、あとで汚名を雪ぐことができる〉と判断して、屈辱的な条件を呑んだ。この事例をめぐって、マキァヴェッリは次のようにコメントしている。

「ひたすらに祖国の存否を賭して事を決するばあい、それが正当であろうと、道にはずれていようと、思いやりにあふれていようと、冷酷無残であろうと、また称讃に値しようと、破廉恥なことであろうと、いっさいそんなことを考量にいれる必要はない。そんなことよりも、あらゆる思惑を捨てさって、祖国の運命を救い、その自由を維持しうる手だてを徹底して追求しなければならない」。

これは典型的な「マキァヴェリスト」的言辞である（ただしここでも、「祖国の存否を賭して事を決するばあい」という、重要な限定がある）。前の章を受けてここでも話は戦争と不可分であるが、しかしここでは問題は、戦闘の場での戦術的行動に関するのではなく、国際政治上の行為に関係している。実際、この章のしめくくりでマキァヴェッリが論じるところによれば、かれの同時代のフランス人はこの精神で行動しており、〈国王のどのような政治行動もフランスのためには許される〉と考えているのであった（前述の「統治理由」ragione di stato である）。このフランス人の事例は、国内政治との関わりを、より強くもったものである。

さらに、続く『ディスコルシ』第三巻四二章でマキァヴェッリは、「無理じいされた約束は守る必要はない」という表題のもとに、「どのような行為によっても、名声を博することはできる」のであり、また強要された約束事は、「その圧力が弱まりさえすれば、これを破棄すべきである」と、政治に対する道徳のフレキシブルな関係を説く。この章の結びは、「君主がそのような違約をやってよいものか否か、という点については、私の著書『君主論』で十分に論じておいたので、ここでは省略する」と、まさに以上のテーマが『君主論』第一八章のそれと連続したものであること（＝この点で、『ディスコルシ』と『君主論』とを――バロンらのように――時期的に峻別する必要がないこと）を、マキァヴェッリ自身が語ってもいる。

以上の検討から判明したのは、次の点である。①マキァヴェッリにおいても道徳に反する「策略」・「奸策」が、本来は「戦争」の場で「敵」に対してのみ行使されるべきものであった（＝かれはまず、軍事の考察を通じて「策略」・「奸策」の思考を獲得した）。②かれはそれを、さらに政治の場にも、そしてそこでの〈明白な敵〉のみならず〈可能的な敵〉に対しても、使うべきものと考え始めた（②の点は、『君主論』第一八章の後半の文脈からして明らかである。そこでは、だます相手は――当面している敵だけでなく――邪悪な面をもつ「人間」一般である）。

実際、右の『ディスコルシ』第三巻四二章は、後述のように（一二五頁以下・一三六頁以下）、クセノフォンやフロンティヌスの軍事学（知謀の学でもある）をベースにしている。マキァヴェッリは、かれらを通じて獲得した「策略」・「奸策」を――『君主論』第七章・第一四章などから明らかなように軍事と一体不可分な――政治に応用したのである。

そして、この事実は、そうした応用を通じて、戦争の場で伝統であった他の要素、とりわけ道徳と戦闘行為との関係を柔軟に処理する態度や、伝統的に戦争の場・軍事学的思考において発達してきた（この点は後述する）、機能論的・動態論的・多元的な、リアリスティックなものの見方もまた、政治論に応用されたのではないか、マキァヴェッリは軍事論で学んだことの多くをもって、その政治論を構築していったのではないか、との推論を呼び起こす。『君主論』等は、〈戦争における将帥〉を念頭に置きつつ読むことがその理解を促進する、ということである。以下ではこの観点から、マキァヴェッリの諸作品をさらに解析していこう。

第三節　『カストルッチオ＝カストラカーニ』

これまでのところでわれわれは、『ディスコルシ』と『君主論』を中心にして、マキァヴェッリの人間論・道徳論を検討し、また、その背後にある思考を検討した。マキァヴェッリには、①〈善い人間の存在、善くなる可能性を前提にしている面〉と〈悪い人間の存在、悪くなる可能性を前提にしている面〉とが共存しており、かつ、②〈政治道徳の尊重〉と〈政治における道徳の相対化・政治においては道徳に反する手段も必要なことの認識〉とが共存していた。そして①・②の背後には、機能論的・動態論的・多元的な思考が働いていた。

マキァヴェッリの人間論・道徳論にこのような傾向が見られるのは、かれが過渡期ゆえの不徹底・未完成の思想家であった（＝まだ十分には近代的でなかった・自分が提唱したマキァヴェッリズムに途中で躊躇した）からではなく、かれが機能論的・動態論的・多元的な思考を偶然に、単独で会得したからでもなく、その原因は、かれが古典古代以来の或る伝統に定礎していたことにあった（＝かれのマキァヴェッリズム自体が、この伝統の一要素であった）。ここで問題になるのは、本書第一章第二節二（八四頁以下）において提起したように、古代的な社会工体（政治家であり軍人である人々）の生き様の伝統である。

古代の政治家であり軍人であった人々は、平時ならびに戦時において、リーダーとしては人間味があり有徳であることを求められたが（そうでなければ兵士の献身は引き出せない）、しかし同時に政治・軍事の達人としては、（リアリスティックな鋭いものの見方とともに、）究極的には武力と、敵（と味方と）を操る知謀とをもつことをも求められた。こうして、かれらの世界では、〈道徳・正義の尊重、高い徳性〉とともに、〈武力・非道徳の重視、ないし政治・軍事と道徳の非連続化〉が柱であった。

マキァヴェッリが政治・軍事の達人の生き様に関心を寄せていることは、『君主論』や『ディスコルシ』からも窺えたが、それがヨリ鮮明に現れている著作に、『カストルッチオ＝カストラカーニ』、『戦争の技術』、『フィレンツェ史』がある。以下では、これらの分析を通じて、マキァヴェッリの思想と思考の特徴を押さえよう。

『カストルッチオ＝カストラカーニ』[47]は、歴史上実在の人物に関する、多分にマキァヴェッリ自身の創作を含んだ――ディオゲネス＝ラエルティオスの丸写しもやっている――英雄伝的著作である。それだけにこの著作には、マキァヴェッリ自身の思想が濃く投影している。

一四世紀初めの一時期、リーダーとしてルッカ（Lucca）の町を強大にしたカストルッチオは、マキァヴェッリによれば、古代帝国の英雄をも超える人物だった。マキァヴェッリは言う、カストルッチオは「もしかれが、ルッカでなくマケドニアかローマを祖国にしていたならば、きっとフィリッポスとスキピオを凌駕する功績を挙げていたであろう」（二九二頁）、と。

このカストルッチオについて、マキァヴェッリはまず、その徳性の高さを次のように讃える。①かれは、どんな荒馬でも乗りこなせ、少年のときから馬上槍試合の名手であった。②かれは、「目上の者を敬い、同格の者には慎み深く、下の者には親切で（riverente ai maggiori, modesto cogli equali, e cogli inferiori piacevole）」（二七〇頁）、「他人を不快にするようなことをしたり言ったりは、しな」かった。ここで評価されているのは、第一に武人としての手腕と勇気であり（上の①）、第二に敬いの心、慎み深さ、親切である[48]（上の②）。カストルッチオは、この人柄の良さによって、自分の養家（かれは捨て子であったとされる）の人々をはじめルッカの全市民から愛され、政治の世界で上昇することができた。

マキァヴェッリは、カストルッチオの徳性の高さについて、続けてさらに述べる。③一八歳でパヴィアのギベリン党支援の遠征に参加したとき、「カストルッチオは、賢明（prudenza）と勇気（animo）を存分に発揮したので、遠征に参加した誰よりも人々から愛されるようになった」（二七〇頁）。④「カストルッチオ＝カストラカーニは、友に対しては感謝の心（grato）をもち、敵に対しては容赦なく（terribile）、領民に対しては公正（giusto）で、よそものにとっては警戒すべき（infide）相手であった」（二八八頁）。「かれは物腰がきわめて穏やかで、人々にたいへんやさしかったので、かれと話した人はみんな快い気持ちになった」（二七〇頁）[49]。

以上の①から④をまとめると、カストルッチオの徳性として描かれているのは、伝統的な四元徳を中軸にしたものであることが分かる。しかも、文脈から明らかなように、これらは、カストルッチオが人望を得るために表面上そういう道徳的な装いをしているといったものではなく、かれが本物の貴族でもあったということである（pieno di tutte quelle virtù e costumi che in uno vero gentile uomo si richiegono. 二七〇頁）。そしてまた、かれのこの徳性は、〈実力者となるまでのものであり、権力をとってからはそれらをかなぐり捨てた〉というものでもない。マキァヴェッリはこの道徳的資質を、後述するような武力と権謀術数（マキァヴェッリズム）を駆使したカストルッチオが、そうしたリアリスティックな感覚とともに同時に兼ね備えていた特性として論じているのである（上述の「かれは物腰がきわめて穏やかで」の部分は、『カストルッチオ＝カストラカーニ』の末尾に見られる、マキァヴェッリの総括的な評価なのである[50]）。

さてマキァヴェッリは、このようなカストルッチオについて、他方では、政治家・軍人としては残虐無慈悲で陰謀に訴える（マキァヴェッリストの）側面を指摘する。たとえば、カストルッチオの次のような行動においてである。

カストルッチオと覇を争っていた、ルッカの名家ポッジオ家の若者たちが、カストルッチオを倒そうと蜂起した。そのとき、この一家の長老ですぐれた人物として信望があったステファーニ＝ディ＝ポッジオが、これら身内の若者たちを説得して矛を収めさせ、かれらとカストルッチオの間に入って講和を結ばせた。カストルッチオは、「自分の寛大さとまごころが示せるのを神に感謝する」と言って、ポッジオ家の人びとを賓客にした、和平を祝う宴を催した。しかし、「ポッジオ家の者がステファーニとカストルッチオを信用してやってきたところ、カストルッチオは、ステファーニとももどもかれらを逮捕し、皆殺しにしてしまった」（二七六―二七七頁）（このやりくちは、『君主論』第八章における、オリヴィエトの策謀に酷似している。そこではマキァヴェッリは、このような行為に出たオリヴィエトを、アガトクレスと並べて難じている）。カストルッチオは、こうした類の策略を駆使してルッカ市内の政敵を次々と消し、権力を掌握した。

ピストイアでは二つの派閥が抗争していたが、あるとき両派が別々にカストルッチオに援軍を求めてきた。かれは、これら両派に個別に加勢を約束し、実際に自軍を二つの部隊に分けてそれぞれの派を支援すべく派遣した。これら両部隊がともにピストイアに入城するや、カストルッチオは、あらかじめ示し合わせておいたように、それら両部隊にそれぞれの派の中心人物たちを一挙に殺害させ、瞬時にしてこの都市を掌中に収めた。しかもこれはルッカとフィレンツェとの休戦中におこなわれた軍事行動であって（ピストイアはフィレンツェに属していた）、この点でこれは二重の裏切り行為であった（二七七―二七八頁）。

カストルッチオのこうした武力・権謀術数の才は、かれの巧妙な戦略・戦術の才としても見られる。軍事において、かれはその戦闘力とともに知謀を活用した。かれは軍事においても、（前述のように「人間」であることのほかに、）「ライオン」であるとともに「狐」でもあったのである。

この点が迫力をもって描かれているエピソードとしては、一つには、三万人のフィレンツェ軍を一万二千人の軍で迎え打ち撃破した、セッラヴァレの戦いがある。ここでは、狭い山峡に入り身動きできない敵を上方から奇襲し撃破する作戦が成功した。もう一つには、アルノ川での戦いがある。ここでカストルッチオは、渡河を開始したため（岸と水中に）兵を二分してしまったフィレンツェ軍に波状攻撃を加え、自軍一五七〇人の損害で敵軍に二万二二三一人の損害を与えた決定的勝利をかちとった（二七九―二八五頁）（ただし、以上の二つは、史実ではなくマキァヴェッリの創作である）。

カストルッチオの政治的・軍事的行動については、マキァヴェッリの次のような総括的言明が興味深い。

「かれは、策略によって勝利すること（vincere per fraude）を重視したのであって、それを使うことがむずかしいときにのみ、力に訴えて勝つ道を選んだ。かれは、勝利が人に名声をもたらすのであって、勝利の挙げ方が問題なのではない（la vittoria, non el mode della vittoria, ti arrecava gloria）という立場をとっていたのである」（二八八頁）。

「戦わずして勝つ」ための、そして「結果がすべてを正当化する」という立場からの知謀、および暴力性である。

ところで、とりわけ知謀論においては、確かに、四元徳のうちの正義は度外視されている。正々堂々と戦うことを避け相手を欺きスキを突く、キタナイ手が使われることになるからである。しかし、このことは、四元徳＝伝統的道徳それ自体を全面的に否定したことを意味するものではない。なによりも知謀は、内容的に賢明の徳に関係している。前述したように、もともと四元徳のなかで、正義と賢明は、〈必要に応じて正義を犠牲にするのも、賢明に関わる〉というかたちで、相互に対立する関係にもあるのである。[51]

軍事的・政治的な知謀においては、もっとも効果的な手段を選ぶ賢明の働きの結果、場合によっては正義に反する手段がとられる、ということである。このようなかたちでの、知謀としての賢明の働きこそが、さきに引用した「カストルッチオは、賢明（prudenza）と勇気（animo）を存分に発揮した」における prudenza の内容である。このように知謀的賢明もまた、四元徳の一つであり、もともと他の三つと緊張関係にありながら共存していたのである。古典古代の伝統においては、マキァヴェッリズム＝知謀的賢明は、伝統的道徳論に属していた。それゆえ、〈マキァヴェッリズムが前面に出たことによって、伝統的政治論は解体されてしまった〉とか、〈マキァヴェッリズムに訴える者は、反道徳のニヒリストだ〉とかと言うのは、誤りなのである。[52]

このようなものとしての賢明は、マキァヴェッリにおいても、知謀だけに結びつくものではなく、四元徳中の他の三つを否定するだけのものでもない。それはまた、本来の徳性をも内容としている。この点を示唆するものとして、カストルッチオの、死に臨んでの戒めの言葉としてマキァヴェッリが挙げている次のような言明がある。

「この世界では、自分を知ること（cognoscere se stesso）、自分の精神の力量と置かれた場の有利不利とをわきまえることがきわめて重要である。戦争が得意でないと知るものは、平和的手法で統治を確保すべきである」（二八七頁）。

ソクラテスの「汝自身を知れ」や、老子の「知人者智、自知者明、勝人者有力、自勝者強」（＝他者を知る者は、智者であるにすぎない。自分を知る者こそ、明の人である。他者に勝つ者は、力があるだけにすぎない。自分に勝つ者こそ、真に強い者である）を引き合いに出すまでもなく、古来、自分を知ること（自己知）こそ知の極みであり、そのようなものとして徳性の大前提なのである。これらの内容に関わる prudenza もまたすぐれた将帥であるための条件だと、マキァヴェッリは見ているのである。

以上を要するに、古代以来の軍人・政治家の伝統に属する倫理的態度においては、すぐれた道徳的資質の人物であることと、そうした人物が戦闘行動や政治行動において必要に応じて道徳に反する手段を行使することとは、原理的にも、また特定の人物の人格性としても、相容れないものではなかった。

〈道徳的であり続けるためには、常に一〇〇パーセント道徳的に行為しなければならない。一つでも背徳行為を犯せば、もう罪人でしかない〉などといったキリスト教の原罪思想に見られるような堅苦しい発想は、ここにはない。またそこには、〈道徳は純粋にそれ自体を目的にしなければならず、別の目的のための手段であってはならない〉と説く、ストア派やカントのような潔癖主義もない。ここでは道徳は、単なる手段でも単なる自己目的でもない。そういう二者択一的・一元的思考ではなく、〈道徳は、それ自体が目的である。しかし、そうとはなりえない場合もある〉という思考がここにはある。この関係を今日の眼、ないしストア・キリスト教の眼で見て、「不純である」・「不徹底である」・「行為原則にアポリアがある」と批判するのは勝手だが、こういう発想で生きていた世界があった、それが歴史においては圧倒的であった、という事実自体は認めなければならない。

マキァヴェッリは、古代に広く見られた、以上のような大らかな道徳観に立って思考した。この事実こそが、かれの人間論・道徳論・政治思想を正しく理解するための、一つのカギである（他のもう一つのカギは、機能論的・動態論的・多元的な思考方法であるが、前述のように、これもまた伝統的な思考——とくに古代の軍事学において発達した思考——でもあった。マキァヴェッリは、これらを古代軍事学の勉強を通じて学び取り、それを政治を論じる際に活用し、その成果によって後世の政治学にも大きな影響を与えたのである。この点はさらに後述する）。

付加的に、次の点に言及しておこう。これまでにも示唆してきたように、西洋の伝統的な倫理観には、大別して二つのものがある。すなわち、

（a）ソクラテスの一面、ストア派（キケロ）や、中世以降のキリスト教の倫理観では、〈人は例外なくすべての場面（戦争・政治をも含む）で道徳的に行為しなければならない。一つでも道徳違反行為があれば、即、悪人となる〉とされた。この思考のゆえに、ソクラテスはクリトンの勧めを拒んで脱獄せずに毒杯を飲み、キリスト教は、「原罪」の観念を発展させたのである

〈今日の日本でも、政敵を攻撃する政治家、公務員やセレブを引き落とそうとするマスコミや世論にも、この思考が見られる。ここでは都合の良いときだけ、この潔癖主義が押し出される〉。

（b）これに対し、古代の将帥をめぐる倫理的態度や、戦争と政治が織りなす歴史を扱った歴史家（クセノフォン、リウィウス、カエサルなど）の倫理的態度は、それとは異質の、いわば融通のきく発想に立っていた。ここでは有徳な人物であることと、その時々の必要に応じた、道徳に背く行為とは、深刻な良心の呵責なく共存しえた。ある関係において必要上、道徳に反する行為に出たからといって、節度をもって慎重になされ、かつ行動後の正常への回復が機敏であれば、〈悪人たる本性を現した〉ということには必ずしもならない（＝原罪や懺悔の必要は問題にならない）、という発想によっていたからである。このような発想は、人間の素朴・自然な「倫理感覚」の表出というべきであろう（これに対し（a）は、不自然に厳格主義的なのである）。

マキァヴェッリは、（b）の倫理的態度の伝統を継承したがゆえに、当時も影響力があった（a）の倫理的態度の伝統を克服しえた。〈伝統 対 近代〉ではなく、〈二つの伝統（ともに古代に属す（a）と（b））の区別〉が重要なのである[53]。

なお、念のために付言しておくが、①ソクラテス・ストア派（キケロ）・中世以降のキリスト教の倫理的態度と、②古代の将帥の倫理的態度とを対比し、マキァヴェッリのそれが②である、と筆者が指摘するのは、②を信奉すべきだと主張したい（＝規範論的意図）からではない。筆者は、思想史上の事実を指摘しているにすぎない（そもそも本書は、その全体において、あれこれの実践的提言をすることを、ねらいにしてはいない）。

第四節　『戦争の技術』

マキァヴェッリが生前に出版した書物は、二冊だけである。その一つは喜劇『マンドラーゴラ』（*La Mandragola*, 1518）であり、他の一つは『戦争の技術』（*Arte della Guerra*, 1519-21）である[54]。この後者が、ここでの対象である。この書は、本書の考察にとって次の点で重要である。すなわちこの書でマキァヴェッリは、一方で、〈古代ローマの共和国に見られた自由と徳性〉を高く評価するといった理想主義的で道徳尊重の立場を鮮明に出している反面、他方では、

〈戦争に際して賢明を重視すること〉、すなわちリアルな認識力と戦争技術としての知謀を提唱している。マキァヴェッリは、このことによって、本書の解釈（とくに、道徳とマキァヴェッリズムとの関係、およびマキァヴェッリと古代的伝統との関係をめぐる問題）に、一つのヒントを提供してくれる。以下では、これら二つの側面を検討し、その意味するところを考えよう。

一　古代共和国における〈自由人の結束〉

（一）古代人の有徳性

マキァヴェッリは、『戦争の技術』において、同時代のイタリアの諸侯と古代共和国の市民的戦士とを次のように対比している。すなわち退廃した同時代のイタリア諸侯たちが憂身をやつしているのは、「的を射た回答を机上で練り上げること、上手に手紙を書くこと、当意即妙に返答すること、いかにうまく人々をだますかを学ぶこと、宝石や金を身につけて見せびらかすこと、他人よりも豪華に食べ眠ること、淫らな快楽に耽ること、臣民に対して貪欲でかつ傲慢であること、怠惰のあまり腐り果てること、軍隊の地位をえこひいきで与えること、偉業を遂げた人物を侮蔑すること、そして自分の言葉を託宣のように受け止めるよう臣下に求めること」（二六二―二六三頁、pp. 197–198）であった。ここでマキァヴェッリは、当時の諸侯たちが、人文主義に染まって文弱化していることとともに、精神的に腐敗し、欺瞞やえこひいき、貪欲、傲慢さなど、正義に反する傾向を強めていることを告発している。文明化が人の精神を劣化させるという、ルソー的な見方である。

同時代のイタリア諸侯のこの傾向とは対照的なものとして、マキァヴェッリは、古代の人々の肉体的・精神的健全さを、次のように高く評価する。

「〔自分たちの祖国の防衛に努めた〕古代の人々が目指したのは、艱難辛苦に耐えうる肉体をつくり上げること、危険をものともしない精神（l'animo a non temere i pericoli）を鍛え上げることであった。それゆえにこそ、カエサルやアレクサンドロス大王などすぐれた市民ないし君主は、第一級の軍人としてあった。かれらは、戦いのときには先頭を武装し徒歩で進み、また、その祖国を失うのならむしろ死を選ぼうと覚悟していた。このようにしてかれらは、雄々しく（virtuosamente）生き・死んでいった。かれらの全部ないし一部があまりにも支配欲が強かったことをわれわれが非難するとしても、かれらのうちには、非難されるべき贅沢（mollizia）やその他の、人間を繊細で柔弱な（delicati ed imbelli）ものにするような要素は見られないのである」（二六三頁、p. 198）。

ここで讃えられている古代人の徳性は、危険をものともしない肉体的・精神的な強さ（勇気）と、それをつくり上げる自制（不動心）との徳である。

このような古代の人々のうちでも、マキァヴェッリがもっとも高く評価し、模範にすべきだと考えたのは、共和政期の古代ローマ人であった。かれらの徳性の高さを、マキァヴェッリは次のように描く。

「〔かれらは、〕徳性のある者に名誉と報酬をあたえ、清貧（la povertà）を軽蔑せず、軍事的紀律（disciplina militare）に関わる規則や制度を尊重し、市民が相互に愛しあうこと、分派なしに生活し、私事よりも公事を尊ぶこと（stimare meno il privato che il publico）を促進した」（九七頁、p. 15）。

正義、清貧、紀律、連帯、公共心をもった古代市民の讃美である。

マキァヴェッリは、ローマのこの徳性を典型的に体現した人物として、スキピオ等の、共和国ローマの将軍たちを挙げている。かれによれば、これらの英雄は、軍事的資質においてのみならず、次のように道徳的資質においてもすぐれた人間であり、このことがかれらの軍事行動を支えたのでもあった。

「将軍たちが人々の間で評判が良かったのは、とりわけかれらが貞潔さと公正さ（castità e di giustizia）を具えていたからである。たとえばスペインにおいてスキピオ＝アフリカーヌスが、〔捕虜として連行され、妾にとスキピオに差し出された〕あの美しい若い女性を、その婚約者と父親とに返した行為がそうである。この行為によってかれは、武器を用いたときよりもはるかに確実にスペインを獲得したのであった〔この点については六二頁参照〕。カエサルもまた、ガリアで自分の軍隊のために現地人から徴用した材木、の代金をかれらに支払ったことによって、公正な人であるという名声（tanto nome di giusto）を得たのであり、このプロヴィンキアの征服は、そのおかげで順調にいったのであった」（二三八頁、p. 172）。

ここで重視されている徳は、正義と、それを実行するに当たって必要な自制である。[55]（後述のようにスキピオとカエサルに関する上記二つの事例は、フロンティヌスの『軍略論』（*Strategemata*）（二四一頁）、スキピオとカエサル＝ゲルマニクスの事例として登場する。このことは、他の同様なケースとあいまって、フロンティヌスの『軍略論』がマキァヴェッリの『戦争の技術』の種本であることを物語っている。）

『戦争の技術』におけるマキァヴェッリの、古代ローマ人評価にもまた、以上のようなかたちで、プラトンの定式化した四元徳のうち正義、勇気、自制を読み取ることができる（もう一つ残っているのは賢明であるが、これはあとで重点的に取り上げる）。

それでは、古代ローマ人（と古代ギリシャ人）のこの徳性は、どのようにして形成されたと、マキァヴェッリは見ていたか？　この点についてマキァヴェッリが強調するものの一つは、紀律・訓練であり、他の一つは、自由な共和制自体がもつ徳化の力、とくに共和国を支える市民軍（に加わっての従軍生活）の教育効果であった。

まず、前者の、紀律・訓練についてかれは言う（後者については、（二）で独立に扱う）、

「自然は少数の勇者しか生み出さない。努力と訓練（la industria e lo esercizio）は多数の勇者をつくりだす。戦争においては紀律は闘争心よりもはるかに多くのことをなす」（二五六―二五七頁、p. 191）。

「ギリシャとローマにおいては、〔ガリア人のような〕生まれつきの闘争心も、〔ペルシャ人のような〕王に対する生まれつきの服従心もなかったので、紀律（disciplina）に頼る必要があった。この紀律こそがかれらに強力な力をつけたのであって、それによってかれらは少人数で、〔ガリア人の〕闘争心と〔ペルシャ軍の〕大軍固有の執拗さとを打ち破ったのであった」（二三二頁、pp. 164-165）。

ローマ人とギリシャ人は、紀律・訓練と戦術とで強力となった少数精鋭部隊によって、戦争を闘い抜いたのであった。

戦士としての徳性、軍隊の質を、紀律と訓練によって形成していくことが大切であり・可能であるという主張である。

（二）古代の自由な共和国とその市民軍

マキァヴェッリは、前述のところで（注55）、第二次ポエニ戦争までのローマの戦士たちを「勇敢でかつ立派な人」と称讃していた。それは、この時点までは、ローマの戦士たちが職業軍人ではなくて武装した市民であったこと、また、ローマにまだ領土拡大衝動がなく、そのため自由な共和制が健全であったこと、による。この時代の自由な市民軍に見られた道徳的資質を、かれは次のように讃えている。

「これらの善き人々（uomini buoni）は、戦争を職業として戦ったのではないため、戦争から得るものとしては、ただ労苦と危険、そして名声（fatica, pericoli e gloria）だけを期待したのであり、名声を得れば、祖国に帰還し自分たちの職業で生計を維持（tornarsi a casa e vivere dell'arte loro）したいと望んだだけであった。〔…〕戦争のごとき活動に対してこれとは別の目的を有している市民は、もはや善き市民ではなく（non è buono）、そのような都市は、善く統治されることはありえない（non è bene ordinata）」（一〇一―一〇二頁、pp. 20-21）。

貪欲な侵略的人間やかれらに担われた帝国主義的拡大が、マキァヴェッリの追求するものでなかったことは、ここからも明らかになろう。すなわち、この言明も、前述の、〈マキァヴェッリの共和制論は、共和制を帝国主義的な国家拡大に有効だからとして評価するものである〉などとする佐々木毅説（二七―二八頁）を崩す根拠となる。ここでは明白に、〈職業として・征服を自己目的として戦争に従事する者は「善き市民」ではなく、かれらが増えると善き都市は崩壊する〉とされているからである。マキァヴェッリの考えるところでは、帝国主義的拡大を求めないからこそ、市民は健全さを、都市は自由を、持続しうるのであった。

マキァヴェッリは、こうした善き市民をここでも同時代のドイツ人（スイス人）の自由都市に見出している。

「今日の軍事的手法のすぐれた範例は、すべてドイツ人に求められる。ドイツ人は、自分たちの祖国を大切に思い、また隷属を恐れている（ドイツ以外では隷属は、もはや恐るべきものとはみなされなくなってしまった）。それゆえドイツ人は、自分たちの自主独立を大切にし、名誉ある生き方を保っている（si mantengono signoria ed onorati）」（一五二頁、p. 80）。

このドイツ・スイスの自由都市讃美も、マキァヴェッリが帝国主義的膨張に有利なので共和制を求めたのでないことの証拠である。

このように、自由な共同体の構成員でありそれを自ら守る市民兵であることこそが、また徳性の（第二の）基盤である、とマキァヴェッリは考えているのである。

市民が個人的自由および政治的自由を享受している共和制、とりわけ、そうした市民が自ら国を守る市民軍こそが、道徳的にも健全な社会人をつくるのだということは、それらが崩壊した、オクタヴィアヌス以後のローマにどんな状態が生じたかを見れば、明らかになると、マキァヴェッリは考える。

そもそもマキァヴェッリにとって、「すぐれた人材（uomini eccellenti）が多数輩出するのは、王国においてではなく共和国においてであ」った。というのも「通常、共和国は virtù を高く評価するが、王国はそれらを恐れるからである。それゆえ、共和国は virtù のある人材を育成するが、王国はそうした人材を排斥する」（一五〇頁、p. 77）。

このような共和国の一つであったローマの共和国も、帝政へと変質することによって、その徳性を喪失していった。

「最初にオクタヴィアヌスが、つづいてティベリウスが、公共の利益よりも自分たちの権力を第一に考えて（pensando più alla potenza propria che all'utile publico）、ローマ市民をヨリ簡単に支配できるように、〔市民軍を構成していた〕市民を武装解除し、特定の（職業的）軍団を恒常的に国境に配置することを始めた。オクタヴィアヌスらは、ローマ市民と元老院を掌握するにはそれだけではなお足りないとして、プラエトリアと呼ばれる軍団をこしらえ、ローマ市の城壁の近くに置きローマ市をにらむ城砦のようにした。かれらは、職業兵士を選考することを許されたため、やがて尊大になり、元老院にとって危険な、帝国にとって有害な存在となった。その結果、多くの皇帝が、これら尊大な軍人たちが思いどおりに或る人物を帝位につけまたその座から逐う行為の犠牲となった。ときにはいくつかの軍団によって別々に選出された皇帝たちが同時に帝位につく事態も発生した。こうした事態の帰結は、第一には帝国の分裂であり、ついにはその瓦解であった」（一〇三―一〇四頁、pp. 22-23）。

ローマ帝国崩壊の原因は、自由な農民に基礎を置いた市民軍が解体しプロの軍人に取って代わられてしまったことにある、と言うのである。ここに出ているのが、自由な共和制と市民軍とが不可分であるとする思想（ポーコックにおける「マキァヴェッリアン＝モーメント」）である。前述のように、この思想が、モンテスキューやルソー、そしてジェファソン、若きヘーゲルらのローマ史論へとつながっていく。

以上のように見てくるならば、『戦争の技術』では、マキァヴェッリが何よりも〈祖国の自由と独立〉、〈公共心に支えられた善き国家的団結〉を心の底から願う、理想主義的なパトリオットであること、〈自由な市民軍の重視〉、〈古典的な徳を体現した古代ローマ人の讃美〉もそうした立場に深く関わっていること、が明らかとなろう。自由独立のフィレンツェのために働いた人であり、ルネサンス期人文主義の流れを汲む人であるマキァヴェッリにおいて、古代ローマの自由の精神はまさに「再生」している。われわれは、マキァヴェッリストとして従来考えられてきたマキァヴェッリ像とは正反対のかれの理想主義者像を、このようなものとしてまず押さえておかなくてはならない。

二　「賢明」の位置

『戦争の技術』に関する今までの考察においては、四元徳のうち賢明が登場していない。しかし実際には、この書物では賢明こそが、他の三つの徳以上に重要な柱となっている。なぜなら、伝統的に軍事学は、先見性に立った周到な準備、的確な情勢判断、効果的な組織化、敵の意表を突く作戦などを主題とし、それゆえ賢明を重視するものだからである。以下では、この点をまず明らかにしつつ、かつ、この点と、さきに見たような、〈伝統的な道徳に結びつく古代共和国のモデル化〉とがどのような関係にあるのかを考える。われわれは、この検討を踏まえることによって、〈マキァヴェッリにおける軍事の勉強〉が、マキァヴェッリ解釈上の基本事項（＝独特の人間論、道徳と脱道徳の関係、伝統と近代の関係、機能論的・動態論的・多元的な思考など）のルーツと性格とを知るための——かれの政治体験から来る契機と並ぶ——重要なカギであることを明らかにする。[56]

まず、賢明の語自体は、『戦争の技術』ではたとえば次のようなかたちで登場する。「ときにはあなたの敵があなたを有利にし、ときにはあなた自身の賢明さ（prudenza）があなたを有利にする」（一九二頁、p. 120）。『戦争の技術』におけるこの賢明は、次の二群に分類できる。すなわち、（一）状況・事物関係の正確な把握能力、および、その状況下での、自分と敵の、現在および近未来の関係を的確に認識・予測する能力。そして、（二）知謀、すなわち敵を欺き、また敵の不注意・錯誤に乗じてこれを討つ作戦能力である。以下、これら二点について、マキァヴェッリの説くところを見よう。

（一）状況・事物関係・自分と敵の関係、の的確な把握

「自分の力と敵の力を正確に評価できる（sa conoscere le forza sue e quelle del nimico）者は、なかなか敗れない」（二五七頁、p. 191）というぐあいに、正確な認識は軍事においてきわめて重要である。これは、戦闘においては、的確な予想にもとづく作戦能力としてある。かれはたとえば、次のように言う、「対応は、予想しなかった出来事に対しては難しいが、予想しえた出来事に対しては容易である（aï pensati con facilità）」（二五八頁、p. 192）。かれはまた、効果的な行動の選択能力・機動性を説く（たとえば、「戦闘において自分のチャンスを認識し（conoscere l'occasione）生かすことは、なにも増して有益である」二五六頁、p. 191）。

つまり、ここでの賢明の真髄は、「自身を知ること」、「敵を知ること」、「諸条件を知ること」の三点に関わる、認識の正確さ・客観性である。マキァヴェッリは、たとえば次のようにこの姿勢を示す。「兵士の数よりも大切なのは兵士のvirtù（勇敢さ）である。しかし、ときには兵士のvirtùよりも、布陣の場所のほうがはるかに勝利に貢献することがある」（二五七頁、pp. 191-192）。精神主義・主観主義でなく、主観の外にある事物や諸条件をザッハリッヒに認識して、

それを踏まえて行動すること、これが基本である。

第一に、これは、敵の行動パターンを鋭く把握しそれを利用することである。たとえば次のようなものである。「マルクス＝アントニウスは、パルティア軍から逃れ退却しているとき、毎日、日の出に自分たちが動くと敵が攻撃をかけてきてその日一日の行軍を悩ますことを見抜いた。そこで、かれは午前中は行軍しないことにした。するとパルティア軍は、その日はアントニウスが野営地を離れないのだと判断して、自分たちの陣営に帰ってしまった。アントニウスは、こうしてその日の後半を妨害なしに行軍しえたのであった」（二一三頁、p. 146）。これは、要約的には、「敵の意図を慎重に見抜こうとするリーダー、および、自軍を倦まず訓練するリーダーは、危険に陥ることが少なく、逆に勝利の展望を確かなものにする」（二五六頁、p. 191）と指摘されている、観察力の問題である。

第二に、状況や対象をリアルに見れば、その多面性・多様性に気づく。そうした多面性・多様性を踏まえれば、一つの行動パターンを絶対化することもなくなる。「あらゆる病を一律に制する処方箋はない〔non〕e una regola che serva a tutti quegli modi)」（一四四頁、p. 69）のである。

第三に、なかでも重要なのは、動態論的把握である。

これは、一つには、事物が変化するものであることを自覚すること、現在の状態を固定的にとらえないことである。次の発言が、そうである。

「何よりも次のことに言及しておく必要がある。すなわち、敵を完全な絶望の状態に追い込んではならないということ。このことにカエサルはゲルマン人との戦闘において慎重であった。かれは、人は逃げ場を失うと必要に迫られて大胆になるものだと判断して、わざと退却路を開けておいてやった。かれは、逃亡している敵を追う苦労のほうが、必死の防御体制をとった敵を攻撃する危険よりも好ましいと判断したのであった」（二三七―二三八頁、pp. 171-172）。

「窮鼠猫を嚙む」の関係（本書一五二頁の『孫子』参照）である。敵の現在の弱さが、まさにそのことのゆえにかえってその強さに変わることがある。このパラドクシカルな論理を押さえることの大切さである。これはまた逆に、自分の現在の弱さがまさにそのことゆえに強さに変わる、という論理としてもある。「もしあなたを追跡している敵が、あまりにも無思慮に深追いしすぎて疲れてしまい、あなたに休息を許し元気を取り戻させるようなことがあれば、その絶好のチャンスを逃してはならない」(一九二頁、p. 120)。

二つには、この見方は、状況・事物の動態論的把握、すなわち①状況・事物が不断に変化するものであるとの自覚に立ち、その変化を予め読み取り計算に入れること、②現在の行動に際しても将来の変化後の事態に対する備えをやっておくこと、において賢明の問題に関係する。前述のようにこれは、『君主論』において、氾濫の予想される川には予め堤防や堰を建設しておくというかたちで、運命論の一つとして提起され(第二五章)、かつ総括的に、「賢明な君主は、単に目先のことだけでなく、遠い将来の紛争についても心を配るべきであり、いっさいの努力を傾けてこれに対処すべきである」(第三章)と、言われていたところである。『戦争の技術』においてもこの精神は、たとえば次のようなかたちで登場する、「太陽について言えば、それがいま自分の顔を照らしていないということだけを注意するのではなく、時間の経過にともないそれがあなたにとって邪魔になることがないようにも、心がけるべきである」(一八四頁、p. 112)[57]。以上はまた、『君主論』第一八章にあった「転換の策」を心得ていることでもある(本書五六頁)。

三つには、この見方は、状況・事物は可変なのだから、自分の態度・工夫によって力関係は変えられるという、踏ん張る力の源泉ともなる(これも前述の運命論にあった)。たとえば次のようなことである。

「戦闘に敗れた者の不動心が、しばしば勝者を失望させその勇気を挫く」(二五五―二五六頁、p. 190。前述七七頁)。「将軍は、敗北したときには、とりわけまだ自分の軍勢が残っているときには、その敗北から利を得るように努力しなければならない。そのための好機は、敵の油断が提供してくれる。勝利のあとには敵は、しばしば不注意になり、あなたに雪辱のチャンスを与えるものである」(一九〇頁、p. 118)。

動態論的思考が、人を強くするのである。この見方は、逆に、勝ってもそこでぐずぐずしていると形勢が逆転する、それゆえ、「将軍は、勝利した場合には、全速力でその勝利を確固たるものに仕上げなければならない」(同上)、という警告ともなる。

（二）知　謀

ここでは『戦争の技術』における、策略を駆使した作戦例を押さえながら、マキァヴェッリにおける知謀論の特色を分析しよう。

（a）敵を欺く（二五〇頁以下。pp. 184-187）　たとえば、①敵が布陣している場所をそれる方角に軍を進め、安心した敵が戦闘態勢を解除したときに急襲する方法がある、「このことに関連して、ここでヴァレンチノ侯チェザレ＝ボルジアの例を引きあいに出さずにはおけない。かれはカメリーノを攻撃すると見せかけつつ軍を率いてノチェラを発したが、途中で突如ウルビノに矛先を向け、他の将帥たちが時間と費用をかけても陥落させられなかったであろうこの都市を、一日にして難なく奪取したのであった」（二五〇―二五一頁、p. 185）。さらに、②ある都市の攻撃に際し、毎日その都市の周囲を行進させ、敵がやがてそれをルーティン的行動だと見るようになり、行進しても警戒しなくなったとき、突如攻撃をかけて陥落させた例や、③包囲している都市にその援軍がやって来るという情報を得て、その援軍に変装して都市に迎え入れられ、難なく攻略した例が、挙げられている。他にも次のような例がある。④ある都市を攻撃しているとき、それをあきらめて別の都市を襲う振りをする。すると目標の都市の守備隊は、これにだまされ、その別の都市を守ろうと出撃する。そのすきに、目標の都市を攻撃し陥落させる。⑤アテネのキモンは、包囲している都市の外にある神殿に放火し、敵が消火のために外に出たすきに、その都市を攻撃し陥落させた。⑥スキピオは、カルタゴを攻撃中、恐れて逃げるふりをし、ハンニバルがそれを追って都市から出陣したすきに、別の部隊を使ってこの都市を陥落させた。

（b）直接の戦闘以外の効果的な方法を工夫する　これについては、次のような事例がある、①「多くの将帥は、都市を攻略するために、飲用水に毒を流しこんだり川の流れを転じたりした」。②「古代の将帥たちは、賄賂で買収するなどの方法で、内通者を使って都市を陥落させることに努めた」。③「自分の部下に脱走兵を装わせ、敵の都市に受け容れさせ、スパイや内部協力者として使った」。④都市の民の着物を奪い、変装して侵入させ、内から開門させた。

知謀は、以上のようなかたちで、敵を欺きまたその意表を突くことによって戦果を挙げる戦術に関している。この戦術においては、硬直した思考によっているためスキを見せる敵を、柔軟な思考と緻密な組織化とによる機敏な行動で突くのである。この点で知謀は、賢明の、さきに見た側面、すなわち正確な情勢判断・自己知・合理的組織化・変幻自在さと不可分一体のものである。

ところで、このような知謀は、正々堂々とした、一騎打ちや正面戦をタテマエとする戦闘倫理、騎士道のタテマエ、に反する「卑怯な手」である。だがこれらの戦術は、古代の将帥がそうした非道徳をさほど気にせずに使ってきたものであり、今それを論じているマキァヴェッリもまた、同態である。すでに見たように、かれはこの『戦争の技術』においても、一面ではきわめて道徳的であり理想主義的である。しかしかれは他面では、軍事学において、道徳にもとる知謀と武力と（＝マキァヴェッリズム）をも駆使する。この後者の側面においては、軍事学は本来的にマキァヴェッリズム的でもある。そして将帥らには、その間に二律背反があるという意識は、あまりない（矛盾の予感が多少はあることは、さきに中間考察で見たとおりである）。そもそも将帥に必要なのは、道徳的であることと脱道徳的でもあることとであり（そのうち前者に比重がかかってはいる）、それゆえまた軍事学もこの二つの要素を柱とするのが、通常だからである。[58]

もっとも、知謀や武力といった非道徳な手段を行使することに、古代人も疑問をもっていなかったわけではない。たとえばプルタルコス『対比列伝』は、アレクサンドロス大王について言う、

「インド人のなかで最も勇敢に戦つた傭兵は、方々の町々に出入しては力強く抵抗しアレクサンドロスに多大の損害を与へたので、アレクサンドロスは或る町でこれらの傭兵と休戦を誓ひながら、その出て来るところを途中で襲つて悉く殺した。これは、いつも法に従つて王らしく戦争をしたアレクサンドロスの武勲にとつて云はば瑕となつた」（本書注34『プルタルコス英雄伝』第九分冊）。

休戦協定を破って相手を撃って勝利したことへの非難である。プルタルコスはまた、ペロポンネーソス戦争時のスパル

タの将軍リューサンドロスに関して、次のように論じている。

「リューサンドロスは何でもやりかねないソフィストとして、戦争に於いてもいろいろの事に変幻極まりない詐術を用ゐ、正しい処置もそれが同時に有利である点を誇り、さうならない場合には有利な処置を立派な事のやうに認め、真実を本性上虚偽よりも優つてゐるとは考へず、両方の価値を必要によつて決定した。そこで、ヘーラクレースの子孫ともあらうものが詭計を以て戦争をするのは先祖にふさわしくないと云つた人々のことは笑つて済ませろと命じて、『獅子の皮が足りないところへは狐の皮を縫付けるがいい。』と云つた」（『プルターク英雄伝』第六分冊）。

ここにも、知謀と徳性、虚偽と真実、正義と効用の、古代における緊張が伝えられている。しかも、リューサンドロス伝のこの箇所には、われわれに親しみ深い「ライオンと狐」のテーマが登場している。

マキァヴェッリ『君主論』における「ライオンと狐」のテーマは、キケロが同じテーマでライオンと狐、暴力性と知謀をともに否定して道徳を強調したことに対する、あてこすり（パロディー）だと言われる。キケロは『義務論』（*De Officiis*, I-XIII-41）で次のように言っている。

「悪は二つの方法によっておこなわれる。すなわち、武力によるか策略によるかである。これら二つはともに獣に属する。すなわち、策略はずるがしこい狐に、武力はライオンに属する。これら二つはともに人間にはまったくふさわしくない。これらのうちでは、策略がより軽蔑すべきものである」。

キケロがこのように、〈人間か野獣か〉の二者択一で論じているのに対して、マキァヴェッリは、前述のように〈人間であるとともに野獣でもあるべきこと〉を説いているのである（キケロは、実際、「勝利よりも正義」の立場をとる。たとえばかれは、「正義およびすべての気高いものは、それ自体のために追求されるべきである」（*De Legibus*, I-XVIII）と述べている）。この点では、マキァヴェッリは、『対比列伝』中のリューサンドロスに近い位置にある。ということは、〈キケロ対マキァヴェッリ〉は、よくあるようには〈伝統的道徳論　対　マキァヴェッリ政治論〉ではないということである。なぜなら、伝統的道徳論はキケロ的なそれに尽きるのではなく、もう一つのものとして、上記のアレクサンドロス・リユーサンドロス的な、戦士的伝統のそれがあったのだからである。

そしてその際、本第一部の論点との関連で興味深いのは、「リューサンドロス」ではマキァヴェッリズムが、〈戦争の場で将帥は詭計を用いてかまわないか〉というかたちで問題にされているのに対して、マキァヴェッリの『君主論』では、〈政治の場で君主は詭計を用いてかまわないか〉のかたちで問題にされていることである。古代以来、戦争の場（友と敵の生死を賭けた闘争の場）に関して用いられてきたものが、マキァヴェッリによって政治の場にまで拡張して用いられたのである（政治もまた、友と敵の政治生命を賭けた闘争の場である）。マキァヴェッリの政治思想が、（古代の）軍事学の伝統と結びついているという本第一部の主張は、以上の事実にも立脚している。

この、軍事と政治、「友と敵」をめぐる、古代とマキァヴェッリのちがいについては、ニール＝ウッドの次の指摘（Neal Wood (fn. 25), Introduction）が、興味深い。ウッドによれば、古代においては、敵と同胞市民とが区別され、敵に対しては武力・欺瞞などの行使が認められたが、「同胞市民に対しては、マキァヴェッリとはちがって、武力や欺瞞の道を提唱することはなかった」。敵とのこの関係が軍事学の妥当領域であり、同胞市民との関係が政治論の妥当領域である。それゆえ政治論に軍事学を適用することはなかった。「古代の政治理論は、ほぼまったく味方・同胞市民との礼節ある関係に関係した。軍事理論は「友と敵」の関係を妥当領域としていた」。これに対しマキァヴェッリにおいては、「友と敵」の関係は流動的である。人間は、自己欲が強いため、「味方のなかのもっとも緊密な関係にある者でも、いざというときには予告なしに信頼を裏切る」。こうして、「味方も敵になりうる存在であるため、同胞市民を扱う際にも武力や欺瞞的手段に訴えることがさほど躊躇されない」ということになった。すなわちウッドは、マキァヴェッリにおいて、古代の軍事学が政治論に適用されたこと、その原因は、マキァヴェッリの、（性悪論的人間論にあるのではなく、）政治を「友と敵」の関係として見たことにあること、を正しく押さえている。

ただ、以上のウッドの議論はことがらの半面に関わるに過ぎない。機能論的・動態論的・多元的な見方をするマキァヴェッリにおいては、敵もまた味方になりうる存在であり、この点でも、道義を尊ぶことは、政治論のみならず軍事学の本来の領域（戦争）においても大切なのであった。

第五節　『フィレンツェ史』

マキァヴェッリのこの歴史書[59]は、一三六〇年から一四九二年までのフィレンツェ市史を扱っている。その特徴は、都市間ないし都市内での、支配権（ヘゲモニー）をめぐる抗争に焦点をおいて書かれていることである。それら抗争は、個人的な確執としてではなく、ヘゲモニーをめぐって角逐しあう、都市間ないし都市内諸党派（sette）間の集団的力学として扱われている。

マキァヴェッリのこの抗争史叙述において、本書の観点から注目すべきなのは次の三点である。すなわち、第一に、ヘゲモニー掌握の手段としては、人望・権威・説得・妥協などのいわば健全な政治手段と並んで、威嚇・買収・虚言・陰謀などのいわば不健全な（道徳にもとる）手段が使われる。そして、これらでも決着がつかない場合、最終的には実力行使に出る。これらが効果をあげたとき、ヘゲモニーの移動が起こる。第二に、この最後の場合には、都市間・諸党派間の武力による戦闘が前面に出、内乱・戦争に陥る。この点では、政治は戦争を内包するものであり、また戦争は政治の延長である。第三に、他方ではまた、この戦争状態の下でも武力の行使だけが問題となるのではない。そこでも状況に応じて、駆け引き、キャンペーン、外交などが手段として行使されるからであり、実力をどのように行使するかに関しても、人望、権威、妥協や陰謀が重要な決め手となるからである。この点では、戦争は政治を内包するものであり、政治は戦争の延長である。

以上のようなかたちにおいて、フィレンツェの歴史を描く際にマキァヴェッリが前提にしているのは、次の認識である。①政治は戦争（軍事）と場を異にするものではない。両者のちがいは、一つの抗争の局面のちがいにすぎない。②戦争のなかにも政治があり、政治のなかにも戦争がある。両者は相互に内在しあい、相互に延長物の関係にある。マキァヴェッリにとってフィレンツェ史は、政治ともなり戦争ともなる、こうした集団的抗争の歴史の一部であった（この認識は、古代以来の歴史書に広く見られる）。

ところでさきに扱った軍事学は、第一義的には他の国との戦争に関わるが、ヘゲモニーをめぐる集団間抗争が政治ともなり戦争ともなるのだとすれば、戦争の技術は、それ自体が同時に政治の技術だということになる。これまでの考察においてわれわれは、『君主論』、『ディスコルシ』、『カストルッチオ＝カストラカーニ』および『戦争の技術』に共通の論理構造を見いだしてきたのであるが、それはこの事情にもとづく。[60]

もっとも、軍事学と政治論がつねに同一の論理によっている、と単純化してはならない。とくに、前者はクライシスにおいて一人のリーダー（将帥）の命令によって集団が動かされる場が多いのに対して、後者は、民主制の場合にはとくにそうであるが、平常時にあって全員の討議と合意で集団が動く場に関わるものでもあるからである。[61]

後述するように、古代の軍事学（クセノフォン、フロンティヌス、ウェゲティウス）を深く学んだマキァヴェッリは、それを軍事と一体不可分でかつ同様に集団力学の場である政治の考察に使い、思考の洗練化を進めた。その結果が、マキァヴェッリにおける「近代政治思想の創始」への出発なのであった。「戦争は、政治的手段とは異なる手段で継続される政治に他ならない」とは、クラウゼヴィッツの有名なテーゼであるが、軍事学を学びそれを政治経験と結びつけ独自の政治論の構築に向かったマキァヴェッリにとっては、〈政治は、戦争的手段とは異なる手段で継続される戦争に他ならない〉のでもあった。[62]

そしてこのことは同時に、古代の軍事学の伝統とも密接に結びついていた古代的徳論が、かれの政治論に入っていくことになったことをも意味している。実際、かれの政治論では、四元徳のうち正義、勇気、自制が重視されるとともに、賢明が、機能論的・動態論的・多元的でリアルな思考、およびマキァヴェッリズムとして発現した。つまり、かれにおいてマキァヴェッリズムは、それ自体が四元徳につながっていた。換言すれば、マキァヴェッリズムは、古代的道徳とは異質の世界のもの、古代的徳論の伝統を解体する性質のものではなかったのである。[63]

以上に述べたことがらを補強するために、『フィレンツェ史』のなかにマキァヴェッリの他の書物と共通の諸傾向がどのように現れているか、それが何を意味するかを検討しよう。第一部の課題からして以下で問題になるのは、一、道徳論（すなわちマキァヴェッリが一面的な〈政治と道徳の不連続化〉論者ではないが、また一面的な道徳家でもないという点）、人間論（すなわちかれが一面的な性悪論者ではないが、また一面的な性善論者でもないという点）、および、二、そうしたことがらの根底にある思考方法、とくに動態論的なものの見方である。

一　道徳論・人間論の二重性

『フィレンツェ史』においてマキァヴェッリは、君主が失脚した主要原因を、かれが道徳に反して行動したことに求め、君主が権力の座を確かなものにした主要原因を、かれが道徳的にふるまったことに求めている。

たとえば、アテネ公グァルティエーロ（フィレンツェの専制的支配者となりながら、一三四二年にわずか一〇ヵ月でその座を奪われた）についての叙述は、次のようなものである。

「公が市民に課した負担は重く、その裁判は不公平で血も涙もなく、当初人間味のあるそぶりを示していたが、それも、一変して、横柄さ、残虐さになってしまった。」（第二巻三六）

「公はその施政によっても分かるように、性質は貪婪、残虐で頗る偏狭、その言動はきわめて傲慢だった。ひとを服従させることを求め、ひとの厚意を求めなかった。つまり愛されるよりも畏れられるのを喜んだのである。〔…〕とにかく彼は傍若無人の悪行によって、十カ月ののちに、他人の腹黒いすすめに乗せられて奪い取った領主権を取りあげられてしまったのである」（第二巻三七）。

すなわち、グァルティエーロが失脚した原因は、不公正（ingiusto）・血も涙もないこと（severità）・横柄（superbia）・残虐（crudeltà）・傍若無人の悪行にあるとされている。ということは、マキァヴェッリがここでも、公正・人間味・友情・市民の自由尊重といった伝統的価値、政治における道徳尊重が君主に必要なことを前提にしていることにもなる。

上の引用文中の「愛されるよりも畏れられるのを喜んだ」ことに対する批判を、『君主論』中の「君主は愛されるよりも畏れられるほうがよい」（第一七章）という有名なテーゼと対比してみよう。『君主論』中のこのテーゼがマキァヴェッリの立場のすべてでないことは、ここからも明らかである（本書五四―五五頁以下）。

モンテ゠ペトローソ砦の城主ビアシオ゠デル゠メラーノの最期をめぐるマキァヴェッリの記述も、注目に値する。この城主は、敵に包囲され火を出した砦から自分の幼児を降ろし敵にその保護を求めたが、自分自身は「祖国の敵の手に救われて生きるより焔のなかで死ぬのが潔しとして、その救いの手には応じようとしなかった」。このあっぱれな態度に感じ入った敵は、その幼児を手厚く保護したのであった…。このエピソードについて、マキァヴェッリは次のように言う、

「この古代的な賛嘆すべき振る舞いは、ことにそういうものがほとんど見られない今日この頃の出来事なのだからこそ正に立派なものなのだ！」（第四巻一二）。

ここでの称讃は、勇気ないし自制の古代的徳性が両陣営にともに見られたことによる。ここでのマキァヴェッリには、伝統的な戦士道徳に対するシニシズムはない。かれは、古代の戦士の徳性を高く評価し、退嬰が進んでいる「今日この頃」にそれがなお目撃できたことを喜んでいる。マキァヴェッリは、伝統的な道徳、戦士や政治家の徳性を尊ぶ人でもあったのだ。

一四二九年に権力を掌握したジオヴァンニ゠デ゠メディチ（コジモとロレンツォの父）に対する次の称讃も、伝統的徳性に対するマキァヴェッリの積極的肯定を証言している。

「彼の慈悲心は極めて大きかった。ひとの望み通りにくれてやるだけで満足せず、求める者に与えるだけでなく、求められなくても貧者の必要をしばしば充たしてやった。みんなをいとしみ、善人を褒め讃え、悪人を憫んだ。〔…〕平和を愛し戦争を避けようとした。逆境にある者を助けて成功するよう援助した。〔…〕その政務を見るや懇切丁寧で、能弁ではなかったが、深い賢明さを示していた」（第四巻一六）。

ここでも、慈悲深さ（misericordioso）や正義、平和志向、賢明などの徳性が根底を成している。確かに『フィレンツェ

史』には、メディチ家の政治家に対する阿諛追従がある。(64) これは、この書がメディチ家のジゥリオ（Giulio）の依頼による「フィレンツェ市史」として書かれたことによる。しかし本書の観点からの考察にとっては、むしろこれら追従の部分こそが重要である。なぜなら、この追従は、同時代人とともにマキァヴェッリが尊重する道徳的価値を、歴史上のメディチ家の人物が体現している、と指摘するかたちでおこなわれているからである。人はそこから、マキァヴェッリ自身の道徳観（の一端）を抽出できる。このことを踏まえて読むと、上のジオヴァンニについての叙述は、マキァヴェッリが慈悲心・正義・平和・賢明といった通常の道徳価値を素直に奉じていることを示している。ここにもシニシズムは見られない。

　コジモ＝デ＝メディチが政権を堅固なものにしえたのも、マキァヴェッリによると、コジモが有徳の人であったからだった。

「コシモ《ママ》は、まことにこのうえもない深謀遠慮に富み、その物腰は穏やかで、しかも威厳も具わり、底知れぬ寛仁大度の心持ちで、善良なことはこの上もなく、ただの一度さえ市の今のあり方（stato）に背き一人党派に楯突いたこともなかった。かえって全市民の利益を配慮した。彼のこうした振る舞いが政務をとる連中に後ろめたさの気持ちを増大させるにつれ、彼はこうして生活していさえすれば、フィレンツェにおいて他の市民たちの誰にも負けずに、有力で、しかも安全な生活を送れ、たとえ彼の敵が何かしら非常手段に訴えて彼をうち倒そうとしても、そのすぐれた軍勢と人望とによって彼らに勝てる、と確信していた」（第四巻二六）。

ここには、知謀や武力に頼るよりも高い徳性によって人望を得ることが——手段としてもそれ自体としても——大切であるという思想が出ている。それは、マキァヴェッリストとしてステレオタイプ化されたマキァヴェッリ像から予測されるものとは、正反対の思想である。ここでもマキァヴェッリは、実際には、伝統的道徳（賢明・寛大・友愛・善良）に対してシニカルな人ではない。

　しかもそれは、〈マキァヴェッリが、過渡期の人物ゆえに＝（かれの本来の追求目標である）『政治と道徳の不連続化」

において不徹底であったから〉ということに起因するものではなくて、かれが（政治と道徳の区別の重要性とともに）政治における道徳の重要性をも自覚していたからである。そしてそれは、かれが軍事論を深めるなかから、軍事と道徳の関係について、①両項の区別の重要性とともに、②軍事における道徳の重要性をも自覚するにいたったことと不可分である、これら①と②の認識が政治論に使われたのだ、とわれわれは見る。

マキァヴェッリは、しかしまた、上に見たような有徳者であるこのコジモが、必要に応じて次のようなキタナイ手をも使う人であったことをも、記している。すなわちコジモは一四三三年の政変のとき、捕らえられ、命を奪われる危険に陥った。かれはこのとき、獄中からの買収工作によって、その危機を脱出したのであった。すなわちかれは、敵側の一人ベルナルドに高額の賄賂を送る。ベルナルドはこの大金を手渡されて大いに協力的になり、コジモの死刑を主張するリナルドの意見に反対してコジモをパドヴァへ追放するに留めさせたのであった（第四巻二九）。

徳性を備えた人物であることと、その人物が必要に応じてキタナイ手を使うこととは、マキァヴェッリの『カストルッチオ＝カストラカーニ』や『戦争の技術』に描かれたすぐれた将帥がそうであるように、マキァヴェッリにとって深刻なアポリアではなかった。君主は「人間」でありつつ、必要に応じて「狐」であり「ライオン」でもあらねばならぬということ、この「人間」であるという側面（道徳尊重・法尊重）が、『フィレンツェ史』ではメディチ家の人々をめぐって強調されている一方、かれらの「狐」の側面もまた重視されているのである。

〈偉大な人物が、道徳的でありながら、同時に道徳違反をも犯す。しかしこの違反のゆえにそれまでのかれの業績やかれの徳性がすっかり台無しになる、ということはない〉という見方は、ロレンツォ＝ディ＝メディチに関する次のような記述にも、はっきり出ている。

まず、ロレンツォの徳性に対する讃美から見ていこう。マキァヴェッリによればロレンツォの上昇の重要な足掛かりとなったのは、不可能と思われていたナポリ王との同盟を、かれが一四七九年に自らの単独交渉によって克ちとったことである。そしてそれは、かれがナポリの宮廷で発揮した非凡さによる。同盟の必要を説くロレンツォの演説を「聞き終わって国王は今更ながら彼の広大な気宇、透徹せる叡知、深謀遠慮の判断力に心うたれ、多くの戦争をただ一人で担ってきたこのような人物を今まで見たことがないと深く感じ入るのだった」（第八巻一九）。そして、ナポリとのこの同盟交渉の成功は、同時にフィレンツェの人々がロレンツォの高邁な徳性に魅せられる契機ともなった。「ロレンツォがさきにフィレンツェを出た時は、一個の偉人にすぎなかったが、いまたち帰るときは一だんと偉大さを増し、市民はこぞって彼が祖国の平和のためにおのが一命を賭して当った高邁な精神とその奉公ぶりに、熱烈な敬愛の念を見せるのだった」（第八巻一九）。以上のようなかたちで、ここには人物の大きさ・賢明・勇気・自己犠牲の精神・祖国愛といった徳性が並べられている。

リナート＝デ＝パッティとジャコポ＝ポッジオによるロレンツォ暗殺の計画（一四七八年）が失敗したのも、フィレンツェの人々がロレンツォを支持して立ち上がったからであった。マキァヴェッリによれば、これはロレンツォとかれの先祖が普段から、その財力と仁政によって人々の支持・信望をかちとっていたことの結果であった。すなわち、「メディチ家がその賢明（prudenza）と気前よさ（liberalità）によって獲得した、運の良さ（fortuna）と人びとの感謝（grazia）の結果であった」（第八巻九）。ロレンツォの「知謀と信望」が人々をかれに引きつけることによって、サルツァナの戦いが終わってからロレンツォの死にいたるまでの長い間、フィレンツェとイタリアは平和を享受することができた、とマキァヴェッリは称讃する（第八巻三六）。

ところが、このロレンツォにさらに別の側面——放縦という悪徳——があることをも、マキァヴェッリは見ている。そしてこの二側面の関係について、かれは次のように言う。

「こういう風にあらゆる国々から尊敬されたため、なおさらイタリアのあらゆるひとびとに敬慕された。彼のこの評判は、日一日彼の思慮によってさらに大きくなった。というのも彼の話しぶりは流麗雄大、事に当っての判断は賢明、事を行なうや神速果敢だったからである。もともとすこぶる色ごとに心をうち込む方ではあったが、そうした悪徳のために彼の美徳のかずかずを殺す所までは行かなかった。〔…〕彼の生活が一面において放縦、他面において謹厳であることを考えると、何か彼という人間は、二重の人格をもっている、いわば氷炭相いれない二つの人格が結びついて一つになっているようにも見える」（第八巻三六）。

マキァヴェッリがロレンツォに確認したこの「二重の人格」・「二つの人格」性こそ、古代以来の英雄的人物に見られる特徴である。良く言えば、〈時をわきまえ・度を越さない程度なら、不道徳な行為も認める〉という「使い分け」の思考であり、さらには、その自然な態様においては、倫理上の「清濁併せ呑む」思考、そして悪く言えば、矛盾に頓着しない「雑居的」思考である。

この点に関しては、次の事実も注目に値する。すなわちマキァヴェッリ自身、一方では家族を愛し妻との深い結びつきを示しながら、他方では浮気を重ね買春を繰り返した。ところがかれは、そのことに深刻な矛盾を感じてはいない。それは、自己の浮気や買春に言及した手紙のあっけらかんとした調子が物語っている（グッチャルディーニ宛の一五〇九年一二月八日付の手紙、ヴェットーリ宛の一五一三年三月一八日付、一五一四年二月四日付、八月三日付、一二月二〇日の手紙など。本書注30『マキァヴェッリ全集』第六巻所収）。それどころか、かれは、そうした態度に居直るのだった。かれはたとえば、ヴェットーリ宛の一五一四年一月五日付の手紙に、次のように書いている。

「大使殿、世の中みんな気違《ママ》いばっかりです。世間をわきまえている人、他人と同じことをしようとする者は何事も成しえないとわかっている人はわずかです。そもそも同じ考えの人間なんていやしないのですからね。昼間の行いが賢明と評される者が夜は気違いになるなど世間は思わないものですが、連中にはそれがわかっていないのです。善良で有能と評判の者なら、心をくつろがせ楽しく生きるために何かをしても、讃えられこそすれ責められはしないし、男色家だの女郎買いだのと後ろ指を指される代わりに、鷹揚で気さくで付き合いのいい人だと言われるのだ、ということも」（一五一頁）。

ヴェットーリ宛の一五一五年一月三一日の手紙にも、次のようにある。

「尊敬すべき友よ、私たちの手紙を読む人がいたら、その内容の多様さに驚くことでしょう。ある時は、私たちは真面目な人物で、重大な事柄にしか関心がなく、名誉ある偉大な考え以外は胸中に抱かないように見えるでしょう。ところが、ページをめくるや、さっきと同じ人物でありながら、軽薄で、気まぐれで、好色で、くだらないことにうつつを抜かしている私たちを見出すでしょう。こんな風に、誰の目にもけしからん人物に映る人でも、私の目には賞賛すべき人と映ることもあるのです。われわれは自然を模倣しますが、自然は多様なものであり、自然を模倣する者を責めることはできないのです」（二八四頁）。

かれの行動のこの傾向は、①かれが敬虔なキリスト教者でありながらも批判的な宗教観をも示している点、②道徳に対しまじめな態度を示しつつも、ときに突き放すような態度をも見せる点、③理想主義的でありながらも徹底したリアリストでもある点、④政治論において道徳性を賞賛するとともに、武力や欺瞞の契機を当然視してもいる点、などにも見られる。これらでは両極は、いわば相互に使い分けられ「雑居」しているのである（悪しき側面が、羽目を外さないよう制御されており、場による切り替えの術が心得られている、ということではあろうが）。

この種の「清濁併せ呑む」思考、ないし「雑居」性は、他の文献にもかなり目撃できる。

たとえばモンテーニュは、『エセー』（岩波文庫、原二郎訳、一九六七年、第六分冊二二三―二二四頁）において、ある一点で問題があった人物を、そのことを理由に〈全人格的に問題がある〉とする発想に反対して、次のように言っている、「ローマ人は、マンリウスがのちに国法を犯して、王位を奪おうとしたからと言って、この人の鷹揚さと、武功と、武勇に対して与えられた勲功の思い出を窒息させたであろうか。〔…〕私なら、こう言いきることが出来る。「あの人のあの行いは悪いが、この行いは立派だ」と」。

「ルネサンス人」についての次の二つの指摘も、興味深い。すなわち、（a）下村寅太郎は、ルネサンス人には、個人としても全体においても「統一性、綜合性の欠如」があった、とする。たとえばリミニの傭兵隊長シギスモンド＝マラテスタは、一方で、殺人・強姦・裏切りを重ねた（妻たちをも次々と殺害した）が、他方では、心から深く芸術・学問を愛し高い美的センスをもった人物でもあった。かれにおいてこれら双方は、「各々独立のものであって、自己矛盾の意識はない。正統性を問題にしない故に非正統性の意識もない。「我々にとって」は不可解であり、奇怪であるが、彼らにおいては当然であり自然であ」った、と。下村はルネサンス文化全体についても、「古典古代の文化・教養の復活とキリスト教とが同時に共存し、両者の間に異質性も矛盾も必ずしも意識されず、もとより苦悶もなく、積極的にそれらの綜合、統一が企図されず、問題にもされないように見える。それが意識されることは同時にルネッサンスの終末である」と指摘している。

（b）同様にゾンバルトは、ルネサンスの上層市民について言う、「彼らは冒険的な空想力を極度の実行力と結びつけた男たち、すべてのロマン主義を現実に対する明澄な眼力と結びつけた男たち、今日は海賊船を指揮し、明日は高級な国家業務を管理する男たち、今日は欲ばりな手つきで宝を掘り、明日は世界史を執筆しはじめる男たち、生活を情熱的に愛し、きらびやかでぜいたくな事物に鋭敏な感覚を示しながらも、数ヵ月にわたり未知の海域への航海で窮乏生活に平然と耐えうる男たち、そして組織づくりに最高の能力を発揮し、それでいて子どもじみた迷信をもつ男たちである。一言でいえば、彼らはルネサンス人である」と。[65]

右にイタリア人を挙げたが、同様の傾向は、対応する時期の日本人についても見られる。たとえば足利尊氏における、政治への使命感・マキァヴェッリズム・暴力性と、人間味・厭離穢土の深い宗教性との共存についての、永積の次の指摘参照、「あるときは武家の統領としての任務に心を傾け、次の瞬間には出世遁世を願うというのが、いつわらぬ尊氏の自然であったからであろう」。永積はまた、佐々木道誉における、マキァヴェッリズム・残酷さと、「情の厚」さ・思慮深さ・「教養豊かな文化人」との共存をも指摘している。[66] これらは、マキァヴェッリやマラテスタの姿そのものである。

こうしたところには、〈たった一度でも非行を犯せば、全人格が地に落ちる・悪魔に身売りしたことになる〉という、厳格なストア派やコチコチのキリスト教徒に典型的な発想は、働いていない。今日の眼にはこれは、無反省で「いい加減なもの」、道徳意識が低い・さらには偽善的なもの、と映るだろう。しかし、どう評価するかの問題はさておき、かれらがそうした「雑居」型の人でもあったこと、それが古代から普通の倫理的態度であったことは、直視しておかなければならない。[67]

天使性と悪魔性、徳と悪徳、求道と現世主義、さらには前述のように（注30）、共和主義と君主主義との、①それぞれ両極のあいだで葛藤するのも人間だが、②その二つを使い分け、③さらにはそれぞれの両項をごく自然に「雑居」させて平然としているのも人間である（これら、①葛藤、②使い分け、③雑居性の三項もまた、相互に使い分けられ・雑居しているのだろう）。この具象像を見せてくれるのが、マキァヴェッリでありマラテスタたちであり、尊氏であり、そして古代のリーダーたちなのである。

考えてみれば、われわれ自身もまた、そうした傾向を多かれ少なかれ共有しているだろう。アーレントは、アイヒマンがおこなったユダヤ人殺害の残虐さと、かれの個人としての普通人さとの落差を指摘して注目されたが、倫理上の「雑居」性、その根底にある人格そのものの「雑居」性自体は、別に不思議なこと・異常なことではない。別言すれば、平凡人も時に恐しい、ということだ。

二　動態論的思考

動態論的なものの見方は、『フィレンツェ史』には、以下に見られる。すなわち第五巻冒頭のさきに引用した箇所（六四—六五頁）に続く部分でマキァヴェッリは、世の中のものごとが次のようなかたちの変動を免れないと言う、

「訓練の行き届いた立派な軍隊が勝利を得、その勝利によって平和がもたらされると、この勇敢な精神力は文弱に流れる他なくなるし、また、その人たちの都市に安逸の風を移して、秩序だった都市を堕落させてしまうものである」（第五巻冒頭）。


ここには激動のルネサンス期イタリアを生きるマキァヴェッリの緊張感が出ている。勝者と敗者、平和と戦争が交互に入れ替わるというだけでなく、むしろ勝利こそ敗北への道であり、平和こそが戦争への道であるという、パラドックス（八二頁をも参照）が避けられない。これを前提にすれば、勝利や平和を得ても、それに安住することはできなくなる。

これは、敵と味方の力関係についても言える。力関係は、状況によって、また、敵・味方それぞれの内部の関係によって、不断に変化するものであり、けっして固定的にとらえることはできない。この考え方は、さきに『戦争の技術』で問題になったが、『フィレンツェ史』においても、次のような関係として出ている。

謀反が失敗すると、その首謀者たちは君主によって処刑される。君主はそのことによって、権力の座を確実にしたかのように見える。だが実はそれはまた、君主の終わりの始まりなのである。なぜなら、そこには次のような論理が働いているからである。「こういう前例（謀反）の数々を味わえば、君主がそれを恐れるのも、もちろん無理からぬことで

あって、恐れることによって用心深くなり、用心深くなることによって臣下を猜疑するようになり、そういうことから今度はかえって憎しみを買ってほとんどつねにその身の破滅を招くことになってしまう」（第八巻一）。

人間関係の同様に動態論的な見方は、〈人々から期待されている君主が、そのことのゆえに没落していく〉という認識にも現れている。マキァヴェッリは、人々の信望厚かったニコロ＝ソデリーニが没落した原因について言う、

「いかに期待されているものでもその後盾になっている連中の希望をすべて実現できないものゆえ、しばらくたてば悪口雑言を必ず受けなければならなくなるからである。それもつまりは人間がいつも人間業を遥かにこえた希望を胸に描くものだからでもある」（第七巻一四）。

多くの人から期待されることは勝利だが、しかしそのすべて人の期待を満たせないから、その分、失望させる人も次第に多くなる。そしてかれらからは裏切り者と見なされ、激しい攻撃を受けることとなる。圧倒的な支持を得ることは、それ自体が身の破滅の始まりなのだ。このパラドックス認識もまた、対象や人間の集団的関係を固定的に見るのではなく動態論的に見ることを迫る、政治・戦争の真実なのであった。

以上われわれは、マキァヴェッリがかれの他の著作と共通する道徳論・マキァヴェッリズム論・政治的思考方法などを動員して、『フィレンツェ史』を描いていることを確認した。しかもこの歴史は、政治史でもあり内乱史（戦争史）でもあった。そしてそのことが、マキァヴェッリにおける政治の考え方と軍事の考え方との連続性を知るのに重要であることをも確認した。

第二章　マキァヴェッリと古代軍事学

第一章第三・四・五節において、われわれは、第一・二節で提示したマキァヴェッリ像をヨリ鮮明なものにする作業をおこない、そのなかで、マキァヴェッリが基礎にしている世界においては政治と軍事が連続したものであること、その連続性を明らかにするものとして両者に共通する思想・思考があり、その中身は次の四点にあること、を確認した。すなわち、①機能論的・動態論的・多元的な、正確な認識・柔軟な判断力がともに発達していること、②道徳や宗教について、一方ではリアリスティックな見方に立った、それらの相対化がおこなわれ、かつ道徳にもとる知謀・武力（＝マキァヴェッリズム）が重視されながらも、他方では行為が道徳にかなうべきであり・リーダーが高い徳性の持ち主であるべきだと、伝統の延長線上で重視されていること、③組織化、紀律、不断の訓練、法が重視されていること、④前提になっている人間観が共通していること、である。そしてわれわれは、これらの諸点を踏まえて、〈マキァヴェッリによって開かれたとされる「近代政治思想」への道は、マキァヴェッリが、軍事学の勉強の上に立って思考を磨き上げ、それをかれの政治体験（＝かれがフィレンツェ共和国の幹部ないし元幹部として国内・国外で直接経験したことがら）と結合したところに可能となったのではないか〉という問題を提起し、若干の考察をおこなってきた。

以上の問題提起をさらに深める道は、二つある。第一の道は、マキァヴェッリの思想の母体となったと見られる古代の軍事学（政治の学をも含む。以下同じ）上の著作を扱い、それらにおける、①道徳と非道徳の関係、②思考方法、③追求されている徳の内容、④マキァヴェッリへの直接の影響関係、の四つを明らかにすることから出発する。これらが明らかになれば、古代の軍事学の勉強を通じてマキァヴェッリ自身の思想が出来ていったこと、軍事学の勉強がマキァヴェッリの政治体験と結びつくことによって、かれの政治論・政治的思惟が形成されたこと、それゆえ、マキァヴェッリの政治論が単に「新しい」だけではなく伝統（上述の中身の）にも深く根ざしていること、がヨリ鮮明になるからである（他の、第二の道については、拙著（本書注18）『法思想史講義』上巻二六〇頁以下に示した。マキァヴェッリとの間で相互になんらの影響関係がない軍事学、たとえば東洋の伝統的兵法書、を扱い、そこにも西欧について見た、上述のような軍事学上の特徴が見られることを明らかにする道である）。[68]

西洋古代の軍学者としては、ギリシャ人の、クセノフォン、ポリュビオス、アエネアス＝タクティクス、ポセイドニウス、アスクレピオドツス、オナサンドロス、アイリアノス、ローマ人の、カエサル、モデスツス、ウィトルウィウス、フロンティヌス、ウェゲティウスなどが有名である。このうち、マキァヴェッリが軍事的・政治的な思想の根本をかたちづくる上で大きな影響を与えたのは、クセノフォン、フロンティヌス、ウェゲティウスである。そこで、以下、この点をこれら三人について考察しよう。

第一節　クセノフォン

ソクラテスの愛弟子の一人で、『ソクラテスの思い出』（*Memorabilia*）や『アナバシス』（*Anabasis*）で有名なクセノフォン（紀元前四三〇年頃―三五四年頃）は、さらにその君主論（「君主鑑」）の著作である、『キュロス伝』[69]（*Cyropaedia*＝キュロスの教育。オリエントを統一した、アカイメネス朝ペルシャの初代国王キュロス二世の伝記のかたちで、軍事・政治思想を述べたもの）や、『ヒエロン』（*Hieron.* シュラクサイの僭主ヒエロンと詩人シモニデスの対話のかたちで展開された君主論）、そしておそらく『騎馬隊長論』[70]（*Hipparchikos.* 騎馬隊に関する軍事学）を通じても、マキァヴェッリの軍事・政治思想に大きな影響を与えた。このことは、『ディスコルシ』や『君主論』からはっきり窺われる。なぜなら、両著においてマキァヴェッリは、とくにクセノフォンに強く共振している。そして、それらにおいてマキァヴェッリがクセノフォンを引証しながら展開している議論はすべて、マキァヴェッリの軍事・政治思想の根幹に関わる重要な提言に属している。

そうした提言は、次の四点にわたっている。（a）すぐれたリーダー（君主や将帥）は、正義の人・道徳をまもる人でなければならず、また高い徳性を備えていなければならないという道徳論、（b）リーダーは同時に、知謀と武力（マキァヴェッリズム）の能力を備え、そのためにも鋭い観察力と柔軟な思考を発達させなければならないという知謀論、（c）軍隊における訓練・紀律の重視、（d）共和制支持、である。以下、これらそれぞれにおいて、クセノフォンがどれほど深くマキァヴェッリを規定しているか、をまず明らかにし、次いで、クセノフォン自身は、これらに関してどのような思想展開を見せており、それらがマキァヴェッリの思想の根本にどう関わっているか、を考察しよう。

（a）道徳論　マキァヴェッリは、いくつかの箇所で、リーダーが正義・道徳をまもり、高い徳性を備えているべきことを、クセノフォン的キュロス像を引きながら説いている。

①まず、『ディスコルシ』第三巻二二章は、君主や将帥が、マンリウスのように厳格であるべきか（かれは一緒に従軍していた息子が、指揮官である自分の命令に従わなかったので処刑した）、ワレリウスのように人間味あふれる人であるべきか（かれは軍人にして文人であった）を論じた、マキァヴェッリの政治道徳論を知るうえで重要な箇所である。この点についてのマキァヴェッリの結論は、共和国のリーダーはマンリウス的であるべきだが、君主は「クセノフォンにならって」、「全面的にワレリウスに与すべきで、マンリウスの行き方は捨てなければならない」というものである。そしてマキァヴェッリは、その理由を、君主は臣下や臣民の服従と敬愛とを必要とするが、「〔臣下・臣民の〕服従は、君主自身が法律を守り、徳の高い人物だという評判を得てこそ獲得される」ものであり、また君主に対するかれらの敬愛は、君主がワレリウスのように人間味あふれた人であることによって獲得される、ということに求めている。その際かれは、この後者の点について次のように言う、

「敬愛の念は、君主が物腰が柔らかく、人間味があり、慈愛も深く、さらにワレリウスがそなえ、クセノフォンがキュロス

のなかに認めていたような、もろもろの資質をもっていてはじめて得られるものである」。
実際、クセノフォンの『キュロス伝』は、一方で、キュロスが人間味あふれた道徳的人格者であったことを強調した君主論である。マキァヴェッリはここで、そうした君主像に対する共感を示しているのである。
②『ディスコルシ』第三巻二〇章は、敵を服従させるには、武力を使って屈伏させるよりも、人間味あふれる対応によって心服させる方が有効であることを説いた、マキァヴェッリの政治道徳論上重要なもう一つの箇所であるが、ここでもマキァヴェッリは、後述のカミルスとファブリキウス（本書一四五頁参照）、そしてスキピオ（本書五一頁・一四一頁）と並んで、その代表的なケースとして、クセノフォンの『キュロス伝』に次のように言及する。

「さらにまた、りっぱな人たちが示した気風を、どれほど民衆が期待し、またどれほど著述家、つまり君主の一生を描き君主の生き方の規範をたてる著述家がほめたたえているか、それは周知のとおりである。こうした著述家の中でも、クセノフォンはきわめて熱心であって、とくにキュロスの人間味あふれ物腰の柔らかな（umano ed affabile）態度がどれほどの名声をもたらし、幾度となく勝利を導き、りっぱな評判を呼び起こしたかを論証しようとしたのである。クセノフォンはまた、キュロスは傲慢、非道、ぜいたくなど一生の汚点となる悪徳は自戒して、後世に悪例を残さないようにつとめたと解説した」。

マキァヴェッリはここでも、君主が道徳にかなうことを重視する立場から、クセノフォンの『キュロス伝』に深く共鳴している。〈君主が道徳的であれば、敵も心服する〉とは、「道徳の効用」を説いた〈不純な〉議論に見えるかもしれない。しかしこの発想は、東西の古代以来の真摯な「君主鑑」の共有物であり、功利判断的偽善を説くものではない。マキァヴェッリも、そしてクセノフォン自身も、この線上で思考しており、そこには、なんらシニシズムはない。
③『君主論』にさえ、真摯な道徳的提言に関連した、クセノフォンの引証がある。すなわちマキァヴェッリは第一四章で、「軍事に関する君主の任務について」と題して、君主が、常に訓練と紀律を怠らないこと、かつ、精神面での訓練として「君主は歴史書を読み、それをとおして偉人の残した行動ぶりを考察すること」、が必要であると述べている。

そして、この精神面での訓練に関しては、前述のようにマキァヴェッリにとって軍人・政治家として理想的人物の一人であったスキピオを取り上げ、次のように言っている。

「さらにまた、クセノフォンの記したキュロスの伝記を読めば、スキピオの一生はどんなにりっぱにキュロス王を模倣したかがわかる。またスキピオが、どれほどクセノフォンの描いたキュロスに、自制や物腰の柔らかさ、人間味、寛容（castità, affabilità, umanità, liberalità）の面で合致しているかもわかることであろう。聡明な君主はこうした態度をこそ当然尊重すべきなのである」。

通俗的なマキァヴェッリ像によっていたのでは理解しがたいことだろうが、『君主論』においても、このようにリーダーが道徳的であるべきことがまじめに強調されている。しかもその主張の際には、クセノフォンの『キュロス伝』（とスキピオの姿）が大きく影響している。

実際クセノフォンは、かれの多くの著作においてリーダーが道徳的であるべきことを強調している。この点で『キュロス伝』と並んで有名なのは、『ヒエロン』である。ここでは、専制君主がいかに不幸かを詳説し、末尾において、〈善政をしき道徳的に治めれば、すなわち畏れられるよりも愛される王になれば、その不幸な人生も好転する〉と主張する。また『騎馬隊長論』では、将帥が部下から忠誠をかちとるためには、すぐれた能力を示すこと[71]とともに、「部下に対して親切で、食糧と退却時・休憩時の安全とを確保してやる」ことが大切であることを説く（VI-2）。

以上の三ヶ所（『ディスコルシ』第三巻二二章、同第三巻二〇章、『君主論』第一四章）において、ともにumanità, affabilitàの語が使われていることからも、マキァヴェッリが、クセノフォンにならって、これらをリーダーに必須の徳性として重視していたことが分かる（マキァヴェッリは、自由な共和制を尊ぶが、高い徳性を備え、臣民の自由・幸福、公共の福祉を大切にする君主は認容する。かれの立場は、前述のように（本書三八頁、注30）、そうした立派な君主をいだきつつ貴族と中・上層市民が政治を担う、自由尊重の混合政体であった）。

（b）知謀論　マキァヴェッリが知謀としてのマキァヴェッリズムの重要性を学び取ったのも、クセノフォンを通じてでもあった。『ディスコルシ』第二巻一三章が、この点に関する重要な箇所である。ここでマキァヴェッリは、下賤から身を起こして一国の支配をうち建てるためには、武力以外に「策略」(fraude)に頼る必要があるとしつつ、この関連において――軍事と政治をめぐって――次のように述べている。

「クセノフォンはそのキュロス伝のなかで、術策を用いることの必要性(necessità dello ingannare)を説いている。キュロスがアルメニア王に対して試みた最初の遠征は、策略にみちたものであった(piena di fraude)。軍隊の力をかりずに相手を欺くことだけで、その王国を手に入れてしまったという。クセノフォンがこのことから引きだした結論は、およそ大事業を志すほどの君主なら、相手をたぶらかす術を体得する(imparare a ingannare)べきであるということにほかならなかった」。

実際、クセノフォン自身にとっても、知謀としてのマキァヴェッリズムは、軍事と政治において重要なものであった。そして同時に、このクセノフォンにとっても、それと道徳との関係づけが重大問題であった。

すなわちかれは、たとえば、『騎馬隊長論』において、「戦争においては策略ほど有効なものはない。〔…〕たいていの勝利、しかも偉大な勝利は、策略を使った作戦によって勝ち取られたものである」と述べている(V-9-11)。かれはまた『キュロス伝』(I-VI-27ff.)では、このマキァヴェッリズムについて少年キュロスがその父カンビュセース王から教授されるという場面設定をとって、詳細に展開している。すなわち、「敵に勝つためのもっとも良い方法はどういうものですか」という、王子の質問に対して王は、敵に勝つためには「計略に富み、ずるがしこく、策略的で、欺瞞的でなければならない。つまり、ぬすびとであり強盗であり、あらゆる点で敵を出し抜かなければならない」と、ショッキングな言い方で答えている。しかも王は、こうした知謀は、第一義的には敵に対して行使されるべきであるが、善い目的を達成するためには味方に対して行使することも正義にかなっている、とさえ述べる[72]。

クセノフォンは、しかし他方では、このマキァヴェッリズムと道徳との正しい関係づけを重視する。すなわちかれは、〈人は、道徳的に行為しなければならないのに、同時に道徳にもとる技術をも身につけなければならないことになる。

一体、この二つをどのように統一的に理解すれば良いのか…〉という問題設定をする。クセノフォンは、これら両項の矛盾・緊張の関係を、『キュロス伝』（I-VI）では少年キュロスが抱いた当然の疑問として提示する。この疑問に対する、クセノフォン自身の回答は、二点から成る。一つは、すでに出てきた、「善い目的」のためなら知謀（や実力行使）は許される、というものである。二つは、知謀、マキァヴェッリズムに訴える主体には、行使を適正化する徳性が欠かせない、徳ある人でなければマキァヴェッリズムを使ってはならない、というものである。これら二点についてクセノフォンは、『キュロス伝』で父王の口を通してさらに次のように論じる。

マキァヴェッリズムと道徳との関係は、性的なことがらと道徳との関係と同じである。マキァヴェッリズムは、性的なことがらと同様、人間が生きるうえで必要であり、それゆえにそれは、絶対的に悪であるとか・道徳とまったく両立しえないとかというものでもない。しかしそれは、それを使うに際して、①〈この目的のために使うことは、妥当か〉を判断する能力と、②それを使っている際に濫用に陥ることのないようコントロールできる、賢明さと自制心とによって、道徳と調和されるべきものである。マキァヴェッリズムは、行使に当たって十分な判断力・制御力の徳性を備えており、かつ普段から人格の高貴さによって人びとの信頼をかちとっていてはじめて、行使する資格がある、という立場である。〈策略か道徳か〉の二者択一ではなく、〈マキァヴェッリスト・策略家であるためには高い徳性が必要だ〉というのである（これはマキァヴェッリの立場でもある[73]）。

そしてクセノフォンによれば、マキァヴェッリズムをこのような態様で活用できるようになるには、人は、マキァヴェッリズムの訓練をその精神的成長に見合ったかたちで授けられる必要がある。われわれが幼年期には性的なことがらを子供の前で語らないが、青年に対してはそれを教えるのと同様、幼年期には子供は道徳を基調にして育てられ、成年期になってはじめて、徐々に・慎重にマキァヴェッリズムを訓練されるべきである、と。ここにはマキァヴェッリズムと道徳を、緊張させつつうまく結合する必要と、そのプロセスとが自覚されている。

前述のように（本書八五頁以下参照）、マキァヴェッリは、このような――クセノフォンの軍事・政治論から学んだ

――マキァヴェッリズムを、『ディスコルシ』の第三巻四〇章では、もっぱら「戦争」の場でのみ使うものとしていた。ところがかれはさらに、それを『君主論』では政治においても使うものとする。

以上が、第一部のマキァヴェッリ像において重要な二本の柱、すなわち将帥が道徳的であることと知謀を駆使することとの重視、および両者の関係論と、クセノフォンの『キュロス伝』との深いつながりである。

（c）訓練・紀律　『ディスコルシ』第三巻三九章は、軍隊の訓練・紀律の問題を扱い、その一環としての狩猟の重要性を説いている。そしてこのテーマに関しても、クセノフォンの『キュロス伝』が重要な位置にある。クセノフォンは、この書物の全体を通じて、キュロスが、その軍隊をどのように編成し・どのように紀律化し・どのような武器を使い・どのような戦術を用いて戦ったか、また、政治面でどのように組織化・機構整備・行政をおこなったか、といったことがらについても、詳細に論じている。そして、戦争の訓練の一環として狩猟が重要であることを、「狩猟がもたらす訓練は、戦争そのものの訓練となる。〔…〕戦争に必要な能力で狩猟において必要でないものはない」（I-II-11）と強調し、少年キュロスは狩猟によって軍事的能力を獲得したとしている。クセノフォンによれば、狩猟は、地形に関する知識を豊かにし、作戦能力を高め、組織的行動力、勇気、その他の軍事的技能・徳性を鍛えるからである。

マキァヴェッリは、クセノフォンのこの見解を詳しく紹介したのち、次のようにしめくくっている。

「上に述べてきたことは、クセノフォンの説くところに従って、狩猟も戦争の一つの投影だということを分からせるためのものである。だから、傑出した人物は、狩猟をとおして、その軍隊の名声を高め、十分の威力を発揮しうる存在に仕立てたのであった」。

マキァヴェッリのこの言明からは、訓練・紀律を重視すること、およびそれへの道に関しても、マキァヴェッリがクセノフォンを注目して読み学んだことが分かる。

（d）共和制論　先に三六頁でも見たように、『ディスコルシ』第二巻二章は、マキァヴェッリの「国民主義」の側面ないし祖国愛重視が鮮明に出ている重要な箇所の一つである。かれは、ここで、ある国が政治的にも経済的にも強力になるのは「その国（cittadino）が自由な政体のもとで運営されているばあいにかぎられている」、というのが歴史的経験であるとする。なぜかというと、それは、マキァヴェッリによれば、市民が「個人の利益」でなく「公共の福祉に貢献する」ところにこそ国の発展があるのだが、そうした公共の福祉がエネルギッシュに追求されるのは「共和国をさしおいては、どこにもありえない」からである。したがって、かれによれば、自由な生活を享受して繁栄している国に僭主制が入ってくると、「その社会は発展をやめて国力にも経済力にもその将来性はなくなってしまう」。というのも、僭主制においては、すべてが僭主の個人的利害で決められるため効率が上がらないばかりでなく、市民が政治や戦争、経済活動において自己献身的でなくなるからでもある。

マキァヴェッリは、以上のような――ルソーやヘーゲルにも見られる――見解を述べたのち、

「上に述べてきたような意見をもっとほかの面からも裏づけたいと思う人は、クセノフォンの『僭主論』〔ヒエロンのラテン語訳〕を読むにかぎる」。

と言っている[74]。実際クセノフォンは、前述のように『ヒエロン』において、専制政治が臣民にとってだけでなく専制君主自身にとっても不幸な結果をもたらす事情を縷々解説し、幸福になりたいのなら、君主は道徳尊重と善政とによって臣民から愛される生き方をすべきだと説く。マキァヴェッリは、クセノフォンのこのような反専制君主論にも、深く共鳴したのである。

最後に、以上の諸点を総括するものとも言える将帥論を、クセノフォンは、『ソクラテスの思い出』において、他ならぬソクラテス自身の言明として次のように記している。

「将帥は、知謀に富み、エネルギッシュで、注意深く、堅忍不抜で、思慮深くなければならない。かれは、愛されるとともに畏れられる人でなければならない。誠実であるとともに陰謀家的でなければならない。慎重でぬすびと的であるとともに浪費的で強盗的でなければならない。気前が良いとともに強欲でなければならない。不動でかつ強襲的でなければならない。その他多くの軍事的能力を、天性としてかつ学習によって、身につけなくてはならない」（III-I-6）。

道徳尊重とマキァヴェッリズム、慎重さと大胆さ、寛大と倹約、〔山のように〕動ぜず、かつ〔火のように〕攻撃的であること…これら相互に矛盾する諸能力・諸徳性をその内でダイナミックに相戦わせあい・かつ協働させせつつ効果的に行動していく、幾重にも複合的な人間であることを、クセノフォンが伝えるソクラテスは、リーダーに求めている。まさにこのリーダー像がマキァヴェッリのものでもあることを、われわれはさきに見たのである。

以上が、マキァヴェッリの主要著作においてクセノフォンの軍事学・政治学がいかに重要な位置を占めるかの確認である。『ディスコルシ』においては、リウィウスが数多く引証されているのは当然として、クセノフォンは、それに次いでしばしば、しかもマキァヴェッリの軍事・政治論上の重要な諸論点に関わって、典拠として引用されている唯一の著述家である。そして前述したように（五一頁）、〈クセノフォンによって伝えられたキュロス王〉、そしてそれを模範としたスキピオこそが、マキァヴェッリ『君主論』の真のモデルなのであった。ここまで深く広くマキァヴェッリを規定した（クセノフォンの）思想が、『君主論』や『ディスコルシ』作成の直前にインスタントで摂取されたとは考えにくい。マキァヴェッリは若い時からクセノフォンに親しみその思想を血肉化していたのであって、それが右の二著において思想の諸核に結晶化した、と考えるほかない。クセノフォンの軍事・政治思想は、マキァヴェッリの軍事・政治思想を理解するうえで、またそれらの成立事情を考えるうえで、このように重要なのである[75]。

クセノフォンの『キュロス伝』とマキァヴェッリの――もう一つの『君主論』とも言うべき――『カストルッチオ＝カストラカーニ』との思想的近似性も、この観点からして興味深い（後者については、本書八九―九五頁参照）。すなわち、キュロスとカストルッチオとは、ともにすぐれた軍人で、その軍事的な働きを通じて自国を偉大にしたのであったが、さらに次のような基本的類似点が、両者に見られる。

①少年キュロスは――カストルッチオと同様――召使に対して人間味があり（『キュロス伝』I-III-7）、話し方において落ち着きがあり、友人に対して親切で控えめで（I-IV-4）、そうしたことの結果、みんなから好かれた。この友情が、危機においてキ

ュロスを救った（VII-I-38）。
②キュロスは――カストルッチオと同様――年長者を敬い、官職保持者に対しては恭しかった（以上の二点が、キュロスに――カストルッチオの場合と同様――人望をもたらし、それがかれの軍事的・政治的成功を支えた）。
③キュロスは――カストルッチオと同様――勇敢で、武術にすぐれ、とくに馬術を得意とした（I-V-5）。
④キュロスが長けていた知謀・権謀術数は、カストルッチオが長けていたものでもあった。
⑤キュロスの生き方に関して、クセノフォンは「汝自らを知れ」（VII-II-20）を重視するが、これはマキァヴェッリがカストルッチオについて重視したものでもあった（cognoscere se stesso）。この一致は、クセノフォンがソクラテスの弟子であったこと、マキァヴェッリがクセノフォンに深い影響を受けたこと、と無関係ではないであろう。ちなみに、これらの「汝自らを知れ」は、〈内省し自分の霊的存在性を認識する〉といった近代的なものではなく、『孫子』の「彼を知りて己れを知れば百戦危うからず」に対応するものである。

第二節　古代ローマの軍事学

マキァヴェッリの軍事・政治思想を考える場合に、以上に見たクセノフォンと並んで重要なのが、古代ローマの二人の軍学者、フロンティヌスとウェゲティウスである。フロンティヌス（三〇年頃―一〇四年）は、コンスルやブリタニア総督（七四―七八年頃）を歴任した、政治家・文筆家であり、またウェゲティウスは、四世紀の軍学者である。

フロンティヌスの『軍略論』（*Strategemata*）と、ウェゲティウスの『軍事学』（*Epitoma rei militaris*）は、ともにルネサンス期イタリアを中心とする西洋の軍事学の再生のなかで再発見され、マキァヴェッリの軍事思想の基盤となり、かつ、このマキァヴェッリをも通じてルネサンス期以降の西洋の軍事学・政治学を深く規定した。

すなわち、ウェゲティウスの書は、一四七三年にウトレヒトで初めて印刷され、すぐあとでケルン、パリでも印刷された。イタリアにおいては、ローマで他の著者と合本のかたちで両著が一四八七年に出版され、一四九四年、一四九七年と増刷された。一四九五年にはボローニアで別の版が出版されている。一六世紀には少なくとも一〇版がヨーロッパ中で出版された。[76]

そして両著は、近世に受け継がれて、軍事学の深化に寄与したばかりでなく、その根本にある紀律重視の思想と組織論は、（前述（三四頁・七七頁）のように、マキァヴェッリによって中継されつつ、）とりわけリプシウス以来のネオ＝ストア派によって、紀律化の理論に仕上げられ実践されて、近世、近代、そして現代にも及ぶ西洋社会文化の性格形成上で大きな作用を及ぼした。

両著は、中世前期にはカール大帝（七四二―八一四年）、リチャード一世（一一五七―九九年）、ヘンリー二世（一一三三―八九年）、アンジュー伯フルク（在位、一〇六八―一一〇九年）などによって愛読された。[77] またジョン＝オブ＝ソールズベリーは、一一五九年の『ポリクラティクス』（*Policraticus*）で、両著を詳細に研究している。しかし両著は、中世盛期には影響力を失った。この時期に入ると、市民軍の観念が失われ、かつ騎士を主力とした騎馬戦が支配的になり、歩兵を主力とした組織戦がなくなり、紀律化や軍事学が重視されなくなったからである。[78]

ルネサンス期の軍事の世界では、その一部になおこうした中世的・騎士道的・キリスト教的で、ドン＝キホーテ調の愛すべき時代錯誤的「タテマエの世界」が続いていたものの、とりわけイタリアにおいては、中世型の戦争からの脱却が、次の四点に関連して時代の強い要請となった。①封建制の崩壊とともに、軍隊の主力が騎士から職業軍人（傭兵隊）に移り、かれらによって組織性や戦術が再び重視され始めた。②騎馬よりも歩兵を主力とする戦術が採用され始め、庶民が歩兵として起用された。③一四世紀にスイスで農民主力の市民軍が復活し、また人文主義が研究した古代史の影響を受けてイタリア都市でも市民軍編成が課題となった。④この状況下では、組織戦のために紀律化と軍事学の発達が必要になった。[79] フロンティヌスとウェゲティウスの軍事学は、新時代の必要に応える古典であったので、印刷されるや高い需要を得、版を重ねたのである。

以上のように見てくると、マキァヴェッリがしたような、古代の軍事学を学んで政治論に応用する作業は、当時、一方では、大いに歓迎され、実践的に重要な革新的意味をもつ可能性があった。しかしまたその作業は、他方では、中世的タテマエとは異質の、マキァヴェッリズムやリアルなものの見方や、紀律化論の前提とする「畏れられる君主」像などを前面に押し出すことになるので、中世のキリスト教的・タテマエ論的思考に留まっている側から、強い反発を受ける可能性があった。マキァヴェッリの政治論は、実際、これら共感と反発の二つの反応を引き起こすことになった。

フロンティヌスとウェゲティウスの書が、続々と増刷されていた一四八〇年代は、まさにマキァヴェッリの思想がかれの内部において発酵しつつあった時期（マキァヴェッリは一四六九年生まれであるから当時二〇代後半であった）のことであった。マキァヴェッリがいつから古代軍事学の学習に入ったかは、明らかではない。だが、次のような事情は、かれと古代軍事学との関係を考える場合には、重要である。

第一に、マキァヴェッリは、人文主義的な名士である父親が教育熱心であったので、諸教師から、またおそらくはフィレンツェの大学において、人文主義教育を受け、古代の書物の世界と深く結びついていた。かれは、一四九八年に二九歳でフィレンツェ共和国の第二書記局長に任命されたが、この役職には人文主義に秀でた人物が就くのがこの都市の伝統であった(80)。

第二に、マキァヴェッリは一五〇〇年以降、フィレンツェ共和国政府の軍事部門の担当者として市民軍の編成作業にも従事し、最終的にコンタードの農民を主軸に四〇〇〇人規模の軍隊をつくり、その訓練に当たった(81)。その際には、古代の軍事学の勉強が――マキァヴェッリ自身の軍事の体験とあいまって――不可欠であっただろう。市民軍思想は、古代以来多くの人物が明らかにしていた。リウィウス、ポリュヴィウス、そして、マキァヴェッリに先行するフィレンツェの人文主義者らである(82)。しかしなかでも、旗幟鮮明に傭兵制度を批判しつつ、〈自国の農民を基盤にした市民軍〉のかたちでローマ軍を編成し直すことを説いたのは、ウェゲティウスであった（本書一四七―一四八頁参照）。

第三に、マキァヴェッリは、共和国崩壊（一五一二年）による失脚・投獄のあと、それまでの一四年間における軍事・政治体験から得た豊富な素材[83]を、習得した古代の軍事学・政治学と相互作用させ、[84]『君主論』と『ディスコルシ』（両著の柱は、軍事・外交を機軸とした政治である）、そして『戦争の技術』（軍事問題を通じて、マキァヴェッリの諸作品に共通する思想や思考をヨリ鮮明に押し出す）を結晶化させていった。[85]

フロンティヌスの軍事学がこのマキァヴェッリの軍事・政治思想の形成上で重要な位置を占めたことは、『ディスコルシ』に――クセノフォンのそれと並んで――多くの引証が見られることからも、推測できる。たとえば、先に扱った（本書八四頁）「戦闘に際して策略をめぐらして敵を欺くのはむしろりっぱなことである」と題した第三巻四〇章や、第三巻二〇章は、後述する（一四四―一四六頁）偽フロンティヌスの『軍略論』第四巻四章と、中身がきわめて似ている。知謀の重要性は、前述のように（一二五頁以下）クセノフォンが強調していたが、後述のように（一三六―一三七頁）フロンティヌスが強調するところでもある。このようにして『ディスコルシ』・『君主論』は、（クセノフォンとともに）フロンティヌスの影響下に書かれた、と言える。また、ウェゲティウスの影響は、かれにおいて鮮明な市民軍思想が、『戦争の技術』におけるマキァヴェッリの市民軍思想に重複していることから、推測できる。

こうしてマキァヴェッリの政治思想、とりわけその政治的リアリズムの形成には、古代の軍事学の世界が重要な意味をもった。つまり、かれの政治思想が当時の人々にショッキングであった原因は、（今日多くの人が観念しているように）それが突然変異的に斬新なものとしてマキァヴェッリにおいて登場したからではなく、むしろかれの思想がきわめて古かった（＝中世を跳び越え古典古代の世界とつながっていた）からこそ、軍事・政治の面で中世的要素が残る同時代において異質性を際だたせることとなり、そのことによって反撥をも招いた、という事情がある。

だから、マキァヴェッリについて「斬新」・「革新的」という言葉をどうしても使いたい、という人は、それらを次のようには使える。マキァヴェッリの思想が当時の人々にとって深い共感と激しい反発を引き起こすほどに斬新・革新的であった原因は、古代の軍事学の思考を、かれがいち早く前面に押し出し実践化したところにある。なぜなら古代の軍事学は、（時代の新しい要求のゆえに一部の人々のあいだで復活しつつあったが、他の）多くの中世仕込みの人々からはキリスト教・騎士道の道徳と抵触する面があるゆえにタブー扱いを受けていたのであり、この思潮のなかでは、（温故知新的に）斬新・革新的であった、と。

以下、このような位置にあるフロンティヌスとウェゲティウスの検討に入ろう。

一 フロンティヌス

フロンティヌスの『軍略論』[86]は、軍事行動上のさまざまな局面においてどのように行動すべきかを、古代の歴史書や伝記から抽出した事例を挙げながら示したものである。たとえば「自分の計略をどのようにして隠すか」といった問題を設定し、これに答えるかたちにおいて、〈カトーは、この局面でこのようにふるまった〉、〈カエサルは、別の局面でこうふるまった〉等々と、事例を列挙する。これが終わると次に、「敵の計略をどのようにして見破るか」といった別の問題を設定し、新たな事例を列挙していく。その際フロンティヌスは、それら事例に一切コメントを加えない（しかし、かれが言いたい教訓は、簡単に汲み取れる）。ユスティニアヌス法典の記述態様を思い出させる、カズイスティックな作風である。

この書き方自体も、マキァヴェッリの『ディスコルシ』のそれと似ている。ここでマキァヴェッリは、たとえば「敵の計略を見破ることは指揮官に与えられた最大の任務である」とか、「いつも好運に恵まれたければ時代とともに自分を変えなければならない」とかと問題を提起し、それぞれ関連する事例を古代史および同時代史からいくつか取り上げて論じていく。ただ異なるのは、マキァヴェッリにおいては、まず、自分の経験や古典から学び取った「一般命題」が提示され、次に、それらを根拠づけるものとしての諸事例が、かれの詳しいコメントとともに付加されていることである（『君主論』では一般論がヨリ強い[87]）。

フロンティヌスが将帥に必要な徳性ないし精神的態度としているものは、本書の観点からは次の三つに集約される。

すなわち、(一) 賢明（の古代的徳性）に関わる、知謀や合理的態度、(二) 勇気、気前の良さ（magnificentia）、慈悲深さ（beneficium）などの古代的徳性に関わるもの、(三) 統制・紀律化に関わるもの、の三つである。後述のように、これらは、マキァヴェッリについてさきに見た、君主に必要な資質としての、(a)「狐であること」、(b)「人間であること」、(c)「ライオンであること」にそれぞれ対応している（(一) が (a) に、(二) が (b) に、(三) が (c) に）。それだけに、これらに関するフロンティヌスの記述を詳細に見ることは、マキァヴェッリを歴史的に位置づけるために重要な作業であるといえる。以下、この作業をおこなっていこう。

(一) 賢　明

『軍略論』のなかでもっとも頻繁にでてくるのは、知謀によって敵を欺き軍事的成果を挙げた事例である。たとえば、「グナエウス・ポンペイウスは、あるとき、敵の軍勢が対岸にいて妨害したため渡河できなかった。この時かれは、野営地から軍を率いて河岸まで行進し引き返すということを何度もおこなった。やがて敵はこれを、毎日の行軍練習だと思うようになり、ポンペイウスの軍が河のそばに来ても警戒しなくなった。するとポンペイウスの軍は、突如そのまま渡河を開始し対岸を占拠してしまった」（I-IV-8）といったかたちでの、敵を欺く知謀である（本書一〇三頁参照）。

知謀はまた、敵だけでなく味方をも欺くことによって戦闘に勝利した、次のようなケースにも関わっている。「ワレリウス＝レーニウスは、ピュルスとの戦闘において、敵の一兵卒を殺し、血のしたたるその剣を掲げ両軍にピュルスが殺害されたと信じ込ませた。敵はこれに欺かれ、指揮官を失ってもう絶望的だと思い込んで、われがちに野営地に逃げ帰った」（II-IV-9）。さきにあった「ウソの方便」である。同様にウソを使ったケースとしては、アテネのミュロニデスの事例（II-IV-11）や、カピトリーヌスが、自軍が敗れそうになったとき、「他の翼では敵が敗走した」とウソの情報を流し、味方を力づけ勝利した事例（II-VII-10）などにも見られる。

知謀は、次のような高度に計画的な作戦のかたちでも使われる。「タルクイヌス・スーペルブスは、ガビ族を降伏させるのにてこずっているとき、自分の息子セクスツスを鞭打ったあとガビ族のほうへ追放した。セクスツスは敵陣で父のひどい仕打ちを糾弾し、スーペルブスに対するこの憎悪を、ローマ軍攻撃に役立ててくれと訴えた。かくて敵はまんまとだまされて、かれを指揮官に任命した。セクスツスは、この地位を利用してガビ族を父に引き渡してしまった」（III–III–3）。同様なケースとしては、ペルシャのキュロスの作戦がある。かれは臣下の一人を、忠実であることを確かめたのち（explorata eius fide）、わざと公衆の面前で痛めつけ追放した。この忠臣は敵にキュロスに対する自分の憎悪を信じ込ませて、ついにはバビロン守備隊長にまで昇った。そしてその地位を利用して、この王都をキュロスの手に渡してしまった（III–III–4）。

これらの事例では、一方での（味方同士の）堅いきづな・信頼といった道徳と、他方での（敵に対する）欺瞞、その信頼に対する裏切りといったマキァヴェッリズムとが結びついている（実際、クセノフォンの『キュロス伝』第四巻では、キュロスの上記忠臣はアラスパスという名で描かれている。そして、このアラスパスとキュロスとの間に上記の深い信頼関係が可能となったのは、キュロスが人間味あふれた人であり、アラスパスが犯した過ちを赦すということがかつてあったことによる、とされている。『孫子』の言う「非聖不能用間。非仁不能使間」である）。

知謀はさらに、毒物を利用するかたちでも行使される。シキュオンのクリステネスは、ある城攻めの際、まず上水道を塞き止め、籠城中の人々が水に飢えだしたのを確認してから水道を開けて、ヘレボール人を混ぜた水を送り、それを飲んだ人々が下痢で衰弱したのに乗じて落城させた（III–VII–6）。同様な事例としては、酒好きの敵に対し、マンドラーゴラを混入した酒の壺をわざと残しつつ退却し、敵が戦利品としてそれを飲んで深い酩酊状態に陥ったところを攻撃して殲滅した、カルタゴのマハルバルのケースが挙げられている（II–V–12）。

古代の四元徳のうち、賢明の徳は、上述の知謀と並んで合理的・科学的な態度としても現れる。フロンティヌスが挙げている事例のなかでも代表的なものは、次のとおりである。

「シュラクサのアガトクレスがカルタゴと戦っていたとき、兵士たちは戦闘の前夜に月食を見て恐慌を来した。アガトクレスは、なぜ月食が起こるのかをかれらに説明し、さらに、それがどのようなものであっても、自然現象に過ぎず、自分たちの事業とは何の関わりもないことを言い聞かせた（ratione qua id accideret exposita docuit, quidquid illud foret, ad rerum naturam, non ad ipsorum propositum pertinere）」（I-XII-9. マキァヴェッリ（前掲注54）『戦争の技術』二三六頁参照）。

ここに見られる精神的態度は、次の二点から重要である。第一に、当時の一般人が自然現象を自分たちの社会的行為の前兆と見ていたのに対し、アガトクレスがそうした自然現象を社会関係から切り離し、社会的に脱意味化した点。ヴェーバーの言葉で言えば、「世界の脱魔術化」（Entzauberung der Welt）が見られるのであり、丸山眞男の言葉で言えば、自然現象の一部として社会を見る見方から、自然と社会を非連続化させ、社会が人間の意志・主体性によって形成されるものであることの認識への移行（〈「自然」から「作為」へ〉）が、語られているのである（前述のように、これ自体が「政治の覚醒」の重要な一論点である。したがってフロンティヌスはこの点で、「近代政治思想の創始」を――東洋での孫武・荀子・『六韜』などと同様――はるか前の時代に先取りしていたのである）。

この合理的姿勢は、将師が兵士たちの迷信や縁起担ぎをうまく利用する態度――そのためには将師はそれらに対し距離を置いていることが必要である――としても描かれている。「イタリアからアフリカへの遠征のとき、スキピオはアフリカ上陸直後に転んでしまった。兵士たちがそれを目撃して〔不吉な前兆と見て〕唖然としているのを察して、スキピオは、その泰然自若さと頭のひらめきとによって（constantia et magnitudine animi）兵士たちの不安を志気に変えてしまった。すなわちスキピオは、兵士たちに向かって次のように叫んだ。「諸君、祝福してくれ。もうアフリカを押さえつけたぞ」」（I-XII-1）。

同様なエピソードが、カエサルについても報告されている。「ガイウス・カエサルは、乗船に際して岸壁で滑って転んでしまった。〔兵士たちがそれを不吉な前兆ととるのを防ぐために、〕かれはとっさに叫んだ、「母なる我が大地よ、お前はわたしを離したくないのだな」。自分が倒れたことをこのように解釈してみせたことによってカエサルは、自分たちがこの場所に再び帰ってくるのだということを、兵士たちに確信させたのである」（I-XII-2）。

迷信や縁起担ぎ・宗教に対するこの自由な精神的態度は、マキァヴェッリがとくに重視するところのものでもあった。右のカエサルの事例は、（前掲注54）『戦争の技術』二三六頁に出てくる。また、『ディスコルシ』第一巻の一一章から一五章までをも参照されたい。そこでは、宗教が市民や兵士の精神的結束、道徳化、法の権威化のために欠かせないこと（これがあとで、ルソーや若きヘーゲルにおいて重要な論点となる）、それゆえ宗教を巧みに利用すべきこと、が説かれている。そしてこれとの関連で、ローマ人のリーダーたちが――前述の孫武や荀子と同様――、いかに醒めた態度で「抜け目なくかたちの上では宗教のタテマエを守」りつつ、それを有効に利用したかの事例が検討されている。

第二に、第一の点と不可分の、自然現象を合理的に理解しようという姿勢がある点。この精神的態度は、すぐれた将帥が――同時代の自然哲学者と並んで――身につけているものとして、次のような事例に出ている。

「雷が野営地に落ち兵士たちが恐怖にとらわれたとき、ペリクレスは、かれらを集め、全員の面前で二つの石を打合せて火を出してみせた。かれはこのようにして、雷が同様な原理で雲の相互接触によって起るものであること〔これも、後述する師アナクサゴラースの学説によっている〕を説明して、兵士たちの恐怖を鎮めた」（I-XII-1）。

「ガイウス＝スルピキウス＝ガルスは、月食が近づいたとき、兵士たちがそれを不吉な前兆ととらないように、あらかじめ月食が起きることを予報しただけでなく、月食がどのような仕組みで起きるのかを説明した」（I-XII-8）。

ともに、雷に関するフランクリンの有名な実験を思い出させるような、科学的精神の記録である。

ペリクレースに関する同様な事例は、プルタルコス『対比列伝』の「ペリクレース」にも見られる。ペロポンネーソス戦争のさなか、ペリクレースが一五〇隻の船で出陣しようとするや突然日食になり、「すべての人々はこれを重大な前兆と見て非常に驚いた」。するとペリクレースは、自分の外套を兵士の目の前に掲げて太陽を隠して陰をつくり、「どうだ怖いかそれとも怖い事のしるしと思ふか」と聞いた。兵士が怖くないと答えると、「これとあれとどこが違ふ。かう暗くなつたのはただ外套よりも大きいもののためだ」と言った。

プルタルコスは、ペリクレースのこの（合理的・科学的な）精神の背景には、アナクサゴラースの影響があったという。「アナクサゴラースと交はることによつて、〔…〕天象に対する驚異の念が、それらの現象の原因を知らず神々のはたらきに取憑かれたりさういふ事に関する無経験から心を乱したりする人々に与へる迷信を超越してゐたと思はれる」（前掲注34『プルターク英雄伝』第三分冊）（このことは、ディオゲネス＝ラエルティオス（II-3）も指摘している）。アナクサゴラースは、太陽は灼熱の金属塊であり見た目よりはるかに大きいこと、月には山や峡谷があること、宇宙はチリの集まりであること、を説いたイオニア派の哲学者である。古代の科学者の合理性が、偉大な将師であり政治リーダーである人物の精神の骨格となっていたのである。

この、第二の精神的態度は、さらに、敵と味方の状況を正確に認識し、また地勢や情勢についても観察によってその特徴・法則を的確に把握し、それらを手がかりにして周到に作戦を練り上げることにも関わっている。

前者の例としては次のようなものがある。「ファビウス＝マキシムスは、ガリア人とサムニウム人が初戦では強いのに対して、かれ自身の兵士たちの闘志は戦闘が長引くにつれて高まるのを知っていたので、自軍に、戦闘の始めには引き延ばし作戦を採って敵がいらだって疲れるのを待つように命じた。この引き延ばし作戦ののち、かれは予備の部隊をも前線に投入して総攻撃をかけ、勝利した」（II-I-8）（同様な事例としては、新月の時には戦闘しないというガリア人の習俗を利用して、その期間に戦闘を仕掛け、迷信にとらわれた敵に勝利した（impeditos religione hostes vicit）カエサルの例が挙げられている（II-I-16））。

また後者の、地勢の特徴を的確にとらえ、それを手がかりにして先を読んだ作戦を練り上げることについては、ハンニバルに関する次のような実例がある。「カンナエにおいてハンニバルは、ウォルツルヌス川が異なる水質の川と合流し朝方に強い風をまき起こし、この風が砂や土埃をまき上げるのを観察した。そこでかれは、そのすさまじい勢いの砂や土埃が自軍の後から起こってローマ軍の顔や目を打つように布陣した。敵にとってはこれらが重大な障害物となったので、ハンニバルは決定的な勝利をものにした」（II-II-7）。

古代の軍事学は、以上のようなかたちで、近代人顔負けの、合理的・科学的な思考を駆使したのだった。

（二）将帥の正義・徳性

さきに扱った所では、合理的態度とともに、知謀によって敵を欺き勝利を得るという、勝利のためには非道徳的な手段も辞さないマキァヴェッリズムが、重要な要素を成していた。フロンティヌスは、しかし同時に、将帥たちが正義・気前の良さ・慈悲深さといった徳性によって行動し、その結果、軍事力に頼る以上の効果を挙げた事例をも重視している。

たとえば気前の良さの事例としては、次のようなものがある。「スキピオ＝アフリカーヌスがスペインで戦争中のことである、捕えられた女性たちの一員として、兵士の眼をひいた絶世の美女である、貴族の娘がかれの前に引き立てられてきた。スキピオは彼女を特別に扱って保護し、アリクイスという名のその婚約者に返した。その際スキピオは、彼女の両親が身の代金として差し出した黄金を、二人の結婚の祝いとして付けてやった。この重ねての気前の良さに心打たれ、その部族はこぞってローマ共和国と盟約を結んだ」（II-XI-5）。前述のように（九八頁）この娘は、部下からスキピオに、妾にと差し出されたのであった。（似た事例が、クセノフォン『キュロス伝』第六巻一章に見られる。マキァヴェッリは、スキピオがキュロス王の生き方をモデルにしたと述べているが、それはこの種の事例を指すのである。なお、本書一四六頁参照。同様の行為がアレクサンドロス大王の慈悲深さについても取り上げられている（II-XI-6））。

さらにまた正義にかなう行為としては、ゲルマニクスの次のような事例が挙げられている。「インペラトールのカエサル＝アウグストゥス＝ゲルマニクスは、かれがゲルマン人を征服してゲルマニクスという添え名を得た戦争において、クビー族の領土内に砦を築いているとき、その囲いの内に入ってしまった作物についてクビー族に代金を払うよう部下に命じた。この結果、ゲルマニクスは公正な人だという評判（iustitiae fama）が立ち、部族はこぞってローマに帰順した」（II-XI-7）。

これらの事例においては、道徳的であることが人気取りのための道具として使われているのでは、けっしてない。これらの道徳的行為は、将帥の徳性それ自体から自然に出てきたものであり、それが結果として、偉大な戦略的効果を挙げたのである。それゆえ、これらは、いわば純道徳的行為なのである。

しかもフロンティヌスの意識において、そうした真摯な道徳的態度は、前述のマキァヴェッリズムと共存している。この共存は、かれにとってなんら不思議なものではない。かれも、そして古代の将帥たちも――一面では現代人もまた――、前述のようにカズイスティックな非体系的思考によって考え行動しているのであり、かつ、他人に対しても自分に対しても、「清濁併せ呑む」姿勢ないし「雑居」的思考で臨む人なのでもある。

以上の点を踏まえつつ考えれば、軍事学が人間を性悪としているのでも性善としているのでもないことも、明らかとなる。確かに戦争の場では、敵はあらゆる手段であらゆる機会に自分たちを殺そうとしている存在であり、それゆえ自分たちにとっては悪人・悪魔に他ならない。当の自分たちもまた、敵にとっては悪人・悪魔である。将帥は、配下の兵士たちに対しても、その欲望や怠惰、エゴイズムが強いこと、悪に向かう可能性があることを前提にして、後述のように、訓練・紀律・懲罰・ウソによってそれらの発現を防いでいかなければならない。しかし、だからといって、こうした前提に立って議論する軍事学を〈人間観として性悪説に立っている〉とは、誰も言わない。ところが、誰かが――戦争の場でなく――政治の場について（＝政治論として）この種の議論をすると、東西の政治思想史学者たちは、その論者を性悪説だとしてしまうのである。これが、これまでのマキァヴェッリ解釈上の誤謬の実相であった。

軍事学の事例をよく踏まえれば、マキァヴェッリが〈人間は悪に向かう可能性をもっており、そうした人間に対処するためには、リーダーはマキァヴェッリズムや武力をも使う必要がある〉と論じていることから直ちに、〈マキァヴェッリは性悪説に立っている〉と結論づけることが問題であることは、すぐ分かるだろう。

(三) 紀　律

以上に検討してきたのは、将帥における「狐であること」（知謀）と「人間であること」（道徳にかなうこと）に関することがらであるが、フロンティヌスはさらに、「ライオンであること」（畏れられること）の重要性をも論じている。これは、軍隊において紀律（軍紀）を保持することがきわめて重要であるという認識に関係する。たとえば、次のような事例に見られる認識である。「ディクタートルのセルウィリウス＝プリスクスは、敵のファリスクス族に向かって連隊旗を掲げ突撃するよう部隊に指令を下し、その際に突撃を躊躇した旗手の処刑を命じた。兵士たちはこの措置に恐れをなし、敵に向かって突進した」（II-VII-8）。

将帥が兵士から畏れられる必要があるのは、そのことによって、軍事行動にとってきわめて重要な規律と団結を厳格に守らせるためであり、かつその恐れを敵に対する戦闘意欲に発展させることができるからである。

この点は、『軍略論』第四巻（後述）が重点的に論じているところである。すなわちそこでは、「紀律について」（De disciplina）の表題のもとに四六のケースが扱われている。そのなかには、たとえば次のようなものがある。「ファビウス＝ルルスは、敵軍の攻撃を踏み留まれなかった二つの部隊から籤で兵士を選びだし、戦友たちの眼前でその首をはねた」（IV-I-35）。「スパルタの将軍クレアクスはよくかれの軍隊に、「指揮者は、敵よりも恐い存在でなければならない」と言った。この言葉の意味するところは、戦死するかどうかは不確かだが、敵前逃亡による処刑は確実だ、ということにある」（IV-I-17）。

厳格な軍紀を守らせ、それによって結束させる存在として、将帥は兵士にとって「ライオン」でなければならないのでもあった。

以上においてわれわれは、フロンティヌスにおける、「狐」・「人間」・「ライオン」の構造を見、それが内容的にマキァヴェッリの軍事思想・政治学の特徴と著しく近似していることを確認した。マキァヴェッリが古代の軍事学を若い時から熱心に勉強している以上、近似は単なる偶然の所産とは言えないだろう。マキァヴェッリを理解するうえでフロンティヌスは、重要なカギの一つなのである。(88)

〔補論〕『軍略論』第四巻について

『軍略論』の第四巻は、実はフロンティヌスとは別の人物の手による偽作である。この巻で目立つのは、上記の、紀律に関する事例と並んで、（a）質朴＝自制、（b）正義、（c）不動心、（d）人間味（affectus）・いたわりの心（moderatio）、などの徳性に関する事例が、それらの表題の下に取り上げられていることである。本書の考察にとって重要なのは、マキァヴェッリが、この第四巻からも深く影響を受けているという事実である。これは、たとえば『ディスコルシ』第三巻二〇章と『軍略論』第四巻四章との対応として現れている。『ディスコルシ』第三巻二〇章は、敵に対して採られた、正義にかなう・人間味ある行為が、軍事力だけに頼った行動よりも偉大な効果を発揮したことを指摘し、その事例として、カミルスとファブリキウスが敵に対してとった、正義の行為を挙げているが、これら二つは、後述のように『軍略論』第四巻四章が、同じ文脈において同じかたちで取り上げている。

以下では、まず徳性論に照準を合わせて第四巻を検討しておこう。

（a）質朴の事例　この徳性は、とくに権力者が金欲や権力欲に汚されない、清廉潔白で謙虚な存在であることに関わっており、四元徳の一つとしての自制の一構成要素である。これについては一五の事例が挙げられている。その代表的な事例としては、次のようなものがある。「コルネリウス＝スキピオは、スペイン統治を成功裏に完遂したのち、極貧の状態でこの世を去った。その貧しさは、かれの娘たち〔次女がコルネリア、すなわちグラックス兄弟の有名な母となる女性である〕に嫁資の金も残せなかったほどのものだった。そこで元老院はスキピオ家を支援するため、娘たちの嫁資を公費で調えてやった」（IV–III–4）。同様な事例としては、死後、敷物と投槍しか残さなかった、テーベの将軍エパミノンダス（IV–III–6）、一般の兵卒と同様、直接地べたに軍人用マントにくるまって眠ったハンニバル（IV–III–8）などが挙げられている。

（b）正義の事例　これは、とりわけ敵に対して正義にかなった行動が採られたことに関係している。そうした事例としては、二つが挙げられている。そしてこれらは、マキァヴェッリの『ディスコルシ』第三巻二〇章に並べて取り入れられている。その一つは、次のようなものである。

「カミルスがファレリイ人の町を攻撃しているとき、〔その町の〕お雇い教師がファレリイ人の子供たちを散策を装って城外に連れ出し、「人質としてこの子供たちを捕えておけば、町はカミルスの命令に従わざるをえないだろう」と言ってカミルスに手渡した。しかしカミルスは、この背信行為をはねつけただけでなく、その教師を後手にしばって、子供たちに鞭で打ちながら親のもとへ連れて帰るよう手渡した。カミルスは、欺瞞的な方法では手に入れえない勝利を正しい行為によって獲得したのである（adeptus beneficio victoriam, quam fraude non concupierat）。というのも、ファレリイ人たちは、カミルスのこの正義の行為に感服して、自発的にカミルスに降伏したからである」（IV-IV-1）[89]。

もう一つの事例も、同様に正義が卑怯な手段や武力より効果を発揮したことに関わる。

「エピルス王ピュロスの侍医が、ローマ軍の司令官ファブリキウスのもとに来て、相当の額の報酬をくれるならピュロスに毒を盛ろうと提案した。ファブリキウスは、そのような犯罪的行為によって勝利を得ることなど一顧だに値しないとして、その侍医をピュロスに引き渡した。ファブリキウスはこの立派な行為によって、ピュロスにローマとの友好を結ばせえたのである」（IV-IV-2）。

（c）不動心の事例　二、三の事例が挙げられている。それらは、「ヌマンティアの住民は、降伏するよりは、自分たちの家にたてこもって死ぬことをよしとした」というように、危険や敗北、死をものともしないで勇敢に行動した人々に関するものであり、勇気ないし自制ともつながる徳性である。

（d）人間味・いたわりの心の事例　これは、将帥が兵士の犠牲や苦しみを思いやる態度に関わり、伝統的には正義の一構成要素とされてきた。挙げられている四つの事例には、次のようなものがある。

「クインツス＝ファビウスは、何人かの犠牲者を出す覚悟で有利な地点を取るよう、息子から促されたとき、「おまえがその何人かに入ってもいいのか？」と聞いた」（IV-VI-1）。

ファビウスは、作戦行動に際して一般の兵卒の生命を尊んだのである。また、次のような事例もある。

「ある冬の日、アレクサンドロス大王が行軍の先頭にあったとき、焚き火のそばに坐り行軍の兵士たちを謁見したことがあった。ある兵士が寒さのため死にかけているのに気づいて、火のそばに坐るよう促した。そしてかれは、その兵士にこう言った。「おまえがペルシャ人のなかに生まれていたら王の座に坐ると死刑だが、マケドニアに生まれたのだから坐ってもかまわないのだ」」（IV–VI–3）。

このエピソードは、人間味あることが将師にとって大切な資質であると、偽フロンティヌスが考えていたことを物語っている。将師の心の底からの思いやり・暖かさが、部下や兵士の衷心からの自発的服従をもたらす。戦闘の場における、兵士の果敢さや機動性は、かれらにそうした心服、そのことによる上下の一体感があるところでのみ可能となるからである。

この点で、将師には、そして最高の将師としての君主には、（「狐」であり「ライオン」であるとともに、）なによりも「人間」であることが大切なのである。かれらには、（畏れられるとともに、）愛されることが何よりも大切なのである。軍事学は、一方では軍事と道徳の非連続化を必要とするが、それはまた、その本質的な必要から来るものとして、軍事と道徳との連続化をも帰結させる。いうまでもなく、これは、われわれがマキァヴェッリの軍事思想・政治論について——ステレオタイプ化されたマキァヴェッリの思想像とは正反対のものとして——さきに見た論理構造であった。

以上によりわれわれは、偽フロンティヌスが四元徳の伝統に立脚しつつ軍事学を展開していることと、マキァヴェッリがそこからも学んだこと、を知った。

二　ウェゲティウス

ウェゲティウスは、ギリシャ・ローマの軍事学の古典、とりわけフロンティヌスらの書を踏まえ、それを「簡潔かつ忠実にまとめる」という立場から『軍事学』(90)を書いた。フロンティヌスの書物と比べた、ウェゲティウスの書物の内容的特徴は、①なによりも紀律（軍紀）の重視がめだっていることであり、これとの関連で、軍隊の編成や装備・組織的行動のあり方（採用、訓練、野営、輜重、行軍、情報収集、作戦、陣立てなど）に力点が置かれていることである（軍紀は、偽フロンティヌスによっても重視されていたが、フロンティヌス自身の書いた部分では相対的に言及が少ない）。②他方、フロンティヌスの書で重視されていた、将帥が道徳的であるべきことについては、ウェゲティウスの書では相対的に言及が少ない（この書が、個人の徳性よりも組織・集団的紀律を重視したからである）。他方、合理的な思考と知謀とを重視している点では、両者は共通している。

マキァヴェッリの軍事思想・政治論は、これらの諸特徴を併せもっているのであるから、フロンティヌスの徳性論・ケース＝メソッドと、ウェゲティウスの紀律論・組織化論・装備論および理論化作業と、両者に共通の合理的思考・知謀とを学び、それらを結合させたところにマキァヴェッリの著作が生まれたと言える。クセノフォンをはずし、かつことがらをあえて単純化して言えば、軍事学では《フロンティヌス＋ウェゲティウス＝マキァヴェッリ》となる。

ウェゲティウスが組織論や軍紀を重視するのは、古代ペルシャ軍のような大軍が、大軍であることが弱点となって自滅したのに対し、ギリシャ軍やローマ軍が、相対的に小人数の軍隊ではあったものの、すぐれた組織編成と訓練・紀律（および志操と戦争の技術）によって質が高かったため、効果的に戦いえたからである[91]。古代ローマ人たちは、このことをよく自覚していた（＝「昔の人びとは、〔…〕兵士の数よりその士気の高さを重視した」）。紀律に関するこの基本的な考え方自体が、マキァヴェッリの『戦争の技術』の柱となっていることは、すでに見た（九七―九八頁）。ウェゲティウスはまた――マキァヴェッリと同様――兵士は、第一義的には、「処罰を恐れて」服従するよりも、訓練と紀律によって習慣づけられて共同行動をとる方が、積極的な働きをするという認識をもっていた（III-4: p. 76）。

しかしこのローマも、ウェゲティウスの時代にはすでに紀律の伝統を喪失していた。これは――第一次ポエニ戦争後のローマ以来のことだが――国が強大になり、そこに生まれた安心感や生活の豊かさが「怠慢と軍隊生活離れ（otium et armorum desuetudo）」を蔓延させたからである。ローマの強さがその弱さの原因となった、という見方である。この状況が引き起こした、ゴート族などによる侵略からローマを防衛するには、外国人傭兵〔mercenari alieni, I-28; p. 33〕――高額なわりには紀律・前提的知識・戦闘意欲が欠けていて信頼できない――に頼るのであってはならない、とウェゲティウスは言う。傭兵は、「帝国のさまざまな地方から、数もバラバラな集団で、戦闘のために集められた兵士であり、紀律はなく、自軍について知らず、それゆえ愛着をもたない〔nec disciplina inter se nec notitia nec affectione consentiunt, II-2; p. 38〕」からである。

こうしてウェゲティウスは、傭兵に代えて、自国の農民を基盤にした市民軍のかたちでローマ軍を編成し直し、しかもそれを紀律と訓練によって質の高いものに仕上げていくこと、すなわちローマの軍事的伝統の再生を説く〔III-10; p. 90〕。これは、安上がりだし信頼性も高いと、かれは考えた。シヴィック＝ヒューマニズムがのちに重視することになる、〈自国の農民による軍隊〔arma suum〕〉の立場表明である〔I-28; p. 33. ただしウェゲティウスの場合、農民兵は一定期間、常備軍を構成する〕。

以上のような、①古代ローマ共和政期の伝統の讃美、②ローマ帝国の衰退の原因論、③傭兵に反対、④農民兵による防衛などの、ウェゲティウスの処方箋からしてマキァヴェッリのものでもあった。

さて、ウェゲティウスのこの書物でもまた、他の軍事学と共通して、次のようなかたちで将帥の高い徳性がそれなりに重視されている。

第一に、将帥にはすぐれた指導力と、それを支える人格性・徳性とが求められる。かれは、兵士に対して権威あるものとして臨み、それを示すために命令違背や犯罪は厳重に処罰しなければならない。将帥はまた、自軍の全体を見るだけでなく、一人ひとりの兵士に細かく心配り〔する人間味〕をもたねばならない〔cf. non tantum pro uniuerso exercitu sed etiam pro singulis contubernalibus debet esse sollicitus. III-10; p. 88〕。さらに、不利な戦況の時でも兵士を演説によって鼓舞できる、また敗れても自軍を再糾合し、油断している敵を討つ、不動心に支えられた、判断力と統率力をもたなければならない。かれはまた、自軍を過信せず、勝っても無思慮に深追いしない、自制心の人でなければならない。

第二に、将帥は、自軍と敵軍・戦場の地勢・気象条件などに関する客観的な認識力を身につけていなければならない。そして、それらのちがいや変化に応じて効果的に対処できる、変幻自在の柔軟な思考をもっていなければならない(III-6; p. 79)。敵を知るためには、スパイや内通者など情報網の利用による情報収集とともに、的確な判断のための集団的討議が推奨される。さらに、「賢明な将帥は、現在を超えて先を読まなければならない」というかたちで、マキァヴェッリにも見た、先を読んで備えるための賢明さも必要である。この術(ars)を備えていてこそ、勝利を実力(uirtus)によって——偶然(casus)＝運命(fatum)によってではなく——確実なものとすることができる[92](この、最後の、主体性の立場については、本書七四頁以下をも参照)。

第三に、知謀を駆使できるための賢明さが重視される。将帥は、とくに、自軍が敵軍より劣っていると判断した場合には、兵士を正面戦で費消するよりも、敵を倒しまた脅かすためのゲリラ戦(奇襲攻撃・待ち伏せ)や策謀の能力、それを支える、思考の柔軟性(としての賢明さ)をもたねばならない。

ところで、マキァヴェッリの『戦争の技術』の末尾の「一般命題」は、ウェゲティウスの『軍事学』の第三巻末尾「一般命題」の、今日的に言えば剽窃に当たる借用によっている[93]。「一般命題」は、両著において、論述の核をテーゼのかたちで要約した部分である。それゆえここで生じている借用の態様を押さえれば、マキァヴェッリがウェゲティウスと思想的に密接に結びついていることも、明らかになる。そこで、以下では、この「一般命題」を中心に、しかしさらに他の箇所をも視野に入れつつ、上に概観した、ウェゲティウスとマキァヴェッリとの思想と思考の共鳴性を、(一)賢明と、(二)紀律とに分けて見ておこう(以下、著しく近似しあった文について、ウェゲティウスをV.、マキァヴェッリをM.で表示して示し、併せて原文を注において並記する)。

（二）賢　明

これに関わることがらには、鋭い認識力、機能論的・動態論的・多元的な合理的思考と判断力、および知謀があること、すでに見たとおりである。これらについてのウェゲティウスの総括的言明は、次のとおりである。

「用心深い賢明な将帥（dux itaque uigilans sobrius prudens）は、自軍の実力と敵の実力とを参謀たちとの合議の場で比較するだろう。それはまさに、政務官が、言い争う二人の当事者の間にあって審判するのと同じである。もし将帥が、いろんな点で自軍が敵よりもすぐれていると判断したら、けっして決戦に賭けることを躊躇してはならない。しかし、もしかれが、自軍が敵軍よりも劣っていると判断したら、正面戦を回避しなければならない。なぜなら、奇襲・伏兵・謀略が、巧みな将帥によって首尾よく行使されるばあいには、数と力とにおいて自軍に優越している敵に対しても、しばしば勝利を得させるものだからである」（III-9; p. 87）。

将帥は、情勢および自他の力関係を、事前調査や合議を踏まえて正確にとらえ、それらの状況認識の上に立って正しく判断・行動する。その際、必要に応じて、効果的な手段としての知謀に訴えるべきであり、また、「自分に対する部下の追従は、きわめて危険な結果をもたらすものであるから、合議の場から徹底的に排除しなければならない」（III-9; p. 85）とあるように、自分自身を客観化できるための自制心をもっていなければならない。このような、（a）正確な認識・的確な判断の重視、（b）そうした認識・判断のために必要な思考方法、および（c）効果的な戦術としての知謀について、二人の説くところを見ていこう。

（a）正確な認識と的確な判断　これには、①自分と敵とについて正確な情報を踏まえて的確な判断をすること、および、②情勢や地勢について鋭い認識をすることなどが関連する。

この点に関してウェゲティウスは、次のように、『孫子』の「彼を知りて已れを知れば百戦危うからず」に対応することを総括的に語っている。V.「自軍と敵軍について正確に評価できる者は、敗れない」。マキァヴェッリは、これをほぼそのまま使っている。M.「自軍と敵軍との力をわきまえている者は、敗れない[94]」。

敵を知るとは、敵自身およびその指導部の性格などを把握することであり、どういう行動傾向をもつかなどを観察することもである。ウェゲティウスは言う、「敵が攻撃を仕掛けてくるのが、たいてい夜か夜明けか食事どきか休息時かについてよく把握しておく必要がある。敵の習性を知ることによってかれらの常套手段に対し防備を固めることが大切である（III-6; p. 80. この点は、本書一四〇頁参照）。

また、己れを知るとは、自軍や同盟軍の兵士の態様を正確に把握して、それに応じた行動決定をすることである（III-9; p. 86）。その一環として、ウェゲティウスは兵士の次のような精神状況を重視する。V.「自軍は勝利を確信していないと見て取ったときには、出陣してはならない」。これも、マキァヴェッリが次のように借用している。M.「まず兵士に勝利を確信させ、かれらが恐怖に陥っておらず秩序だっていると確認してからでないと、出陣すべきではない」[95]。

戦闘をめぐる諸条件を、「自軍と敵軍」、すなわち「友と敵」の関係を機軸に整理して考察することも重要である。このことによって、自分に関することがらを相関的に位置づけることができるようになり、客観化ができるようになるからである。V.「すべての戦闘では事情は次のようなものである。自軍に有利となるものは敵軍に不利となり、敵軍に有利となるものは常に自軍にとって妨害となる」。これも、マキァヴェッリが次のように借用している。M.「敵軍の有利は自軍に不利となり、自軍の有利は敵軍に不利となる」[96]。

情勢・地勢についての正確な認識の強調は、「兵士の、数よりも勇気、勇気よりも地の利」という、実質や客観条件を重視することの提唱としてある。V.「兵士の数が多いことよりも兵士の士気が高い方が優る。兵士の士気よりも地の利が優る」。軍隊の質を重んじるとはいっても、単なる精神主義ではないのである。これも、マキァヴェッリが借用している（M.の訳は、本書一〇三頁に既出）[97]。ウェゲティウスはまた、将帥は戦場を前もって正確かつ詳細に調べておかなければならない（III-6; p. 76）とも述べている。

（b）動態論的なものの見方　事物を不断の変動においてとらえ、その観点から、将来起こりうる変化をも計算に入れて行動することの大切さについて、ウェゲティウスは言う。「軍の配置に際しては三つのことを念頭に置いておかなければならない。太陽、土埃、および風である。〔…〕先見の明のある将師は、先のことに備えるべきである（duci prouido cauendum est in futurum）。かれはその日の経過につれて生じる、太陽の位置の変化や、一定の時刻に起こり戦闘に妨げとなる風などによって妨害されぬよう配慮しておかねばならない」（III-14: p. 94）。この考えもマキァヴェッリは、『戦争の技術』を扱ったところですでに引用したように（本書一〇四頁）、借用している。

この、古代の軍事学で枢要点である、先を読んで備えるということこそが、『君主論』について見た、マキァヴェッリの運命論の第一論点（七四―七六頁）、すなわち、〈川の増水について先を読んで、堤防や堰を築いて備えること〉に例示された、（マキァヴェッリ論上しばしば「近代的」だとされる）政治論上の思考でもある。

同様に大切なのは、自分を状況においてしっかり考えること、つまり時と場に応じて作戦を機敏に変える機転である。これはたとえば、戦場の特性に応じた、騎兵と歩兵の使い分けとして、次のように論じられている。V.「騎兵に自信のある将師は、それに適した地形を選び騎兵を主力に使うべきである。歩兵に自信のある将師は、歩兵戦向きの地を求め歩兵を主力に使うべきである」。マキァヴェッリは、これも丸写ししている。(98)

変化に機敏に対応できる体制を整えておくのも、動態論的思考に関係する。たとえば、次のようなやり方である。V.「［大きな戦闘正面をつくろうとして］部隊を横に広げるよりも、正面の戦闘部隊の後に予備の部隊を残して戦うのが良い」。マキァヴェッリは、これもほぼ丸写ししている。(99)

また、敵と味方の力関係も、固定的に見ず、不断に変化するものととらえる動態論的認識が重視される。たとえば、次のようなかたちでの、「窮鼠猫を嚙む」的な変化に注意するべきだとの主張である。V.「戦闘に未熟な多くの将師は、敵を狭い場所に追い込んだり、多くの兵によって逃げ場のないほどに完全に包囲したりしないと、勝ったとしない。しかし逃げ場を失うと、敵は自暴自棄ゆえに大胆になり、絶望だという恐怖によって強くなる。人は、死が避けられないと知るや、ともに雄々しく死のうと腹を決めるものである。「敗走する敵には、道を開けてやれ」というスキピオのことばは、注目に値する」（III-21: pp. 105-106）。これと対応することを、『戦争の技術』でマキァヴェッリもカエサルについて述べていた（本書一〇三―一〇四頁参照）。『孫子』に言う、「囲師には必ず闕き、窮寇には迫ること勿れ」である。

この考えは、次の命題にも現れている。V.「敗走する敵を隊を乱して無思慮に深追いすることは、勝利を敵に譲り渡すようなものである」。マキァヴェッリは、これを借用している。[100]

この動態論的思考は、自軍が敗色の濃いときでも工夫によってその形勢を逆に活かせる、という姿勢をも可能にする。V.「無思慮に戦列を乱して追撃してくる敵を、再結集して反撃して打ち負かすことがしばしばある。勝利のあとの喜びで有頂天になっているときに恐怖に襲われるほど、危険なことはない」（III-25; p. 110）。マキァヴェッリもまた、前述のように（本書一〇四―一〇五頁）同じことを主張している。

ウェゲティウスによれば、こうした行動が採れるために大切なのは、将帥が（負けてもくじけない）不動心の徳性を身につけていることである。ストア派で重視され、のちにマキァヴェッリや新ストア派によって再重視されることになるこの徳性が、偽フロンティヌスとともにウェゲティウスにおいても、軍事学上の基本的徳性として重視されている。

（c）知　謀　ウェゲティウスは、戦闘において知謀がいかに重要かを、強調する。V₁.「敵の糧食を断ったり、敵を急襲したり怯え上がらせたりすることによって勝つほうが、戦闘で勝つよりもすぐれている。戦闘においては、武力よりも運命によるところが大きいからである」。V₂.「武器によるよりも飢餓によって敵を追い詰めることは、すぐれた手である」。ここには、知謀のすすめとともに、運命（fortuna）の支配を力量（virtù）を発揮して脱すという、マキァヴェッリが重視していた主体性のモティーフも登場している。しかもウェゲティウスのこの二つの言明は、マキァヴェッリが『戦争の技術』において、それらの一部を結び合わせるかたちで、そのまま使っている。[101]

ウェゲティウスはさらに、常套手段ではなく、敵の意表を突く作戦の重要性を説く。V.「突然の行動は敵を驚かせるが、慣れ知ったことには、その効果はない」。これもマキァヴェッリは、ほぼ丸写ししている。[102]

効果的な知謀戦のためには、自分の行動を敵に察せられないようにして、意識的にチャンスを確保することが大切である。ここでも、uirtus よりも、知謀が可能にする occasio が重視されている。V.「事前に敵に察知されていない作戦が最上である。戦闘においては、チャンスを生かすことが武力よりも重要である」。マキァヴェッリは、これもほぼ丸写ししている。[103]

敵に察知されないためには、味方に対しても作戦計画の取り扱いに注意を要す。味方に対しても疑い・警戒が必要なのである。V.「なすべきことについては、多くの人の意見を聞き、しかし実際の作戦は、もっとも信頼できる少数者とだけで、できれば自分だけで立てよ」。これは、ひいては、敵に対してだけではなく味方に対しても、作戦を隠すためのはかりごとを仕組む必要があるということである。これもマキァヴェッリは、借用している。[104]

情報収集のために、スパイを各地に派遣し、かつ、敵の兵士に対して巧みに誘いかけるなど、寝返らせるためのあらゆる工夫をしなければならない（III-6; p. 81）。

知謀はまた、作戦の工夫や実行においてだけではなく、その変更の迅速さというかたちでも求められる。状況の変化に即応できる、頭の柔軟さの問題である。V.「作戦を敵が知ったと分かったら、それを変更するのがよい」。これもマキァヴェッリは、借用している。[105] これは、ひいてはマキァヴェッリの運命論の第二点（本書七六―七七頁）につながることがらである。

以上のように、知謀に関してウェゲティウスからマキァヴェッリが学び取ったところは大きい。

（二）紀　律

ウェゲティウスは、訓練と紀律の重要性を、次のように説いている。V.「自然の力が生み出す〔生まれつき優秀である〕兵士は少ないが、良い訓練による努力が多くの〔優れた〕兵を補う」。これもマキァヴェッリが、本書九八頁に既出のように、ほぼ丸写ししている。[106]

紀律についてウェゲティウスは、次のようにも言う。V.「兵士は、兵舎では畏怖と刑罰で統制し、遠征時には勝利の希望と褒賞で励ます」。平時における紀律がいざというときにも生きてくる。けれども、いざというときには、ただ紀律だけでなく、希望や褒賞により士気を引き起たせることが大切だということである。そして、これもマキァヴェッリが、ほぼ丸写ししている(107)。

さらに次の文も、似ている。V.「戦争状態にあるときは、農地で警戒を厳重にし、兵士を訓練すればするほど、危険は少なくなる」。マキァヴェッリは、「農地」の代わりに「敵の計略」を入れてこの文章を使っている。M.「戦争では、将帥が敵の作戦を読み取ろうと注意し、兵士の訓練に努めれば努めるほど、危険が少なくなり勝利の展望が開ける(108)」。

これらの諸命題は、注意事項というべきかたちで雑然と並べられている。しかし、これら諸命題のなかから普遍化されうる命題、とくに思考方法を抽出し、それに使い馴れることによって、それらが思想化されることになる。古典の読み方とは、古来そういうものだったのである。本書が、これらの諸命題を普遍的なもの（思想と思考）の例示として扱ったのは、ウェゲティウスからマキァヴェッリが、そういうものを読み取り応用した関係があったからである（ウェゲティウスがフロンティヌスのケース＝ブックなどを踏まえて理論化していったときにも、そういう読み方があった）。

以上においてわれわれは、クセノフォン、フロンティヌス、ウェゲティウスの思想・思考をまとめるとともに、各項目についてこれら三人とマキァヴェッリとを比較考察した。この作業を通じてわれわれは、古代の軍事学が、①一方で徳性や道徳を重視するとともに、他方で戦争と道徳の非連続化（＝知謀と武力、マキァヴェッリズムの提唱）をも推進していること、②機能論的・動態論的・多元的な思考を発達させたこと、③合理的組織論と紀律の重視が柱を成していること、④militia（市民軍）としてのローマ軍の伝統の再建を課題とし、それに関わるローマ（帝国衰退）史観に立っていること、④前提となっている人間観が、一面的な「性悪説」ではないこと、⑤運命の支配を前提にしつつも、それに対抗する人間の主体的工夫を説くこと、⑥リーダー主軸の議論であること、などの点で、その重要な原理においてマキアヴェッリの『戦争の技術』および政治論を先取りしていることを見た。

古代の軍事学は、こうした点においてマキァヴェッリの思考をはぐくみ、さらには、かれを中継者として近世・近代の軍事思想・政治思想と紀律化とをかたちづくっていったのである。

むすび

西洋古代の伝統的政治・社会思想には、①アリストテレス的思想やキケロ的・ストア派的思想、キリスト教的思想、②共和制の伝統や自由思想、そして③軍事・政治学の思想、があった。永いあいだマキァヴェッリ研究は、①の流れのみを念頭に置き、マキァヴェッリがそれら古代・中世の伝統と対決したこと、それゆえマキァヴェッリには伝統解体の革新性・近代性があること、を強調してきた。これに対して近時のシヴィック＝ヒューマニズム的視座の論者たちは、マキァヴェッリと②の流れである古代的伝統との深いつながりを指摘し、その観点からマキァヴェッリの共和主義的側面を強調している。本第一部はさらに、それらに加えて③の流れもまた、マキァヴェッリの思想を解くカギであることを論じた。

その結果、第一に、マキァヴェッリにおけるいわゆる「近代政治思想の創始」（「政治の発見」）に関する従来の見方が再検討を要することが明らかになった。第二に、マキァヴェッリにおける、共和制と君主制との関係・混合政体論、政治における道徳と非道徳・マキァヴェッリズムとの関係、理想主義とリアリズムの共存関係を統一的に理解することが、可能となった。第三に、③の観点を組み入れることにより、マキァヴェッリが古典古代の徳性論や共和主義の伝統と深いつながりをもっていた事実がヨリ鮮明になった（というのも、③の流れである思想的伝統は①・②の流れをも内在させているのだからである）。そして第四に、マキァヴェッリ自身の内的緊張・バランス化、さらには「雑居性」にも迫った。

ところで、右からも分かるように、筆者はこの「むすび」を、上記②のシヴィック＝ヒューマニズム的視座からするマキァヴェッリ論に対する批判をも込めて書いている。

たとえばこの立場の代表的業績の一つとして、スキナーの前掲書（fn. 13）*The Foundations of Modern Political Thought* がある。この書は、古代ローマの共和主義的な自由観念やストア派の思想が、イタリアのルネサンス期前夜に再発見され広がっていった状況を分析したことにより、マキァヴェッリの自由な政治共同体の思想を歴史的コンテキストにおいて理解するための重要な文献となった。それはまた、「君主鑑」の歴史を明らかにすることにより、マキァヴェッリの『君主論』の理解に資するところ大でもある。しかしながら、スキナー（やポーコック）らのこの視座だけでは、マキァヴェッリの思想におけるもう一つの柱である、政治の技術やリアリスティックな・合理的な政治的思考方法――すなわちマキァヴェッリにおいて〈共和制・自由〉や〈統合・軍隊〉と並ぶもう一つの重要な論点――がどのような歴史的・思想史的コンテキストにおいて可能となったのか、は説明できない。スキナーらが取り上げるシヴィック＝ヒューマニズムの思想は、本質的に理想主義的である。それゆえ、それに着目するだけでは、何がマキァヴェッリのリアリズムをもたらしたのかは、解明できない。スキナーらにおいて、これを説明しようとすると、通俗的なマキァヴェッリ論におけると同様、ルネサンス期的な「自然的・感性的人間の発見」か、「権謀術数渦巻く内乱のイタリア」体験か、あるいはマキァヴェッリの個性ないし個人的体験かに、求めるほかない。

これに対して本第一部の提起した、③の、〈古代の軍事学の伝統と結びつけてマキァヴェッリを読む〉視点は、マキァヴェッリの人間論・道徳論・思考様式・「自由な共和制とリーダーシップ論」などのテーマをめぐる思考を解くカギを与えてくれる。この点をシヴィック＝ヒューマニズムの問題に限定して言えば、「古代の軍事学」の観点は、（a）militia（市民軍）思想やローマ帝国衰退論、四元徳論などの点でシヴィック＝ヒューマニズム論者が重視する要素に眼を向けさせるとともに、（b）リアリスティックで科学的な思考とマキァヴェッリズムや紀律化にも眼を向けさせるものである。こうした検討を踏まえてこそ、マキァヴェッリの思想と思考の複合性を、より全体的に、かつ歴史的コンテキストにおいて、とらえることが可能となるのである（右の言明は、〈シヴィック＝ヒューマニズムか古代の軍事学か〉という二者択一を迫る立場からのものではない。両項は、相互に排除する関係にはないのである）。

第二部　ヘーゲル

生前のヘーゲル像（Ludwig W. Wichmann 作）
写真提供：ユニフォトプレス

「序論」で見たように、ヘーゲルをめぐっては、国家主義者だとする見解と、リベラリストだとする見解とが対立しており、両者の関係、とくに、自由な個人と国家は相互にどういう関係にあるかの「ヘーゲル問題」がある。この問題については、中埜肇の次の指摘が、今なお重要である。

「ヘーゲル哲学は革命的であるか反革命的であるか、あるいは二つの顔のうちのどれを真実の顔であると考えるべきかという二者択一的な問いをつきつけて、これに対する決定的な回答を迫ること自体が、少なくともヘーゲル哲学に対する適切にして充全なアプローチとは言えないのではないか。そしてさらに重要なことは、ヘーゲルをしてこの二つの顔（のように見えるもの）を持つことを可能ならしめたものは何であったか、この二つの顔の奥にあって、両者を結びつけているものは何であるかを探求することであろう(109)」。

本第二部もまた、この、ヘーゲルの「二つの顔の奥にあって、両者を結びつけているもの」を追究する。そしてそれが、前述の「国民主義」の思考にあると見る。ヘーゲルは、近代社会の条件として、および、ドイツの現状を打開するための道として、個人の自由・自立とともに強固な統合国家を重視した。かれはこの両項の結合を、〈自由な国民を基盤にしてこそ国家の結束は強固になる。また逆に、よく統合され活発に活動する国家であってこそ、国民は国家・公共性を自覚しそれを主体的に担える〉とする方向に求めた、と見るのである。

この、丸山眞男的意味での「国民主義」の思考を見せた点でヘーゲルは——自覚的にないし無自覚的に——マキァヴェッリと相似た思考を展開した。そしてこのことは偶然ではなかった。なぜならヘーゲルが対峙したのも、他の国々が近代国家化していく時代にあって祖国が、「ドイツは、もはや国家ではない」（二一一頁）という悲惨な状況にあったからである。このようなかたちで状況に対峙した点でヘーゲルは、ドイツにおける「政治の覚醒」に結びつく。その際、「政治の覚醒」に関しヘーゲルにおいて青年期以来問題となっていたのは、前述（三頁）の、①統合・運動の手段としての実力の契機、②闘争・運動の場で巧みに身を処し目標を達する技術・マキァヴェッリズム、③公的・公共的なもの、のうちの、とくに③である（したがって広義の「政治」の覚醒が中軸であった）。そしてイェーナ前期の『ドイツ国制論』以降は、①も強まる（②の要素は、ヘーゲルでは主題にはあまりならない）。

以上の観点からの考察を進めるに当たって、ここでは関連する次の二点について、あらかじめ考察しておく。

（a）いわゆる「ヘーゲルの保守化」の問題　これは、初期ヘーゲル（フランス革命を讃美する共和主義者・自由の主張者とされる）と、後年のヘーゲル（いわゆる「プロイセン絶対主義」と結びつく君主主義者・全体優位の立場とされることが多い）との関係の問題である。この問題に関しては、最近のヘーゲル研究では、ベルリン時代（ベルリン大学教授になった一八一八年から、死亡の一八三一年まで）のヘーゲルをも、いわゆる「プロイセン絶対主義」とは切り離し、リベラルな思想の持ち主と見るのが通説となっている。しかしこの新研究においても、（「リベラル」の中身を明らかにすることとともに）初期ヘーゲルの政治思想が後年のそれとどう関連しているかを解明することが、課題として残っている。[110] この点については——本書が示す見方のように——ヘーゲル政治思想上の機軸的思考が青年期から晩年まで強力な連続性を有していたのであれば、後年のヘーゲルがプロイセンの政治とどういう関係にあったのかを詮索するまでもなく、「プロイセン絶対主義」からの距離も明白になる、と思われる。

（b）〈カントとアリストテレス〉の問題　ヨアヒム＝リターは、『法の哲学』におけるヘーゲルの思考の主軸を成すものとして、〈カントの新方向とアリストテレス的伝統の結合〉という問題枠組があることを指摘した。実際、ヘーゲルは、カントの〈近代的個人の原理〉を基礎にするとともに、アリストテレス的な制度的倫理学とも結びついた。カントは各人の道徳的自律を重視したが、そこでは、自由な個人にとって法や社会制度は外からの規制でしかなかった。これに対して、アリストテレスは、社会の諸制度にはそれぞれ目的が内在しており（目的論）、各人にはそれにかなう生き方が求められること、そうした制度の下でそれにふさわしく生活する習慣を重ね・性格形成することによって人は有徳なものとなること、を説いた（本書二四一頁）。ヘーゲルは、このアリストテレスらの立場に立ち帰りつつも、しかし近代社会は、カント的な個人の自由を基底にしているから、制度的倫理学もまた近代的な中身のものになるべきだとする。そこでかれは、自由な制度を前提にし目的論は排除しつつ、制度のもつ公共心形成力を重視していくのである。この認識は、その後イルティンクによってイェーナ期のヘーゲルにまで遡らされ、リーデルもこの線上で研究した。(11) この点に関しては、次の三点が問題となる。

第一は、上の問題をめぐるヘーゲルの思索がイェーナ期より前の時期においてはどうであったか、とりわけいわゆる『初期神学論集』において〈カント的自由と古代共和政下の自由〉ないし〈カントとイエス〉のテーマが、イェーナ期の思索とどのように連関しているかという問題である。この問題の解明は、ヘーゲルの思想形成過程上でのイェーナ前期（一八〇一—〇三年）の特異性をとらえるためにも、逆にこの特異性が強調されすぎであるのを正すためにも、重要である。(112)

第二は、社会存在論と政治思想との関係の問題である。ヘーゲルがイェーナ期に書いたものは、抽象的で、難解な形而上学（存在論）の色彩が濃い。だが、実はそれらは、当時のかれの歴史意識・実践意欲と緊密に結びついたものであり、注意して読めば、社会と政治の動き・時局へのかれの確かな眼を示している。本第二部は、この作業を重視し、イェーナ前期に属す、『倫理性の体系』や『自然法の学的取扱い方について』の抽象論と、政治論としての『ドイツ国制論』等とが相互にどう関係しているのか、に力点を置く。この関連ではまた、それらイェーナ前期の作品と、それらより前の時期の神学的な諸草稿とが、ヘーゲルの直面した政治問題とどう関係しているか、をも考察する。

第三は、フランクフルト期の位置づけの問題である。ヘーゲルの初期神学論文をいち早く分析した、ディルタイの

『青年時代のヘーゲル』（*Der Jugendgeschichte Hegels*, 1905）は、この時期（一七九七―一八〇〇年）のヘーゲルに、〈愛による運命との和解〉という神秘主義的・ロマン主義的立場への転向があった（そしてこの立場がその後も継承された）とした。これに対してルカーチの『若きヘーゲル』（一九四八年）は、ディルタイから距離を置きつつも、フランス革命に対する挫折がヘーゲルのこの時期の「特異性」（神秘主義化）をもたらした（それはまもなくヘーゲルのアダム＝スミス研究によって克服された）とした。[113] これらの研究によって、フランクフルト期をヘーゲルの思想形成上、神秘主義への「決定的な転回」点[114]と見ることは、ほぼ常識となった。

だが本書は、二人のような見方はとらない。フランクフルト期とそれより前の時期とでは、イエスやカントに対するヘーゲルの見方にかなりの変移は認められる。しかし、この変移が〈啓蒙主義・フランス革命支持の立場から、神秘的ロマン主義・反近代の立場への転変〉と言えるほどのものかどうかは、この時期のヘーゲルが新たに使いだした「運命」・「宥和」・「愛」・「生」といったロマン主義を連想させる語に、二人のようにとらわれるのではなく、思想全体を踏まえて考える必要がある。

若きヘーゲルは、明確に政治と対峙して思考していた。政治や社会への強い関心こそ、生涯にわたる、ヘーゲルの思索の特徴である。抽象的な語を羅列している場合にも、個人・国家・政治的徳性といったものをめぐる関係のあり方を念頭に置いて書いている。さらにその際には、中世の「善き旧き法＝権利」ないし近世の貴族制度や身分制的自由（聖職者・貴族・市民それぞれの特権的自由）の伝統をどう位置づけるか、古代の自由な共和国の伝統を今日においてどう生かすか、君主をどう考えるかといった、国制の構造転換上の重要事項を、意識している。そしてかれは、この観点から、マキァヴェッリをどう継承すべきかをも、真剣に考えた。しかしこれまでの初期ヘーゲル研究には、こうしたことの自覚に立った分析が、ほとんど見られない。

以上のような作業を進めるに当たって本第二部では、それゆえまた次のことにとくに留意する。すなわち、①ヘーゲルの政治思想をそれだけ孤立させて扱うのではなく――それが西欧政治史上のパラダイム（シヴィック＝ヒューマニズムや、「善き旧き法＝権利」ないし身分制的自由の伝統、ドイツ啓蒙主義、カントの理性主義的哲学、ドイツ的な権力国家など）上で展開したことを踏まえて——常に思想史上の連関に着目しつつ考察すること、②ヘーゲルが、共和主義的自由の思想や、近代の自由の思想（カント的道徳論、古典派経済学など）とどう向きあったかを考えること、③当時のドイツの政治状況に対するヘーゲルの危機意識を問題にすること、④社会と国家の近代化が必要だとしつつも、その近代化がもたらす問題に警戒もするヘーゲルの緊張感を正しくとらえること、である。

第一章　自由と市民宗教――ベルン期

あとで『法の哲学』について見るように（本書二四一頁以下参照）、ヘーゲルは後年、カントの〈個人の内的自立〉から出発しつつ、これをアリストテレスやキケロに代表される実践哲学の伝統を踏まえて社会制度論と結合させることによって、〈自由でありつつも社会を志向する有徳な諸個人を、社会の諸制度を通じて形成する道〉を鮮明にした。そしてヘーゲルはその際、自由な個人の国家的結束を支える制度として、小集団を重視した。

ヘーゲルの以上のような根本的な思考は、かれの学問上の出発点に当たるベルン期[115]（一七九三年秋―九六年秋）に、すでに萌芽している。すなわちヘーゲルはここでも、カント的な〈自由で自立的な人間〉を前提にするのであるが、これを社会制度（ここでは、ルソー的な意味での市民宗教）に依拠して、自由でありながらも相互に結束しあう主体にしようとするのである。ここで市民宗教とは、古代ギリシャ人及びローマ人が自由な共和政期にもっていた宗教をモデルにしたものであり、政治共同体と緊密に結びついた宗教のことである。ヘーゲルは、これをVolksreligion（政治的な民衆に定礎した宗教。以下、市民宗教と呼ぶ）と呼んだ。こうした市民宗教の重視は、〈個人的自立（「道徳」Moralität）を前提にしつつも、それを社会制度を通じて公共心あるものに高めること、すなわち「倫理性」（Sittlichkeit）の関係をどう具体化するか〉という、ヘーゲルの後年において鮮明化する問題意識につながるものである。

以下、この思索が明確に出ている一七九五―九六年の、ヘルマン＝ノールによって『キリスト教の権威宗教性』と題された草稿[116]から考察を始めよう。

第一節　『キリスト教の権威宗教性』

すでにチュービンゲン時代にカントへの関心を見せていたヘーゲル（後述。一七八―一七九頁）は、ベルン期においてカントの「自律」の立場から出発する。後述するようにヘーゲルは、カントの「自律」をカントとは異なり、政治の場での主体の問題として使うのだが、しかし出発点となるキリスト教批判は、カント風の思考によっている。たとえば、イエスの活動を肯定的に評価するときのヘーゲルの言明は、「イエスは宗教と徳とを道徳性にまで高め、その本質が存在するところの自由を再興しようとした」（S. 106. 一四二頁、vgl. S. 182. 一一九頁）というものである。また、ドイツ史における偉大な出来事だとヘーゲルが評価する宗教改革についての言明は、「永遠な権利、こと自分の宗教上の意見においては自分で獲得した自分なりの信念に従う権利を自分はもっているのだという感情が活発にはたらいているような関心を抱いた、ごく少数の出来事の一つなのである」（S. 198. 二二九・二三〇頁、vgl. S. 178. 二一五頁）というものであり、イエスないし宗教改革がカントの「自律」を先取りしていた、とする見方を示している。

ヘーゲルによれば、イエスの教えの基底にあった〈自由な人間に結びついた高い「道徳性」としての宗教〉の原理は、その後まもなくして喪われていく。これが、「権威宗教」化である。権威宗教性（Positivität）とは、自由な市民の（内面での自立に根差していた）宗教が、かれを外から権威的に支配する宗教へと変質していった状態のことである。この「権威宗教」化論によってヘーゲルは、イエスの教えを相対化し、それゆえまた、ここでのイエス的カントに対しても、距離をとる。

すなわちヘーゲルは、イエスの教えがこのように権威宗教化していった原因として、①イエス自身がその教えを真理としてではなく神からの授かりものとして、神の権威によって説いたこと（S. 114ff. 一五〇頁以下）、②弟子たちがイエスをカリスマとして個人崇拝したこと（S. 123ff. 一六〇頁以下）、③教会が巨大な組織・権力機構となったこと（S. 179ff.

二一六頁以下）を挙げる。ここには、ルソーの影響が顕著である（たとえば『社会契約論』第四編八章の指摘の反映が見られる。ルソーの影響は、以下で問題にするヘーゲルの道徳論や市民宗教論においても大きい）。

では、なぜ、こうした権威宗教化がユダヤで始まり、それがなぜ帝政期ローマにおいて支配的となり、その後、中世以降ゲルマン世界をも支配するにいたったか。

ヘーゲルによれば、ユダヤ人、ギリシャ人及びローマ人はともに、かれらが自由な民であった時代（共和政期）には、およそ権威宗教化したキリスト教のようなものとは無縁の、はつらつとした独自の市民宗教を有し、その下に固く結束していた。このような、古代の自由市民の共和政こそヘーゲルの理想とするところであるが、それはかれの描くところでは、市民の次のような結合体としてあった。

「彼ら〔古代ギリシャ人・共和政的ローマ人〕は、自由人として、自分たち自身が定めた法律に従い、自分たち自身が自分たちのリーダーとして立てた人物に服従し、自分たち自身が決めた戦争に従軍し、自分たち自身のことがらにおのが所有物・情熱・生命を捧げた。彼らは、教えも学びもしなかったが、あくまで自分たち自身のものと呼べるような最高の徳の原理を、行為を通じて、実践したのである。公の生活でだろうと、個人の、家の生活においてだろうと、だれもが自由人だった。だれもが、自分たち自身の掟に従って生活していた。自分の祖国、自分の国家という理念が、そのためにこそ自分がはたらき、それによってこそ自分が動かされる、眼にこそ見えね、気高いものであった。〔…〕この、自分の国家という理念を前にしては、彼の個人性（Individualität）は、姿を消した。だれもが、ひたすら、この最終目的を守っていくこと、それを生かすこと、それの存続することをのみ切望したし、また自分でも、このことを実現することもできたのである。自分一個人の存続だの永遠の生だのを切望すること、あるいは、せがむことは、だれにも、できなかった。あるいは、めったにしか思いつかないことであった」（S. 204f. 二四一―二四二頁）。

つまり、人間は、自由な国家体制のもとで政治生活を享受しているときにのみ、その国家を自分たち自身のものだと感じとれ愛着をもち、それゆえそれと精神的に深く結びつき、私利私欲（「個人性」）を抑えられる。自由な、社会において主体的な国民であってこそ、自己犠牲をも厭わず祖国のために奮闘できる（＝祖国愛を高める）、とヘーゲルは考える[117]。ここには、〈人は、政治生活上で自由であってこそ国家に主体的に結束し高い公共心をもちうるのだ〉という、『法の哲学』（たとえば第二六〇節以下）の思想が――後述のように、政治的自由と私的自由との対立・後者に対する消極的評価という点があり『法の哲学』とはなお距離を有してはいるけれども――すでにその萌芽を見せている。それにしても右の引用文は、われわれが見てきたマキァヴェッリの古代共和制讃美（二五、四四、九九頁）になんと似ていることか。ヘーゲルにおいて「国民主義」の一要素は、この青年期にすでに誕生しているのである。

市民宗教は、ここでは自由な市民の、政治的主体化と結束とをともに促進する制度として位置づけられている。ヘーゲルにとっては、自由な市民宗教こそが、市民の政治的倫理教育のための学校なのであった（これは、ルソー『社会契約論』の市民宗教を連想させる[118]）。

カントから出発したヘーゲルが、カントを乗り越えようとするのは、問題のこのような把握を前提にしてであった。ヘーゲルはまず、カントに言及しつつ課題を次のように設定する。

「理性は道徳的、必然的、普遍妥当的法則を定める。カントはこの法則を、悟性の規則とはちがった意味においてではあるが、客観的と呼んでいる。いまや課題はこの法則を主体的なものに、あるいは意欲の主観的原則にすること、この原則への衝動（Triebkraft）を見つけだすこと〔…〕に他ならぬ」（S. 188, 三五頁）。

つまり、「道徳的な衝動」を内部から湧き上がらせるためには、第一に、「主体が主体の内部から」――カントが道徳的法則について提起したように――意志できなければならない（S. 189, 二二六頁）が、それだけに留まっていてはならないのであって、加えて第二に、意志が傾向性（感覚に結びついた意志作用）に支えられていなければならない。カントの道徳論におけるように理性が専制的に人――理性だけでなく感性をももった存在――に命令するものであっては、ならない。なぜならカントの論理では、〈理性の命令だから・義務だから嫌々ながらおこなうもの〉となって、行動がはつらつとした積極性をもたないからである、とヘーゲルは考える。これが若きヘーゲルにおける〈カント乗り越え〉のポイントである[119]（本書注126にあるように、ヘーゲルはすでにベルン期において、そうした道徳的な感情——他人を配慮して自制する点でカント的な理性道徳に内容的に匹敵するもの——として、「愛」を提唱していた。後述のように、ヘーゲルのこの「愛」の思考は、フランクフルト期において前面に出る）。

市民宗教は、このような内発的な（＝感性に親和的で、そのことによって善き「衝動」を涵養する）制度として位置づけられる。この発想は、シャフツベリーにおける宗教と道徳の結びつき、ルソー『社会契約論』における市民宗教論を連想させるのであるが、しかし、ヘーゲル自身は、ここではカントを踏まえつつ、カントを深化させ乗り越える方向で思考している。この点において、ここで出されている思想は、カントより若いドイツ人（シラー・フィヒテやロマン主義者）が共有した、宗教と倫理・政治との新しい関係づけに結びついている。カントの「自律」を理性のみならず感性とも結びつくべき人間性の全体のあり方に関わるものとして再構成する点、および、そうした自立的個人が社会性をもち結束する方向に社会制度の感化力を重視する点で、ヘーゲルの後年において鮮明になる〈カント道徳論の新方向とアリストテレス的な制度的倫理学伝統〉との関係の問題枠組（二四一頁以下）が、ここにはすでに出ているのである。

実際、ローゼンクランツの報じているところによれば、ヘーゲルはすでに一七九〇年の学位取得論文『人間の義務の限界について、ならびに霊魂の不滅について』において、同じかたちでカントを克服しようとしている。ヘーゲルはここで、次のように〈理性と感性との統一〉の立場を鮮明にしていたのである。

> 「さてこの〔ヘーゲルの〕論文は、われわれに一方ではカント哲学に関するヘーゲルの研究を物語っており、他方では、このカント哲学との対決、カント哲学の分裂性を乗り越えようとする試みを物語っている。ここでのヘーゲルの出発点は、感性と理性とが、両者あいまって他ならぬ一つの主体を構成するように人間の内に共生しているのだという事実である。〔…〕〔ヘーゲルによれば、カント的な〕純粋に道徳的な行為などはありえず、存在しうるのは感性に由来する衝動（Triebfeder）を自己に含んでいる行為のみである」と（K. Rosenkranz, *G. W. F. Hegels Leben*, 1844, S. 36）。

「衝動」と倫理のこの関係については、ヘーゲルがさらに前の一七八五年に——すなわち一五歳の、シュツットガルトのギムナジウム生のときに――フェダーの『新エミール』（*Der neue Emil, oder von der Erziehung nach bewährten Grundsätzen*, 1768-71）からおこなった抜き書きが、当時のかれの関心方向を示している。長文の抜き書きのなかには、次のような箇所がある。

「おお友よ、徳にいたるに宗教が不用だなどと早とちりしてはならない。〔…〕本性的な善き衝動（Trieb）はそれが神の声であるという威信を宗教によってかちとるのであり、理性の命令は神の掟となるのだ[120]」。

「衝動」の重視においてヘーゲルは、理性と感性との結びつけを求めるルソーと、啓蒙的理性主義批判の立場から道徳論においても結びつく。かれのカント批判は、このルソー的思考を基盤にしている。

実際、これに対応する思想は、たとえば『エミール』中の、「善を知ることは善を愛することではない。人間は善について生得的な知識をもってはいない。けれども、理性が彼にそれを知らせるとすぐに、良心はそれに対する愛を彼に感じさせる。この感情こそ生得的のものなのだ」（今野一雄訳、岩波文庫、一九六三年、中巻一七二頁以下）や、「理性だけで美徳を確立しようとしてもだめだ、どんな強固な基礎をそれにあたえることができよう」（同書一七五頁）といった言明に見られる（ここでヘーゲルが、〈権威宗教に対置された〉「市民宗教」を道徳論と結びつく立場から提唱している点は、ルソーが同様な道徳論の立場から、〈儀式・奇蹟・預言に依存する権威宗教化したキリスト教に対抗して〉「自然宗教」を提唱している点を想起させる）。

ところで以上のことがらとの関連で注目すべきなのが、シラーのカント批判である。シラーは、道徳的義務・理性に一面化したカントを批判し、〈倫理的な衝動（「美しき魂」）〉の立場を提唱した。このシラーが若きヘーゲルに与えた影響は、後述のようにフランクフルト期の『キリスト教の精神とその運命』において顕著となる。しかし上の考察を踏まえるならば、それがすでにベルン期の「衝動」の問題に発現していることが確認できる。シラーは、理性と自然性の統一された人間像として古代ギリシャ人を讃美し、「身分や営業による厳格な分離」を知らない、この古代の自由な共和制下に出現した調和を讃美した（Schiller, *Über die ästhetische Erziehung des Menschen*, in: *Schillers philosophische Schriften und Gedichte*, 1795, 2. Aufl. 1909, S. 171ff.)。この思考は、カント克服を模索しつつ、それを古代ギリシャ讃美の方向に見いだしていったヘーゲルの、ほぼ同年（一七九五・九六年）の思考と、よく似ているのである。[121]

ただし両者は、次の点では異なっている。すなわちシラーは、「美しき魂」論において、「品性の高貴化」によって「政治の改善」を達成しようとする方向性を示しつつも、その「道具」として、芸術を前面に押し出し（dasselbe, S. 183）、それゆえ実現の道を、大衆を陶冶していくことにではなく、「少数の選良より成るサークル」（dasselbe, S. 271）を構築していくことに、求めた。

これに対し若きヘーゲルが採った道は、シラーのこのエリート主義の道とは対照的であった。すなわちヘーゲルは、（ルソー的な）市民宗教という社会制度によって広範な国民を政治教育していく道を選んだ。こうしてヘーゲルは、シラー的な、エリートの意識形成に頼る主観主義をも乗り越え、制度的倫理学に進もうとした。

ヘーゲルのこのシラー批判は、のちに『精神現象学』における「美しき魂」論、および『法の哲学』（第一七一節）で鮮明になる。前述の〈カント道徳論の新方向とアリストテレス的な制度的倫理学の伝統〉の問題枠組は、以上のように実質的にはベルン期にすでに登場しており、イェーナ前期に入って初めて現れるものではない。

この時代には、カントに見られた〈理性と感性・傾向性との分裂〉を克服するものを「善き衝動」の要素に求めた者が、他にもいる。フィヒテである。かれは、その著作『自然法論』（*Grundlage des Naturrechts nach Prinzipien der Wissenschaftslehre*, 1796/97）中の家族論（第四節以下）で、婚姻について、それは「愛」を根底に置いているがゆえに、「単に法的な関係であるのではなく、自然的かつ道徳的でもある関係」（第一五節）である、と言っている。すなわちフィヒテもまた、「愛」という「善き衝動」に依拠して「自然」と「道徳」とを結合し、人間をその存在の全体において（＝理性のみならず感性においても）とらえようとしたのである。その際（ヘーゲルにおいてと同様）フィヒテのこの志向を規定しているのも、ルソーの『エミール』であった。

興味深いのは、このように、カント哲学に対するヘーゲルの前述の「乗り越え」が、シラーやフィヒテと時を同じくして（一七九〇年代前半に）、かつ同方向に目ざされていたことである。[122]

さて、以上に見たような立場をとるヘーゲルによれば、こうした政治的自由が市民から奪い去られると、個人と国家との健全な結びつきも消滅する。この事態は、かつての自由・平等を基本にした古代の共和国が「貴族階級の優位と権力」の体制へ移行することによって生じた、とヘーゲルは見る。〈平等喪失が自由喪失をもたらし、このことが政治疎外を生む〉という見方である。これも明らかにルソーの『不平等起源論』の立場である（それは、マキァヴェッリやモンテスキューの、シヴィック＝ヒューマニズムの思考でもあった）。かつての善き共和制は、次のような「政治（公共性としての）の喪失」状況へと変質していった。

「国民の営為の産物である国家像は、国民の魂から消え失せた。全体を心にかけ、全体を眺めていたのは、ただひとりの人間、または、ごく二、三人の人間の魂だけであった。だれもが、自分に割りあてられた、多かれ少なかれ限られた、他人の場所とはちがう場所に閉じこもっていた。〔…〕あらゆるはたらき、あらゆる目的が、いまや、個人的なことがらに関わりをもってきて、もはや、一つの全体、一つの理念のためのはたらきは、なくなっていた。――だれもが、自分のためにはたらいていたか、それとも、他の個人のためにはたらくべく強制されていたか、どちらかであった。自分で定めた法律に従う自由、平時には自分で選んだ官憲、戦時には自分で選んだ司令官に服従する自由、自分たちが協力して決定した計画を遂行する自由は、失われてしまった。あらゆる政治的自由は、失われてしまった。国民の法が保障するのは、ただ所有物保全の権利だけで、いまや所有物こそが自分の世界のすべてであった」（S. 206, 二四四頁）。

ここに見られるのは、のちに『ドイツ国制論』（一七九九―一八〇一年、一八〇二―〇三年）等において批判されるところの、〈政治から疎外されたために、私的自由・私的権利しか眼中になくなり、狭小な小市民的世界に自閉したドイツの民〉という人間像に結びつくものである。政治的自由の喪失が小市民化（祖国愛の消滅・「政治」の喪失）の原因であり、しかも私的世界への自閉化（＝丸山の言う「私化」）は、カント的な内面での自立をも個人から奪うものとなる。[123]

以上のようにこの時期のヘーゲルは、カント的自立を、それ自体が社会的な人間存在に結びつくものとして社会論の根底に置いていた。それだからこそヘーゲルにとっては社会における自立の喪失は、直ちに内面での自立の喪失でもあった（この点については、S. 207、二四四頁以下の論理に着目したい。すなわちそこでは、〈政治的自由の喪失→国家的普遍に対する意識の喪失→「普遍的イデー」（「絶対的なもの」）一般の喪失→代償的「イデアル」の創設＝人格神への服従→内面の自由の喪失〉という論理が出ている）。

カントの道徳を、没社会的に内面へ自閉するものだとして批判するかたちでの、『法の哲学』に見られるようなヘーゲルによるカント批判は、ここではまだ登場していない。そうした批判に到達するまでは、ヘーゲルは当分の間、〈理性と感性との分裂〉という観点からのカント批判、すなわち『エミール』における啓蒙批判やシラー・フィヒテのカント批判と共通する立場からの批判をするのであった。ベルン期においてヘーゲルが採ったこの道は、のちのフランクフルト期に前面に出るカント批判の先取りである。それゆえこの点においても、ベルン期とフランクフルト期の両時期の間には、通常言われるような「決定的な転回」は、ない。

話を戻そう。自由を享受できないため国家・国政に対し無関心である人間たちは、誰か実力者が上から権威的に統合する他ない。そういう人間たちは、権威に服することを自ら求めるのでもある。そういう人間はまた、政治的抑圧から自分たちを解放してくれる者を、「メシア」（＝ヴェーバー『職業としての学問』における「預言者」を想起させる。本書二八〇頁以下参照）に求める他ない。こうして上層部も民衆も「メシア」への依存を強めることになり、かれらの宗教も、あなた任せを助長するものとなる。その結果、キリスト教は、〈脱政治化され、そのことによって内面の世界でも自立を喪った諸個人〉に、外から「仮の絶対」――「イデー（理念）」に対する「イデアル（理想）」――を与えてくれる宗教となった（S. 208、二四六―二四七頁）。以上の事情が、ヘーゲルの言う、キリスト教の「権威宗教」化の過程であった。すなわちこの時期のヘーゲルにとってキリスト教は――のちのニーチェの指摘に出てくるのと同様――「奴隷の宗教」、自立を喪った人間たちの他人依存型宗教、だった。

ところでヘーゲルによれば、ドイツの民がキリスト教の支配下にあり続けてきたのも同様の理由による。ドイツの民もまた、かつては剛健な民として、政治的自由に根ざしたはつらつとした市民宗教をもっていた。しかしやがて市民宗教を喪失し、このためキリスト教がかれらのなかに浸透することを許してしまった。そしてこのキリスト教は、以後、ドイツの民の神話を排斥しだした。この状況下では、ドイツ人が再度、はつらつとした市民宗教を核にして一つの国家へと結束すること、自由な祖国愛を基軸とする国民と国家の関係は、望めない。こうして、ヘーゲルは言う、

「アテナイの国の歴史、この国家の形成と立法にまつわる物語を知らなくても、一年、この国の壁の内部で生活すれば、祝祭から、これをほとんど学びとることができた。ところが、われわれの国のように、われわれの歴史と絡みあっているような宗教的な想像がないところ、また、政治的な想像がひとかけらもないところでは、一般の民衆のあいだで、ゲルマン人由来の空想の名残りが、ここかしこ、迷信の名のもとに、こっそり這いずりまわっているにすぎない」(S. 198, 二三〇頁)。

内容的にはマキァヴェッリと同様な、自由な古代共和国の讃美である。ドイツの民の強固な国家を建設する道は、それゆえヘーゲルにとっても、なによりもまずドイツの政治的自由化を進め、その基盤上に固有の市民宗教を再生させ、これらを通して主体的で連帯的な国民を形成していくことのほかにない、ということになるのであった(一種の「卓越主義」の立場)。これが、初期ヘーゲルにおける広義の「政治」の覚醒である。

このように「市民宗教」に依拠するか、あるいはイェーナ期の『ドイツ国制論』、一八一七年の『ヴュルテンベルク王国領邦議会の討論の批評』等の著作に見られるように〈天才的政治家の上からの統合力と、自治的諸団体による下からの公共性形成化と〉に依拠するか、にちがいはあれ、新しい国家像をめざすヘーゲルの根本的思考枠組には、青年期以来の各時期を通じて著しい連続性がある。

この「市民宗教」がヘーゲルの政治思想から脱落して、その代わりに〈自治的団体〉が国民の公共心を高める制度として重要な役割をもち始めるのは、第四章で扱うイェーナ後期であるが、次の第二章で扱うフランクフルト期は、基本的にはベルン期のこの志向の連続線上にある。イェーナ後期の思想は、そのなかから次第に醸成されていくのである。

第二節　『市民宗教とキリスト教』について

手稿『キリスト教の権威宗教性』において確認した、ヘーゲルの以上のような思考枠組は、その二、三年前の一七九三・九四年頃に書かれた手稿の断片『市民宗教とキリスト教』[124]にもすでに出ている（ヘーゲルは、一七八八年から一七九三年夏までの五年間をチュービンゲンの神学寮で学んだ）。以下、補論としてこの点を分析しておく。

この草稿の主題もまた、圧制下に置かれたため私的世界に閉じこもってしまった人間たち、とくにドイツの民を、再び自由な政治的主体へと取り戻すことによって健全な国家を築くこと、すなわち「国民主義」の志向であった。そしてそのための道としてヘーゲルが見出すのは、ここでも、自由な市民宗教がもつ力によって国民の「政治の覚醒」をはかることであった。

ヘーゲルはまず、政治への関わりをもてない現代ドイツ人と、政治的に自由でそれゆえ健全な祖国愛をもてた古代共和国の市民とを――まさに先のマキァヴェッリにおける〈現代イタリア人 対 古代人〉と同様に（九六頁以下）――対置して言う。現代ドイツ人は、「もはやなんら公の徳というものをもたない大衆、抑圧の中で軽んじられて生きている大衆」であり、これに対し古代市民は、「自分たちの民の精神の中で、自分の祖国のために、自分の力をつくし、自分の生命を消費した、しかも、このことを義務から〔カント的意味で、つまり主体的に〕おこなった自由な共和主義者」(S. 99, 一一六頁）である、と。ここに示されているのは、〈政治的に自由な市民の結束〉という理念であり、自由の喪失ないし政治的疎外が小市民性を生むという認識である。

ヘーゲルは、このような見地から出発して、ドイツ人のこの小市民性――それはのちに『ドイツ国制論』に登場する「ドイツ的性格」にあたる――をどう克服するかを探る。すなわち、「どうしたら、一般に民衆を、彼らが道徳的な理念に敏感になり、道徳性にまで、大きく引っ張りあげることができるか」という問題である（S. 98, 一一四頁）。この意味で有徳化された民衆を基盤にしてはじめて、かれの理念とする、自由な市民が結束した共同体――すなわち「共同して、同じ一つの気持ちを抱いて、自分たちの神々の祭壇に歩みよるような、そういう共同体」（S. 57, 六四頁）――が実現するのだとヘーゲルは考えている。ここには、〈自由・自立を、単なる内面・主観界の問題としてでなく、政治的主体の社会的存在態様の問題として意味換えし、それゆえまた社会制度（ここでは市民宗教）と結びつけて展開する〉、後年のヘーゲルの立場がすでに示されている。

さて、宗教はここでも、民衆を政治的に陶治しうるための最良の制度として位置づけられている。その際、第一の論点となるのは、〈民衆の意識を変革できるためには、宗教が民衆の生活感情に根ざしたものであるべきだ〉ということである。そして、この点との関連で重要なのが、「市民宗教」と「客観的宗教」との対置である。ヘーゲルによれば、前者は人びとの生活感情に根ざした宗教であるのに対して、後者は、それから遊離した悟性的・啓蒙的な宗教であり、前者のみが民衆の社会的意識を高める。

ここでヘーゲルは、道徳の問題を次のようなかたちで性格（Charakter）形成の問題――理性だけでなく人間の感性とも本質的に結びついている問題――だと見ているのである。すなわち、かれは言う、「悟性を養成することと、われわれの関心をひく対象に悟性を適用すること――つまり啓蒙と」（S. 25, 二七頁）は、「確かに、ひとをいままでより利口にはする。しかし、より善良にするわけではない」（S. 21, 二二頁）と。なぜなら、善を知っているだけでは、人はそれに沿って自分を変えることはできないからである。知識は、そのままでは力にならない、悟性は「原理を実践的なものにはしない」（S. 21, 二二頁）のである。

ヘーゲルのこの啓蒙的悟性批判は、ルソーの『エミール』に影響された立場からの、悟性一般に対する批判である。だがそれは内容的には、『キリスト教の権威宗教性』に関して先に見た、シラーの「衝動」概念の評価につながっており、ヘーゲルが後年にカントの義務論を克服するときに鮮明にする思考である。

第二の論点は、〈宗教が個人の心情に訴え、人びとの心をとらえたものになるためには、それが人間に対して外から強制を加えるのであってはならない〉というものである。これは、宗教が個々人の自立に基礎を置くべきだという立場からの主張であり、ヘーゲルは、その限りではカントを評価する（S. 74, 八六頁）。もし宗教が、これとは逆に、感情に訴え誘惑するものであったり、恐怖に訴え威嚇するものであったり（S. 79, 九一―九二頁）、教祖などの特定の個人のカリスマ性に乗っかった権威主義的なものであったり（S. 86, 一〇一頁）、（ヴェーバーが問題にするように＝本書三〇〇頁以下）巨大な教会権力となって人びとの上に君臨したり（S. 67, 七七頁）するならば、それは人びとの理性にもとづく自発的帰依を得ることができない。前述の「権威宗教性」の問題である。

以上の二論点をヘーゲル自身のことばで要約的にまとめれば、市民宗教はそれゆえ次のような態様のものである必要がある。

「それ〔宗教〕は、いっさいの生活感情の身近にいて友好に振る舞ってくれるものでなければならない。――自分から押し入ろうとするのではなく――人びとから歓迎されるものでなければならない。宗教は、人びとにはたらきかけようとするなら、親愛の情に満ち、どこにでも人びとについていかねばならない。――人びとの祝祭や人びとの歓楽の際ばかりでなく、人びとの生活や、もっと重大な人生の要件に際しても、人びとの側に立たなければならない。――しかし、だからと言って、自分のほうから、おしつけがましく迫るようにみえたり、煩わしい家庭教師になったりしたら、おしまいなのである。――手ほどきをし励ましてくれる女性でなければならない。〔…〕市民宗教――それは立派な心掛けを生み育てる――は、自由と手をとって進んでいくものである」（S. 41, 四五―四六頁）。

「客観的宗教をして主観的たらしめることこそ、国家の大事業でなければならない。制度は、心情の自由にかなったものでなければならない。良心に強制を加え自由を奪うのではなく、間接的に意志決定の根源にはたらきかけるものでなければならない」（S. 71, 八二頁）。

ヘーゲルの提唱する市民宗教は、こうした態様の社会制度として、民衆の主体性・自由を尊重しかつそれを育成し・そのことを通じて自由な人間が共同体に結束する関係をもたらすものであった。ヘーゲル自身のことばで言えば、「人間の徳化、偉大な強靭な志操や高貴な感情や決然たる自立（Selbständigkeit）へのしつけ」（S. 27, 二九頁）という倫理化の力を発揮しうるものであった。

若きヘーゲルのこれらの神学論上の草稿には、それゆえすでに〈自立的な個人をかれに適合的な社会制度（ここでは市民宗教）を通じて（自由内在的に）公共性を自覚した者に高め、自由人が結束する共同体を樹立しよう〉とする、後年のヘーゲルをも貫く、のちのかれのことばで言えば「倫理性」（Sittlichkeit）の立場、が芽吹いている。しかもこの志向は、強固な国家的統合をめざす立場、ないしその立場から、小市民的・非政治的なドイツ人を批判すること、と結びついていた。カントの「自律」の道徳を基盤にしつつも、それを実践倫理の方向へと制度化・社会化しようとする志向は、以上のように、ドイツ国民の政治的啓蒙者であろうとする若きヘーゲルにおいて、その「国民主義」の根底をすでに成していた。

第二章　自由と愛——フランクフルト期

ベルン期の論文『キリスト教の権威宗教性』においてヘーゲルは、カントの道徳理論を出発点としながら、それを単なる〈理性が命令する道徳〉の方向にではなく、〈各人の積極的意欲、それの根底にある感性と結びついた道徳〉の方向に乗り越えようとし、「いまや課題はこの法則を主体的なものに、あるいは意欲の主観的原則にすること、この原則への衝動（Triebkraft）を見つけだすこと」（一六九頁）にあるとしていた。

ヘーゲルの考えるところでは、カント的な（＝「啓蒙的」ないし「悟性的」な）立場における道徳律にあっては、自分の理性が自分の感性を規制する。人の意志は、かつてはさまざまな外的権威に服していた。ところがカントが新しい道徳論を提唱したことによって、そうした諸権威にとって代わって、今や各人の理性が各人を支配することになった。これは、偉大な前進をもたらしたのだが、しかし次の点で、別の問題を生じさせもした。すなわち、意志の基底を成すのは感性的要素であるので、それが理性に一方的に強制されることは、人間が、なお外的であるものに——新たなかたちで——強制されることを意味する、という点である。

これに対して『キリスト教の権威宗教性』の立場は、道徳の世界における行為を真に個人の内発的な意欲にもとづく、積極的で主体的なものにするべきだ、というものであった。かれはこのようなかたちで、シラーにならって理性と感性の分裂がない全体的人間を取り戻そうとしたのである(125)。それはまた、カントの「自律」の根底にある、他人のために自分を抑制することを、単なる「義務」に依拠してではなく、別のものに依拠して各人に発現させることであった。

ヘーゲルのこの基本的な思考枠組は、フランクフルト期に継承され、前面に押し出される（ヘーゲルは、一七九七年一月にフランクフルトに移り、家庭教師を務めつつ、一八〇〇年末にイェーナに移るまでを過ごした）。ヘーゲルは、このカント的「義務」の対抗物を、「愛」に見出し、市民宗教をそうした心情を強めるための制度として、ここでも重視した[126]。

ここではまず、ヘルマン＝ノールによって『キリスト教の精神とその運命』[127]と題された手稿のうち、この時期の前期に属す部分（『キリスト教の精神』）を分析対象にして、思考の特徴を見ていこう。

ここでヘーゲルは、イエスの立場をカントの立場に対置しつつ、カントを批判する。カントの立場を採ると、理性が感性を抑圧する不自然なリゴリズムが避けられない。これに対してイエスは、別の道を採った。このイエス的な道こそが大切だと、ヘーゲルは次のように言う。

「主に対する単なる奉仕、ひたすらな隷従・喜びも愛もない服従を要求する命令、すなわち神への奉仕の命令に対して、イエスはそれと正反対のもの、つまり人間の衝動を、いや人間の欲求をさえも対立させた」（S 318 一四〇頁）。

積極的な道徳的行為の原動力である「衝動」を促すものをヘーゲルは、イエスがかれの教説の根本原理として提唱した「愛」に見出す（さきに述べたように、『ドイツ国制論』では、ヘーゲルはそれを――「愛」に代えて――〈自治的小集団の有する公徳化の力〉に見出す。この傾向は、イェーナ後期の『実在哲学』以降に鮮明になる。二二八頁以下）。

ヘーゲルはこの愛の立場を、「（カント流の）道徳性を越えたこのイエスの精神」（S. 324, 一四七頁）と高く評価する。しかし、カントの「道徳性」においては、前述のように理性と感性とが、強制する側とされる側とに分裂する他なかった。しかし、「人間をその全体性において再建しようとする人物は、〔カントの道徳論におけるように〕人間の引き裂かれた状態に頑な自惚れを加えるにすぎないような道を選ぶことはできなかった」のであって、「そういう人物にとっては、律法の精神において行動することが、傾向性に逆らいながら義務に対する尊敬から行動するということを意味するはずはない」（S. 324, 一四七頁）。

これに対しイエスが提唱した「愛」は、この分裂を克服しうるところの、「すべての義務を喜んで果たす（alle Pflichten gerne ausüben）」（S. 325, 一四八頁）ことを特性とする。というのも愛は、一方において、他者を思いやり、自分自身を他者のためすすんで犠牲にしうる倫理的なものを内在させながら、同時に他方において、傾向性としてある。このため愛は、それに満たされた個人のなかで「律法」ないし「義務」の内容を、他のものから（理性からも）命ぜられ強制されなくとも自発的に実行してしまう「衝動」を生み出すことができる。愛はこのようにして、（外的強制としての）「律法を不用にしてしまう」のであり、むしろそれは、律法で強制される義務という倫理の最低限度を越えて積極的に倫理的内容を実行していく。こうして愛は、「理性の冷徹な命令よりもいっそう豊かで生き生きした充実を持っている」（S. 327, 一五一頁）。〔以上に対し、カントにおいては傾向性は、倫理的＝理性的なものによって規制・抑圧される。したがって傾向性に属する愛は、評価されない。〕

愛に満ち溢れた人間は、「客体的な命令の墨守とは何らまったく共通するところのない」、「限定されない主体性」（S. 321, 一四四頁）ないし「自発性」（Willkür. S. 320, 一四三頁）をもてる。このような、愛によって相互に結びあった諸個人がつくる共同体においてはじめて、「生命の態様」（S. 324, 一四八頁）――このことばこそ後年の「倫理性」（Sittlichkeit）に内容的に対応する――が実現されうるのであった。

フランクフルト期ヘーゲルの愛の思想は、このように、その記述内容においても、チュービンゲン・ベルン期の（シラーによるカント批判である）「美しき魂」論（一七一頁以下）、それを背景とした「衝動」論・「愛」の思想（本書注126以下）、およびこれと不可分の市民宗教論と連続している。したがって、この時点でヘーゲルの根本思想に、ディルタイが『青年時代のヘーゲル』で指摘したような転変があったとは言えない。自由な主体が愛によって主体的・積極的に結びつきあう、[128]というこの立場は、制度論（たとえば市民宗教に関する議論）との結びつきをなくした点では、ルカーチが言うように確かに「主観主義的」なものとなっている。しかしこの立場は、ディルタイ的な「生の哲学」に結びつく「神秘的」な立場ではないし、ルカーチが言うようには「革命の挫折」の痛手でヘーゲルが方向を見失ったことを物語るものでもない。それは内容的には、ベルン期における〈市民宗教を通じた連帯感情（ないし祖国愛）を基盤にして、政治的に自由な主体的な国民からなる国家を樹立しよう〉という、当初の能動的姿勢を引き継ぐものである。

この点は、同じ時期の論文、『首長が市民によって選ばれるべきこと』（"Daß die Magistrate von den Bürgern gewährt werden müssen" 1798）からも、明らかになる。この論文は、このフランクフルト期のヘーゲルが、ドイツないし祖国ヴュルテンベルクの政治的革新への情熱に燃えていたことを物語る。たとえばここには、「変化が生ぜねばならないとしたら、何かが変革されねばならない。〔…〕変化が必然であるという醒めた確信をドイツ人は今や恐れてはならない」（fn. 116, *Werke in 20 Bänden*, Bd. 1, S. 270）とある。そして、このような「変革」が——革命的激変からの距離を示しつつも——国民の自由と結束をめざす中身のものであったことについては、次のことばが物語っている。

「総じてすべての他のものが旧い状態のままに留っている限り、国民が自己の権利を知らず、いかなる共同体精神も存在せず、かつ官吏の権力が無制約のままである限り、国民選挙はわれわれの国制を全面的に転覆することを帰結せしめるであろう」（S. 273）。

この頃のヘーゲルの右の発言からだけでも、〈ヘーゲルに「神秘化」・「革命への挫折」が生じている〉とするのは、まちがいであることが明らかである。

しかも先に見た、愛によって個人の社会意識を高め結束に向かわせようという志向は、後述するように、その後イェーナ後期において、小集団論と結びつく。イェーナ後期に書かれた『実在哲学I』における、〈愛を本質とする家族という考えにおいてである。ここでは、〈諸個人が仲間同士として交渉しあう関係を通じて各人の社会意識が高められる〉というかたちで、フランクフルト期にあってはまだ抽象論にとどまっていた愛の思想が、一つの社会制度論につながりだすのである（本書二一八頁以下）。

そして、この小集団が単に家族的結合体だけでなく、さらに他の多くの自治的諸団体にまで拡大されていくと、『ドイツ国制論』や『法の哲学』等における、〈個人―自治的諸団体―家族〉という、「倫理性」に関する制度論のカテゴリー系列の確立を見る。

ヘーゲルのフランクフルト期における愛の思想は、それゆえ、ベルン期から晩年までの、かれの生涯を貫いていた「倫理性」の立場（自由な人間が公共心によって結合しあうことをめざす）が、ベルン期の市民宗教論から、後年の『法の哲学』などにおける自治的な小集団論へと発展していく過程上にあって、きわめて重要な橋渡しの役割を果たしたものであった（ヘーゲルの政治思想について転機を問題にしたいのなら――ディルタイやルカーチのようにフランクフルト期にではなく――イェーナ前期（一八〇一―〇三年）に注目すべきである。この点は、後述する）。

以上の認識を前提にしつつ、ヘーゲルのこの愛の思想を考察しよう。まず、感性ないし意欲に対し外側から命令を下す、前述の「律法」と、命令の内容を自発的・先取り的に達成する「愛」との対置は、これらの裏返しの関係としての、〈刑罰と運命との対置〉に対応している。すなわち、ヘーゲルによれば、権力が科す刑罰とは――「侵された律法の作用」（S. 341, 一六七頁）として――損なわれた正義を、犯罪者に対して制裁を加えることによって回復しようとするものである。このように刑罰は、当の犯罪人にとってまったく疎遠な他者である権力が行使するものである。そして犯罪に対しては、刑罰の執行は機械的におこなわれる（「罰は行為に必ずともなう。その継起は、避けられない」S. 340, 一六五頁）。このため刑罰は――律法と同様に――個人に対し外から強制されるものとしてある。こうして、「罰は単に一つの受苦であり、犯罪者がまったく何も共有せず、また共有しようとしない支配者に対する無力の感情であるから、罰は人を改善するものではない。罰はただ我意を、敵に対する抵抗の頑強さを産み出すことしかできない」（S. 345, 一七〇頁）。刑罰は外的強制であるために、犯罪者の内部で自己改善への内発性をひき出すことができず、改悛させる力・意識を変革する力に乏しい、ということである。

他方、「運命としての罰」とは、たとえば或る個人が誰かを殺したとき、天罰を受ける、より正確には、世論の非難と自己の良心とに苛まれる、ことである。人はそういう経験をすると、かれが殺した者の生命（Leben）が「かれに敵対する威力として立ち現われている」（S. 343, 一六八頁）と感じる。その際、生命は実はすべての人間が同様に分有しているのだから、生命の、殺人犯に対する右の関係は、殺人犯の自分自身に対する関係となる。こうして人は、自分が殺した者のことを考え、その生命破壊による喪失を痛感するようになる。これが「失われた生命への憧憬」（S. 345, 一七〇頁）ということである。そしてその際、この生命が自分自身のものでもあるから、この憧憬は切実なものとなり、自分の行為に対する真摯な反省を促すことにもなる（＝「しかも憧憬は良心的である」S. 345, 一七一頁）。刑罰を科すことによっては達成できない、犯人の真の改悛が、このようにして運命罰の力によって可能になる、とヘーゲルは考えるのである。

要するに、「愛」は、行為への意欲を理性からだけでなく感性からも湧き上らせ、このことによって行為を自発的・積極的なものにするから、「律法」や「義務」よりも実効的である。同様に「運命としての罰」は、反省・改悛を内面から湧き上らせる（＝運命罰は、「自分自身への怖れ」（S. 346, 一七〇頁）に他ならない）から、「刑罰」よりも実効的である。愛と運命罰とは、このようにともに意欲を内面から湧出させる点で同質である。ヘーゲルが、運命罰を受けたことによる人間の改悛を「愛における和解」（S. 344 "gestritten" ＝ヘーゲルが一旦書いたあと削除した部分）と呼んでいるのも、この連関を物語っている。ここでも主題は、〈強制をともなった法に対する、内発的な道徳の優位〉ということである。

実際ヘーゲルによれば、運命が〈他者と自分とがそれぞれ内なる生命を共通にしている事実〉を前提にしているのと同様、愛もまた、他者の内に「自分自身を再び見いだすところの生命の感情」（S. 346, 一七一頁）である。つまり、愛と運命とはその本質を一にする。フランクフルト期における、ヘーゲルの「運命」論は、「運命」というそのことばの響きのゆえにディルタイやルカーチ以来、〈神秘的なもの、ないし若きヘーゲルを見舞った諦観、かつてのフランス革命支持から、現実に対する宥和への変化を示すもの〉と見られてきた。しかし右から明らかなように、ここでの運命論は、いわば愛の思想の展開上で、〈愛の対極を成す律法・刑罰が人間にとって疎遠物であること〉ないし〈律法・刑罰が人の行為を規定する力には限界があること〉を説明するためのものにすぎない。神秘的な議論では、けっしてない。

さて、こうしたかたちにおいて、愛の関係としては他者と私は一体的であり、ここでは「権利とともに不平等の感情および平等を要求するこの感情の行為、すなわち敵に対する憎悪も消える」（S. 331, 一五五頁）。ヘーゲルが愛の関係をこのように強調するのは、諸個人の社会的連帯を重視しているからである。権利・義務にこだわり、それだけを念頭に置いて行動する、エゴイスト同士のギスギスした関係ではなく、相手のことを思いやることによって、自分の権利をすすんで放棄し自分の義務をすすんで果たすという連帯性の重視である。このことは、たとえば「美しい魂」に関する次のような言明が示すところの人間関係である。

「こうして〔愛によって〕苦悩の無い、権利の止揚、すなわち権利の喪失と闘争とを生き生きとして自由に越えるという態度が出現する。他人が敵意を抱いて狙い寄るものを放棄し、他人が侵犯するものを自分のものと呼ぶことを止める者が喪失の苦痛をまぬがれる」（S. 349, 一七五頁）。

これも、しばしば誤解されるような神秘主義的・ロマン派的言説ではけっしてない。果たすべき義務を他者や社会のためにすすんで果たし、自分の権利の行使を他者や社会のことを考えてすすんで自己制御するということは、社会における人の生き方、公共心・社会的徳性に関係した現実的な問題である（引用文の後半は、イエスの「山上の説教」の一節そのものである）。ヘーゲルがこのような愛の態様を、一つの「徳」（Tugend）、「支配も屈服もない徳」（S. 359f., 一八七頁）だと規定しているのが、その証拠である。

しかもわれわれは、ヘーゲルのこの種の思想が、のちのイェーナ前期（一八〇一―〇三年）において Bezwingen（自制）等の概念に収斂していくのを見るであろう。拙著（本書注27）『近代ドイツの国家と法学』（二〇六頁以下）は、『法の哲学』の自由論の根幹に〈自由の自己制限〉の思想があると指摘した。フランクフルト期のこの愛の思想は、ベルン期の「衝動」の思想を発展させつつ、イェーナ前期を経て、『法の哲学』の根本につながっていくものなのである。[129]

ところで、このような態様で徳が実際におこなわれ、人びとが連帯しあっている状態を、ヘーゲルはそのベルン期においては、〈古代の自由な共和国の主体である市民〉に見出していた。この点は、フランクフルト期においても変わらない。たとえば次の引用箇所が、それを示している。

「アラビア人たちが個人、つまり種族の一個体を命名する際のたとえばコレシュ族の子という言い方の中にも、この個人が単に全体の一部ではなく、したがって全体が彼の外部にある何かではなくて、彼自身がまさしく全種族であるところの全体であるということが含まれている。〔…〕これに反して今日のヨーロッパでは、各個人が国家の全体を自らの中に担っているわけではなく、その紐帯は万人にとっての等しい権利という単に考えられたものに過ぎないから、戦争は個人に対してでなく、各人の外側にある全体に対しておこなわれるのである。真に自由ないかなる民の場合と同じく、アラビア人にあっても、各人は部分であるが、しかも同時に全体である。客体や死せるものについてのみ、全体が部分とは別のものだということがあてはまる。これに反して生命体においては、部分は生命体それ自体の部分であり、全体としての一者それ自体である」(S. 376, 二〇九―二一〇頁)。

ベルン期における〈古代共和国人と現代ドイツ人との対比〉は、このようにフランクフルト期においても、〈アラビア人ないし「真に自由ないかなる民」対 現代ヨーロッパ人〉の対比として登場する。それは、〈結束しあう自由人 対 私的世界に自閉し共同性を喪失した人間〉の対比である。[130]

その際ヘーゲルが、自由な個人がはつらつと共同体を構成している態様を「生命体」、すなわち有機体のアナロジーで論じているのは、フランクフルト期にとって、けっして偶然ではない。というのも生命体では、その各部分もまた生命をみなぎらせている。それゆえ生命体(としての人間共同体)の各部分は、共同体内の他の部分(としての他の個人)、および共同体そのもの、の内に自分と同一の生命を見出す。生命をめぐるこの関係こそが、ヘーゲルにおける前述の「愛」の態様であった、からである。ヘーゲルによれば、愛とは、他者のうちに「自分自身を再び見いだすところの生命の感情」だった(本書二〇五、二四五―二四六頁参照)。

自由な個人の結束、個人と共同体との緊密な結びつき、またこれを達成するのに必要な個人の有徳化ないし愛は、ベルン期の諸草稿においては、この個人に自由な政治参加が認められ、そのことによって各人が国家を自分自身のものだと自覚しえてこそ、得られるものであった。この思想は、フランクフルト期においても変わっていない。ヘーゲルはそれを、ここでは「自由独立な」古代ギリシャ人（S. 290, 一二九頁）と、それとは対照的なユダヤ人との対比において、次のように提示している。

すなわちヘーゲルによれば、「財産や生活は名誉とか自由とか美とかのために、すなわち何らかの永遠なもののためにのみ犠牲にすることができる」（S. 287, 一二七頁）。つまり、個人に愛とか徳性とかといった自己犠牲の資質が育つためには、――愛や徳性の対象となるべきものが名誉・自由・美といった永遠な本質を備えていることとともに――愛や徳性の主体が、この永遠なものを認識しうるところまで向上していなければならない。ところがユダヤ人は、モーゼの律法によって「徹底的に神に依存する」存在へと押し下げられ、このことによって自立性を封殺された「奴隷的な精神」しかもちあわせない民となってしまった（S. 288, 一二七頁）。このためかれらは、永遠なものをギリシャ人のようには理解しえず、ただ私的な小市民的世界に自閉して生きる他なかった。

「ただ支配されたり支配したりしかしなかった者が、どうして理性と自由とを行使できるだろうか。生活における意志能力、存在そのものさえも放棄してしまい、子孫のひとりによって農地の所持が永続することをしか、自分から生まれた者たちのひとりにおいて功績も名誉もない名前が永続することをしか望まず、食べ飲むことを越えた生命・意識を享受してこなかった者が、どうしてせめて個人の意識を救う低次の永生なりとも期待し、それを自ら主張しえたであろうか」（S. 288f., 一二七―一二八頁）。

ヘーゲルのこの発想が、自由な政治社会の内でこそ自由な市民宗教が成立し、またそれを通じて個人に自立と結束への政治的徳化が進むとした、ベルン期の「国民主義」的思想と連続するものであることは明らかであろう。「律法」に対置された「愛」、ユダヤ教に対置されたイエスの思想は、以上のようにして政治的自由へのヘーゲルの希求と結びついていたのであり、その根底を成していたのは、ここでもまた「自由な市民の結束」の立場だった。[131]

右のこととの関連でわれわれはさらに、君主制に対するヘーゲルの立場にここで若干の変化が生じ始めたということに注目しておく必要がある。たとえばヘーゲルは、政治的自由を喪失すれば、人は――ユダヤ人においてそうであったように――私的世界へ自閉していく、と論じ、そこで、次のように付言している。

「自由な国家では君主制が導入されると、すべての国民は私人になり下ってしまう。しかし、これとは逆に、この〔ユダヤ人の〕国家では各人が政治的に無に等しい存在であったから、君主制が少なくとも各人を――多かれ少なかれ制限されたものではあるにせよ――あるところまで高めたのである」（S. 294, 一三五頁）。

君主は、国民から政治的自由を奪うことによってかれらを私的世界に追いやるものではある〈だから、これまでのヘーゲルは共和主義の立場を採った〉。しかし逆に、すでに国民が小市民化している状況下ではリーダー（君主）は、統合された国家を国民に現実の姿として示すことを通じ、かれらに国家を自覚させ、ある程度の政治的意識を上から育成しうる、と今やヘーゲルは考えるのである。君主の有するこの役割が、（ユダヤ人と同様に）非政治化されたドイツ人に対して、のちに重視されるものとなることは、後年の『ドイツ国制論』や『ヴュルテンベルク王国領邦議会の討論の批評』等で見るだろう。これこそヘーゲルが、マキァヴェッリやヴェーバーと客観的には共有している、〈政治リーダーによって人びとを結束させ政治意識を高めていこう〉とする、「政治の覚醒」への一つの道であった。

最後に、「愛」の思想について付言しておく。ヘーゲルは、イエスの上述の教説を〈国民の公共心を高めるもので、ベルン期の市民宗教の代替物となりうるもの〉として期待するのだが、しかしかれは、実は同じフランクフルト期に、すでにその効果の限界をも見抜いていた。ヘーゲルはやがて、〈愛は主観的なものにすぎず、現実の社会関係においては規定的な力をもつものではない〉として、「愛」を、倫理的ではあるがなお自然的な段階にある人間集団としての「家族」関係に限定する。ヘーゲルのこのような方向への動きは、フランクフルト期の断片『愛』（*Die Liebe*）に見られるが、手稿『キリスト教の精神とその運命』のうち、後期に書かれた部分（『キリスト教の運命』）においても、次の二点にわたって愛の限界性が指摘されている。

第一には、「個別性の感情」（前述のように、個々人の私的感情・自我のこと）という、人間の自立化への必然的傾向に対して、愛が無力で脆弱な第一次的感情であること。すなわち、

「愛の喜びは、他のいかなる生命とも交わりそれを承認するが、個別性の感情に会えば萎縮する。人間が自分の教養と関心について、また世界との関係において個別的であればあるほど、また各人が多くの財産を持てば持つほど、愛はますます自分自身に局限されていく」（S. 395, 二三二頁）。

つまり、ヘーゲルが強調していたように、愛は本来この「個別性の感情」を克服しうる性質のものである。けれども「個別性の感情」が強くなりすぎると、諸個人は愛を喪い、愛が本来もっていた社会志向性をも喪う。この結果、諸個人は自己愛・利己欲（市場の論理）に規定された存在（イェーナ前期以降のヘーゲルは、これを「特殊性」と呼ぶ）に堕していく、とヘーゲルは見る。ここには、後年の『法の哲学』的な表現を用いれば、〈特殊性の契機が支配する近代市民社会の下では「倫理性の喪失」が必然である。そうした状態を克服するには、愛は弱い主観性に過ぎない〉というヘーゲルの思想がすでに芽生えている。

第二には、イエスの愛の思想が、結局のところ現実の世界から逃避し内面の世界に閉じこもるものであったということ。ヘーゲルによれば、イエスにとって本来あるべき神の国とは、「神の国には無私の愛と同時に最高の自由から生まれ、美によってのみその現象形態と世の中に対する関係とを得るような関係以外の関係はありえない」（S. 400, 二三九頁）といった、古代の自由な共和国に見られる共同体であった。しかしユダヤの民は、前述したような奴隷的状況にあり、この自由な共同体からあまりにもかけ離れていた。このためイエスは、神の国を現実の社会で実現する展望を失い、人間の内面にのみ向かう非現実的・非政治的な道を採らざるをえなかった。「こうしてともかく彼は自由を虚空の中に見いだすことしかできなかった」（S. 401f., 二三九頁）。

このことは、一方で、ユダヤ人が（イエスが唱えたような）愛を受け容れて自分を有徳化することさえできない、隷属的な民であったことを物語っているとともに、他方で、この愛の教説を信奉する人間たち（イエスやその弟子たちの

「神の国の民」）もまた、現実には自由な国家をもたず、そのことによって社会関係から疎外された人間たちであったということをも物語っている（S. 339f.,二三八頁）。

〈イエスの愛の教説が、結局のところはこのように「国家」に対立する「私人」の思想でしかなかった〉とする、このルソー的な見解は、それゆえ、さきにヘーゲルが『キリスト教の権威宗教性』において、〈自由な共和国の市民宗教〉に対置した、〈非政治的・私的人間の宗教としてのキリスト教〉の評価と同一のものなのである（フランクフルト期においてもヘーゲルは——さきに見たようにイエスの愛の教説を積極的に評価するにいたったにもかかわらず——キリスト教の権威宗教性批判の立場を棄てたわけではない。このことは『キリスト教の権威宗教性』の部分的改稿（最終稿作成）作業が一八〇〇年九月になされていることからも明らかである。Vgl. (fn. 116) *Werke in 20 Bänden*, Bd. 1, S. 217ff.）。

カントに対するイエスの優位というかたちにおいて展開されてきたこの愛の教説も、こうして、それが非社会的・自閉的な性質のものであったため、次のような批判をすでにこのフランクフルト期に受けるのであった。

「生を軽視する夢想はきわめて容易に狂信に移行することができる。というのは夢想は世間との無関係の中で身を保つために、自分を破壊するものや、自分にとって不純と思われるもの（よしんばそれが実際にはもっとも純粋なものであるとしても）を破壊し、その内容を、しばしばもっとも美しい関係をさえも傷つけざるをえないからである。〔…〕というのはひとびとの心の中にあったのは制限された形式の意識だけであったから、それらにとって残るものは、残虐と劫掠によって遂行された虚空への逃避でしかなかったからである」（S. 404,二四二—二四三頁）。

この批判は、『法の哲学』（第五節・第一四〇節）において、カント、フィヒテ、およびそのエピゴーネンたちの主観主義を〈自我を絶対視し非自我をそれに対する制限と考えたため、客観的なものを無視し自閉することや、客観的なものを破壊する「狂信」が、避けられない〉とヘーゲルが批判する時の論理と同一のものである。

〈社会に積極的に関わることがなく、私生活に自閉する傾向にあるドイツの民〉を政治主体に高め、はつらつとした結束を獲得しようとする若きヘーゲルは、市民宗教論の提唱に続く、愛の関係の提唱というこの新しい試みにおいても、このようにして結局のところ壁にぶち当たった。人間につきまとう〈私的なものへの分裂〉は、私的なものを回避した合一性樹立の道によってではなく、それと向きあいつつそれを内在的に克服する道によってこそ、可能になるのだ…ヘーゲルはこの予感の下に、次のイェーナ期において、さらに新たな試行錯誤を続けるのであった。

第三章　個的自由への不信——イェーナ前期

〈古代の共和国では、自由な個人と結束した国家が美しく結びあっていた〉というヘーゲルの原型的な見方は、イェーナ前期（一八〇一—〇三年。ヘーゲルは、チュービンゲンの神学寮で同窓生だったシェリング（すでにイェーナ大学員外教授であった）の推挙で私講師になるため、一八〇一年にイェーナに移った）に入っても、なお持続した。ここでは新たに登場してきた「倫理性」（Sittlichkeit）の語が、この理想状態を示す語となる。

しかしヘーゲルは、友人シェリングがちょうどこの時期に提唱した「同一哲学」に影響を受け、その結果、シェリングと同様、プラトンの思想、とりわけ〈観念的な絶対的存在は現実の個物・個人に先行しており、個物・個人を超絶したものとしてある〉として、その絶対的存在から議論を展開する立場に接近し、従来の立場からの逸脱を見せた。シェリングは、当時、プラトン主義、とくにプロティノスの新プラトン主義の影響を受けて、プラトンのイデア論を想起させるような態様で、概念としての絶対者を、自然と精神を統一する根源的存在（Weltgeist）として根底に置いた（たとえば一八〇二年の『ブルーノ』参照）。この絶対者は、すべてを内在させた無差別性であり、したがって（個別的なものからは構成されることはなく、）それ自体がはじめから存在するものとしてある。人間がこの絶対者を認識する作業も、個物からの論理的推論では不可能なので、ある天才（神的存在）がその直観によって一気に把握する他ない、とした。(132)

当時のヘーゲルは、シェリング・プラトンのこの思想を社会論に応用した（前述のように、社会・政治への関心が強いのが、ヘーゲルの特徴である）。すなわちヘーゲルは、プラトンの『国家』の立場をとって、「全体」を、「個」を超絶し・「個」に先行するものとして位置づけた。「国家共同体」は「普遍性」であり、個々の構成員とは別個の、それ自体が目的である。これに対して個人の私的生活・内面的自由である「特殊性」の契機は、国家活動上、否定的な作用を及ぼすものにすぎない（個人のこの位置づけは、ヘーゲルによるフィヒテの主観主義批判＝自我中心批判とも重なる）。このため、政治共同体を担いうるのは、もともと「倫理性」に結びついている特定の身分の者だけである、ということになる。

こうして、「全体」の優位、「全体」を本来的に体現している者（シェリングの「天才」に当たる）が統治する哲人統治、プラトン的な身分的編成の採用が出てくるとともに、〈特殊性に規定された人間（とくに市民身分）が自己陶冶を通じて普遍的なものに結びついていく〉という政治教育の観点は、この時期のヘーゲルにおいては、欠落することとなった。

以上のことは、社会哲学的作品である、『倫理性の体系』と『自然法の学的取扱い方について』に、ともに見られる。しかし、両作品間にはズレもある。すなわち後者では、カント批判として——先のベルン期・フランクフルト期のそれに加えて——もう一つの論点が出ている。それは、〈カントの法理論は、個人と共同体・国家とを分裂的に扱い、両者の有機的一体化を達成しえない〉とする批判である。ヘーゲルは、ここから出発し、カントを克服していく道として、「外化（Entäußerung）」と「自制（Bezwingen）」を提唱する。それは、内容的に『法の哲学』の自由論の先取りと言うべきものであった[133]。

ところで、このイェーナ前期に属す政治思想関係上の他の作品として、後代にいたって『ドイツ国制論』と題されることになる草稿がある。この作品には、『倫理性の体系』や『自然法の学的取扱い方について』とは異質の論調が——共通する論調とともに——見られる。その異質の論調とは、ベルン期・フランクフルト期の〈諸個人の社会意識を社会制度を通じて高めていくことによって、自由な市民が結束した共同体を形成しよう〉という志向の延長線上に立ちつつも、今やそれを〈近代社会が形成されていくことは、避けられない歴史の流れだ〉という認識を踏まえることによって、新たなかたちで社会論化しようとするものである。この社会論は、イェーナ後期の『実在哲学』で定着する。『ドイツ国制論』は、その出発点だったのである。

そしてこのことは、『倫理性の体系』と『自然法の学的取扱い方について』の二作品が、ヘーゲルの思想の流れの全体からすると特異な位置にある、ということを意味する。これら二作品の中身が、イェーナ前期のヘーゲルの社会思想のすべてなのか、それともその一面を表すに過ぎないのかは、検討の必要があるが。

以下では、これらの諸点をまず『倫理性の体系』によって解明していく。

第一節　『倫理性の体系』

さきに述べたように、作品『倫理性の体系』[134]においてもヘーゲルは、ベルン期の「政治共同体の精神」（Volksgeist）やフランクフルト期の「愛」に関してかれが提唱した、〈自由な個人が共同体に結束する〉という立場を持続させる。たとえばかれは、「倫理性」の概念について次のように主張している。

「倫理性は、次のように規定される。すなわち、生ける個人が生命として絶対的な概念と同一であるということ、また、この個人の経験的な意識が絶対的な意識と一体であり、絶対的な意識はそれ自体、経験的な意識である」（S. 53）。

ヘーゲルのこの見解は、『キリスト教の精神とその運命』に出てきた、「真に自由な」市民をめぐる、「生命体においては、部分は生命体それ自体の部分であり、全体としての一者それ自体である」（本書一八七頁参照）という言明を想起させる。表現のこうした類似は、偶然ではない。なぜならヘーゲルは、『倫理性の体系』において、真に自由なVolk（政治共同体を構成する人びと）が「倫理性」を体現したものだとするからである。

たとえば、ヘーゲルはここでも次のように言う。「Volkは生ける無差別態（Indifferenz）であり、その内ではすべての自然的な差別態〔Differenz＝個である自分への執着〕が解消されているから、個人はこのVolkの内に自分自身を自分自身として直観するのであって、かれは最高の主体―客体に達する」（S. 54）。個人が自己の国家に自由にかつ生き生きと結束しているこの状態、これが今や「倫理性」という概念で表現せられることになったのである。前述のように、当時のシェリングの理論をヘーゲルは政治論に翻訳した。そしてヘーゲルはVolkを、シェリングの「絶対者」になぞらえて論じているのである。

しかしこの作品では、次の二点において論調に変化が生じている。すなわち第一に、かつてのヘーゲルにとっては、個人と共同体との緊密な結びつきが、古代の自由な共和国においてのみ見出されたのに対して、それは今や、そうした歴史的限定を加えられることなく、すべてのVolkの本質となった。ヘーゲルはここでは、Volk一般が共同体の担い手として、構成員に倫理的義務の遂行を求める、とするのである。

第二に、ヘーゲルのイェーナ前期がこの「倫理性」の概念に関わって示す、さらに重要な変化がある。すなわち、ここでのヘーゲルは、シェリングの影響を受け、「普遍性」それ自体を主体（ないし形相因）とし、社会においてはそれが個人に先行し、個人を規定する、と考えるようになった。この関係が鮮明なのは、「生命」（Leben）の概念に代わって新たに登場してきた「精神」（Geist）の概念においてである。

すべての個体に内在している普遍者は、フランクフルト期においては「生命」と呼ばれていたが、ここでは「精神」と呼ばれだした。語意のレヴェルで見るならば、vitaやspiritusは「生命」と「精神」の両義を有するのだから、「生命」から「精神」へ呼称が変わったことは、大したことではない。しかし、ここではこの変移は、ヘーゲルの思想内容に関する重要な変化と関わっている。その変化とは、次の言明に示される思想が登場していることである。

> 「それゆえ倫理性においては個人は永遠的な態様にある。換言すれば、かれの経験的な存在と行為とは、まったく普遍的なものとしてある。なぜならば、そこで行動しているのは個別者ではなく、その個別者に内在している普遍的・絶対的な精神であるからである」（S. 53）。

つまり――「生命」が、或る主体によって担われた本源的活動力という、それ自体は客体にすぎないものであるのに対して――「精神」は、それ自体が個人から自立した主体（神＝超越者＝世界精神）を意味し、「それ自体で行動」しうるものとされる。個人が「精神」をもたらすのではなく、「精神」がまずあって、個人はそれに全面的に規定される。

そしてこのような「精神」が（その第一義的な担い手としての）国家と結びついたことによって、国家は個人を超越した、個人の規定者となった。この結果、個人は絶対的な国家に服する、副次的価値しかもたない存在となる。すなわちヘーゲルは、言う、

「個人の個別性が第一のものではなく、倫理的な（sittlich）自然の生命性、すなわち神性が第一であり、個々人はこの本質にとって、この神性の自然をその全現実性においてとらえるにはあまりにも貧弱な存在である」（S. 62f.）。

「個人の個別性」は、倫理性と無縁のものとして、消極的にしか評価されないのである。

政治共同体との関わりをもたず、ただ私的人間であるだけの存在についてヘーゲルは、ベルン期においても消極的にしか評価しなかった。しかし当時ヘーゲルは、他方でカント哲学の強い影響を受けていたため、個々人が政治社会において自立していること自体は、社会論の前提条件だとしていた。したがってそこでは共同体は、諸個人が自分で（主体的に）形成していくものであった。

ところが今やヘーゲルは、〈普遍的なもの、国家が先行する〉と考えるようになったため、上記の前提条件を否定する。個別性と普遍性とに関する見方のこの変化は、個別性の「私」の側面を規定する要素である特殊性を、普遍性の喪失態、国家的団結に妨害的なものと見る、プラトン的な発想を強化させた[135]。この結果ヘーゲルは、特殊性の契機に当たる身分としての市民身分を、「普遍的なもの」（すなわち国家政治）から切り離された私的身分として、ベルン期における以上に否定的にとらえるにいたった[136]。

特殊性に規定された人間は、そのままでは普遍性をとらえることができない。特殊性を超脱しなければ、「倫理性」を身につけることはできない。「倫理性は、自然の関係のみが可能にするところの、特殊性と相対的同一性とを完全に滅却することをともなった、知の絶対的同一性でなければならない」（S. 52）ということである。プラトンが言うように、普遍性から切り離され地上につながれた特殊性は、そのままでは普遍性に立ち戻れない。

ヘーゲルはまた、「倫理性の概念は、その客体性の中に、個別性の廃棄の中に置かれる。主観的なものをこのように

客観的なものにおいて滅却すること、特殊的なものが普遍的なものへと絶対的に引き上げられていること」（S. 56）である、とも言っている。この言明もまた、『自然法の学的取扱い方について』におけると同様、のちのイェーナ後期の『実在哲学』における「否定」・「外化」ないし「陶冶」の概念に結びつくものである。

それでは、「特殊性を完全に滅却すること」は、どのようにすれば可能か？　上述のように、特殊性の契機に規定された人びとが普遍性を自覚することがそもそも不可能である以上、これはもはや一般国民を政治的に陶冶する問題ではなくなっている。今やヘーゲルは、「倫理性」実現の道を、特殊性にある人間を普遍性へと高めることにではなく、まだ特殊性に陥っていない人間を特殊性の影響から隔離して活動させ、そのことによって普遍性を保全することに求める。

ヘーゲルは、この観点からここでは「倫理性」の概念をめぐって人間を二つのグループに峻別する。すなわち、一方における、非政治的で私的な、特殊性の体現者としての人間たちと、他方における、政治的に自由な、普遍性の体現者としての人間たちとである。そしてヘーゲルは、「倫理性」の達成は、後者が国政を担当し前者を指導することによってのみ可能だとする。これが『倫理性の体系』等イェーナ前期の身分制論の根底を成す根本思想であり、プラトンの『国家』（や近世の身分制国家）を連想させる国制構想である。

ヘーゲルによれば、身分は三つに分かれる。政治（統治と戦争）に関わる「絶対的身分」、市民身分、そして農民身分である。身分を三つに分けること自体は、『法の哲学』にも見られる。しかしここではヘーゲルは、『法の哲学』におけるとは大きく異なって、上の第一の身分のみが、絶対的「倫理性」の担い手だとする。なぜならこの身分のみが、戦争において死をも怖れることなく、（普遍性としての）Volk のために戦えるからである。このような自己犠牲の精神こそがヘーゲルにとって「特殊性を完全に滅却すること」を可能にする最高の資質であった。それゆえ、かれは言う、

「この戦争は、諸家族の他の諸家族に対する戦争ではなく、Volk の他の Volk に対する戦争であり、このことによって憎悪そのものも無差別化〔（私憤でなく公憤となること）〕され、すべての個人性から解放される。〔…〕火器は普遍的で無差別的で非個人的な死を発明したのであって、戦士をかりたてうるのは国家の名誉である。すなわちそれは、一個人が危害を被

ったということではなく、戦争の原因である危害は、かの個人の名誉とはまったく無関係に生じる」(S. 59f.)。戦士にはこうしたかたちで、国政に関わる自由人として普遍的なものに関係し、かつ自己犠牲をも辞さない自己滅却的な態度が固有である。そのためこの第一身分だけが、公共心ある(sittlich な)身分となれる。

これに対し特殊性の体現者である、市民の第二身分と農民の第三身分とは、〈私的所有(私的自由)を基盤としまたそれを目的として、生業を営んでいる〉私的・経済的人間であるため、自分の生命や財産を共同体全体のために犠牲にすることなど思いもよらず、またそういう無私という非日常性は、かれらの生存の基盤を否定することになる(S. 60f.)。しかもかれらの純「経済的な営為」(営利行為)は社会にきわめて深刻な分裂——富の不平等と富者の支配——をもたらすのだが、これこそが、「倫理性」を阻害するだけでなく、(貧困やエゴイズム、競争激化によって)国民の安定した生活を破壊するものともなった(S. 74f.)。身分制の伝統を反映した編成自体は、活性的な国家生活にとって不可欠であり(S. 74f.)、このことを前提にする以上、国家は第二身分・第三身分の自由——すなわち私法上の諸権利——をも(限定的にではあれ)保障しなければならない(S. 88)。しかし、かれらは「所有に固執しているから」(S. 65)、公的・政治的なことがらを担う資質を欠く。「倫理性」を確保するためには、それゆえ第一身分が政治を担当しなければならない…。

ヘーゲルの以上のような身分制論から分かるように、ここではヘーゲルは人間の社会意識を固定的にとらえている。『倫理性の体系』では、その前半部分で新しい所有や市民関係が扱われている。それらが発展するのは歴史的必然だと、ヘーゲルは見ている。しかし、ヘーゲルは、上に見たような立場を反映して、それらをあくまでも政治論・国家論ではない部分で扱う。すなわち、のちの『法の哲学』を例にとれば、〈「国家」から切り離された「市民社会」〉に当たる部分で扱う。そしてこのことは、ヘーゲルが〈近代市民社会を識別したこと〉が、アダム＝スミスらの経済学・近代市民社会論の影響の上に可能になっただけではなく、伝統的な貴族的観念、すなわち〈「商業」の発達は、エゴイズムを強化することによって政治主体の意識を損なう。だからそれらは、政治から切り離して考えるべきである。市民身分に政治を担わせてはならない〉とする思想——上述のようにプラトン以来のものである——の影響を受けて出てきたことをも意味している。

ヘーゲルのこの傾向はさらに、第一身分に関する論述にも出ている。かれによれば、国家政治の直接の担当者は、第一身分に属す「老人と神官」でなければならない（S. 71）。神官は、「普遍性」と一体である「国民の神」（S. 55）に奉仕する身であるから、そのことによって普遍的となれるからであり、老人は、「個人を普遍へと絶対的に高める死の入口に立っている」から、「個人性（Individualität）がもつ、自分だけに執着する（Sichkonstituieren）傾向」を脱しており「無差別態」の内にある（S. 71）、つまり社会の第一線から退きかつ死を前にして諦観の境地にある、からである。その際、老人であることは自然的な時間経過の所産であるし、また神官は一つの特殊な職業に他ならない。それゆえ老人・神官に関しても、〈第一身分の人間全体を、政治の担当者へと陶冶する〉ということは課題にならない（「老人と神官」のこの位置づけは、古代のスパルタを念頭に置いた議論のようである）。

確かにベルン期・フランクフルト期においても、ヘーゲルは、市民身分（bourgeois）の経済的ないし私法的な自由（特殊性の契機に当たる）を、政治にとって有害だと見、評価しなかった。市民身分の私的自由は、ヘーゲルにとって――かつてのユダヤ人や近代ドイツ人に見られるように――政治との関わりをもたないことの結果であった。だがベルン期・フランクフルト期においてはヘーゲルは、脱政治化された国民に政治意識をもたせる道を求めた。そしてその道を、市民に政治的自由を付与することと、自由でありながらも倫理的である社会制度（たとえば市民宗教）を確立することとに見出した。当時のヘーゲルは、私的自由が政治的自由にとって妨げとなるものだとは考えなかったのである。ところがここイェーナ前期の『倫理性の体系』においては、上の二つの自由が相容れないものとなり、政治的自由の人（第一身分出身の老人・神官）と私的自由の庶民とが、架橋不能となった。こうしてここでは中期プラトン的な国家モデルが採用され、その結果、自由な共和制の理念・国民の政治参加という理念は――なお堅持されているとはいえ――特定身分だけのものとなった。

以上のようなわけでわれわれは、イェーナ前期の作品にヘーゲル政治思想上の一つの変化（あるいは特異性）を見る。

もっとも、すぐあとのイェーナ後期に、この思想は再修正されヘーゲル本来の思想が再成長していくのではあった。

第二節　『自然法の学的取扱い方について』

『倫理性の体系』に関して見たように、ヘーゲルのそれまでの基本的立場である「特殊的なものと普遍的なものとの真の一体性」(S. 426, 520f.)、すなわち自由な個人と結束した国家との結びつきを重視する姿勢は、論文『自然法の学的取扱い方について』[137]においても認められる。「倫理性」についてヘーゲルは、ここではたとえば次のように述べている。

「倫理性の絶対的な理念は、自然状態（Naturstand）と権威性（Majestät）とをまったく同一的なものとして含んでいる。というのも、権威性それ自体は絶対的かつ倫理的な（sittlich）自然に他ならず、人が自然的自由のことだと理解するような絶対的自由をけっして喪失してはいないからである。〔…〕理念の内においては無限性が真なるものであり、個別性はそれ自体としては無であり、絶対的な倫理的な権威性とまったく一体である。このような、真の・生りる・従属的でない一体性（wahrhaftes lebendiges, nicht unterwürdiges Einssein）のみが、個人の真の倫理性なのである」(S. 448f.)。

ここでの「自然状態」とは、近世自然法論が説くところの、個人の本源的な自由に関係しており、また「権威性」とは、「全体の権威性と神性」(S. 448) とあるように、「Volk の共同体」としての「絶対的で倫理的（sittlich）な全体性」(S. 481) に関係している。それゆえ、この二つが「まったく一体である」ということは、個人が国家のような政治共同体において連帯しあい団結意識をもち、自由で生き生きとした政治生活を送っていることを意味する。個人は、政治共同体から切り離された、非政治的な私的人間である場合にのみ、「それ自体としては」「無」なのである。

その際ヘーゲルが、この個人は国家において全体に対してけっして「従属的でない一体性」にある、と述べていることも看過されてはならない。ベルン期以来の〈自由な市民の共和制〉の理念は、このイェーナ前期においても——前述のように厳格な身分制によって妥当領域を限定されつつも——根底においてはなお保持されているのである（イェーナ前期のヘーゲルは、個人の特殊性＝私的自由を消極的に見たとはいえ、それの意義を全否定したわけではない。また政治主体である市民については、身分制的にその範囲を限定したとはいえ、「倫理性」にとっての重要な意義を認めていた。ここでもヘーゲルにとって、〈自由人の結束〉の理念を否定すること、つまり国家の絶対的な官僚的支配――当時のヘーゲルはそれをプロイセンや革命後のフランスにおいて見た――は、「倫理性」の理念に根本的に対立するものだった)。

さて、ヘーゲルの「倫理性」の立場は、この論文においてカント及びフィヒテの「純粋に形式的な学問」に対するかれの批判を通じて具体化される。その批判とは次のようなものである。

すなわち、第一に、その抽象的形式主義に対する批判。カントとフィヒテは、近世自然法論の経験的傾向を克服しようとして、先験的な体系をめざした。かれらは、このため社会論においても、抽象的で形式的な理性にのみ依拠し、そのため純粋に形式的な理論しか展開できず、現実的人間の感性や傾向性（「現実的なもの、多様性」[138]）を、理性の世界から排除した（S. 456, 458）。ヘーゲルがとくに問題だとするのは、「すべての認識の内容から抽象化された」（S. 460）、カントらの定言命法の理論である。というのも、カントらの定言命法は、抽象的・形式的であるため、すべての命令が――内容的に妥当であろうとなかろうと――「概念の形式に高められ、一つの質として定立されること」になってしまうからである（S. 461）。ヘーゲルのこの種のカント批判は、のちに『法の哲学』（第二部三章）にも登場する。それはまた、ベルン期・フランクフルト期における「衝動」や「愛」の問題をめぐって、すでに登場していたものでもある。

第二に、カント・フィヒテの理論においては、「倫理性」が「道徳性」（Moralität）と「適法性」（Legalität）とに分裂し、しかも適法性においては、個人と共同体とが相互に対立的に扱われる、という批判。本書の考察にとってヨリ重要なのは、この批判である。

ヘーゲルはまず、カントの「道徳性」の理論自体は、高く評価する。ヘーゲルによれば、この理論は、「法と義務との本質と、思惟し意志する主体の本質とが同一のものであること」を、明確にとらえている。つまり、カントの「自律」の理論は、〈命令の主体も客体も、そしてその目的もが個人自身であり、しかも命令そのものは普遍性・普遍的法則性を有している〉というかたちにおいて、「道徳性」の世界では個人と普遍性とを、それぞれ自立性を保持しつつ、しかも相互に一体化させている。今までに見たように、〈個〉と〈普遍〉とのこのような一体的な関係は、ヘーゲル自身が追求してきた理念であり、それゆえこの点こそ、「カントおよびフィヒテ哲学の偉大な側面」である、という評価となる（S. 469f.）。

しかし他方の適法性においては、問題が生じる。ここでは、本来自立者である（＝内面における自由な）諸個人は消され、諸個人の集合体である社会が、個人を規制する。なぜなら法とは諸個人が共存できるよう、その自由を外から制限するものだからである。つまり法は、ホッブスの自然法論におけると同様、自由な個人に対する外的な権力的強制に他ならない。この関係の場では、〈自由な個人が結束した国家〉というヘーゲル的理念は達成できない。こうしてヘーゲルは言う、

「適法性の体系の根本的諸概念は、ここから直接的に次のように生じる。すなわち、この体系は、純粋な自己意識の条件であり、この純粋の自己意識、つまり自我は、真の本質であり絶対的なものであるのだが、しかし、それにもかかわらず、この自己意識は条件づけられているのであり、そしてこの条件とは、この自己意識が現実の意識へとさらに進むことにある。これら二つの形式は、条件づけられた存在のこのような状況のもとでは、相互に真向から対立したまま存在している。かの純粋な自己意識、純粋の統一ないしは空虚な道徳法則、すべての者の一般的自由は、現実の意識に対して、換言すれば主体に対して、理性的存在に対して、個々人の自由に対して、対置されているのであって、〔…〕倫理性の概念と主体との分裂にもかかわらず、否まさにそのことのゆえに、前述の二つの意識が、ただ形式的かつ外的に統一される――この関係を「強制」と言う――べき手段としての、ある体系がこの前提上に構築される。〔…〕このようにして内面性、喪われた信義の再建、普遍的自由ないし個人的自由と倫理性との一体性は、不可能となる」（S. 470f.）。

カントの適法性に対するヘーゲルのこのような批判が、『法の哲学』（第六節）におけるカント的自由に対する批判と同じ趣旨のものであることは明らかであろう（本書二四三頁以下、および拙著（本書注27）『近代ドイツの国家と法学』二〇八

頁以下参照)。

さてヘーゲルは、このようなカント・フィヒテ批判を通じて自分の自由論を提唱する。以下に見るように、この点もまた、『法の哲学』(第七節)の先取りというべき位置にある。

すなわちヘーゲルはまず、カント的自由論には、①(「道徳性」における)普遍化された諸個人の自由と、②(適法性における)諸個人の社会的共存のための外的強制との、分裂ないし「二者択一(Entweder-Oder)」(S. 477)が避けられない。それは、「一つの経験的な自由」の発想の帰結だ、と批判する。かれはまた、カントの適法性において「普遍性と個別性との対立」(Entgegensetzung der Allgemeinheit und Einzelheit. S. 478)が帰結することをも、同様の発想の帰結だと批判する。

ヘーゲルが、このカント的自由論に対置させて提唱するのが、「絶対的自由」の立場である。この立場をとれば「強制」は無用のものになる、とかれは言う。なぜなら、この「絶対的自由」の立場においては、自由を社会に適合的に方向づけることが、(強制として)自由の外部からではなく、自由な主体にその内部から(=自発的に)出てくるからである、と。それは、たとえば次の引用に示されている。

「永遠性の形式のもとにおける規定性は、このこと(個人の内部に社会的規定性が自発的に設定せられること)によって同時に廃棄される。そして個人は、ただ自由な存在としてある、換言すれば、個人は、規定性がかれの内部に設定されるがゆえに、かかる規定性に対する絶対的な無差別態である。そしてこの状況の内にこそ、形式的には個人の倫理的(sittlich)本性が生じるのである」(S. 478)。

ヘーゲルは、この中身を具体的に示すために、プラスAとマイナスAとの二律背反を克服する仕方というかたちで、さらに次のように論じていく。

「-Aは、主体の+Aという規定性にとって一つの外的なものであるがゆえに、この主体は、こうした関係によって外的な権力の下にあることになる。しかし、この主体が自分の+Aを一つの規定性として同様に否定しさる(negativ setzen)ことができ、廃棄（aufheben）でき、かつ外化（entäußern）できるということによって、主体は、可能性と現実性とにおいて外的な権力からまったく自由に存在する。主体が+Aをも-Aをも否定するのであるがゆえに、主体は、自制する（bezwingen）が、しかし強制されることはない（nicht gezwingen）」（S. 478f.）。

ここで、+Aとは個人の私的欲求・我執のことであり、-Aとはそうした個人に対する外からの権力的制約・強制である。+Aが強ければ、共同性確保のためには-Aに訴える他はない。これに対して、主体が自分で自分の+Aを「否定しさ」り「廃棄」し「外化」するところ、すなわち個人がエゴイズムを克服し他者のため・共同体のためすすんで行為できる（これがBezwingung（自制）である）ところでは、諸個人を外から強制して方向づける必要はなくなるので、同時に-Aも廃棄される。ここでは、個の自由と共同性とが両立する。このようにして「Bezwingen は純粋に規定性の廃棄上に〔…〕置かれるから、Bezwingen のなかには自由が存在する」（S. 479）ということになる[130]。

われわれはさらに、Bezwingen の思想が『法の哲学』におけるヘーゲルの自由論の根本を成していることをも、ここで見ておく必要がある。たとえば『法の哲学』での次の言明を参照。

「このような〔ヘーゲル的意味での〕自由を、しかしわれわれはすでに感じの形式において、たとえば友情と愛とにおいて、有しているのである。この友情と愛とにおいては、われわれは、ただ一面的に自分の内に閉じこもっているのではなく、他者のために喜んで自分を制限するのであって、このような制限をするなかでも自分を自分自身として知っているのである」（第七節追加文。拙著（本書注27）『近代ドイツの国家と法学』二一〇頁参照）。

『法の哲学』の「自制」がイェーナ前期のそれと異なっているのは、『法の哲学』では、自制の後もなお〈個人の自立・自由〉が生き続け、それゆえ、自由と公共心・国家との共存が前提となる点である。あとで見るように、これはイェーナ後期に確立するヘーゲルの立場である。

上の引用文中の「友情と愛」が物語っているように、この思想はフランクフルト期の重要概念であった「愛」[140]の根底を成すものでもある。したがってこの思想は、ベルン期以来の倫理的「衝動」をめぐる思索にその淵源をもつのである。

さてヘーゲルは、このような自由論を踏まえて、かれ自身の国家論を提示する。その際には、上述のような立場を貫けば、〈どのようにして各人を、Bezwingen の資質をもつ社会的主体にしていくか〉を問い、それを可能にする社会制度を考えることが重要になるはずである。ところがヘーゲルは、『倫理性の体系』において見たような、この時期のかれの傾向（＝特殊性の契機をきわめて否定的にとらえる傾向）のゆえに、Bezwingen の資質をすべての人間には期待しえず、それゆえ、一般的なかたちでの政治的陶冶への道を提示しえなかった。Bezwingen が可能なのはごく限定された身分の人間だけだ、とここでのヘーゲルは考える。こうしてかれは、ここでも厳格な身分制を採用することとなった。すなわちヘーゲルは、身分を三つに分ける。

第一身分としての戦士身分は、「自由人の身分」であり、かれらは、「国民の内において国民とともに、かつ国民のために」生きるから、「絶対的倫理性の個人」と呼べる。なぜならこの身分は、「倫理的（sittlich）組織体の存続のために」、「死を賭して」戦うのであるが、このことこそ自分の直接の存在態様を最高度に bezwingen することだからである。

第二身分としての商工業身分は、「欲求と労働という差別態の内にあり、法と所持及び所有に関わる正義の内にある」から、すなわち特殊性の契機に規定されてしまっているから、Bezwingen の資質、政治的資質を発揮できない。

第三の身分としての農民身分は、大地と素朴・質実剛健に結びついており、したがって「第二身分に固有な、悟性による差別態」（＝特殊性の契機）とは無縁である。この第三身分は、一般兵士の供給源としても倫理的な資質の可能性を内包している（『倫理性の体系』においてもこの第三身分の「勇気」は、第一身分とつながる要素だとされていた。S. 68）。さきにわれわれは、マキァヴェッリが質実剛健な小農民を共和国の基盤にするべきだと主張しているのを見た。この時期のヘーゲルも、シヴィック＝ヒューマニズムにも貫流している農本主義の傾向を示しているのである。

自由人が公共心をもって結束する共同体をつくるためには、それゆえ第二身分が障害となる。ヘーゲルは、この第二身分をここでもプラトン的伝統、つまりはまた前期モンテスキュー（本書注146参照）らの観点から見ているのである。

ヘーゲルは、たとえばローマ帝国の瓦解は、「一般性と平等」の原理の拡大、すなわち、第二身分が増大し「高貴な身分の地位が低落したこと」に起因するとする。自由人の共同体としての共和制は、特殊性の契機の増大にともなって、二つの層に分裂してしまった。「高きへと向かう精神は皇帝の旗の下に結集し、残された国民たちは政治的な強さ・あるいは統一を失い、知らず知らずのうちに私的生活の無気力な無関心性へと沈んでいった」(S. 492)、と。この平準化の進行こそ、「天才の炎を消し、軍人精神をも鈍化させるにいたった」のであった。

したがって、一つの政治共同体において「倫理性」を保持するためにはなによりも、第二身分の特殊性の契機が浸透してくることから第一身分を守らなければならない(＝商工業の発展がもたらすエゴイズムの影響を抑えなければならない)。ヘーゲルがプラトンの極端な共有制を想起させるような特別の所有関係を第一身分に導入した(S. 493)のは、この動機にもとづく。

以上のようにこの『自然法の学的取扱い方について』の基本的立場は、ほぼ同時期(ややのち)の『倫理性の体系』のそれと大差はない。しかしながら、ここで付言しておくならば、この『自然法の学的取扱い方について』においては『倫理性の体系』におけるとは異なって、人間の倫理化の問題が――のちのイェーナ後期の『実在哲学』への結びつきを窺わせながら――模索されている。

すなわちヘーゲルは、「個人に属する倫理的(sittlich)資質」を「徳」であるとし、これを扱うのが「倫理学」だとする(S. 507)。そして、徳性を個人に植えつける道としては、第一には「教育」が考えられるとしながらも、より本格的なものとしては、全生活的訓練があるとする。

「しかしながら、積極的で本質的であるのは、子供が普遍的な倫理性の乳を飲み、それを絶対的に直観しつつ、当初は或る疎遠な本質の子として生きながら、やがてこの倫理性をますます理解するようになり、それを通じて普遍的な精神の内へと高まっていくことである」(S. 507)。

〈善き社会生活を送るなかから個人を有徳化する〉というこの実践倫理学の立場は、ヘーゲルによれば、古代の賢人たち〈前述（三五頁）のようにクセノフィロスらのこと〉が、〈自分の国の社会倫理（Sitte）にかなった生き方をすることを通じて人は、倫理的（sittlich）になる〉とか、〈息子を倫理的に教育する最善の道は〉「かれを善く治められているポリスの一員に」することだとかと述べた、制度的倫理学の立場である。

しかも、この国民教育の仕上げとして重要なことは、「真の社会倫理が法律化されること」だと、ヘーゲルは言う。かれはまた、法律化された社会倫理が民衆の実生活に根づくためには、社会倫理の内容が「国民の神」へと具象化され、それを民衆が信仰するようにならねばならない、と言う（S. 508）。

ヘーゲルのこの言明には、かれがその初期にもっていた市民宗教の思想がなお働いていることを物語っている〈その思想は、後年の『精神現象学』（「理性」の部B）においても働いている〉。〈共同生活を通して人びとを徳化しよう〉というこの思想こそは、イェーナ後期の『実在哲学』以来、ヘーゲル社会哲学の重要な柱を形成することになる。

ヘーゲルのこの国家教育論が、他方でのかれの厳格な身分制論とどう関係するのかは疑問として残る。とりわけ、政治に関われない身分だとヘーゲルが言う第二身分についてそうである。思うに、この点は、ヘーゲルがフランクフルト期において、〈私生活に閉じこもった国民に政治への関心を育てるには、君主の統合力が欠かせない〉とし、この立場がイェーナ期において『ドイツ国制論』や『実在哲学』でさらに具体化されていくこととの関連で考える必要がある。イェーナ前期における身分制論で第一身分に政治の担い手が限定せられたことも、〈第一身分が、公共心ある国家生活を模範として示すと、第二身分は、そのような国家での生活を通じて、国家を自覚し倫理的意識をもつようになる。こうしたかたちで、第二身分を上から陶冶しよう〉というプラント的立場を前提にしている。だとすれば、ここでの身分制論も、政治制度を通じて国民を徳化するというベルン期以来の志向の一つの現れと見ることができる。

われわれは、考察をこのイェーナ後期に移す前に、イェーナ前期のもう一つの著作『ドイツ国制論』を考察し、その位置を見ておこう。

第三節 『ドイツ国制論』

『ドイツ国制論』[141]には、旧稿と新稿の部分がある。旧稿は、一七九九年の初め、フランクフルト期に書き始められ、一八〇一年四月ないし八月に脱稿された。新稿は、一八〇二年二月ないし翌年春までに書かれた。それゆえ『ドイツ国制論』は、さきに取り扱ったイェーナ前期の、右に扱った二作品に重なりながらも、正確には、それらに先行する部分と後続する部分とを含んでいる。

しかしこの作品は、内容的には、とくに新稿を中心としてヘーゲルのイェーナ期の前期と後期とを橋渡しする位置にある。たとえばヘーゲルは、一方で旧稿において、ドイツが分裂したままであることや、ドイツ人の政治生活が進んでいないことの原因を、市民身分が増大したことに求めるような、反商業の見方を採る。これは、イェーナ前期の他の作品の立場でもある。だがかれは、他方で新稿を中心として、市民身分の自由を「それ自体神聖なもの」だとし、健全な国家生活にとって不可欠な要素だとの、新たな評価を打ち出している。ヘーゲルはこの観点から、さらに身分制的・団体的自治の伝統をも評価する。これは、『実在哲学』や『法の哲学』につながっていくことがらである。以下、これらの諸点を分析していこう。

ヘーゲルはこの作品において、熱い祖国愛を吐露している。たとえばかれは、革命フランスとの戦争に敗れたドイツの惨めな現状について概嘆し（S. 462, 五〇頁）、また、ドイツが国として存亡の危機にあると警告する。かれはとりわけ、他のヨーロッパ諸国民が統一国家形成を進めているのに、ドイツが政治的に分裂し、また国家生活の中身が後進的であることは、ドイツの全面的な植民地化を招きかねない、と危惧する（S. 558, 一六八頁以下）。

だが他方でヘーゲルは、その熱い祖国愛にもかかわらず、問題そのものは「冷静な目」で、「節度ある忍耐の態度（ein gemäßigtes Ertragen）」で、考察することに努める。すなわち、かれが重視するのは、事態の必然的な「内部原因」

（＝「精神」）を見究められる、「必然性を認識し思考するように努める習慣」（S. 463, 一五二頁）である。そして、醒めた眼で事態を見ると、ドイツにおいても政治の問題が本質においては権力の確立に関わることが明らかとなる（S. 472, 六四頁）。この作品の基調を成す〈マキァヴェッリへの意識的な接近〉は、こうしたリアリズムと不可分である。

ヘーゲルがこの作品において強調するのは、イタリアが経験してきたような運命には陥らないよう、「ドイツは新たにおのれを一つの国家にまで組織しなくてはならない」（S. 577, 一九二頁）という「国民主義」的課題であった。ヘーゲルはこの立場から、ドイツの「政治的覚醒」を進めるのであった。

そのためにはまず、なぜドイツが近代国家化できないのか、その原因を把握しなければならない。その原因としてヘーゲルがとらえたのは、ドイツ人に特有の、以下のような小市民的性向、すなわち、「自分の所有物を秩序正しく管理し、まったく恭順的になってその狭い世界に得々とする、そしてまたこの狭さを緩和しようとして、自己否定をおこなって観念の天界に昇っていく」（S. 458, 四六頁）傾向であった。

つまりヘーゲルによれば、ドイツ人には二種類の非政治的傾向がある。一つは私的世界に自閉する傾向、もう一つは、内面の世界への、非現実的な観念の世界への、逃避の傾向である。この二つの傾向は、ベルン期以来ドイツ人やユダヤ人、そしてイエスの愛の思想をかれが批判する際に問題としたものであり、のちには『法の哲学』において、それぞれ「市民社会」論と「道徳」論（カントやロマン派に対する批判）とにおいて扱われる問題点でもあった。ヘーゲルは、ドイツ人のこの傾向を、「ドイツ人の業病」（S. 517, 一一七頁）と規定し、それが政治にもたらす禍いを次のように指摘する。

「ドイツ的性格の頑強さは、〈おのれを克服して、個々の部分をしてその特殊性を社会のために犠牲に供し、こぞって普遍者にまで糾合し、もって至高の国家権力のもとへの共同の自由な服従のうちに自由を見出すこと〉、これを許さなかったところのものである」（S. 465f. 五四―五五頁）。

個人がその特殊性の契機を克服し「普遍者」と結びつくこと、換言すれば、政治的に自由な市民の自発的な共同体的結束（＝「至高の国家権力のもとへの共同の自由な服従」）によって各人の政治的「倫理性」を高めることが、ここでもヘーゲルの目標である。かれによれば、ドイツ人の精神的傾向はこういう倫理性を阻害しているのであった。

　このこととの関連で興味深いのは、上にあるようなドイツ人の否定的傾向を、ヘーゲルが「ドイツ的自由」（S. 453, 三七頁）、つまりいわゆる「ゲルマンの森の自由」の伝統と結びつけてとらえていることである。すなわちかれによれば、この「ドイツ的自由」も、当初の古ゲルマンの民の共同体においては、剛毅でかつ自由・自立の精神と結びついていた。しかしながら時の経過にともない、古ゲルマン人に発した自由の諸制度（「権力の諸圏」）がやがて身分制的に固定化し、ドイツ人は〈私的領域〉に自閉するようになってしまった（S. 467, 五六頁）。最近でもドイツ人が頑固に執着するところの「善き旧き法＝権利」とは、古ゲルマンの自由がこのように本来の共同体精神を喪失したことの産物に他ならない。ドイツの政治社会はこうして、公を担いえない特権的部分権力の集積にすぎないものとなり、「ドイツの公法はドイツの私法」（S. 453, 四一頁）に他ならぬものとなった。「ドイツは、もはや国家ではない」状況が出現したのである。

　中世以降のドイツ史は、ヘーゲルによれば、このドイツ的問題状況の成立史であった。その際決定的要因となったのは、次の三つである。

　第一に、非政治的な市民身分の増大が及ぼした影響。「自立性を有さず、全体をも考慮せず、ただ個別性のみに執着する」（S. 517, 一一七頁）この階層が、帝国都市の台頭とともに勢力をもつにいたり、ドイツ人を自閉の方向に向かわせるようになる。この事態が生じる前には、ドイツにおいても「諸個人は一つの国家において、自分たちと国家の力とを一体化しようという意志」を有していた。そしてこの倫理的な精神の主要な担い手であったのが、ヘーゲルによれば貴族であった。しかし、「貴族のこの古い自由な力は、台頭してきた大衆の力に対抗しえなかった」（S. 517, 一一七頁）。貴族の影響力は、近代に入ってとみに後退した（以上に見られる、〈自由で公共心ある貴族　対　私的・非政治的市民身分〉という対置は、『倫理性の体系』や『自然法の学的取扱い方について』の身分制論の基底にある思想でもあった）。

第二に、宗教改革、とくにルター派の影響。この点についてヘーゲルは、次のように述べている。

「とりわけ勢力と政治的意義とを獲得しつつあった市民精神（Bürgergeist）は内的にも外的にも一種の正当化を必要とした。そこで、ドイツ的性格は人間の最内奥に、すなわち宗教と良心とに向い、これらを基礎として固定化させた。外的なものが諸々の国家として分裂したことは、このことの一つの帰結として生じたにすぎない」（S. 517, 一一七頁）。

政治から切り離された人間たち（＝市民身分）に親和的なのがキリスト教だと見るこの見方は、上述のようにベルン期以来のものであり、フランクフルト期における、イエスの愛の教説のもつ脱社会的傾向に対する批判ともつながっている。

第三に、宗派対立の影響。とくに新旧両派がそれぞれに国家権力と結びついたことが、「この分裂を国家のうちにもちこみ、国家の廃止に最大の貢献をおこなった」（S. 518, 一一八頁）。

さて、以上のような歴史認識を踏まえることによってヘーゲルが提示した現状打開の道、ドイツ近代国家形成のプランは、次のようなものであった。

まず第一に必要なのは、マキァヴェッリが求めたのと同様、ドイツの民を指導し上から統合する一人の強力な「政治的天才」（S. 549, 一五八頁）である。

「ところでドイツの Volk の主要部を成す庶民は、領邦議会と同じように、ドイツの Volk から分離すること以外のなにごとも知らず、統一をもってなにかまったく無縁のことがらとみなすのであるから、ある征服者の権力によって、一つの集団にまで結集せられなくてはならないであろう。すなわちドイツに属することを思い知るためには、かれらは強制せられる必要があるであろう」（S. 580, 一九五―一九六頁）。

ヘーゲルのこの考え方もまた、すでにフランクフルト期の君主制論において見たのと同じものである（本書一八九頁）。イェーナ前期の身分制論もそれと無縁のものではない。かれは、〈自由な国民を政治的に陶冶して結束させ「倫理性」を確立する〉という根本的立場は継続させつつも、〈古代の自由な共和国の再興〉から〈自由な君主制の樹立〉への、基本方向の転換をここでも継続しているのである。

ドイツ人が小市民的な世界に閉じこもる傾向をもつ原因を、ベルン期のヘーゲルは、ドイツ人が政治的自由を享受してこなかったことに求めた。この事実認識を基礎にすると、〈民主化によって政治参加をかちとること〉が現状打開の道になる。これに対して、イェーナ期のヘーゲルは、その原因をドイツ人が、変質した「ゲルマン的自由」に固執して中世的な国家的分裂を肯定していることに求める。この事実認識を基礎にすると、強い政治リーダーによって国民を上から統合し国家を自覚させること（上からの「政治の覚醒」、「国民主義」中の「統合」の側面）が、前面に出る。――①統合・運動の手段としての武力の契機、②闘争・運動の場で巧みに身を処し目標を達する技術・マキァヴェッリズム、③公的・公共的なもの、のうちの①（と③）の契機の覚醒である（三三頁参照）。

しかし第二に、ヘーゲルは、〈それだけでは国家は、確固とした統合体とはならない〉とも見る。究極のところ国家は、国民各人に担われる必要がある。国家は国民の主体的意識に根ざしてはじめて、強力な統合体となる。ヘーゲルのこの発想――下からの「政治の覚醒」、「国民主義」中の「自由」の側面――もまた、ベルン期の市民宗教による国家の統合論、フランクフルト期の「愛」（律法や刑罰に対置された）に関する理論や運命罰論の提唱の基底を成していたものではある。今やヘーゲルはそれを、『ドイツ国制論』のとりわけ新稿の部分において明確に、政治主体を日常生活を通じて（＝下から）形成する観点から、展開するにいたったのである。やや長くなるが、重要な部分を引用しよう。

「国家権力の中心点すなわち政府というものは、対外的対内的安全のために必要欠くべからざる権力を組織し維持することをもっておのれの使命とするものであって、この使命達成のために必要不可欠でないところのものは、これを国民の自由に委ねるべきであり、かかることがらについては国民の自由行動を許し、またそれを擁護することより以上に、政府にとって神聖たるべきことはない。しかも利益の観点をヌキにしてもそうである。なぜといって、この自由はそれ自体において神聖なものであるからである。

といっても、利益のことも考えなくてはならないが、国民が自分たちのことがらを、特殊の団体により、自分たちの裁判所によって自分で管理し、またこのために必要となる役員を任命することなどがいったいいかなる利益をもたらすかというに、この際三つの点が考慮せられうる。第一の点は、こうすることによって最高国家権力が手にする貨幣という手に取るごとく明瞭なことがらに関している。第二の点は、国民の悟性（理解力）と優秀性に関しているのであって、ある機構のうちにおいてすべてが均衡のとれた足どりで、極めて利口な打算と極めて賢明な目的にしたがって運ばれるということは、これらによって可能になるのである。第三の点は、最高の国家権力にとって偶然な分野に属するかぎりの普遍的なことがらに各自の意志が参加することから生ずる活気、精神的満足、自由で矜恃のある自己感情に関している」（S. 482, 七五頁）。

つまりヘーゲルはここで、国家を上から指導者によって統合する道と並ぶ重要性をもつものとして、（国民に各種の自治ないし自由を認めることによって）政治主体を形成し国家を下から活性化する道を採る。右の引用文中においてその主張の根拠になっているのは、一方では、理念主義的立場からの、「自由はそれ自体において神聖なものである」という関係であった。そして他方では、ヘーゲルは、さきにも見たところのリアリスティックな、実践性重視の立場（「利益の観点」）から、次の二点を指摘する。

第一は、それが〈安あがりの政府〉を可能にするという点である。ヘーゲルは、国家の役割を治安・防衛的なものに限定し（「〔国家は〕対外的対内的安全のために必要欠くべからざる権力を組織し維持することをもっておのれの使命とする」）、その他のことがらを国民の自治に委ねるなら、国家経費を縮小できる、と言う。中央集権を追求するあまり自治を容認しない国家（＝「中央集権というその高貴な目的のためではあるにせよ、機械観的な、極めて悟性的なヒエラルヒー」（S. 483, 一七七頁））は、「行政や司法などのあらゆる分野を引き受け、したがってそれらの経費をもすべて負担せざるを得ない」（S. 482, 七六頁）、と言うのである。この主張は、アダム＝スミスの『諸国民の富』第四編九章および第五編を想起させる。

第二は、次のような「国民主義」に関わる問題である（本第二部の考察にとってはこれがヨリ重要である）。ヘーゲルによれば、国家に対する「国民の自由な愛着、自己感情、自発的努力（die freie Anfänglichkeit, das Selbstgefühl und das eigene Bestreben des Volks)」(S. 484, 七八頁)は、国民が自分自身の運命と国家の運命とを自ら切り開くところで強まるのだから、自由と自治こそが、祖国愛に燃えた主体的な国民をつくりだす。ヘーゲルがこう述べる際、「自治」には——前とはちがって——政治的自由のみでなく経済的・私的自治もが含まれている(この点は、ヘーゲルによるこの時期のアダム＝スミス研究(すぐあとで述べる)、および上の、〈自由が国民の「悟性と優秀性」を育成する〉との立場から明らかになる)。『ドイツ国制論』はこの点でも、ヘーゲル政治思想の展開上で重要な位置にある。

かれがここで、革命後の「フランス共和国」、及び「プロイセン」を指して、「いかに弛緩した、精神に欠けた生活が到来しているか」、ないし「不毛が支配していることか」と告発する(S. 484, 七八頁)のは、こうした観点にかれが立ったことによって、〈両国では国家の専制的な官僚的支配が国民の主体性を圧殺している〉という認識を得たからである。

国民の自治ないし自由の政治的意義に関するヘーゲルのこの見解は、『倫理性の体系』や『自然法の学的取扱い方について』の立場とは異なっている。それらの作品においてはヘーゲルは、政治的自由を行使できる身分を限定し、また〈市民身分の自由は、政治的「倫理性」を妨げる〉という立場から市民身分を政治の世界から排除していたからである(これに対しヘーゲルは、ベルン期・フランクフルト期においては、広範な市民の政治的自由が強い国家的統合には必要だとしていた)。

『ドイツ国制論』の新・旧両稿を比較するとき、ヘーゲルの新しい立場が一八〇二年一月以降とされる新稿において登場したものであること、しかもその要因の一つに一八〇一年頃から開始されたアダム＝スミス研究、それを媒介にしたイギリス的政治モデルへの接近があったこと、が推定できる。(142) この点を明らかにしてくれるのは、「国家の概念」と題された部分の前半を新旧両稿について比較する作業である。

すなわちヘーゲルは、新稿において、国家の権力的本質に直接関わる問題が、それ以外の具体的な国家運営上の問題(司法、税制、宗教等)とは区別して論じられるべきだとし、続けて次のように述べている。

「このような区別を行うことは、諸国家の平安と諸政府の安泰と諸国民の自由とに対して極めて重要な側面を具えている。

実際普遍的な国家権力が自分に必然的なものだけを個別者から要求し、そうしてこの必然的なものが実行されるのに必要な範囲にのみ措置をかぎる場合には、その他の点では国家権力は国民に生き生きとした自由と自発的意志とを許すことができるし、また彼らの意志に相当大きな活動範囲を与えることさえできる」(S. 474, 六五―六六頁、vgl. S. 582ff.)。

私的自由が主体的な国民をつくるという、前述の、(後期)モンテスキューやアダム＝スミスらの見方である。しかもヘーゲルは、新稿において、右のこととの関連でさらに「法の支配」の立場(モンテスキュー的＝イギリス的な)をも打ち出す。かれによれば「法の支配」は、国家の権力的統合を確保しつつ国民の自由を保障する重要なものであった。かれは言う、「国家が最高の権力であるということと、個々人がこの国家によって圧迫されないということとの矛盾は、法律の力が解決する」(S. 597)、と。

以上のようにヘーゲルは、新稿において自由に関する一つの新しい立場を打ち出すのであるが、しかし実は旧稿中にも市民身分のとらえ方をめぐって『倫理性の体系』等とは異質な見解が見られる。これは、一つには代議制をめぐる、二つには貴族制をめぐる、すなわちともに自由の制度的保障の具体化に関わる問題である(これもまた、イギリス的モデルへの接近である)。この点を、最後に見ておこう。

まず代議制についてヘーゲルは、それが主体的な国民統合にとって必要な制度であることを評価する。すなわち代議制は、「あらゆる近代ヨーロッパ諸国家の制度」として、東洋的専制国家、および古代共和国とは異なる、「世界精神のこの第三の普遍的形態」(S. 533, 一三七頁)というべき重要な意味を有している。なぜなら代議制は、古代共和国における直接民主主義が実現不可能となった時代において、「群衆と化した」ドイツ人を「一つの国家にまで結合するため」の(直接民主主義に代わる)「外的な法的紐帯」となりうるからである(S. 524, 一二五頁)。つまり代議制は国民の政治参加の近代的形態であり、国民はこのようなかたちで政治的自由を行使することを通じて、国家を担う公的意識を獲得していく、と言うのである。

ところで、代議制の有する公徳化の力を積極的に評価する際、ヘーゲルは、ゲルマンの世界ではこの制度が、中世にレーン制及び市民身分の発展と結びついて発展した事実を強調する。前述のように、ゲルマンの民ももともとは、自由な人びとによる直接民主制である国制（「ゲルマンの森の自由」）を有していた。しかし、民が市民身分と、その対極である自由な貴族とへ分裂した結果、元の国制は崩壊した。そしてその後、元の国制に代わる制度として身分制議会が成立した。その際、自由身分（貴族・聖職者）は、この議会にその個々の構成員が直接参加した。これに対し市民身分は、本来非政治的であったために、この議会には代表を通じて間接的に参加することになった。つまり代表制は、本来、市民身分が政治参加する態様であった。「代議制は、市民身分の成立と並んで、発展していくレーン制度の本質にきわめて深く織り込まれている」（S. 536, 一四一頁）のである。

このように代議制を肯定的に評価し、その成立をレーン制の発展や市民身分の成長と結びつけてとらえるヘーゲルのこの見方は、〈レーン制や市民身分の発展がドイツの政治的分裂の原因だ〉とした、先のかれの見解（本書二一一頁以下参照）とは異質である。

『ドイツ国制論』においては、このように身分制的自由の伝統を、一方で、近代的統一国家形成に対する阻害物だとする批判と、他方で、それを近代国家内における自由の制度体保障であるとする評価とが、共存している。この緊張関係から生ずる「身分制的自由の近代的再編」というモティーフが、その後『ヴュルテンベルク土国領邦議会の討論の批評』や『法の哲学』において全面展開されるのである。この点は、後述する。

さて次に、古代共和政における自由な政治主体としてヘーゲルがここで積極的に評価する貴族についても、『ドイツ国制論』旧稿においては、市民身分の政治参加との関係で『倫理性の体系』等とは異なる見解、「開かれた貴族制」論（トックヴィルないしかれが念頭に置いたイギリス的政治モデルを思わせる）が提示されている。

すなわち、まずヘーゲルは、一方では、『倫理性の体系』におけると同様、貴族の自由・独立の政治的心術を市民身分の非政治的心術に対置させて、次のように高く評価する。

「そもそも貴族というものは、生活状態が良いためすでに少年時代から生業の汚穢を、また困窮の骨折りを免れていることによって、また生来のこせつかない、瑣事に拘泥しない気質によって、自由な心情（ein freies Gemüt）を保持しているから、軍事上の勇気、すなわちあらゆるもちものを、愛着せるあらゆる所有権を、拘束するもろもろの習慣を、存立するものすべてに対する執着を犠牲にするところの勇気の能力において他より優れている。それからまた貴族は国事を比較的豁達に取り扱い（liberale Behandlung der Geschäfte des Staates）、これに関してある程度の自由を持し、いたずらに規則に拘泥せずに環境・事情・必要に応じてむしろおのれ自身の判断を信頼することによって行政機構にある程度の自由な活気を与えうる能力に関しても同様である」（S. 535f. 一四〇頁）。

見られるように、ここでヘーゲルが評価している、貴族のもつ資質には二点がある。第一点は、引用文の前半部分に示されているもので、私的権利に埋没して政治意識が低い市民身分から貴族を区別するところの政治的徳性＝勇気である。また、第二点は、引用文の後半部分に示されている資質、すなわち貴族がもつ、創造的に政治指導ができる自由・自立の判断力である（これが、官僚による行政がもつ形式合理性の対抗物として重視されている）。このような特性を備えているので貴族は、――前述のように或る政治的天才によって統合された国家の日常的統治において――市民層を指導できる階級として、政治の担い手となるのである。

ヘーゲルはしかし、他方では、（貴族的自由のこの積極的評価とは対照的に）貴族の身分的特権を制限しようともする。すなわちかれは、上の引用部分に続けて述べる、

「それで貴族は、あらゆる国家において卓越しているが、卓越しているのは、まさに個人としてであるから、自由でなくてはならない、すなわちできるだけ激しい競争のうちに身を置かなくてはならない」（S. 536. 一四〇頁）。

今日では国家が、大きくなり、かつ経済生活（「市民的なことがら」）をもコントロールできる「技能と知識」とを必要とするにいたったから、この新しい国家においては、市民層が国家統治に参加できること（＝市民層からの官吏登用・議会への代表参加）が、緊要になっている。それゆえ、「このようにしてことがらのしからしむるところとして、また大多

数の近代国家の示すように、〈貴族と市民身分の〉区別は減少しつつある」(S. 536, 一四〇頁)(さらに、近代国家の確立という権力的理由からも貴族がその特権を制限せられるべきことは、ヘーゲルの前述の封建的特権批判の部分から容易に想定しうるであろう)。

ヘーゲルの以上の論述のなかには、〈自由な経済活動をおこなう市民身分の広範な存在が近代国家統治にとって重要な意味を有している〉という認識が出ている。こうした認識は、同じ時期の『倫理性の体系』等に見られる、〈厳格な身分制〉や〈市民身分の政治からの排除〉などの、かれの思考とは異質である。この認識は、内容的には近代国家を前提とした混合政体論として、イェーナ後期以降の著作につながっていく(以上に関しては、本書注146をも参照)。

問題は、この種の代議制論・貴族制論が『ドイツ国制論』の旧稿(一八〇一年五月から八月の間の原稿)に見られることである。これらと『倫理性の体系』等との基本的な異質性は、この旧稿が『倫理性の体系』よりやや前に書かれたこと——ベルン期の思想の名残が影響していること——によるのか、あるいは時局論文という現実政治問題に直接関係する性格によるのか、断定しがたい。いずれにせよ、『倫理性の体系』と『自然法の学的取扱い方について』は——フランス革命後の激しい世界にあってプラトン的国家構想に向かうという——特異な論調の作品なのであり、イェーナ前期のヘーゲルをこれら二作品に限定して論じるのは妥当ではない。

以上の考察の結果、ヘーゲルのイェーナ前期の思想がそれより前の時期の思想との関係で有している同質性と異質性、とくに『倫理性の体系』及び『自然法の学的取扱い方について』の特徴およびそれらに対する『ドイツ国制論』の位置等が明らかになった。このイェーナ前期を踏まえてヘーゲルは、イェーナ後期に入るとイェーナ前期において表面化した新しい立場を再度修正することを通じて、後年の『法の哲学』等へつながっていく独自の立場を確立するのであった。われわれは考察の対象を、このイェーナ後期へと移そう。

第四章 〈自由人の結束〉の再生――イェーナ後期

ヘーゲルのイェーナ後期とは、一八〇三年から一八〇六年までの時期を指す。一八〇三年に、シェリングがヴュルツブルク大学に移った頃から、二人の関係は冷めていく。この冷却の土壌から、ヘーゲルの独自思想が成長していく（それの成長が冷却化の要因でもあったのだが）。ところが、一八〇六年には、侵攻してきたナポレオンがイェーナの会戦に勝利する。このためイェーナの街は荒廃し、加えてナポレオンがイェーナ大学を閉鎖する挙に出たため、ヘーゲルは私講師を失職してしまう。かれは、やむなくバンベルクに移り、地方新聞の編集者として再出発するのであった。

イェーナ前期の『ドイツ国制論』に萌芽した、ヘーゲル政治思想の新たな側面は、イェーナ後期の『実在哲学』において前面に出る（「実在哲学」とは、自然ならびに精神（社会をも含む）に関する哲学のことであり、論理学と並ぶもう一つの根本学である）。そして『実在哲学』の思想は、その後のヘーゲルの政治論的著作に引き継がれる。われわれはまず、より総括的・体系的な『実在哲学Ⅱ』[143]から考察を始めよう。

この講義における社会論の部分でヘーゲルの主要関心事になったのも――ベルン期以来晩年にいたるまで持続している課題意識であったところの――〈自由な個人と近代国家を緊密に結びつけること〉であり、〈そのために諸個人に自由を保障しつつ政治的徳性を高め結束させる道を探る〉「国民主義」の道である。

ヘーゲルはこの後期でも前期と同様、考察の前提としては、近世自然法論の〈国家は、もともと自立した諸個人が、その意思の合致＝契約によってつくるもの〉という考え方には反対であった。この立場から、かれは、「一般意志」を

めぐって次のように言う、

「一般意志は、まず、諸個人の意志から一般的な意志として構成されなければならない。それゆえ各人が原理であり要素であるかのように見える。しかし、逆に一般意志が第一のものであり本質的なものである〔欄外註――アリストテレスは次のように言う、「全体は本質的に部分に先行する」〕。諸個人は、自分自身の否定（Negation）によって、言い換えれば外化（Entäußerung）と陶冶（Bildung）によって、普遍的なものにならなければならない。一般意志は、諸個人に先行しているのであって、諸個人に対して絶対的なものとしてある。諸個人が直接に一般意志であるのでは断じてない」（S. 245, 加藤編訳（本書注143）二〇六頁）。

ヘーゲルは、フランクフルト期におけるようには「愛」を社会関係（国家を含む）の構成原理とはしない。今やかれは、「愛」を家族内でしか通用しえない原理と見るからである。国家は、家族とは異なり感情ではなく、理性を原理にする。だがこの理性原理（「一般意志」）は、直接の個人からは引き出せない。そこでヘーゲルは、プラトン（ないしアリストテレスのプラトン的側面）に立ち返り、〈自然に従えば全体が部分より先に存在する〉として、国家・その原理である「一般意志」が個人に先行することから出発する（個人は、「否定」・「陶冶」によって、それへと成長していくのである）。『実在哲学』のこの思考こそ、ヘーゲルの客観的観念論の立場を確定したものであり、それは、以後『精神現象学』・『法の哲学』等へも継承されていく。

『精神現象学』でヘーゲルは――シェリングに反対し――個別者がそれ自身の内在的運動によって絶対知に達していくこと、その過程の叙述が大切だとするのであるが、そうした絶対知が獲得されていく過程とは、実は絶対者が自己を現出させていく過程（ないし個人の意識が絶対者認識へと陶冶されていく過程）であった（この点ではシェリング的絶対者が前提になっている）。このような関係においては、叙述の端緒にあるのは潜在的完全者（＝その内に発展の契機である矛盾を秘めた主体）であり、最後に来るのは、完成した者（＝その内に発展の契機である矛盾を止揚した主体）でなければならない。完成した者は、途中に出てくる諸カテゴリーとは絶対的に異質のものである。こうして、絶対者と、それにいたる前のものとの間には、ヘーゲルにおいても断絶が生じる。

この絶対者は、『法の哲学』においてはまず国家として現出する（さらに、世界史、芸術、宗教、哲学へと展開していく）。近世自然法論では国家は、近代的な主体的個人から形成されるかたちをとる。『法の哲学』のヘーゲルも、途中までは記述を個人から出発させ、家族や市民社会をその個人の結合体として構成していく（それは国家へと向かう、意識の発展過程である）。しかしヘーゲルは、「国家」の部に入ると、〈実は国家が、個人に先行してあり、個人を包摂する〉とする。この「国家」の記述態様は、イェーナ前期以来のプラトン・シェリング的な思考が持続していることを物語っている。

こうして『実在哲学』においては、個人の意識変革が重要となる。個人は、無反省な意識を「否定」（「外化」ないし「陶冶」）して、公共・国家を自覚したものに高めるものとされ、そのための道の考察が課題となる。「否定」・「外化」とは、たとえば「自分の直接的自我の外化、自分の特殊な自我の外化」（S. 243）とあるように、個人が自分の直接性としての我執、エゴイズムを脱却し公共心をもつようになることであった。この概念自体は、『自然法の学的取扱い方について』における「外化（Entäußerung）」、「自制（Bezwingen）」と同じである（本書注139）。しかし、『実在哲学』ではさらに、この「否定」等が達成される道が示されている。ヘーゲルは、右の引用に続けて次のように言う、

「一般意志にもとづく国制は、次のようなものだと考えられる。すなわち、すべての市民が集まり議論し投票し、その結果、多数意見が一般意志を構成する、と。このようなかたちで、すでに述べたこと、すなわち個人が自己否定によって、揚棄によって、一般意志に達しなければならない、ということがまさに実現されるのである」（S. 245, 二〇六頁）。

自由な市民が一堂に会し、討論を通じて自分の当初の主観的な意見を改めていく。これは、ルソー『社会契約論』における、〈理性的な討論を通じた一般意志の形成〉と結びつく考え方である。〈諸個人が相互作用を通じて、善き社会意識を自分で形成していく〉というここでの問題は、のちに詳しく見るように、『実在哲学』において重要な意味をもつ。

ところでヘーゲルはここでも――ベルン期以来そうであったように――エゴイズムに支配された存在としてあるのが現代ドイツ人であり（S. 249）、それとは対照的な理想的人間が古代の自由な共和国の民であるギリシャ人である、とする。このギリシャ人共和国を、ヘーゲルは次のように讃美する。

「これが美しくかつ祝福すべき、そしてしばしば羨望されているし今後もされるであろうところの、ギリシャ人の自由である。このVolkは、同時に国民でありながらしかも一個の個人、すなわち政府でもある。Volkはただ自分との相互作用を行っているだけである。同一の意志が個別意志でもあり一般意志でもある。意志の個別性を外化することは、直接的にこの意志を保持することでもある。〔…〕それは倫理性の国である。各人がSitte（社会の倫理）であり、普遍的なものと直接的に一体化している。ここでは抗議というものが起こらない。各人は自分が直接的に普遍的なものだということを知っている。換言すれば、各人は自分の特殊性を、それが特殊性であるとも、またそれがこの自分であるとも、またそれが本質だとも思わずに、放棄するのである」（S. 249f. 二一二頁）。

ヘーゲル的古代ギリシャでは、自由な民主制が発達したことによって、個人が共同体と精神的にも一体化できた。個人は、民主的な政治参加を通じて政治意識を高め、祖国愛に燃えた善き国家主体となれた。したがってここでは、個人の内に本来「即自的に」存在している一般意志が、現実的なものにまで高められていた。自由な市民は、共同体のためすすんで行動した。そこでは――ベルン期・フランクフルト期のことばで言えば――（カント的な）「義務」でなく（シラー的な）倫理的な「衝動」が、個人を祖国へと動かしていた。

この関係がもっとも具体的に現れているのが、社会倫理をめぐってである。ヘーゲル的ギリシャでは各人が、自然に共同体・国家の倫理にかなう生き方ができるまで倫理化されていたから、各人の行態を見れば、共同体の倫理がどういうものかが手にとるように分かった。こうして「各人が社会倫理であ」る、という状態が実現していたのである。このような古代ギリシャ人であったから、その世界には現代ドイツ人に見られるようなエゴイズム（＝「自分の確信に固執するこの頑固さ、抽象的な意欲の強情さ、物件も占有もない空虚な強情さ」（S. 249. 二一二頁））が、そもそも存在しなかった。

このような古代共和国像、およびそれと対比して現代ドイツ国家の状況を批判することは、ベルン期以来この時期までのヘーゲルにも見られた（この種の古代批判と同時代批判とは、マキァヴェッリにおいても、古代ローマの共和政讃美・イタリア人批判として出ていた）。しかし、実はまさにこの問題をめぐって、イェーナ後期の『実在哲学』は、ヘーゲルの思想発展上で画期的な位置にある。

というのもヘーゲルは、この時期にいたって〈個別性の契機（＝個人）が発達すること、個人が自立することは歴史の必然である〉と確信し始め、この関係が未発達の古代ギリシャを、〈それがどれほど美しいものではあっても、もはや歴史上の過去に属するものに過ぎない〉と考えるようになったからである。鮮明な近代原理の意識・過去の時代とのちがいの認識をもつにいたったヘーゲルは、古代ギリシャを讃えた箇所でも、讃美直後に次のように述べる。

「古代では美しい公的生活が、全国民の社会倫理であり、普遍的なものと個別的なものとの直接的な統一としての美であり、そこではいかなる部分も全体から分離されておらず自分を自覚した自我とそれの描写とが天才的に統一された、一つの芸術品であった。しかしながら、個別性が自分自身を絶対的に自覚するということ（das Sich-selbst-absolut-Wissen der Einzelheit）、そういう絶対的な内的存在は、そこには存在しなかった。プラトン的共和国は、ラケダイモンの国家と同様に、自分を自覚した個人性が存在しない国家である。〔欄外注〕プラトンは理想を提示したのではなく、かれの時代の国家をその内部において把握したのである。しかし、そのような国家は過去のものとなっている――プラトン的国家は、そもそも実現しえない――なぜなら、それは絶対的個別性の原理（das Prinzip der absoluten Einzelheit）を欠落させているからである」（S. 251, 二二四―二二五頁）。

ヘーゲルのここでのプラトン批判は、のちに『法の哲学』（第四六節、第一八四節、第一八五節、第二〇六節、第二九九節）や『哲学史』（「プラトン」の部）等においてしばしば登場することにもなる、きわめて重要なことがらである。上の引用からも明らかなようにヘーゲルは、プラトンが、①人間の個人的欲求ないし私的自立の意識を〈共同性・団結を阻害する unsittlich（反倫理的＝エゴイスティック）なもの〉ととらえ、②それゆえ〈善き国家を確立するためには、個人的な原理に立脚する身分としての市民身分を政治から排除（し、かつその欲望傾向に対し節制を強要）するとともに、③支配身分――哲人政治家と戦士たち――に対して家族と私有財産を認めない極端な共有制を導入したことを、現代にはふさわしくないと批判しているのである。

このことは、同時に、プラトン的な国家観に立脚していたイェーナ前期の自分からの訣別を意味している。[144]「個別性が自己自身を絶対的に自覚するということ」、ないし「諸個人の自立的なそれ自身において無限な人格性の原理」、「主体的自由の原理」とは、直接的には、（キリスト教から宗教改革を経てカントの「自律」に及ぶ）内面的自由・自立を指す。[145]ヘーゲルのプラトン国制論批判が示しているように、それは同時に、ローマ私法に始まり、近代市民社会の原理（とくにアダム＝スミスの経済学において確立された、市民社会で自立した主体となること）をも意味している（『法の哲学』第一八四―一八五節参照）。

既述のように、これら内面での自由や個人生活での自由や経済活動の自由は、ベルン期およびフランクフルト期においては、〈抑圧された非政治的な民衆は、私的および内的世界へ自閉するものだ〉として消極的に評価されていた。それはさらにイェーナ前期において、きわめて否定的に扱われた（これに対して、ベルン期においては、個人生活上の自由は別としても、各人の政治的自由のほうは、当時のかれがカントの自律の立場をとっていたので、国家の統合に必要な前提だとされていたし、イェーナ前期でも『ドイツ国制論』においては、市民身分のこの私的自由が、すでに重要な意味をもつようになっていた）。ところがヘーゲルは今や、〈内的かつ私的な自立を自覚した近代人は、歴史の帰結である。したがってこれから出発しつつ、公共心ある近代国家を確立することが、追求されなければならない〉と考えるようになった。この結果、人格の自由・私的自由を政治的自由とどう結合させるかが重要になった。[146]

この課題設定は、のちに『法の哲学』において次のような鮮明な定式を得ることになる。

「キリスト教においてとりわけ主体性の権利（das Recht der Subjektivität）が対自的存在の無限性とともに芽を出した。しかし、主体性の権利がこのように芽を出したところでは、全体は特殊性を倫理的（sittlich）一体性と調和させうるに充分な強さを保持しなくてはならない」(第一八五節追加文)。自立的でかつ主体的な個人を前提にしながら、どのようにして強い団結を誇る国家を形成するかという問題意識である。『法の哲学』においては、上の問題はひいては、〈市民社会〉を発達させつつそれと〈国家〉とをどう結びあわせるか、という根本問題としてもある。

そしてまさにこの関連において重要となるのが、前述の「否定」、「外化」ないし「陶冶」の概念の新展開である。これら諸個人を社会的意識の高いものにする道として、『実在哲学』においてヘーゲルが提唱するものには、二つがある。第一は、強力な統率者によって国民に国家生活を自覚させ、共同体意識を上から目覚めさせる道(「国民主義」中の「統合」の側面)であり、第二は、諸個人の自由な相互作用を通して意識を社会化していくという道(「国民主義」中の「自由」の側面)である。これら二つの――ドイツ近代史で問題になる枠組で言えば〈〔前者に対応する〕ヘルシャフト原理〉と〈〔後者に対応する〕ゲノッセンシャフト原理〉との――同時追求は、すでに『ドイツ国制論』において課題化されていたものでもある。以下、『実在哲学』におけるその論述を見ていこう。

第一節　上から共同体意識を育てる

ヘーゲルによれば、アテネを統合するうえで強力なイニシアティブを発揮したテセウス、フランス革命以降の国家形成を主導したロベスピエールやナポレオンらの、「強権者」(Tyrannei)的リーダーは、「それが国家をこのような現実的個人として構築し保持する限りで、必然であり正当なものである」(S. 246, 二〇八頁)。なぜなら人間は、確固とした統合の国家を知ってはじめて、私的な小世界を超える〈普遍的なものとしての共同体〉を自覚する〈「政治の覚醒」にいたる〉ようになるからである。共同体意識を高めるためには、それゆえ「人間も動物と同様、最初は強制されなければならない」(S. 235, am Rande = 後日に付加した部分)、と。こうしてここでの「外化」・「陶冶」は、「強権者によって現実の個別意志を直接外化すること——服従への陶冶——が生じる」（S. 247, 二一〇頁）というかたちのものなのである。

この関連でヘーゲルは、国家を体現するものとして偉大な人物（der grosse Mensch）、すなわちすぐれた君主、を肯定的に評価しつつ、次のように言う、

「しかし、偉大な人物は、他の者たちが自分たちの主人と呼びうるようなある種の特徴を備えている。すなわち、他の者たちは自己の意志に反して偉大な人物に従うのであり、偉大な人物の意志が、かれらの意志に反してもかれらの意志である。いいかえれば、かれらの直接的な、純粋な意志が、偉大な人物の意志であり、かれらの意識された意志は、偉大な人物の意志ではない」（S. 246, 二〇七頁）。

このような連関においてヘーゲルは、リアリスティックな立場からマキァヴェッリを高く評価する。ヘーゲルによれば、マキァヴェッリは、祖国が解体していることを嘆き、「祖国愛の熱情を込めて」、しかし冷静な思考で、処方箋の書＝『君主論』を書いた。

「こうした〔国家の統合という〕偉大さを目ざしてマキァヴェッリの『君主論』は書かれたのであって、国家を構築するためには暗殺、姦計、残酷さ等といったものは、悪を意味せず、それ自体を償うものなのである」（S. 246–247, 二〇八頁）。

ヘーゲルは、単にマキァヴェッリの目指した国家統合を支持するだけでなく、マキァヴェッリズム、「暗殺、姦計、残酷さ」等の行為の重要性をも認めるのであった。ヘーゲルにおける狭義の「政治」の覚醒である。

だが、ヘーゲルによれば、このマキァヴェッリはドイツにおいてとりわけ不人気である。そしてまさにこの点が、〈ドイツ病〉の現れなのである。すなわち、イタリアの国家分裂と同様、ドイツでも諸邦への国家分裂があり、かつこの諸邦内での諸侯の専制とそれの結果としての領民の政治的アパシー・小市民化とがあいまって、ドイツの国家統一を妨げている。ヘーゲルがマキァヴェッリを引き合いに出しつつ要請する「強権者」は、この小国根性、小市民根性を打破し、統一国家を樹立するために不可欠なのだ。だがそうした統一国家建設は、諸侯の利益に反するし、また人びとが政治においてむさぼっている惰眠の妨げとなるから、嫌悪されるのだ（S. 247, 二〇八頁）、とヘーゲルは言う。

「強権者」が、このように国民を政治的に陶冶するための制度の一つだとするならば、それが専制者・独裁者を意味してはいないことも分かる。実際ヘーゲルによれば、「普遍的なものをむしろ現実的意志だと認識するところの、服従へのこの陶冶を完成させることによって強権者は用済みとなり、かれに代わって法律の支配が始まる」（S. 247, 二一〇頁）。このように強権者は、〈分裂状況のなかから国家を統合し、国民に政治を自覚させる〉という、例外状況下で必要な人間である。

そして「強権者」は、かれによって確立された国家的統合下の日常生活においては――なお統合が必要な限りでカリスマ性を発揮しつつも――立憲君主制に向かわねばならない。しかもその立憲主義下では、国民の主体性に根ざした統治（＝国民を陶冶するための別の方途への移行）が、重要となる。その際この方途として選ばれたのが、前述の〈相互作用を通じて市民の社会的意識を高める〉ことであった。以下、この点に考察対象を移していこう。

第二節　諸個人の相互作用による倫理化

『実在哲学』をめぐって先に引用したところ（二二二頁参照）から明らかなように、ヘーゲルは、政治生活において人びとは討議を通じて一般意志を獲得する、と考える。これは『ドイツ国制論』における代議制の問題であり、さらに前の時期においては、市民宗教をめぐる問題（およびルソー的民会論）につながっていくことがらである。人びとの自由な相互作用を通じてその社会意識を高めていこうとする、この原理的な枠組を提示しているのが、『実在哲学』における家族論である。[147] 以下のところでは、それがヨリ鮮明に扱われている『実在哲学Ⅰ』を考察しよう。

『実在哲学Ⅰ』の家族論の部分でヘーゲルは、契約関係とは異質な、全人格的な関係として家族の関係をとらえ、これがさまざまな社会関係のなかで有している特性を、次のように指摘している。

「今までのところ〔契約論の部〕では、他者は意識に対して他者そのもの、すなわち絶対的に対置されたもの、純粋な他者であった。ここ〔家族論の部〕では、意識はそれ自体が他者となっている。両親にとっての子供、子供にとっての両親がそうである。〔…〕意識は、他の意識を自己自身の内に設定したものとなるのである」[148]。「こうして家族においては、意識の全体は自分自身に対する存在としての意識となる。個人は、他者のうちに自己自身を直観する。〔…〕このような認識の内で、各人は他者に対して直接的に絶対的な個人である。各人は、自分を他者の意識の内に置き、他者の個別性を揚棄する。いいかえれば、各人は、自分の意識の内に他者を、意識の絶対的な個別性として置く」[149]。

この引用文中に見られる、「他者のうちに自己自身を直観する」とか、「各人は自分を他者の意識の内に置」くとかという関係行為、すなわち、他者と自分との一体性・強い連帯を自覚することが、『実在哲学Ⅰ』において重要な意味をもつ「承認（Anerkennen）」である[150]。

この発想はしかし、実はすでに本書の今までの考察中に何度か出ていた。すなわちそれは、『キリスト教の精神とその運命』において、「愛」の汎生命論的な思想に関係する重要な論点であった（本書一八二頁、一八六頁参照）。それはまた、『倫理性の体系』においては、「Volk は生ける無差別態であり、その内ではすべての自然的差別態が解消されているから、個人はこの Volk の内に自分自身を自分自身として直観する」（一九五頁参照）というかたちで、「倫理性」の内容そのものを構成していた。

この種の思想が、今ここですべての諸個人が属す家族について表明されているということは、次の二点において意味深い。すなわち、（a）人間の共同生活の最初の場としての家族が、相互作用を通じて人を倫理化する制度として重視されたということ。家族はこの点で、国民の、国家を担う徳性を形成するための、倫理的に重要な制度だと位置づけられることになっていく。そして、（b）陶冶が、（『倫理性の体系』等におけるように単に戦士身分の特殊な生活態様においてのみでなく、）すべての人間を対象にして、かつかれらの日常生活の場で、追求すべきものとなったこと、である。以下、この二点を見ていこう。

（a）家族の倫理性　家族を第一の共同体として重視するこの思想は、のちに『法の哲学』において、家族を国家の倫理的基底であるとすること（第二〇一節追加文、第二五五節追加文）に結晶化していく。現にこのイェーナ後期（『実在哲学Ⅱ』）でもヘーゲルは、家族の本質であるところの「愛」について、次のように言う、

「〔愛によって〕自分をこのように揚棄することは、各人の存在が他者にとっての存在となることであり、各人の直接的な存在は、この他者にとっての存在に変わる。自分自身を揚棄することは、各人が他者の側において、他者にとっての存在となることである。それゆえまた、他者は私のためのものとなり、他者は私の内にかれ自身を知るのである。他者は他の者のための存在にすぎず、いいかえれば、かれは自分を離れている。

このような認識が愛である。それは、両極が私によって満たされ、それゆえ直接的に他者の内にあり、この他者における存在のみが私から離れ、他者にとっての対象となるように、結びつける運動である。それは倫理性の要素である。しかしまだ倫理性そのものではなく、それの予感にすぎない」。[151]

つまり、愛の世界としての家族では――契約の関係におけるように各人が自己中心であるのでなく――他者の内に自分と共通のもの（自分の分身）を見出すから、自己犠牲をも厭わず他者を配慮する心術が芽吹く。フランクフルト期においては、広く社会原理となるべきだと考えられていた「愛」が、今や家族という共同体に限定して論じられている。しかし、かつての議論の根底を成していた〈自由な人間が結束した共同体を形成していこう〉とする志向は、ここでも変わっていない。しかもヘーゲルは、この家族こそが〈広い社会関係において他人や共同体のために我執を脱却して奉仕・協調する徳性〉を最初に生み出す場（「倫理性の予感」）だと見ているのである。すなわちヘーゲルは、この家族関係を起点にしつつ、国家生活における多様な共同性体験の場（第二、第三の家族としての小集団的相互関係の場）を論じていくことになる。『ドイツ国制論』や『実在哲学Ⅰ』における前述の代議制論、後述の『ヴュルテンベルク王国領邦議会の討論の批評』や『法の哲学』における小集団論がそれである。[152]

（b）全員の徳化　この点に関しては、『実在哲学Ⅰ』における身分制論が重要である。それは、『倫理性の体系』等の立場に変更があったことを物語っているからである。

なにより『実在哲学Ⅰ』においては、政治的身分と非政治的身分との差別が見られない。これは、身分が直接的に政治的支配と結びつくものでなくなったことを意味している。かつての第一身分に対応する、ここでの「普遍的身分」は単なる官僚であるにすぎず、しかもこの官僚の職務は、抽象的な「マシーン的職務（Maschinerarbeit）」（S. 259）として、それ自体非政治的なものとなっている。さらにこのような官僚の供給源は、『ドイツ国制論』以降では主として第二身分（「市民身分」）に求められるようになった。『実在哲学Ⅰ』における「労働」や「契約」、「所有」をめぐる議論が物語っているように、この第二身分こそが——したがってこの身分の社会意識形成こそが——今やヘーゲル社会論にとって決定的な意味をもつようになった。

こうして政治を直接担うべき主体も、もはや第一身分（戦士たち）ではなく、既述のように、（一方での「強権者」とともに、他方での）民衆の集会としての代議制であることになった。

以上のようなかたちで、われわれは、『実在哲学Ⅰ』において、市民身分の自立（個別性、およびそのなかでも、「私」に結びつく特殊性の契機）が歴史的に必然であるという新しい認識がもたらした重要な帰結を見ることができる。この第二身分の生業活動自体が社会論の重要なテーマになったし、またこの身分と政治的行為とのつながりが、官僚の供給源としても代議制を担う主体としても前面に出てきて、厳格な身分制は解消された。このような新しい事情が生じたために、「倫理性」を確立するには、なによりもこの市民身分を社会的に陶冶していくことが大切になった。こうして民衆を日常生活のなかで公共心あるものにしていくために、とりわけ小集団が重視された。そこにおいて各人は、相互に関係しあうことによって、共同性・連帯性を身につけていくからである。

個別性の契機を重視し、それが自分の内部の力によって普遍性に成長していく過程の叙述をめざす、イェーナ後期へーゲルの志向は、同時期に書かれた『精神現象学』にもはっきり現れている。ヘーゲルは『精神現象学』においても、〈プラトンや〉シェリングの〈個別性を一挙に跳び越えて普遍性を論じる立場〉を批判し、「諸々の形態が自分自身の内から発現し、自分自身を規定していく豊かさと区別」を踏まえるべきだと主張する。ここでヘーゲルは、すべての人間がその共有物である理性を使い概念をたどって普遍性に達しようとするのである。

この『精神現象学』では、哲学を「秘教的」なものでなく「公教的」、すなわち「学ばれてすべての人々の所有とな」る学問にすべきだという姿勢も見られる。これもまた、国家的公共をすべての階層に開かれたものに変えようとする『実在哲学I』の立場とつながる。

以上、個別性重視と反エリート主義との二つが、イェーナ前期との顕著な差異点である。

第五章 〈自由人の結束〉の展開——その後のヘーゲル

これまでのところで、ヘーゲルの政治思想がイェーナ後期においてイェーナ前期の転換から再転換し、近代性を強めたこと、この新傾向が『法の哲学』の基本的立場ともなったこと（すなわちかれの政治思想は、イェーナ後期に定着し始めたこと）、を見てきた。この点を明確化するため、『法の哲学』とその前後のヘーゲルの代表的な二つの政治論文を、本書の観点から考察しておく。以下では、第一節で一八一七年の『ヴュルテンベルク王国領邦議会の討論の批評』、第二節で一八二一年の『法の哲学』、第三節で最晩年の一八三一年の『イギリス選挙法改正法案について』を扱う。

第一節 『ヴュルテンベルク王国領邦議会の討論の批評』

『ヴュルテンベルク王国領邦議会の討論の批評』[153]（匿名で一八一七年に発表）は、ヴュルテンベルクの憲法争議をテーマにした時事論文のかたちをとっている。しかしそれは、内容的には、今までに見てきたヘーゲルの思想像に符合する。

まず、ここでもヘーゲルの思索の出発点は、〈人は、自由な社会で政治主体として生きることによってはじめて、公共心を高め・祖国愛に目覚める。なぜなら、国家は自分たちのものである。自分たちを守るためにも国家を強くしなければならない、という意識がそこで初めて育つからである〉という立場、国民主義である。したがってヘーゲルによれば、逆に国民が政治社会で無権利であると、国民は公共心を喪い私的世界に自閉してしまう。ヘーゲルによれば、この、抑圧の国家の出現と国民の無気力・自閉傾向とは、悪循環のかたちで同時進行していく。

この悪循環に置かれているのが、（ナポレオンの帝政期以降のフランスとともに）近代化が遅れ分裂が続いているドイツの諸邦・オーストリア等においてであった。これらの国では、国民の自由な政治参加が存在しないので、国民は国政に対し疎遠となり、そのため政府は、たとえば租税徴収に際して自発的納税が期待しえないので、「もっぱら独裁的強制的な仕方に頼っているのであ」った（S. 489, 四二頁）。このドイツ人観は、ベルン期以来のヘーゲルのものであるが、ここではたとえば次のように明確に定式化されている。

「ドイツ国民がその国制によって政治的無価値状態に堕落してしまったということ、帝国議会の大部分を占める群小諸国家が自己決定と自己の意志とをもつことができなかったということ、こうした事情から、私的利益への堕落、国家の名誉を重んじ、これがために犠牲を辞さないという思想に対する無関心、いな敵意といった精神が生まれざるをえなかった。」（S. 488f. 四〇—四一頁。Vgl. S. 469, 一六頁）。

一般的に言っても、「いわゆる国民というものは、普遍的な問題について語るとなると、いかに善意をもっているにしても、恐ろしく通俗的で無知なもの」（S. 533, 九七頁）である。しかるにドイツは、それに加えて、右のように「これまで政治的に零であった国民」しか存在してこなかった。このためこのドイツでは、「事態が新しく、また国民が経験のないために、国家の憲法についての概念を欠いている」（S. 534, 九八頁）状態が支配している。

ヘーゲルによれば、これらと対照的なのがイギリスである。イギリスにおいては、私的・政治的な自由が広範に認められているので、「国家の名誉を重んずる心情が国民各階級にあまねく行きわたっている」（S. 89, 四一頁）。古代ギリシャの共和政を讃美して、〈各人の自由こそが国家を支える精神的結束を生み出すとし、また逆に、共和政の瓦解による政治的自由の喪失こそが国家への無関心・小市民的自閉性をもたらした〉とした若きヘーゲル（本書一七三頁、一八八頁等）の魂は、このように『法の哲学』とほぼ同時期のこの作品においても、理想国家を古代ギリシャから現代イギリスに移しつつも（本書注146）、力強く働いている。

それでは、ドイツをこのイギリスに近づかせることは、どのようにすれば可能か？ 近代国家を確立するためには、国民自身の自発性を重視することが原則である。しかし状況が上述のようにあまりにも悲惨なこのドイツでは、下からの自然発生的な成長が期待できない。そこで現実主義的に考えると、まず最初に或る政治的達人（前述の「強権者」）が上から国家の統合を進めることに期待するほかない。こうしてヘーゲルは、言う、

「国民は自分たちに与えられた憲法を自分たちで検討しなければならず、国民が自分たちの意志と洞察にもとづいて憲法を承認しないかぎり、憲法には何の妥当性も与えられるべきではない、ということは、ただ単に正当なことであるばかりでなく、絶対的に正義にかなったことであるように思われる。もしもそうでなかったならば、――ひとは付け加えて言うことができよう――専制政治、僭主政治、悪行が、国民を勝手な鎖で縛りつけることになろう。――しかし、そうではあるけれども、事態を経験に即して考察し、経験以外のいかなる側面からも考察しないとすれば、ひとはつぎのような経験を引きあいに出すことができよう。その第一は、国民自身は、そしてもっとも自由な精神に富んだ国民でさえも、自分で憲法を作ることができないことをば承認して、そしてソロンやリュクルゴスのごとき人物、また誰であれ、憲法に対して国民がもつ意志や意志の表明をきちんと処理できる狡智を用いうる人々に、この仕事を委せるということであり、第二は、モーゼやルイ一八世は、憲法をみずからの許で作り、そして国民の意志ではなく、神の権威なり国王の権威をもって憲法の正当性の根拠にしているということである」（S. 529f., 九二―九三頁）。

ここでヘーゲルは、かれが追求する民主化の理想と、ドイツの民衆、否、広く民衆一般が置かれた現実との間で悩んでいる。民主制は、民衆の自己選択を基盤にしなければならない。ところが、現実の民衆は、自分たちのゆくべき方向を自分では見つけ出せない。そこでヘーゲルは、現実主義の立場をもとり、「ソロンやリュクルゴスのごとき人物」が上から国家を統合し国民を政治に目覚めさせることに求めるのであった。マキァヴェッリにおける「君主」、ルソーにおける「立法者」、ヴェーバーにおける「政治リーダー」ないし「指導的政治家」の、対応物である。

そしてヘーゲルは今や、『ドイツ国制論』以来、かれが希求してきたこの政治的達人を、祖国ヴュルテンベルクにお

いて見出す。すなわち、フリードリヒ一世が一八一五年に提示した憲法草案を、ヘーゲルは次の三点において高く評価する。
　第一に、近代的主権国家の確立。すなわち、かつて「アナーキーを憲法化したもの」として蔑視されていた神聖ローマ帝国内で、その一ラントにおいてではあれ、憲法草案が、部分権力の分立を排し「一つの国家」への統合を可能にするものとして出現した。
　第二に、国家の諸制度の自由化・近代化。すなわちこの憲法草案は、法の下の平等、移住の自由、言論・出版の自由、開かれた身分制、職業選択の自由等の保障を明示している。ヘーゲルによれば、これらは「国法的状況の理性的基盤を形成するところの単純にして有機的な諸規定」であり、これらを導入することに反対するのは、「ただ敵意をいだいたつむじ曲りや頑固者」だけである（S. 491, 四四頁）。〔実際、ヴュルテンベルクのこれらの自由化は、のちに、一八一九年のカールスバートの決議後の反動化を進めるメッテルニヒらから強い批判・干渉を受けることになる。〕
　そして第三に、代議制の導入。この点についてもヘーゲルは、『ドイツ国制論』におけると同様、次のように述べている。

「およそ国家権力はさしあたって君主の掌中にすべてにぎられているものであるが、この国家権力のうちに本質的に働きかける構成要素としてみずからの国民を加えることによって、君主が国家権力に広範なしかも本来の基礎を与えようとすることにもまして、地上において偉大な世俗的な光景はない」（S. 468, 一五―一六頁）。

この第三点をめぐるヘーゲルの主張の根底にあるのは、国民を私的自由と政治参加とを通じて有徳化し、そうした国民を基盤にして国家的統合を強めようとする、上述の志向である。
　総じて以上の三つは、青年期以来ヘーゲルがドイツ人にとっての緊要な中心課題だとしてきたもの（国家的統合・市民的自由・公民的自由）のすべてであり、これがフリードリヒ一世とその後継者ヴィルヘルム一世とによって一挙に達成されようとしているのである。それだけにヘーゲルの喜びは大きかった。かれは、たとえば次のように言う、「このような画期的時代は滅多には存在しない。同じように、国家を創建するという優れためぐりあわせに運命によって恵まれる個人も滅多には存在しない。こうした稀有の時代、稀有の個人の史実」(S. 464, 一〇頁)云々、と。

ヘーゲルは、この立場から、フリードリヒ一世の憲法草案に対する、ヴュルテンベルク領邦議会の拒否反応を批判する。国王に対抗して領邦議会が主張する「善き旧き法＝権利」という身分制的特権は、前述の(『ドイツ国制論』で問題になった)「ドイツ的自由」への固執に他ならない。領邦議会の等族は、統一国家確立という、歴史的に必然でありかつ今やドイツにとって緊要である課題に、利己的判断によって敵対し、自分たちの特権の保護を要求している。「善き旧き法＝権利」を持ち出すということは、領邦議会が偉大なフランス革命から「なにものをも学んでいない」(S. 507, 六四頁)証拠である。なぜなら、「ひとはフランス革命のきっかけを、理性的な国法を押さえつけるおびただしい古くさい諸権利と特権とに対して、理性的な国法がいどんだ戦いであったと見るべきである」(S. 506f., 六三頁)からだ(異なるのは、フランスでは国王が特権擁護の立場にあり、これを民衆が打倒したのに対して、ヴュルテンベルクにおいては開明的な君主に対して、領邦議会が反近代的な特権に固執する抵抗をおこなっている点である)、と。

ヘーゲルのこの見解もまた、ドイツの近代国家確立をめざしたベルン期以来のものであり、特権批判はこの立場から『ドイツ国制論』で鮮明に打ち出されたものであった。

さて、ヘーゲルは、憲法草案を以上のように高く評価するのであるが、しかしながらこの憲法草案に対しても、なお二つの問題が残っていることを認める。それらはともに代議制のあり方、とくに選挙制をめぐるものである。これは、かれの政治思想の根幹に関わることがらであるので、以下のところで詳しく見よう。

ヘーゲルがこの憲法草案に対しておこなう第一の批判は、官吏身分に被選挙権が否認されているということに関している。この点を批判するヘーゲルの立場は、さきに〈上からの国家統合〉の問題をめぐって出ていた、かれのドイツ人観・民衆観と不可分である。すなわち、政治を担うことのできる資質——ヘーゲル自身はこれを「国家的心術(der Sinn des Staates)」(S. 475, 二四頁)と規定する——が、「私的利益や私的権利の心術(der Sinn des Privatinteresses und

Privatrechts）をかれらの第一の目的とし」（S. 475, 二五頁）ているドイツの市民層（「商人、手工業者、そしてそのほかの財産所有者たち」S. 475, 二四頁）からすぐには期待できない。とするならば、この市民層を指導できる、政治を担える、人材を、どの身分に求めるかが問題となる。『ドイツ国制論』の段階ではヘーゲルはそれを貴族に求めていた。しかしかれは今や、これを官吏身分に見出す（S. 474, 二三頁）。

統治経験者として普遍的意識を有した官吏から代議士の或る構成部分が選出されるようにするならば、議員たちは議会において討議を通じて真の一般意志を形成することができるようになるだろう、とヘーゲルは考える。ヘーゲルがこのように評価する官吏は、もはや家産官僚ではなく、（ベルリン大学が育てようとしていた）教養豊かな近代的官僚である（S. 479, 二九―三〇頁）。またかれは、この官吏の供給源が――従来のように貴族ではなく――「市民身分出身の人々にもっぱらゆだねられるにいたった」（S. 478, 二九頁）と言う。これらのことも、『ドイツ国制論』、『実在哲学』および『法の哲学』に共通に関連する事項として、重要である。

さて、憲法草案に対するヘーゲルの第二の批判は、普通選挙制が導入されていることの是非をめぐるものである。これは、〈どのようにして市民層自身を政治的に陶冶・倫理化するか〉という、「倫理性」の問題に直接関係しており、本書の考察にとっては、これがヨリ重要である。王の憲法草案によれば、二五歳以上の男子で、不動産をもち年収が二〇〇フロリン以上の者には選挙権が与えられる、とある。ヘーゲルは、この点を次のように批判する。

すなわち、この選挙制によると、個々バラバラの群衆が政治に直接結びつくことになり、「個別化という民主政治の原理、いな無秩序主義（アナーキズム）の原理と結びつく状態を招来することになろう」（S. 482, 三三頁）と。なぜなら、年齢とか財産とかは、もっぱら個人がそれぞれ孤立的に存在している状態における特徴にすぎず、「その個人が市民秩序のうちで価値ある人物であるかどうかを決める性質ではない」からである。それゆえ、このような選挙制を導入すると、「選挙以外には市民秩序とも国家の全体的組織とも何の結びつきも関係ももたない選挙人が登場するということが生じ、その結果、「市民は孤立した原子（アトム）として現れ、選挙人の集会は無秩序で非有機的な集合体として現れ、国民は全体としてばらばらな群衆に解体してしまう」（S. 482, 三三頁）。この状況下では、国民は日常的に政治に結びつくことができず、数年間に一度の投票をおこなうだけであり、そのうえ「投票者の人数が非常に多いとき、そのうちの一人ひとりにとっては、自分たちの一票がもつ影響力たるや極めて取るに足らないものと見られる。しかも、かれがその選出を助けた議員自身、多勢の人々よりなる議会のうちの一員たるにすぎない」というかたちで、選挙人、被選挙人の双方に無力感ないしアパシーが生じる（S. 484, 三五—三六頁）。

ヘーゲルのこのような見解が、大衆民主主義（mass-democracy）の弊害論の先取りとされるトックヴィルの議論をさらに先取りするものであったということは、けっして偶然ではない。というのも、ヘーゲルがこのように民主制を批判する立脚点もまた——トックヴィルがとったのと同様——（近代的に再編された）身分制的自由の立場であったからである。すなわち、上に述べられていたような「ばらばらな群衆に解体」した状況からは政治的アパシーが帰結すると見るヘーゲルは、それゆえ政治論において、大衆の日常的な組織化、政治社会の団体的編成を重視し、多様な自治的諸団体内での構成員の相互行為を通じた、健全な政治意識の涵養という方途を提唱する。選挙権は、この種の多様な団体を代表する人々に与えられるべきであって、このことによってはじめて、市民的自治が政治を支えかつコントロールすることになりうる、と言うのである。

こうしてヘーゲルはここでも（＝先の『ドイツ国制論』におけるとまったく同様に）、かれが一方では、「形式主義と分立主義の精神（der Geist des Formalismus und der Partikularität）は、歴史において古くからドイツの特性と不幸をかたちづくってきたものであることは周知のところである」（S. 535, 九九頁）として、一方で、統一国家樹立の立場からは批判した、ドイツ社会が分権的に編成されてきた伝統（身分制的自由の伝統）を、他方で、政治的「倫理性」の形成という立場から再評価するのであった。たとえばヘーゲルは、新しい主権国家確立の必然性を強調したところで、それに続けて次のように述べる、

「ところで、これまでは主に国家機関という上部の領域での有機的組織化を進めてきたのであるが、しかし、いまや、再び

こうした下部領域にも政治的秩序と名誉とが与えられ、そして特権と不正が清算されて、これらの下部領域が有機的組織としての国家のうちに組み入れられるべきであることは確かであろう。生きた連関は、それぞれの部分がそれ自身の下部組織として自己を形成している、そうした分節化された全体のうちにのみ存在するものだからである。しかし、このような全体を維持するためには、どうしても、単に年齢の数や財産の量を取り上げるにすぎないフランス的抽象は放棄されなければならない。〔…〕このような原子的な諸原理は、学問におけると同様に、政治的な領域においても、すべての理性的概念、組織、そして生命を殺すところのものである」(S. 483, 三四一三五頁)。

ここには、身分制的自由の伝統を前近代的なものとして克服し国家統合を進める志向と、しかしこの自由の伝統が——自由の砦として・また自由の有徳化の場として——有している意義に着目する観点からは、それを近代にふさわしいかたち(「分節化」、すなわち国家の多元的構成)で新しい政治生活に生かそうとする志向とが、出ている。伝統を近代とこのように結びつける姿勢は、のちにトックヴィルにおいても現出するところのものである(この点については、さらに拙著(本書注27)『近代ドイツの国家と法学』第二章を参照されたい)。

以上の考察を通じて、『ヴュルテンベルク王国領邦議会の討論の批評』が、青年期ヘーゲルの『ドイツ国制論』と、その根本的な思考を共通にしていること、(154) それゆえ前者とほぼ同時期の著作である『法の哲学』にベルン期以来のヘーゲルとの連続性が見出されるのはけっして偶然ではないこと、が明らかになった——それのみか、ヘーゲルの最晩年の論文、『イギリス選挙法改正法案について』においても、あとで見るようにこの種の根本的な思考が鮮明である。ヘーゲルの政治思想には、強靱な持続性があるのである。

第二節　『法の哲学』

ヘーゲルは、『法の哲学』(155) でも(かれの初期からの姿勢を貫いて)、カント的な「自律」、自立的個人を踏まえつつ、それを乗り越えようとしている。

すなわちヘーゲルは、一方で、カントの立場を「良心の立場」と規定し、高く評価する。ヘーゲルによれば、この、内面での自立の高揚、自立した人格（selbständige Persönlichkeit, 第一八五節）の形成は、「一つの高い立場、近代世界の立場であり、近代世界が初めてこういう意識、このような自己没入に達した」（第一三六節追加文）のだった。

実際、カントが打ち出した〈自立した個人〉は、リーデルらの研究を踏まえれば、思想史上で次のように位置づけられる。古代・中世ヨーロッパの実践哲学は、アリストテレスに見られるように、〈宇宙を貫いて神にいたる運動＝目的があり、すべての存在はそれにかなった動き方・生き方をしているし・すべきである〉とする超個人的・宇宙論的な存在論を前提とした。人間の社会的行為も、その存在論に組み込まれ、〈人間は「本性＝自然からして」社会的動物であり、社会を構成しそのなかで生きることを通じて、公共を担う主体に成長していく。その際、社会の諸制度がもつ「目的」の表出物であるところの、身分秩序や社会の掟、社会倫理に従って生きるのが個々人の責務だ〉、とされた。

近世自然法論は、この種の超個人的実践哲学を打破し、社会関係の原点を各個人に求めた。しかしその場合においても、各個人は、たとえば社交性とか自己保存作用とかといった人間の本性（「自然」＝人間の自由ないし理性的意志にとって外的でしかないもの）によって方向づけられる存在であった。

それゆえ、カントが〈個々人の理性的自己立法を基軸とする〉「道徳性」を主張したことは、旧き「倫理性」の学（＝Ethik）以来の「自然」の支配の伝統に対するコペルニクス的転回を意味するものだった。人間は、もはや超越的ないし人間的自然（人間の本分・外的制度や衝動）によってではなく、自分自身の理性の命令に従って行為するものとなった。

しかもその際人間は、〈自分の選択肢は普遍的なルールとなりうるか〉を、自分でチェックする。カントの「道徳性」はこの点で、自由に目覚めさせるものでありながらも、同時に行為の結果に対する自己責任を前提にしており、それゆえに――西洋の永い伝統である――厳格な自制を基底にしている。われわれはのちの考察のためにも、カントが提言した主体像をめぐる、この〈自由、自己責任、自制〉の連関に注意しておこう。

ヘーゲルはしかし、他方では、カントの問題点をも見る。内面の論理に集中し、いっさいの客観的なもの（自然・社会制度・伝統）を軽視することになるカントらの主観主義は、容易にその反対物に転化する、とヘーゲルは考える。

第一に、その根底にある強い自己主張は、逆に自己放棄へといたる性質のものである。ヘーゲルによれば、初期ロマン派の「イロニー意識」が示した軌跡がその一例である。これは、すべてを自分で決めていく（主観主義の）立場をとり、初めは意気軒昂に自分の内部から新しい作品や関係を生み出していった。しかしやがて、自分がすべてを決めなければならないことに重荷を感じだし、孤立感・不安をもつにいたった。この結果それは、「自分の内容が無内容であることを認めて、なにか確固たるもの、支え、権威」を自分の外に求め、それに頼りたいと願う方向に、逆転した。

ロマン派の人びとが、初期にはプロテスタンティズムに属していたが、やがてカトリシズムへ転向したのは、この逆転現象の一つである（第一四一節追加文）。〈全能の神とその前に一人立つ自分〉という構図のプロテスタンティズムでは、初めはその方向で信仰を深化できた。だがやがて、一人で立つことの孤独感・自己責任が重くのしかかってきた。この重荷に耐えきれなくなったプロテスタントは、それから逃れるためカトリックに立ち返っていった。カトリック教会では、神の代理人として聖職者やその組織、儀式、慣習が介在し、人々はそれらに導かれて信仰生活を送るので、荷が軽いと判断したからであった。これでは、せっかく得た近代的自立を放棄することになる。

第二に、自由（個人の内面）と制度（個人の外のもの）とのそのような対置は、アナーキーを招く。なぜなら、この発想は、〈人間は無制限の自由をもつ。だが社会を成り立たせるためには、その自由を制限しなければならない。それゆえ社会制度は、本質的に自由の制約物だ〉と考え、自由拡大の要求が高まるときには、〈自由の制約物である社会制度を粉砕しよう〉とするようになる。フランス革命中にテロルが荒れ狂ったのは、ここに原因がある、とヘーゲルは見る（第五節）。

そこでヘーゲルは、カント的な〈自立した主体〉を基底にしつつも、それにまとわりついている主観主義を克服しようとする。これは、どうすれば可能か？ ヘーゲルによれば、カントらフランス革命前の世代が〈内面だけの自立〉という主観主義の道を採った原因は、次のところにある。すなわち、眼前の社会秩序が不自由なものだったため、それらは、新しい時代の、自由の要求に応じられなかった。このため人びとは、自由を内面に求めていくしかなかった、というところに。だとしたら、この主観主義を克服するには、自由な社会をつくり、そのことを通じて、自由な主体と自由な制度が一体化できる関係をつくる他ない。これが達成できれば、かつての（古代の、アリストテレスらの）〈自分と社会制度の一致、主体と客体の一致〉を、新しいかたちで再確立させることが、可能となる、と。この関係が、（「道徳性」に対置させられた）「倫理性」の原理である。だからヘーゲルは言う、「倫理性とは、現存世界となるとともに自己意識の本性となった、自由の概念である」（第一四二節）。

しかるにヘーゲルは、カントとはちがいフランス革命後に新時代と向きあって思想形成をした。それゆえヘーゲルにとって自由は、単に内面世界にだけでなく法・国家をはじめとする社会の場にも現に求められうる。かれにとって制度と主体とは、共に自由を基底としている。各人の〈自由な意志〉が、制度の原理となったのだ。

自由と社会制度とのこの一致によって成り立つ「倫理性」は、それゆえ次の二つを前提にする。第一に、社会制度は自由な主体によってこそ変革されるのであり、それによって絶えずチェックを受けなければならない。第二に、逆に諸個人は、社会関係を通じてこそ自分を現実的に陶冶しうる。さきに見たように、この第二点は、古代・中世ヨーロッパの「倫理性の伝統」において主張されていた。ヘーゲルは、この伝統を第一点に見られるフランス革命的ないしカント的な自由の立場と結びつけることによって、「倫理性」に新しい内容を盛り込んだのである。

右との関係でまず重要なのが、ヘーゲルの自由概念である。かれは、『法の哲学』の冒頭で自由論を展開している。われわれは、そこにおける α、β、γ の三つの自由概念に注目しよう。α の自由（第五節）は、「ひたすらおのれのなかへ折れ返る純粋な自己反省」、つまりカントの道徳論における内面的自立性のことであろ。これに対し、β の自由カントの法論におけるかたちでの社会的自由である（第二九節参照）。

カントにおいてそうであるように、αとβとは表裏一体である。内面における絶対的な自由（＝α）は、そのまま社会の内に置かれた場合には、社会制度一般を〈自分に対する外からの制約〉とすることになる（＝β）からである。そしてヘーゲルによれば、この態様の自由は次の二つの帰結にいたる。第一に、社会制度のうちには自由がないとして、いっさいの社会的なものから遁世し、「インド的な純粋瞑想の狂信」に入ること、あるいは第二に、逆に自由を貫くためにはすべての制約を否定する他ないというかたちで主観性が爆発し、「いっさいの既存の社会的秩序粉砕の狂信」たるアナーキーに陥ること、である（第五節）（この第二点は、さきに見た。二四二頁）。

そこでヘーゲルは、これらの「抽象的・形式的な」自由に対置させて、γの自由を提唱する。このヘーゲル的な自由とは、αの、抽象的普遍性としての自由と、βの、外的に規定され制限された特殊性としての自由とを内在的に一体化させた自由であり、「他のものへの関係においてすすんで自分を制限し、だがこの制限するなかで自分を自分自身として知る」（第七節追加文）ような自由である。この自由は、人間存在の相互性・共同性の必然性を自覚して社会的に自分を協調させるところに成り立つ。つまりそれは、自立者同士が――外的強制によってでなく自制（＝「自我の自己規定」）によって――共同しあうところにその眼目をもつ。ヘーゲルがこの自由について「倫理的（sittlich）行為において私は、自己自身を押し通すのではなくて、ことがらを妥当するようにさせるのである」（第一五節追加文）と、（アリストテレス的に）述べているのは、上の点に関わっている。

この〈公共心と結びついた自由〉を前提にするなら、自由に対してカントの法論のように〈外からの強制〉に頼らなくとも他者と共存できる、とヘーゲルは考える。かれは、この点を次のように述べる、

「自我は自分を規定しながら、しかもなお依然として自分のもとにありつづけ、普遍的なものを固持することをやめない。これが自由の具体的な概念である。〔…〕だが、われわれはこのような自由をすでに、感じの形式において、たとえば友情

と愛においてもっている。友情や愛においては、われわれは一面的に自分のうちにあるのではなくて、他のものへの関係においてすすんで自分を制限し、だがこの制限するなかで自分を自己自身として知る。規定されているのに、人間は自分が規定されているとは感じないのだ。かえって、他のものを他のものと見なすことによって、そこにはじめて自己感情をもつのである」（第七節追加文）[156]。

カントの道徳論における〈自由、自己責任、自制〉の連関が、ここでは社会の場で追求されている（引用文中に「友情や愛」とあるように、これは、チュービンゲン時代以来の「愛」の思想とも、無関係ではない）。カントの〈内面での自由・自立の主体〉に対しヘーゲルは、〈社会の主体としての公共心をもった自由人・自立者〉を打ち出す。ヘーゲルはこの立場から、〈個人と国家〉・〈人間と制度〉を位置づけ直そうとするのである。

さて、さきに述べたように、ヘーゲルの重視した概念である「倫理性」は、自由な主体を基軸とする社会の近代化と、近代化された社会生活を通じての主体の公共心向上とを、ともに追求する原理だった。『法の哲学』の第三部「倫理性」は、この近代的な社会のなかで上述の自由論を具体化することが主題となっている。ここで自由が、「法の実体と規定をなす」（第四節）、といった記述があるのは、法が近代化され、自由な法制度となっていることによるのである。

（a）「家族」　最初のところで扱われている「家族」は、フランス民法典に規定された新しい家族像をモデルにしている。ここでヘーゲルは、①家族員の自由・平等化、②家族的自然としての「愛」の重視、それを軸とする単婚小家族、を歴史的必然であると見、この立場から、旧い家父長制大家族を批判し、均分相続の導入を提唱し、父権・夫権を制限しようとする。こうした点でこの家族論は、西洋の家族思想史上で画期的な近代性を有する。しかもヘーゲルは同時に、この種の家族的な自然的親密団体こそが、その共同生活、「愛」を通じて個人に自由意識とともに連帯心・公共心を育成するのだとする。共同生活を通じての社会的有徳化、〈公共心ある自由〉の形成の道である。かれは言う、

「抽象的所有における単なる個々人の特殊的欲求という恣意的契機と、欲望のエゴイズムとは、ここでは共同のもののため

の配慮と取得に、すなわち倫理的（sittlich）なものに変わる」（第一七〇節）。

（b）「市民社会」　団体による自由の倫理化をヘーゲルは、エゴイズムに規定された場としての「市民社会」内でも追求する。「市民社会」は市場原理にもとづく営利活動の世界であるが、しかしヘーゲルはここでの活動の担い手たちは、「コルポラツィオン」（中世的なツンフトの流れを汲むが今や近代化されている職業団体）に属するものとする。ここでは人は、その団体内での活動を通じて相互に連帯しあうことによって、またそこでの紀律化を通じて各人の自己制御を強めていくことによって、エゴイズムを克服した公共心ある主体となっていく（第二五五節、第二〇一節をも参照）。この点をヘーゲルは、次のように述べる、

「市民社会は、万人に対する万人の個人的利益の闘争場である〔…〕。しかし特殊的諸圏の権限が認められることによって生じる団体精神は、特殊的諸目的を保持する手段を国家において持つことによって、それ自身のうちで同時に国家精神に転化する。〔…〕団体精神のうちには特殊的なものを普遍的なもののうちへ根付かせるはたらきが直接に含まれているから、そのかぎり団体精神のうちには、国家が市民の心術に於いてもつところの国家の深さと強さがあるのである」（第二八九節）。

ここには、特殊性としての個人の自由をそれに内在的に公共心を高めることにより、国家を担える主体に高めようとする、ヘーゲルの「個別性」の立場が、その際に「団体精神」という「コルポラツィオン的なもの」を、個人と国家の媒介項にしていることが、明示されている。

（c）「国家」　ヘーゲルの右の思想は、「国家」の部分でヨリ鮮明になる。ここでもヘーゲルは、個人を自立化・主体化させることとともに、国家統合を強めることを課題とする。その結果、「市民社会」の部までは個人から出発した描写を進めてきたヘーゲルは、この「国家」の部（第三部）では、普遍的なもの（としての国家）が〈個物（としての個人）に先行して存在しており（第二五六節）、そうした国家は「絶対不動の自己目的」であり、「個々人に対して最高の権利をもつ」（第二五八節）〉と主張し始める。[157]

ヘーゲルは、社会契約論で国家を説明することに反対だった。かれによれば契約は積極的な共同性をもたらしえない。

契約は、前社会的な私的原理ないし自己利益追求行為の原理としては妥当しても、社会活動（家族、とりわけ国家）の原理とはならない。社会関係の原理は、（自己中心を避けられない）契約とは別のものに求めなければならない。こうしてかれは、イェーナ前期に見せたプラトンないしアリストテレスのプフトン的側面、すなわち古代の〈国家共同体尊重〉の原理、に立ち返り、それに依拠して〈強い国家的団結〉を確立しようとするのである。

とはいえ、ヘーゲルの国家論は、『法の哲学』のなかの、それに先行する諸部分で前提となった原理をベースにしている。すなわちそれは、①カント的な〈内面で自立した個人〉を前提にする（とくに「緒論」・「道徳性」の部分参照）。それはまた、②アダム＝スミス的な〈経済的・私的自由〉を大切にし、自由で平等な社会制度を展開する。国家の強さは、諸個人に非社会的自立ないし非国家的自立（「抽象法」・「家族」・「市民社会」の部分はこれらを基底にする）をまず確保し、そのうえで諸個人が倫理化され、かつ、そうした自由を保障してくれる国家を愛しそれを主体的に担うところに確立可能なのであった。(158) かれは言う、

「現代国家の原理のとてつもない強さと深さは、主体性の原理がおのれを完成して人格的特殊性という自立的な極点になることを許すと同時に、この主体性の原理を実体的一体性のうちへ連れ戻し、こうして主体性の原理そのもののうちに実体的一体性を保つということ（国民が公共心ある主体となること）にある」（第二六〇節）。

ヘーゲルは以上のように、自由な近代社会の諸制度を踏まえつつ、その基盤上で、古代ギリシャ的な祖国愛ないし〈国家に結束する公共心ある政治主体〉の理念を——現代的に——再構築することをめざしたのであった。この志向をかれは、次のようにまとめている。

「近代国家の本質は、普遍的なものが、特殊性の十分な自由と諸個人の幸福とに結びつけられていなければならないということ、それゆえ家族と市民社会との利益が国家へ総括されなければならないということ、しかし目的の普遍性は、おのれの権利を保持せずにはおれないところの特殊性自身の知と意志のはたらきをぬきにしては前進することができないということ、この点にある。だから普遍的なものは実現されていなくてはならないが、他方、主体性も完全かつ活発に発展させられなく

てはならない。この両契機が力強く存続することによってのみ、国家は分節されているとともに真に組織された国家とみなされうるのである」（第二六〇節追加文）。

ここで、（ア）「普遍的なものは実現されていなくてはならない」というのが、プラトンないしアリストテレスのプラトン的側面の〈共同体重視〉の立場である。（イ）「主体性も完全かつ活発に発展させられなくてはならない」というのが、カントの「自律」とアダム＝スミス的な経済的自由との、近代的個人・近代社会原理の立場である。（ウ）両者を媒介するものとして「分節」を重視するのが、モンテスキューが『法の精神』（第一巻八章六節）で主張した〈身分制的な諸団体（部分社会）を自由の擁護と自由の倫理化とに使う〉という議論の立場である。これら三つは不可分で相互相補的だと、ヘーゲルは考えている。これは明らかに、われわれが言う意味での「国民主義」の思考である。

そしてこのこととの関連でヘーゲルは、国家社会の多元的構成を重視する。この点は、第一に、ナポレオンの国家やドイツのいくつかのラント（プロイセン等）における官憲的な中央集権強化を批判し、民衆の団体的自治を強調する姿勢に現れている。

「数年来ずっと、上からの組織化が行なわれ、こうした組織化に主要な努力が注がれたが、全体の大群をなす下部〔民衆〕は、ややもすると多かれ少なかれ未組織のままに放置されている。だがやはり、下部が組織的になることこそきわめて重要なことである。というのは、そうなってはじめてそれは勢力であり、威力なのであるが、そうでなければそれは、寸断された原子の群れ、多数の寸断された原子にすぎないからである。下部の威力が正当な威力をもつのは、特殊的諸圏が組織された状態にあるときだけである」（第二九〇節追加文）。

見られるように、ここでも「特殊的諸圏」への大衆の組織化が、一方で諸個人の自由を確保する（第二九五節参照）とともに、他方でその自由を「正当な」ものへと、すなわち公共心ある自由へと、陶冶する唯一の道だというヘーゲルの信念が吐露されている。

第二に、ヘーゲルの団体重視は、代議制擁護にも現れている。かれによれば、議会は、君主に代表される、普遍性としての国家と、諸個人・諸団体の特殊的利益の場としての市民社会とを媒介する制度（第三〇二節）である（ここにも〈個別性の立場〉が示されている）。議会はまた、政治家や官僚の「職務、才能、徳、技能」を鍛え、かつ一般国民の政治的陶治を可能にすることによって、政治的主体の形成にも重要な意味を有している。かれは、この点を、「公開された議会は市民を陶治するのにとりわけ効果的な大演劇」（第三一五節追加文）であると指摘する。

以上の『法の哲学』の議論を、要約すると、次のようになる。ヘーゲルが提唱しているのは、（a）自由ないし自立が、カントが前提にしていたような単なる内面における主体のあり方としてではなく、社会の主体のあり方として追求されるべきこと、（b）具体的には、公共を重視しその方向へ自制ができる資質を身につけた〈自由・自立でかつ社会性をもった主体〉の確立が追求されるべきこと、（c）こうした主体を基盤にしてこそ強固な国民国家が確立できること、である。そして、ヘーゲルは、この状態を確実にする制度として、個人と国家の間に自由な市民の多様な自治団体が発達することを重視した。自治団体における日常的な団体的共同生活こそ、ヘーゲルにとって公共性の自覚、公共心ある社会をもたらす基盤だった。『法の哲学』における、〈自由・自立の主体―団体生活―相互性―公共心（社会的自制）―国家＝祖国愛〉という、このヘーゲル的連関に注目することが大切である。

第三節　『イギリス選挙法改正法案について』

一八三一年のこの論文[159]は、プロイセン王国官報に匿名で掲載された。その結論部分は、検閲で掲載禁止となった。この論文におけるヘーゲルの出発点もまた、〈強い統合国家と個々人の自由・自立との同時追求〉という「国民主義」の立場にあった。ヘーゲルは、この立場から、イギリスでは旧き特権を廃止することが重要だとする。なぜなら特権は、国民としての結束を弱め、貴族の政治独占によって市民の政治疎外を招くものだからである。こうした特権を廃止すべきだということは、『ドイツ国制論』以来、ドイツの政治をめぐってヘーゲルが追求してきたことがらであり、それがここではイギリスについて前面に押し出されているのである。かれはこの立場からは、イギリスの第一次選挙法改正法案を、イギリスに伝統的である〈貴族的特権と選挙の腐敗〉という「邪悪」の克服をめざした点で肯定的に評価する(S. 86. 一八三頁)。

興味深いのは、その際におけるイギリスとドイツとの次のような対比である。ヘーゲルは言う、

「〔イギリスの〕国家法は、これが起源においてもっていた私法の形式を変りなく持ち続け、したがってそのために内容は偶然たるものに止まっている。この既成的な諸規定のまとまりのない寄せ集めは、大陸の文化国家においてはすでに完遂されたところの、たとえばドイツの諸ラントでも、その期間の長短はあるにせよ、すでに享受しているところの発展と改造とを、まだ経験していないのである」(S. 89. 一八六頁)。

さきにはかれがドイツ的特性として問題にしていた「ドイツの公法はドイツの私法である」という事態は、当のドイツではすでに解消された。これに対し、さきには近代における理想国家だとしていたイギリスで、この事態がなお残っている、という認識である(ヘーゲルの見方のこの変化から〈ヘーゲルが保守化した〉という結論を引き出すのは、早合点である。後述のように、ヘーゲルの思想的機軸は実はこの時点でも持続しており、ヘーゲルは従来の立場をとって、改革が進んだドイツを評価しているだけである)。

それでは、イギリスでは改革がどうして遅れたか？　ヘーゲルによればその原因は、二つある。第一は、「法の学問的な改訂」(S. 89. 一八六頁)がイギリスでは欠落したままであることである。すなわち、ドイツにおいては普通法学や自然法学等の近代法学が発展しつつあるのに、イギリスにはそれが見られない、という認識である。

そして第二は、統一国家を確立するうえで第一の主体であるべき君主が、イギリスでは、その事業遂行上で必要な権力を行使できなかったことである。さきにも見たようにヘーゲルは、〈一般国民は、政治の担い手として必要な資質を欠いている。それゆえかれらは、そのままでは国家生活を近代化する作業の担い手にはなれない〉と考える。国家の近

代化は、国民の自然発生的な運動に期待することはできない。まず、強力な政治的達人による上からの統合が欠かせない。そうした達人は、現実には開明的な君主に求めるほかない、と言うのである。君主が強力な権力を掌握してはじめて、分権的な様々の部分権力が一つの中心に統合され、そのことによって、古い特権も廃止され国民意識も広く覚醒しうる、とヘーゲルは考える。かれのこの考えは、イギリスでの王権強化の必要性を説く次の箇所に、明確に出ている。

「つぎに、法の改革にとって、よりもっと重要な契機が挙げられなければならない。――それは、国家の安寧、臣民の幸福、国民の全般的福祉といった諸原理を、しかしなによりも、それ自身で存在している正義に対する感情を、みずから立法を行うに際しての導きの星とする諸侯の寛大な雅量である。まったく既成的な特権や、伝統的な私的利益や、大衆の蒙昧さに対抗して、このような諸原理を普及しこれに実在性を与えるためには、立法活動には、同時に君主に固有な権力が結びつかなければならないからである。イギリスは、他のヨーロッパの文化諸国に比べて、真の法よりなる制度という点では明らかに立ち遅れているが、この事情は、統治権力が理性的国家法や真の立法に矛盾する多くの特権を所有している人々の掌中に握られているという、単純な理由にもとづいている」(S. 89f. 一八七頁。Vgl. S. 102, 二〇三頁)。

開明的なリーダーによって国家を上から近代化する道を強調するこの考え方は、フランクノルト期以来のヘーゲルの君主制論とまったく同じものである（前述のようにそれは、マキァヴェッリやヴェーバーの思考でもある）。

ヘーゲルが選挙法改正法案を批判する第一のポイントは、まさにこの点に関係している。すなわち改正法案は、一方で、なお不十分ではあるものの特権廃止を打ち出しているのだが、他方で、それの達成に必要な、国家の強力な統合力＝君主権強化を等閑に付しており、それどころか逆に君主権弱化を進めている（S. 90, 一八七頁）。

ヘーゲルは、イギリスのこの選挙法改正法案に次の点で問題点があると見る。それは、この選挙制度改革によってイギリス政治が平等＝民主主義原理に一歩近づくことになるが、この民主化がすでにイギリスでも問題を起こしているという点である。

ヘーゲルによれば、国家統治の本質的部分に参与するという国民の権利は選挙権としてある。それゆえ選挙権の行使は、「フランス人の表現を用いるならば、国民の主権の発動であり、しかもその唯一の発動である」。民主主義にとって選挙権はそれほどに重要な意味を有しているのだが、「このような事情に対して、選挙権および選挙権の行使に対する無関心さはまったく対照的なことである」（S. 112, 二一四頁）。一方で近代国家の要請である〈国民主権の発動〉が追求されなければならない。だがそれは、他方では〈国民のアパシー〉を増大させる。ヘーゲルは、民主主義的選挙制度の帰結としてのこのディレンマに、注目するのであった。

ではなぜ選挙制度の民主化には、アパシーがつきまとうのか？　ヘーゲルによれば、その第一の要因としては、「明らかに、一つの選挙に競いあう数千の票の中にあっては、たった一票は実際には無意味に等しいという感情」（S. 112, 二一四頁）が働く点がある。また第二の要因としては、「さらに選挙人はただの一度も自分たちの議員に指図を与えうるような委任者であったことはない」（S. 113, 二一六頁）という点がある。議員は当選すると勝手に行動し、選挙人の請願書は直ちに破られ忘却される。そして第三の要因としては、「それに加えて、投票者は、各自が〔立候補者を選ぶ〕絶対的な権利を有するが故に、あらかじめ立候補者について評価したり審査したりする必要はなく、むしろこのようなことをいっさいせずに決定すべきであると心得ている」（S. 115f., 二一八頁）のであって、このため投票が安易な人気投票的なものとなったり買収選挙が不可避となったり、選挙そのものが形骸化したりするという点がある。要するにこれら三点は、さきにヘーゲルの『ヴュルテンベルク王国領邦議会の討論の批評』に示されていたのと同様の、大衆民主主義がもたらす弊害の指摘である。

ヘーゲルによれば、この選挙制度の民主化は、イギリスではヨリ深刻なものになりかねない。さきにも見たように、イギリスでは統治権力自体が「特権階級の掌中に握られ」、特権が広範に残っている。しかもイギリスでは、この種の特権を紛糾なしに除去するべき君主権力が弱体である。ここに民主主義の原理が選挙を通じて入ってくると、どういうことが起こるか？　民衆が特権階級に対抗して平等を徹底しようとすると、「もっぱら統治に対する反対者、現行秩序に対する反対者」というかたちで、革命（「フランス的抽象の危険な形態」）に発展しかねない（『法の哲学』で見たのと同じアナーキーである。二四二頁)。

とはいうものの、この「平等」理念の暴走としての民主主義革命がイギリスで実際に直ちに起きるかという点については、ヘーゲルは楽観的であった。それはかれが、イギリスに次のような政治的安全弁が備わっている、と見るからである。

「しかも、イギリス憲法の性格のうちには、政府が社会生活の特定の範囲について、すなわち州や都市などの行政について、教会組織および教育組織について、さらにそのほか道路工事のような公共事業について、可能なかぎり干渉しないということが存在している。そして、このように市民生活の状態が極めて自由で〈具体的〉であるために、自由の形式的原理(〈自由や平等を一面的に貫徹すること、すなわち民主主義革命〉)は、下層階級――この階級はもとよりイギリスにおいて極めて多数であり、そして一般的である――の上に立つ階級のもとにおいては、選挙法改正案の反対者たちが時間の問題であるとしているにも拘わらず、直ぐに受け入れられることはないであろう」(S. 127f. 二三二―二三三頁)。

ここには、社会の諸階層に対するヘーゲル自身の立場が、鮮明に現れている。すなわち、かれが近代社会の〈安定成長〉の担い手と見ているのは市民身分=中産階級であり、これに対してプロレタリアートとも結びつく「下層階級」には、ヘーゲルは――マキァヴェッリと同様(本書注30)・またヴェーバーと同様(二六七―二六八頁)――カオスにいたる民主主義革命の危険を嗅ぎ取っていた。市民身分は、自由な活動を通じて社会的に訓練されているから、信頼できる。それゆえ、ヘーゲルは、この市民身分が「下層階級」に対して十分に強力であるならば、革命に対して防波堤が築かれていることになる、と見た。

しかもこの中産階級を活性化させるためには、地方自治団体やその他の自治的団体に自由な活動が認められ、このことによって「市民生活の状態が極めて自由で〈具体的〉」になることが必要だ、とヘーゲルは主張する(この点については『法の哲学』(第二九七節追加文)をも参照のこと)。ここでの「具体的」という語は、さきに「フランス的抽象」とあった(二四〇頁・二五二頁)ところの「抽象」、すなわち官僚国家的な上からの一元的支配、の反対概念であって、社会が多元的・団体主義的に構成されている状態を指す。
　このようにヘーゲルは、イギリスについても、一方では、冒頭にあったように、その分権主義的構造〈=「まったく実定的な特権や、伝統的な私的利益」〉の残存を近代化の遅れとして批判しながら、しかし他方では、〈具体的な自由〉という立場から、とくに民主化のもたらす矛盾に対決する立場から、その分権主義の伝統を評価している。ここで提示されているのは、『ドイツ国制論』等における論理を想起せしめるところの、身分制的自由を——近代的なものに改変しつつ——公共心ある政治の形成に生かすという処方箋である。

　以上のように見てくるならば、①国家統一という基本課題についても、②この課題実現には、〈民衆に対する不信感のゆえに〉、開明的な君主による統合に期待するしかないとする点でも、③またこの民衆に関しては、自由な多元的社会構成によってのみその社会意識の陶冶が可能になるとする点でも、ヘーゲルのこの最晩年の論文が、若き日の『ドイツ国制論』や『実在哲学』に見られた思想的機軸をいかに強く持続させているか、それゆえにまた、ベルン期以来の、〈自由を通じた近代国家・近代的国民意識形成〉の課題をいかに強く持続させているか、が分かる。ヘーゲルの政治思想の根本は、その青年期以来変わらなかったのだ。〈ヘーゲルの保守化〉という見方は、皮相的なのである。

むすび

以上においてわれわれは、ベルン期以来の、生涯にわたるヘーゲル政治思想の展開を追った。ここではこの作業に、総括的な考察を加えておこう。

まず、ヘーゲルの政治思想がもっとも体系的に示されている『法の哲学』は、イェーナ後期の『実在哲学I』以来の思想原理を受け継いでいる。すなわち『実在哲学I』と『法の哲学』とは、共通して次の四点を柱にしている。

（a）自由人の共同性　ヘーゲルは、自由・自立的な個人を前提にしつつ、その個人が自由な共同生活・社会制度を通じて陶冶され、「倫理性」・祖国愛をもち相互に連帯しあい強固に結束しあった、そういう国家を形成していく道を探った。ヘーゲルは、近代的な国民国家の建設がドイツに緊要だと考えたのだが、そのためには国民に自由を保障して主体化させることと、国家の主権（すぐれた君主が担う）を確立することとがともに達成され、かつ両契機が相互内在的に結合されねばならない、とした。

これは、古代共和政をカントの思想と結びつけつつモデル化したものであった。加えてここでのヘーゲルは、アダム＝スミスをも踏まえることによって、〈近代市民社会が歴史的に必然だ〉とするにいたり、自由な、しかし本来 unsittlich な（＝エゴイスト的である）近代的市民を出発点に置きつつ、すなわちかれらの市民社会的・私的な自由（＝特殊性の契機）それ自体を、近代的主体性の前提条件として受け容れつつ、〈かれらの意識を、国家を担う主体の意識にまでその生活を通じて高めるには、どうすればよいか〉を考えた。

ヘーゲルのこの思索は、のちの『法の哲学』のなかでは、第二部「道徳」で原理となるカント的「自律」と、第三部

第二章「市民社会」等で原理となるアダム＝スミス的経済的自由とをともに前提にしながら、それらをどのようにして国家的「倫理性」と内在的に結びつけるか、というかたちで出された。これは、抽象的な哲学的問題としては〈特殊性の契機をそれに内在的に普遍性とどう結びつけるか〉の問題、すなわち古くはアリストテレスがプラトン批判のかたちで提起した（本書一二頁以下）、そして近代化のなかで、カント的自我と社会との関係として重要になる、問題である。[160]

（b）主権国家確立のための政治リーダー　（a）に述べた課題を達成するためには、国家の統合・政治権力の確立と、個人の自由の倫理化との、二つが同時追求されなければならない。そのためにはまず前者の〈上からの統合のための政治権力確立〉が、重要である。ヘーゲルが、ドイツは〈上からの統合〉を緊要としているとするのは、かれが民衆や特権階級の政治的資質に対し不信感をもっていたからであった。そのためかれは、マキァヴェッリ的な現実主義の考え方に立って、強いリーダーを希求し、そのリーダーがマキァヴェッリズムに訴えることをも容認した。かれは、そうしたかたちで統一国家が具体的に示されてこそ、国民が国家・政治を自覚し、それに結集することになる、と考えた。ヘーゲルのこの考え方は、『法の哲学』の最初の講義とほぼ同時期に書かれた『ヴュルテンベルク王国領邦議会の討論の批評』や、最晩年の『イギリス選挙法改正法案について』でも明確に打ち出されている。『法の哲学』における統合の強調や君主制の重視も、この文脈上で理解可能である。

（c）国民の主体化と倫理化　〈自由な個人の結束〉という課題達成のためには、諸個人を自由で主体的な国民にするとともに、諸個人が公共を意識してその自由を自制すること（＝倫理化）が追求されねばならない。『実在哲学Ⅰ』ではこれが、「承認」の問題、すなわち自由な諸個人が（相互作用を通じて）自己の直接性を克服するあり方の問題、として考察された。これはまた『法の哲学』においては、第五節以下の自由論で追究された。

（d）新しい制度的倫理学志向　〈諸個人に自由を保障しつつその自由を、上の（c）に示されたような内容の自由へと陶冶し、それを基盤にした共同体精神・公共心を涵養し、こうして〈個人〉と〈国家〉とを内在的に結びつけること〉を可能にする社会的諸制度を考えるとは、〈近代的に自由な人間を前提にしそれをめざす制度的倫理学〉を確立しようとすることである。『実在哲学』（そのⅠとⅡ）においては、この観点から、家族という共同体の人間形成力、および国民の集会における共同討論を通じて一般意志を形成していくことが重視された。この原理が、『法の哲学』の中心を成す「倫理性」の部で、主題となっている。

確かに『実在哲学』においては、まだ〈市民社会と国家の分離〉といった近代社会の特徴は、認識されていない。しかし、思考上の基本枠組に関して『実在哲学』は、のちに『法の哲学』において体系化を見るヘーゲル思想の原型だと言える。

以上の四点は、本書のこれまでの考察に従えば、イェーナ前期の『ドイツ国制論』のなかで現実の政治問題をめぐってすでに登場していた。すなわち、中心点はここでもまた、〈政治から疎外されたドイツ人に、国民意識を覚醒させ、そうした国家への主体性をもった自立的な国民を基盤とした、強固な国民国家を建設すること〉にあった。ヘーゲルはそのために、一方で、強力な国家統合者を希求するとともに、他方で、諸個人の自由を活性ある国家生活の基盤として重視しつつ、その自由の倫理化をはかり、この観点から、身分制的自由の伝統に立つ諸制度が有す倫理的な作用を再評価した。

ところで、右の（a）で定式化した論点、つまり、国民国家建設の道としての〈個人に（政治的）自由を保障しつつその自由な主体を強固な結束にまで倫理的に高めていく〉という「政治の覚醒」の課題は、さらに前のベルン期にも中心テーマであった。すなわち、いわゆる『初期神学論集』においてヘーゲルは、カント的な自律的主体を前提にしつつ、それを単なる内面に関わる道徳の問題としてではなく、国家における主体のあり方の問題として、また、それを単に抽象的な理性の命令に関わるものとしてではなく、「衝動」をも含む全人格的存在に関わるものとして、意味換えし、この立場から、個人の倫理化を現実の場において、つまり自由な社会制度と結びつけて、論じている。自由な古代共和政下の「市民宗教」を念頭に置いた議論である。この点で「市民宗教」論は、ヘーゲルにおける、制度的倫理学構築の最初の試みだった。

この思考は、続くフランクフルト期においても見られた。確かにここでは、市民宗教樹立の展望が後退し、新たにイエスの「愛」がそれに代って前面に出てくる。しかしヘーゲルの根本は、ここでも同じであった。かれは、（政治的に）自由な人間が他者のためにすすんで——すなわち、単に理性の命令に服従するカント的道徳のかたちにおいてではなく、道徳的な内容を内在させた倫理的感情を活性化させることによって——自分を抑制し自分を犠牲に供すというこの「愛」を基盤にして、自由な市民の結束をはかろうとした。この「愛」の思想は、すでにベルン期に萌芽が見られたし、ベルン期の市民宗教論の根底にあったのも、自由な市民宗教が同朋愛・連帯感情（「衝動」）を人々に根づかせるという問題であったのだから、ベルン期とフランクフルト期の間には、この点でも立場の根本的な変化は見られない。

しかも、このフランクフルト期の「愛」の思想は、前述のようにイェーナ後期の『実在哲学』における家族論につながっていく。そして、この家族論にはじまる、人間の小集団的相互作用論が、その後具体化され敷衍されて、『法の哲学』における制度的倫理学に結晶化していく。この点を踏まえると、ヘーゲルの根本的思索には強靱な持続性（「変化を規定する不変なもの」）があったことになる。

問題は、ヘーゲルの政治思想の展開史においてかなり特異な局面にあるイェーナ前期の『倫理性の体系』及び『自然法の学的取扱い方について』をどう位置づけるかである。確かにここでは、シェリングを通じて中期プラトン等に結びついていった結果、特殊性の契機（個人生活上の自由と内面の自由）がネガティブにとらえられたという点で、一つの転換があった。それは、ここでの厳格な身分制論などに現れている。

しかし、（イ）ヘーゲルの根本的な問題意識はここでも、個人と共同体との健全な結びつき（古代の自由な共和国をモデル化したもの）をどのようにして確立するかということにあり、新しく登場してきた「倫理性」の概念がこの立場の中心概念に他ならないという点でも、また、（ロ）とくに『自然法の学的取扱い方について』において、自由を自制と結びつけるという「外化」や「自制」の立場が、ベルン期の「衝動」の問題やフランクフルト期の「愛」の思想の根本にあるものを理論的に定式化したものに他ならないという点でも、さらに、（ハ）カントの実践哲学に対する第二の批判点（＝カントの法論では個と普遍とが分裂しているとする批判）が明確にとらえられたという点でも、この時期もまた、後年の『法の哲学』確立に重要な意味を有している。

以上のように、ヘーゲルの政治思想は、青年期よりベルリン期の最後にいたるまで――イェーナ後期に近代性を強めるものの――思考内容の枠組においても思考方法においても、「政治の覚醒」を軸として強靱な持続性を示している。このことはまた、青年時代と後年とのヘーゲルの関係、すなわち、いわゆる〈ヘーゲルの保守化〉の問題に対して重要な示唆をもたらす。それはまた、ヘーゲル政治理論における、一方でのいわゆる社会存在論的な原理論（Metapolitik）と、他方での具体的な時局論とを内容的に結びつける作業にとっても示唆的である。

こうした事実は、従来のヘーゲル研究においては重視されてこなかった。[161]そもそも従来の研究においては、ヘーゲル政治思想の「根底にあるもの」が何であるのかが、かれの生涯にわたる思想的営為を視野において分析されなかった。また、「自由」、「国家」、「君主制」、「コルポラツィオン」、あるいはまた「カント」、「アダム＝スミス」、「ルソー」、「マキァヴェッリ」、「プラトン」、「アリストテレス」等々といった、ヘーゲル政治思想を構成する様々な要素が全体としてどういう連関構造にあり、その連関がいかに変化してきたか、も考察されなかった。ヘーゲルを国家主義者とする人は、「自由」の面を評価せず、かれを自由主義者とする人は、『国家』の面を重んじない。両契機に眼を向ける人は、共存をヘーゲルのアポリアとするか、時期別にどちらかが強まるとするか、だった。

つまり、欠けていたのは、次の観点である。すなわち、ヘーゲルにおける「君主制擁護」・「権力国家論者」の側面は、「自由主義者」・「主体的人格論者」の側面と二律背反的に――「にもかかわらず」とか、また「一面では、しかし他面では」のかたちで――相互に切り離して論ぜられるべきものではない。それらは、〈主体的国民に根ざした統一国家〉をつくろうとする――かれ以後のドイツ自由主義者に共通する――志向を背景として、相互に不可分に結びついていた。

この志向は、その時代のドイツが置かれた政治状況下で、「必然的に出現」した「反射的な自己保存本能の現われ」（本書注3）として、ヘーゲルがもったものだったのである。すなわち、丸山的意味での「国民主義」の課題意識が、ヘーゲル政治思想の基軸であった。しかもそれは、本書の考察によれば、単に後年のヘーゲルにおいてのみならず、若き日以来のヘーゲルにおいても根本問題であった。ヘーゲルの独自な点は、この種の政治的テーマを社会存在論のレヴェルにまで深化させ哲学化したことに求められる。こうした点の認識が、従来のヘーゲル研究には欠けていたのである。

欠如の原因の一つは、ヘーゲルがかれの政治論・社会論を抽象的な哲学論のかたちで提示したため、ヘーゲル研究者がその現実的意味を読み取れなかったことにある。ヘーゲルの議論が形而上学的に見えたことは、かれの政治論・社会論を同時代ないし先行する時代の、政治や精神構造との関連において検討することを困難にさせた。このため、ヘーゲル研究者は、ヘーゲルの著作を難解な存在論・認識論として読み取ろうとするか、著作中の片言隻語をとらえて、かれを神秘主義化したとか保守化したとか断定するかする他なかった。

本書が明らかにしたように、内容においてヘーゲルがトックヴィルやヴェーバー、福沢諭吉らと同タイプの政治思想を展開しているにもかかわらず、一方（ヘーゲル）が激しい断罪にあい、他方（トックヴィルやヴェーバー、福沢諭吉）がたいていは現代的にもち上げられたり擁護されたりして来たのは、思想史学上の誠に奇妙な現象である。

第三部　ヴェーバー

30 歳のヴェーバー（1894 年撮影）
写真提供：ユニフォトプレス

ヴェーバーもまた、強い国家と自由・自立の個人とをともに求め、この両項を、〈自由を享受できているがゆえにその国に愛着心をもつ国民を基盤にしてこそ、国は強固な結束をもつ。また逆に、国際的に強い自己主張をする国であってこそ、政治を自覚し結束する国民を形成できる〉として結びつけた。このようにヴェーバーにおいても――客観的に見て――主軸となっているのは、ヘーゲルにおけると同様、（丸山的意味での）「国民主義」の思考である。その際ヴェーバーは、そうした国家を確立し人びとを政治に覚醒させるためには、すぐれた政治リーダーと自由な諸制度とが緊要だとした。ヴェーバーはこの考えに立つことによって、自覚的に、かつ無自覚的にも、マキァヴェッリ・ヘーゲルの政治的思考と結びついた。しかもそれは偶然の結果ではなく、ヴェーバーが直面していたのも、マキァヴェッリ・ヘーゲルがそうであったのと同様、①列強がヘゲモニーをめぐってしのぎを削っている（「友と敵」の関係が鮮明な）国際政治の現状、および、②国家確立が遅れ列強に伍していけない祖国の惨状であった。このうち、①がヴェーバーにマキァヴェッリに似たリアリズムを先鋭化させ、②が、マキァヴェッリ・ヘーゲルにおけると同様、ナンョナリズムを先鋭化させた。

加えてヴェーバーには、現代社会において官僚化・組織化・大衆民主主義化にともなって人びとが「政治」から疎外される傾向が強まっている、との認識があった。ヴェーバーにおける「政治の覚醒」は、特殊ドイツ的状況の認識とともに、このような現代認識とも結びついていた。

ところで、本書冒頭に述べたようにヴェーバーをめぐっては、一方での〈ナショナリストないし権力国家論者〉としての側面と、他方での〈政治主体形成論者＝リベラリスト〉としての側面とを、どう統一的に説明できるかという「ヴェーバー問題」があった。強い国家と自由・自立の個人との、関係づけの問題である。それまで概してリベラリストとして評価されてきたヴェーバーに対し、ルカーチ（『理性の破壊』一九五四年）や（とくに前期の）ヴォルフガンク＝モムゼンらがヴェーバーの帝国主義的権力政治の立場を強調して以来、この問題は重要な論点であり続けてきた。しかしそれにもかかわらず、林道義が総括的に指摘したところの、「彼〔ヴェーバー〕のナショナリストとしての一面と、「主体の原理」〔精神的独立を重視する立場〕との内面的な関連を充分に明らかにしえているとはいい難いと思われる」(162)状況が、今なお続いている。先にヘーゲルについて見たように（本書一六一頁）、こうした点を考察するうえでも有益なのが、（自由主義者と国家主義者との）「二つの顔の奥にあって、両者を結びつけているもの」のありかを、右の「国民主義」的課題意識に求めうる、とする観点からの作業である(163)。

ヴェーバーにおける上記「二つの顔」相互の関係は、とくにモムゼンの問題提起以来、緊張したテーマであり続けた。前述のようにモムゼンは一九五九年の *Max Weber und die deutsche Politik—1980-1920*(164)で、ヴェーバーの帝国主義ないし君主主義・カリスマ的指導者希求の側面を前面に押し出し、それがヒトラー登場を精神史的に準備したものであるとした。この見解は、ヴェーバーをリベラリストだとする論者たちからの激しい反発を招いた。

そしてモムゼンは、一九七四年の *Max Weber—Gesellschaft, Politik und Geschichte* 以降、立場を若干変えた。すなわちかれは今や、〈ヴェーバーは、一方では、断固たる自由主義者として個人の自由擁護という側面を終始追求した（ここでの「自由主義者」概念は、ヴェーバーを論じるときによく使われるそれ、すなわち英米的意味での「リベラリスト」と同じものである）、しかし他方では、権力政治論者でありナショナリストであった。それゆえ両項は、ヴェーバーにおいて激しい「緊張関係」（Antinomie）にあった〉、と主張するようになった。もっともその際モムゼンは、後期のヴェーバーが、官僚制によって政治的自由が掘り崩される危機を直視して、それに対処するため（官僚制に対抗しうる）カリスマの支配へ傾斜していったともした（モムゼンは、このような関係に置かれたヴェーバーを「限界状況にある自由主義者」と呼ぶ[165]。

ヴェーバーにおける、自由擁護と権力政治論とが「緊張関係」にあったという後期モムゼンのこの見方は、本書の見解に似ているようだが、次の点が異なる。すなわち本書では、第一に、それら両極が――緊張を伴いつつも――相補的関係にあったことを、西洋の永い伝統である（丸山的意味での）「国民主義」の一環としてとらえる。第二に、後期モムゼンの議論では、後期ヴェーバーにおいては自由主義者の側面がカリスマ希求によって消え、「緊張関係」がなくなったことになる（これは結局、前期モムゼンのヴェーバー観が持続していることを物語っている）が、本書は、後期ヴェーバーにおいても〈個人の自立〉が重視されていたと見るのである（後述）。

第一章　ドイツ政治と自立精神

第一節　問題の原型――『国民国家と経済政策』

ヴェーバーの政治思想に関して最初に取り上げるのは、かれの学問と政治活動とにとっての「綱領的宣言」であったとされる、フライブルク大学教授就任講演『国民国家と経済政策』[166]（一八九五年五月に講演。原題は『経済学における民族性』）である。この講演でヴェーバーが出発点にしているのは、西欧諸国が激しい生存競争を展開している状況下で、ドイツの国家的な立ち遅れが目立っているという現状認識であった。ヴェーバーのナショナリスト的心情[167]は、ここではたとえば次のように表出している。

「われわれが子孫に餞けとして贈らねばならないのは、平和や人間の幸福ではなくして、われわれの国民的な特質を護りぬき、いっそう発展させるための永遠の闘いです。〔…〕われわれは子孫のために歴史に対して責任を負っていますが、その際いちばん肝心な点は、どのような種類の経済組織をかれらに伝えるかということではなくて、地球上でどれほどの権力的支配圏をかちとって、かれらに遺してやれるかということであります。経済的な発展過程というものもまた、つきつめれば力の闘いです。経済的な発展過程が問題になるばあいに最終的な決定権をもつのは、国民の権力的価値関心であって、国民の経済政策はそれに仕えなければなりません。国民の経済政策に関する学問は、一つの政治的な学問なのです」（S. 20, 一八頁）。

ここでヴェーバーは、帝国主義段階における国際競争という現実を直視する立場から、強いドイツ国家の確立を求める。国際政治の場におけるヴェーバーの思考は、「友と敵」を中軸にしている、すなわち狭義の「政治」概念に関わっているのである。したがってここでは、国家統合が重要となる。その際ヴェーバーが、ここで激昂気味なのは、この重要課題を担える政治主体（リーダーおよび一般人の双方）がドイツには見出しえない、からであった。この相似た悲観的状況と向かいあって思考している点で、ヴェーバーの思考はマキァヴェッリおよびヘーゲルの思考と連結している。(168)

ヴェーバーによれば、「すぐれて政治的な関心に対する本能」(S. 24, 二三頁）を自覚した政治主体の形成は、イギリスのような先進的近代社会の上に立った国家でないドイツでは、国民間の自然発生的な動きにまかせているだけでは、展望がない。そのような主体を国民的に形成していくことは、「指導的階層（leitende Schicht）」がしっかりしていて、そこから必要な政治的リーダーが輩出することがあってはじめて、可能になる（この見方が、マキァヴェッリないしヘーゲルのものであったことについては、本書三七—三八頁、一八八頁以下、二二六頁以下参照）。ところがドイツには、この指導的階層・それを基盤とした政治的リーダーが欠如している、とかれは見るのである。

まず、（ドイツ政治を担ってきた）ユンカー層は、もはや指導的階層ではない。かれらはすでに農業企業家に堕して貴族精神を喪っており、かつ社会は新しい二つの階級、市民層（das Bürgertum）とプロレタリアートとを主軸とする段階に移行しているからである。

では、その市民層はどうか？　ヴェーバーは、「私は市民層の構成員の一人であり、それを実感するし、この階層の物の考え方と理想のうちで育った」(S. 26, 二五頁）と、自分をこの階層に結びつけながらも、(169)それだけに、この階層が置かれている悲観的なドイツ的状況を強く概嘆する。多くの近代・現代国家では、市民層が国民の主要部を形成し国民を指導している。しかるにドイツでは、この市民層が政治的に未成熟なままにある、とヴェーバーは見るのである。

さらに、プロレタリアートに対しても、ヴェーバーは悲観的である。かれは言う、「およそ人国民にとって何にもまして致命的な打撃は、政治的な教養のない俗物市民層（ein politisch unerzogenes Spießbürgertum）によって指導されることであるのに、ドイツのプロレタリアートはいまだに政治的な俗物市民根性を洗いおとしていないからこそ、われわれは政治的にはドイツ・プロレタリアートの反対者であるのです」（S. 28. 二七頁）。

ヴェーバーもまた、マキァヴェッリやヘーゲルと似て、貴族的伝統（四元徳による自立を軸とした指導階層であること）を評価し、市民身分にそれの新しい担い手を期待し自分を結びつける反面、俗物化したユンカーや市民には失望し、かつ下層民に対しては異和感をもっているのである。

本第三部にとってより重要なのは、さらに次のことがらである。すなわちヴェーバーは、ドイツ人の政治的未成熟・政治的リーダー欠如の原因が、ビスマルクの超人的な（のちのことばで言えば「カリスマ的」な）支配にあると見るのであった。

「ドイツの天頂にあって、ドイツの声価を地球のすみずみにまで照り輝かせたあの強烈な太陽〔ビスマルク〕は、われわれには余りにも偉大すぎて、そのために、市民層の徐々に発達しつつあった政治的な判断力を、焼き亡ぼしてしまったようにみえます」（S. 27. 二六頁）。

ドイツの政治がビスマルクの独壇場となり、しかもその成果が目に見えるかたちで上がったことによって、市民層をはじめとするドイツ国民が、自ら政治を担う自由と意識とを退化させてしまい、その後も非政治化したままであること、これが問題なのである。

それゆえ、ヴェーバーが、次の引用文におけるようにドイツ国民一人ひとりの政治教育の必要、自由な祖国愛の覚醒を強調するとき、それは同時に、（ドイツの指導的階層と）国民が、ドイツの政治を自ら担いうる自立性・主体性を涵養するための、自由な政治的諸制度を導入すべきこと（＝一定の民主化）をも意味するのであった。ヴェーバーは言う、

「現在の問題として、われわれにわかっていることはつぎの一事です。それは、巨大な政治的教育事業（eine ungeheuere politische Erziehung）が、おこなわれねばならないこと、そして、各人が自己の小さな範囲でわが国民の政治的教育という この課題を自覚し、その課題の実現に貢献することが、われわれにとって何よりも厳粛な義務だ、ということであります。

　そして、わが国民の政治的教育こそはまさしく、同時にわれわれの学問の究極目標でなければなりません」（S. 29. 二八頁）。以上に見てきたようなかたちにおいて、この講演にはヴェーバー政治思想の二側面を統一的にとらえる手がかりがすでに出ている。すなわち、ヴェーバーの権力政治論・ナショナリズムは、近代的な自立的社会人の確立――前述のように政治を民主化するという課題はそのためにある――を説くかれの立場と矛盾したもの・ないし無関係なものではなかったのである（すべての個人的自由・自立が政治に関わるというものではないのだから、両項が全面的に結びついているということではないが）。

　とはいえ、このことは、ルカーチやモムゼンらが説くようには、ヴェーバーにおいてドイツの民主化は、「帝国主義的情熱のための単なる辻馬車[170]」として位置づけられるものにすぎなかったとか、「管理された世界の中で偉大な人物の支配を可能ならしめる一つの手段にすぎ[171]」ず、それが達成すれば放棄されることになるものだったとか、ということを意味するわけではない（これらは、前述の佐々木毅のマキァヴェッリ解釈をヴェーバーに適用したような見解である）。あとで詳述するようにヴェーバーにとって、民主化を通じて国民を政治に参加させ、そのことによって社会的に自立化させるという課題は、一方で、それ自体が重要な価値をもつ。そしてそのためには、強い統合性をもつ国家が欠かせないとされた。また他方で、ドイツの利益を主張する権力政治論者・ナショナリストの立場からは、自立的・主体的な国民を形成することが不可欠の「手段」――あえて「手段」ということばを使うならば――でもあった。

　ヴェーバーは、自由と政治参加とによって祖国愛を強めた、自立的な国民的主体を基盤にし、かつかれらが強いリーダーに指導されて政治を自覚した国民に高まってこそ、ドイツ国家の自己主張が可能になる。またドイツ国家が強固な結束体として自分を主張しえてこそ、イギリスにおけるように、政治に覚醒した、主体的国民とリーダーが形成されうるのだ、と考えていたのである。前述のように、この思惟は、マキァヴェッリやヘーゲルにすでに見られたところである（政治リーダーは、マキァヴェッリにおいては君主ないし貴族であり、ヘーゲル（イェーナ前期以降）においては立憲的君主とそのもとでの教養ある官僚であった。ヴェーバーにおいてはそれは、ドイツの場合、立憲君主制下での有能な政治家に求められた。[172] これらリーダーとともに国民が自由で主体的になり、双方の関係が生き生きすることが、三人にはともに肝腎だったのである)。ルカーチやモムゼンらのヴェーバー論に——数多くのマキァヴェッリ・ヘーゲルの批判論・擁護論と同様——欠けているのは、この複眼的な見方である。[173]

第二節　原型の持続——『新秩序ドイツの議会と政府』

フライブルク講演を以上のようにとらえ、かつ、それをたとえば、一九一七年に書かれ翌年五月に出版された論文『新秩序ドイツの議会と政府』[174]と比較するならば、ヴェーバーのこの政治的志向が基本的な点で、かれの晩年の数年間においても——その間に神経症を患い・新しい歴史状況（ドイツの敗戦）と新しい思想状況（「ニーチェ以後」と呼ばれるニヒリズム状況）を体験したとはいえ——見られることが確認できる。[175] われわれは、ヴェーバー政治思想のこの点での一貫性を、この論文によって確認しよう。

ヴェーバーがここで、祖国ドイツの未来を憂う立場から解決すべき問題として挙げているのは、第一に、ドイツの政治的後進性、とくにドイツ国民の政治意識が遅れていること、第二に、ドイツで進行している官僚制化の問題、第三に、大衆民主主義政治の問題である。ヴェーバーは、これらの弊害がもたらす事態に対抗して、ドイツにおいていかに「政治」を確立していくかを問う。その際ここでも、かれの思索の根底には、「国民主義」の思考が働いている。これを右の三点について、それぞれ考察しよう。

一　ドイツの政治的後進性

この論文でもヴェーバーは、先のフライブルク講演と同様、まずドイツ人の政治的疎外、すなわち良きリーダーと主体的国民とを欠いた政治的後進性、を指摘し、その要因の一つとして「ビスマルクの政治的遺産」を問題にする。

「ビスマルクの政治的遺産とは〔…〕なんであったか。彼は政治教育のひとかけらも受けていない一国民を後に残した。その教育水準たるや、この国民が二十年前にすでに到達していた水準をはるかに下回っている。そしてなによりも、ビスマルクは政治的意志のひとかけらも持ち合わせない一国民を後に残したのであって、この国民は、自分たちの頂点に位する大政治家が自分たちのために政治をやってくれるだろう、という考えに慣れきってしまった」(S. 138, 三一八頁)。

ビスマルクの「ケーザル主義的政治」(=外交・軍事面での偉業によって人気を集めその座を確かなものにしてワンマン政治をおこなうこと)が有している問題性は、具体的には次の三点にある。

第一には、ビスマルクのカリスマ性のもつ問題性、すなわち、それが〈あなたまかせ〉の非主体的・非政治的意識を国民に植えつけたこと。これは、先のフライブルク講演で指摘されていたことと同様な問題性である。ヴェーバーは言う、

「わが国におきまりのすこぶる非政治的な英雄崇拝主義者たる俗物市民〔…〕、彼らは、ビスマルクの限界を隠し、ビスマルクの敵の悪口をいうことによって、この感傷主義に調子を合わせ、こうして英雄に奉仕したつもりになっている。しかしこれでは、国民を教育して自分自身の政治的見解をもつまでに(zu eigenem politischen Denken)鍛え上げることなどできようはずがない」(S. 138, 三一八頁)。

ここでヴェーバーは、ドイツ国民について、かれらがカリスマ性をもった人物を「英雄崇拝」することが、かれらを「自分自身の政治的見解をもつまでに鍛え上げること」、自由・自立の政治主体(「内面で自立した頭脳と完き性格の持ち主」(innerlich selbständige Köpfe und vollende Charakter)、S. 139, 三一八頁)を形成すること、を阻害するものだと見ている。この事実は、あとで講演『職業としての政治』に関して詳論するように、ヴェーバーを〈カリスマを志向する人物〉と見る、モムゼンらの見方が誤りであることを示す重要な証拠である。

次に、第二の問題性は、ビスマルクによって創り出されたところの「完全に無力な議会」にある。本書において見たようにヘーゲルらは、議会は、国民が国政に主体的に参加し自分たちの政治的諸問題を自己決定するための機関として

あるとした（本書二一六頁以下、二三八頁、二四八頁以下）。主体的参加・自己決定こそが、ヴェーバーにとっても、国民を政治的に目覚めさせる政治教育の根本であった。ビスマルクのケーザル主義的政治によって議会が無力化されたことは、それゆえ、第一の点ともあいまって、ドイツ国民の政治意識の成長を妨げることになった（この点について、ヴェーバーは言う、「また、国民は、一八七五年以来のビスマルクの支配によって、自分たちの選んだ代表者を通じて、自国の政治的運命の決定に共同で参加する習慣――これだけが政治的判断を鍛え上げる――を断たれてしまった〔…〕」（S. 138, 三一八頁））。

第三の問題性は、国民の日常の市民的生活においても自立性が抑圧されたという事実に関わる。前述の二点に見られるのは、国民の政治的自立性が妨害されたという問題性であったが、この第三点は、政治的自立性の基盤（ヘーゲル『法の哲学』二五五節（本書二三〇頁）に出てきた「倫理的基底」ないし福沢の「一身独立」に対応するもの）ともいうべき、市民社会における自由さえもが、ビスマルクによって抑圧されたことを意味している。この抑圧の最たるものは、ビスマルクが「社会主義者鎮圧法」で労働組合を圧殺しようとしたことである。なぜなら、ヴェーバーにとって労働組合とは、「健康なもの、強壮なものの――したがって純粋に政治的な見方をすればまさに問題となる人びとの――現実的かつ自覚的な利益代表の可能性のために、とりわけ必要な保障」（S. 137, 三一七頁）であった。ビスマルクは、このように健全な市民の主体化という役割を期待された労働組合を圧殺し、その代替物として上からの社会保障をおこなった。このため国民は、自分の利益を共同で主体的に主張し実現する意欲も道も喪い、小市民的な「俗物市民根性」に侵されていく。そうしたことの結果として市民的生活において「おんぶにだっこ」型人間となってしまった国民が、政治生活の場ではつらつたる主体ぶりを発揮することなどありえない。まさにイェーリングが『権利のための闘争』において言っていたこと、「自分自身の権利を守ろうと努力しない者が、どうして全体の権利のためにすすんで自分の生命と財産とを投入する衝動にかられよう?」ということである。こうして、ヴェーバーもまた同様に強調する。

「大衆の精神を名誉と同志愛（Ehre und Kamaradschaft）の上にうち立てようとする国家が忘れてはならぬことは、労働者の経済闘争という日常においても、名誉と同志愛の感情こそが大衆を教育するに当って唯一の決定的な倫理的諸力（sittliche Kräfte）のもとになるということ、だからこそこの諸力を自由に発揮させねばならないということ、これである」（S. 137f., 三一七頁）。

この、〈内面・個人生活における自由・自立が政治を担う主体の形成に不可欠である〉という発想を、われわれはさきに青年期以来のヘーゲルに見た。

以上に見られる三つの論点は、上の引用文中にあるところの「名誉と同志愛」のうち「名誉」、すなわち主体的な自己意識、の問題に関わっている。議会制という政治的自治の制度も、労働組合という市民社会的自治の小集団も、そこにおいて自由や権利を現実的に行使することを通じて、自立した社会主体を形成していく役割を期待されているのである（一般に団体的自治には、次の三つの役割が期待される。すなわち、①団体内での自治を通じて構成員の自由・自立の意識を高めること、②自由の砦というその性格によって権力を制約すること、③団体内での連帯的生活を通じて構成員を公共心ある者に陶冶すること、である。上記の「名誉」は、このうちの、主として①に関わっている。引用文中の「同志愛」、すなわち、自立的な人間の連帯性は、②・③に関係しているのだが、この点については後述する）。

二　官僚制の肥大化

ヴェーバーにとって近代史の進展は、官僚制の肥大化と不可分であった。官僚制は工場制と並んで、「いまの時代と見通しうる限りの未来を特徴づけるもの」であり、「未来は官僚制化の下にある」（S. 149, 三二一頁）（当時において官僚制の発達が顕著であったのは、国家機構のほかに、カトリック教会、社会民主党などであった）。官僚制は、近代的な合理的支配に不可欠である。しかしそれの一面的な肥大化は、人間に新たな隷属と政治疎外をもたらす（S. 151, 三二九頁）。官僚制が肥大化すると、第一に、社会の問題を官僚がパターナリズムで処理してしまうので、日常生活において各人が自立しなくなり、「『個人主義的な』活動の自由」を発揮できなくなる、からである。第二に、官僚によるパターナリズムは、各人が問題処理のための自主組織を形成・運営することを妨げもするからである。第三に、機関として動く人間ばかりとなって、自立した政治家がいなくなり、とりわけクライシスにおいて、政治家が「指導的精神」ないし「国家政策的な方向づけ」(S. 145, 三二四頁) を発揮することがなくなるからである (以上、S. 152f., 三三〇頁)。

ところで、これら三点が、前述のドイツ政治上の三つの問題点 (①自由・自立の主体の未発達、②国民の政治的無関心、③責任感あるリーダーがいないこと) に対応していることに注目しよう。このことは、「ビスマルクの政治的遺産」の下でドイツ国民が体験している弊害が、広く人類をこれから見舞う弊害を先取りしたものであった、ということである。これは偶然ではない。ドイツにおける官僚制の弊害は、まさに「ビスマルクの政治的遺産」そのものでもあった。しかもドイツ人は、すでにプロイセン官憲国家というかたちで、官僚制の弊害をさらに先取りしてもいたのである。そしてこの官僚制の弊害が、人類をこれから見舞おうとしている。ヴェーバーは言う、

「ビスマルク侯の退官以後、ドイツは (精神的意味での)「官僚」の統治するところとなったが、それというのも、ビスマルクが自分と並ぶ政治的頭脳の持主をことごとく排除してきたからである」(S. 154, 三三二頁)。

ドイツ国民がこのようにビスマルク政治によって経験済みであり、かつ全世界がこれから経験するであろう、官僚制の弊害は、それではどうすれば克服できるか？　ヴェーバーがこの関連で強調するのも、議会制の確立が大切だということであった。

さきに一八九五年のフライブルク大学教授就任講演でヴェーバーは、ドイツ国民国家の確立のためには、政治的指導の役割を担える階層を育てることと、広く国民を政治的に教育する事業とが必要だと説いていた。右の議会制確立の主張は、まさにこの問題に関係している。すなわち議会制は、第一には、「官僚」の支配に対する対抗物として (S. 170, 三四六頁)、第二には、国民の政治教育の場として (＝「いうまでもなく、議会制が政治教育の手段たりうるのは、公民が自分たちの問題の処理のされ方を根強く追求する習慣をもつという、行政の公開と行政の統制に関する前述の条件が満たされる場合だけである」S. 218, 三七五頁)、そして第三には、「政治的リーダーの選択の場」(S. 173, 三四八頁) として、位置づけられる。

とくにこの第三点は、ここでは官僚制化との関係で重要な意味を与えられている。すなわち、政治リーダーとは、「国家政策的な方向づけ」を提示しえ、しかも「自分の課題に対する固有の責任（Eigenverantwortung）」（S. 154, 三三二頁）を引き受けられる政治家のことである。議会制は、政治リーダーの存在と結びついてはじめて、「君主と並ぶ積極的な政治の一要素」（S. 159, 三三六頁）となる。他方、この政治リーダーは、正しく機能する議会制と結びあってはじめて、「たんにデマゴーグ的なリーダー的資質のみならず真に政治的なリーダー的資質」（S. 169, 三四五頁）を身につけた存在となる。フライブルク講演で発芽した思考が、ここまで伸びてきたのである。

ヴェーバーは、これらの諸要素が正しく統合された状態を「秩序ある民主主義（eine geordnete Demokratie）」と呼び、これに対して、ドイツが体験している「デマゴギーと民主主義なき賤民支配と」（S. 211 三七〇頁）の原因は、この「秩序ある民主主義」の条件がドイツで欠如していることにある、と見たのであった。

三　大衆民主主義の進行

国民大衆の自立化と官僚制の合理的整備と政治リーダーの形成との、これら三課題を議会制度の確立を通じてともに実現しようという、ヴェーバーの構想は、さらにもう一つの新しい難問に直面していた。ヴェーバーによれば「大衆民主主義」の政治は、「ケーザル主義的傾向」を帯びる（S. 221, 三七七頁）。すなわち、「純粋に情緒的な動機によって、つまりもっぱら悪い意味での「デマゴーグ」的な素質に基づいて」（S. 221, 三七八頁）政治家が選出され、やがて独裁に向かうという事態が生じかねなくなる。つまり、今日のことばで言うところの「ポピュリズム」の問題である。

大衆という存在は、ヴェーバーにとっても――一九世紀の自由主義的思想家たちにとってと同様に（二三八頁以下）――「つねに、目前の純粋に情緒的かつ非合理的な影響力に身を曝している」存在であって、それゆえ、そのような大衆から成り立つところの「大衆民主主義のもつ国家政治的な危険は、なにはさて措いてもまず、政治において情緒的要素が強大な力をもつにいたる、という可能性の中に存する」（S. 221, 三七八頁）（この認識はまた、マキァヴェッリ（本書注

30）およびヘーゲル『イギリス選挙法改正法案について』等の認識（本書二五二頁）とも共通している）。確かに、民主主義は歴史の必然であり、リーダーが下から選ばれることは、多くの候補者のなかから適材が選ばれる点でも、またリーダーが強い正統性を確保するためにも、必要なことではある。しかし民主主義は、他方で衆愚政治に陥る危険をはらむ。

それでは、ヴェーバーは、「ケーザル主義的傾向」が強まっていることに対しては、自由・自立の主体を形成していく立場から、何を対置して「秩序ある民主主義」を達成しようとしたか？　この問題を考えることによってわれわれは、ヴェーバーと、本書の言う〈時代精神としての一九世紀ドイツ自由主義〉との関連を、いっそうはっきりと確認できる。というのも、ここでヴェーバーが提唱するのが、政党制度と議会制度とを生かして社会を分節的に（中間団体を媒介にして）構成し、それによって、（a）政治家を形成・陶冶すること、および（b）大衆を組織化しその政治的意識を堅実なものにすること、であったからである。社会を諸集団によって多元的に構成し、権力を制約するとともに諸個人を公共心ある者に徳化するという方途である。いうまでもなくこの二点が、さきに〈団体的自治の三つの役割〉として定式化した（二七三頁）もののうちの後二者（＝②〈自由の砦〉と、③〈自由の倫理化〉）にそれぞれ関係している。以下、この点に注目しつつ、右の二点を分析していこう。

（a）リーダー形成　　この点についてヴェーバー自身の主張をまず見ておこう。

「大衆のケーザル主義的信任者が国家活動の確固たる法の形式を踏みはずさないこと、また、彼が純粋に情緒的な動機によって、つまりもっぱら悪い意味での「デマゴーグ」的な素質に基づいて選出されないこと、このことをかなりよく保障しているものはなにかというと、諸政党のしっかりした組織、さらにとりわけ、議会の委員会活動に習慣的に規則正しく参加して自分を訓練し、ここで自分の力を示すという大衆リーダーに課せられた強制力、がこれである。リーダー選択の今日のごとき条件のもとにおいてこそ、強力な議会と責任ある議会政党、いいかえれば国政担当者たるべき大衆リーダーの選択と実力証明の場としての、議会と政党の機能は、安定した政治の根本要件なのである」（S. 221. 三七八頁）。

ここで言われていることの意味は、明らかであろう。しっかりした政党と議会を通じてすぐれたリーダーを選択すること、そのリーダーを政党と議会によってコントロールすること、これらによってリーダーを陶冶すること、である。

その際、「諸政党のしっかりした組織」が何を意味するかについては、議会制についての言及とは異なって、具体性を欠いている。ヴェーバーは他のところで、「しっかりと組織された政治的利害関係者グループによる政党経営が、国家政治的にみて合目的的である」（S. 222. 三七八頁）と述べているので、この部分を前後の文脈において判断すると、それは、政党が個々の市民社会内の諸団体と緊密な連関にあり、それらそれぞれの大衆組織に根を張った役員によって構成されるグループが政党経営のための審議機関となること、かつこの「審議参加者各人と彼らに指導されるものにとって、おのおのの責任が一義的に明確」であること（S. 222. 三七八頁）、を意味しているものと思われる（ヴェーバーがこの点でのモデルとしているのは、後述のように、労働組合という大衆組織と密接に結びついた社会民主党である）。このような政党は、議会とともに小集団の重層的構成（《議会―小委員会―政党》及び《政党―政党経営グループ―大衆組織》）によって市民社会と国家とを連結するのである。

（b）大衆の組織化　この点については、ヴェーバーの次のような言明がまず注目に値する。

「その反面、国家政治的にみてまったく非合理的なのが、「組織されていない大衆（die unorganisierte Masse）」すなわち街頭の民主主義である。このものは、無力なまたは政治的に信用を失った議会をもつ諸国において、しかもとくに合理的に組織された政党のないところで、もっとも強力なものになる。わが国にはロマン民族の喫茶店文化はなく、国民の気質はかなり落着いているけれども、この点を伏せてみると、労働組合やそれからまた社会民主党のような組織は、純粋に人民投票的な諸民族に典型的にみられるアクチュアルで非合理的な街頭支配の、きわめて重要な対抗力となっている」（S. 222. 三七八―三七九頁）。

さきに見たのが、リーダーを多様な団体によってコントロールすることであったのに対して、ここで問題になっているのは、リーダーを選ぶ国民の意識を向上させることである。そしてその道としては、ここでも多様な団体――労働組合に代表される市民社会での団体から、政党・議会といった政治社会での団体までの――を通じて、国民意識を堅固なものにし、かつ、さきにあった「名誉と同志愛」に結びつくという意味で倫理的なもの（sittlich）にすることである。しかも、この道を進むうえでは、フランス人ら「ロマン民族」よりもドイツ国民のほうが適格だ、とヴェーバーは評価するのであった。

以上を要するに、ヴェーバーは、国民を中間団体に所属させ活動させることによって結束させることが、①国民がそこにおいて市民社会の自治と公民としての政治参加とを享受し、自由な社会的活動を通じて社会的に自由・自立の主体へと自分を高めていくために不可欠であり、②それは同時に、権力者（政治リーダーと官僚）を集団の力でコントロールすることを可能にし、③リーダーのほうは、逆にコントロールを受けて鍛えられることによって、自分の意識・能力を高めうるのであり、④さらに、社会のこのような多元的・団体的編成は、とりわけ大衆民主主義の状況下では、国民の意識を情緒性の暴走から守る防波堤となり、また国民が相互に連帯するための道ともなる、と見ていた[176]。

これまでの考察を通して次のことが、明らかになった。すなわち、ヴェーバーの政治思想を貫いていた志向は、強固なドイツ国家を確立することであり、かれは、そのためには、第一に、社会的に自立した国民を形成しこれを国家へと統合するという道をおいてほかにない（民主化の作業はその一環でもある）と考え、また第二に、国民を統合するためには政治リーダーが必要だとした。そしてかれは、国民を自立化させ、そのことを基盤にして国家主体に高めることと、政治リーダーの権力を抑制し同時にかれを政治的に陶冶することとの、これら二つの課題を達成する制度として、すなわち国民個々人と国家とを結ぶものとして、諸団体によって社会を多元的に構成することが不可欠であるとした。これが、ヴェーバーにおける〈自由・自立の主体〉と〈国家〉の関連の態様である。次の第二章では、これらを踏まえつつ、ヴェーバーのこの社会主体像がヨリ具体的にはどのような内容をもっているか、また、そうした主体像形成の課題に、右に見た「団体」はどう関わっているか、を考察していく。

以上においてわれわれは、ヴェーバーがドイツ国家の強化を求め、その立場からリーダーと一般国民との政治的自立・主体化を重視したことを見てきた。ここでは次に、このヴェーバー的政治主体の像は具体的にどういう構造のものなのか、を見ていくことにしよう。そのための素材として重要なのが、ヴェーバーがミュンヘンの大学生を聴衆としておこなった二つの有名な講演、すなわち、『職業としての学問』（一九一七年一一月七日）と『職業としての政治』（一九一九年一月二八日）である。

この二つの講演は、従来、統一的にとらえられることが少なかった。すなわち、『職業としての学問』は、伝統的には学問上の厳しい価値自由を説いた、学問方法論に関する（それゆえ研究者を名宛人にした）作品として扱われてきた。[177]この講演が後述のようにドイツ政治と深い関連性があるにもかかわらず、『職業としての政治』とは異なって――ヴェーバーの政治論集ではなく――学問論集に収録されていることがこれを物語っている。これに対し『職業としての政治』は、〈ヴェーバーが率直に「大政治家のカリスマへの訴え」を表明し、「人民投票的指導者民主主義」への立場移行を鮮明にした作品であり、この点で、ワイマール期のヴェーバーと『新秩序ドイツの議会と政府』（一九一八年五月刊）にいたるまでの敗戦前の（リベラルな）かれ（『職業としての学問』もこちらに入る）との間には、立場の根本的転換があることになる〉とされてきた（後期モムゼンらの見解）。こうして、認識の客観性を重視する『職業としての学問』と、政治的信条表明の『職業としての政治』とは、主題・関心方向の点で相互にまったく無関連だと見られてきたのである。

しかし両講演を、ほぼ同じ国家的なクライシス下のミュンヘンにおいて同じ学生たち――大学教授ではなく――を相手になされた点に関わらせ――それゆえまた政治に関わらせて――統一的にとらえてはじめて、この時期のヴェーバーの思想の根底にあるものが理解可能となる。

すでに見たように、ヴェーバーが追求してきたのは、自立的・主体的な国民を形成し、政治リーダーの力で結束させ、強いドイツ国民国家を確立する課題であった。両講演もまた、〈国民国家〉・〈自立し主体的である国民〉・〈政治リーダー〉の不可分な連関を基軸としている。すなわち、『職業としての学問』では、自立し主体的である個人の形成が中心的モチーフとなっており、また『職業としての政治』では、『職業としての学問』が前面に押し出した、自立し主体的である国民を前提にしつつ、他方の、政治リーダーの緊要性とその資質がどういうものかが中心的に扱われている（したがって両講演は相まって、国民とリーダーにそれぞれの「政治の覚醒」を促す主張となっているのである）。

確かに両講演は、第一義的には現代文明論である。しかしそれらは、ドイツの国民・リーダーのあるべき姿を具象化するものなのでもある。

第一節　自立と大学――『職業としての学問』

前述のように、この講演[178]は学問方法論、とりわけ大学教師に対し「価値自由」・「教壇禁欲」の必要を説いたものとされてきた。だがわれわれは、この講演の名宛人が、第一次世界大戦下という祖国の危機に直面したドイツの若者たちであったことに注意したい（ヴェーバーはミュンヘンの自由学生団からの依頼を受けてこの講演をおこなった）。ヴェーバーは、この講演をドイツの青年に対する次のような呼びかけでしめくくっている。

「すなわち、あこがれ、待ちこがれているだけでは何もできなかったのだ、だからやりかたをかえて、われわれの仕事にとりかかり、その日その日の課題を果たしていこうではないか――人間としても職業としてもというのがその教えである。ところで、このことは、すべてのひとが、めいめいの生命をあやつっているデーモンを見つけて、その意志にしたがうならば（wenn jeder den Dämon findet und ihm gehorcht, der seines Lebens Faden hält）、とても簡単にできることなのである」（S. 613, 一六七頁）。

ここでヴェーバーが求めているのは、現代に生きる人間一人ひとり、とりわけドイツの未来を担う青年たちが、自分自身の判断と責任によって自分の生き方を定めること、「めいめいの生命をあやつっているデーモンを見つけて、その意志にしたがう」ことである。そうしたデーモンは、非日常の場に求めうるものではなく、各人がそれぞれの場において（本書二六八頁の「各人が自己の小さな範囲で」参照）自分で選んで担う独自課題としてある。われわれはそうした課題をしっかりと担い、一日一日それの達成を積み上げていくのだ、とヴェーバーは説くのである。

ヴェーバーは、なぜこういうことをとくにドイツの青年学生に改めて求めるのか？　それは、本書のここまでの考察を踏まえれば明らかだ。すなわち、ビスマルクに対する英雄崇拝の後遺症のため国民が自立できない、「ビスマルクの政治的遺産」を克服する必要があるからである。私人としても公民としても主体的な自己意志をもてないままのドイツ国民、そのような非自立的な生き方では、祖国の再起はない、とヴェーバーは考えるのである。

実際この講演でヴェーバーは、救世主ないし預言者を「あこがれ、待ちこがれているだけ」の、あなたまかせのドイツの青年学生に、そのような「待ちこがれ」は無駄だということを自覚させようとしている。ヴェーバーが説くところでは、とりわけニーチェ以後、「神は死んだ」。これまでの権威依存的な（ヘーゲル的に言えば『権威宗教』化した）信仰は、もはや規定力を喪っている。神なき（gottfremd な）この時代においては、預言者や救世主を希求することは無駄だし、そういうものに頼ろうとする姿勢を変えるべきなのである。現代社会一般の、そしてドイツの危機下で一人ひとりが冷静に見つめなければならないのは、「ドイツのもっとも若い世代のひとびとがひじょうに多くあこがれている預言者なんかは存在しないという決定的な事態」（S. 609, 一六三頁）なのである。

ヴェーバーによれば、この状況下では、人は自分で自分の究極価値と生き方とを選んでいかなくてはならない[179]。「立場を最後的に決めると、めいめいにとっては、どちらかの一方が悪魔になり、他方は神となる。個人は自分にとっては神がどれで、悪魔はどれだということを、自分で決定しなければならない。そしてこのことは生活のすべての秩序についていえることである」（S. 604, 一五七頁）。しかも、この、「自分で決定」するということは、同時に、個々人が「かれ自身の行動の究極の意味について弁明しなければならぬ」（S. 608, 一六一頁）こと、つまり自己責任を引き受けることをも前提にしている。自分の意志（決断力）と自己責任性との資質を併せもつことこそが、現代人に否応なく課せられている、とヴェーバーは説く。

このように自由で自立した主体として生きるのは、困難な課題である。とりわけ前述のように、ビスマルクという「救世主」に頼り切ったため政治的主体性を喪ってしまい、かれ亡きあとはその代用品をひたすら求める、おまけに大衆民主主義の進行下で「純粋に情緒的な動機によって」動かされている、ドイツ人にとっては、そうである。だが、この困難な道以外には道はない。ヴェーバーは、叱咤を込めて言う、

「ところで、ほかならぬ現代人にとってひじょうに困難なことは、そして若いひとびとにはもっとも困難なことは、このような日常生活のあり方にたえるということである。「体験」を求めてあくせくするのは、すべてこのたえがたさから生じているのである。なぜなら、そのたえがたさとは、現代の運命をまともに見つめることができない、ということであるからである」（S. 605, 一五七頁）。

では、これまでこの講演の中心課題だとされてきた「教壇禁欲」・「価値自由」は、ヴェーバーのこの課題提起とどう関係するか？　この点は、かれの次の発言から分かる。

「教授が小預言者気どりでやってみるとして、かれにできることはつぎのことだけである。それは、ドイツのもっとも若い世代のひとびとがひじょうに多くあこがれている預言者なんかは存在しないという決定的な事態を、かれは知っているので、かれは預言者にふさわしく堂々と権威をもってのぞむことはない、ということである。神もなく、預言者もない時代に生きることが人間の運命であるという、根本的な事態が、このような神や預言の代用品——教壇から叫ばれる預言というのはみ

な代用品である――によって、人間の目からおおいかくされるとするならば、ほかの人ならともかく、ほんとうに宗教的な「感受性の強い」ひとの内的な関心にとっては、教授のそんなふるまいは断じて役にたつものではない、とわたくしは信じる」(S. 609f. 一六三頁)。

すなわち、ヴェーバーが問題にしているのは、教師がエセ預言者ぶることが、現代人、とくに「ドイツのもっとも若い世代のひとびと」が置かれている、前述のような時代状況（預言者・救世主がもはやいない状況）を隠蔽してしまい、そのことによってビスマルクの蔭の下に安住させ、自由な市民となるべき課題意識を鈍らせてしまう、ということである。この点については、ドイツの大学では、大学教授と学生との間に次の特殊な関係があることが、重要な働きをしている。

すなわち、人が街頭においてエセ預言者ぶったとしても、「街頭では聴き手が批判できる」(S. 602, 一五四頁) から、簡単に化の皮をはがされうる。だが、ドイツの大学では事情が異なる。この国では教授が権威をもち、かつ「学生たちは成績をとるために教師の講義に出席しなければならず、講堂には、批判をかかげて教師に立ちむかう人間の入場はみとめられない、という事情がある」(S. 602, 一五四頁)（ヴェーバーによれば、アメリカの大学にはこういう事情はない。すなわち「教壇禁欲」はヴェーバーにおいて、ドイツ的文脈における議論なのである）。

しかも、エセ預言者が学問の名を借りてなされると、その害は大きくなる。なぜなら、学問の名を借りた預言者ぶりは、――「原理的にいって無意味」(S. 603, 一五六頁) であり、また「事実の完全な理解」(S. 602, 一五四頁) を妨げることになるだけでなく――、学生たちが「不都合な事実を、つまりかれらの党派的な見解にとって不都合となると考えられる事実をば承認する」(S. 603, 一五五頁) という、知的廉直性の資質を身につけることをも妨げるからである（「価値自由」を尊重する姿勢は、この資質を育てようとする課題意識から来る）。この資質こそが、自分の決断に対して自分で責任を負うという前述の意識の土台となる（この最後の点は、『職業としての政治』の講演において、（「信条倫理」と）「責任倫理」の重視として、より詳しく展開される）。したがってドイツの大学でのエセ預言者の横行は、今求められている、ドイツの政治主体づくりにきわめて有害なのである。

以上からして、ドイツの教師に求められるのは、なによりもまず「自分の主張を抑制し通す」（S. 601, 一五三頁）能力、すなわち、自制に支えられた「知的な誠実さ」（S. 601, 一五三頁、S. 613, 一六七頁）である。

こうしてこの講演においてヴェーバーが現代人、とりわけドイツの学生に求めているのが、①危機を乗り越えうる精神的自立であり、そのための資質としてあるのが、②自分の意志をもてること、自己責任を負えること、③知的廉直性・「価値自由」という自制心をもつことであり、この三つの資質は相互に不可分に結びついている。また、ドイツの教師は、ドイツの学生たちが自立し、かつ自分を客観視できる主体となれるよう教育する任務を負う。教師がそうした任務を遂行できるためには、教師自身が教壇でカリスマぶらないという、教壇禁欲の自制心をもたなければならない。

この講演が単なる授業論・学問方法論・現代文明論に留まるものでないことは、以上から明らかだろう。ここに見られる、（a）ドイツの青年に求められる自由で自立した主体性、その中身を成す、自己意志力・知的廉直性・自己責任という三つの資質、および、（b）そのような主体を育てるために、講壇上における教師に求められる自制心、という二点は、次の『職業としての政治』の講演を検討する際に再度問題になるだろう。

第二節　自立と現代政治――『職業としての政治』

この講演――同様にミュンヘンの自由学生団の依頼に応えておこなわれた[180]――についてもその結びの部分から、考察を始めよう。ヴェーバーは、熱情的な講演を次のような呼びかけで締めくくっている。

「政治とは、情熱（Leidenschaft）と見識（Augenmaß）とによって固い板に穴をあけてゆく激しく緩慢な仕事であります。もしも世の中で不可能なことを成し遂げようとする試みが繰り返されなかったならば、可能なことも成し遂げられなかったであろうというのは全く正しいことで、あらゆる歴史的経験がこれを裏書しているところであります。しかし、それが出来る人は、リーダーでなければなりません。いや、リーダーであるだけでなく、――甚だ真面目な意味で――英雄でなければなりません。そして、リーダーでも英雄でもない人たちも、いかなる希望の挫折にも耐えられるような、上に述べた精神の堅固さ（Festigkeit des Herzens）で直ちに武装しなければなりません。そうでなければ、今日可能なことも実行することが出来ないでしょう。彼が世界に献げようとしているものに比べて、世界があまりにも愚かで卑しい——と彼が思う——場合にも、それに挫けない自信のある人、何事に対しても「それにも拘らず」と言える自信のある人、そういう人だけが、政治への「天職」を持っているのであります」（S. 450, 二二六—二二七頁）。

この結びの部分に悲壮感がみなぎっている理由は、これまでの考察を踏まえればすぐ分かる。ナショナリストのヴェーバーにとって課題は、敗戦した祖国を再強化することにあり、そのための唯一の道は、自立し主体的である国民を形成し、かれらを結束させることにあった。ドイツはこの課題を、そうした国民が育ちにくかった旧い政治的伝統に抗して、そしてまた、そうした自立性・主体性を掘り崩してしまう新しい大衆社会化傾向に抗して、追求していかなければならない。こうした政治的課題は、右にあるように、ヴェーバーにとってまさにきわめて「固い板」だった。

この関連で語られていることがらは、第一には「リーダー」の資質であり、第二には、「リーダーでも英雄でもない人たち」、つまり、この講演の名宛人である学生を含めた国民大衆の資質であった。このことは、あらゆる挫折にもめげず、「情熱と見識」とをもって忍耐づよく運命を切り開いていく政治主体であるべきこと（＝「政治への「天職」を持っている」べきこと）に関しては、引用文中に見られるように右の両者（リーダーと国民大衆と）に必要な資質が変わらないということを意味している。

本書のこれまでの考察からしても、この講演でヴェーバーがリーダーとともに一般国民にも、〈政治的に自立した者であれ〉と強調している理由の所在は明らかだろう。もしもリーダーのみが独裁的に政治を動かし、国民大衆がかれに操られるだけであれば、それは「ビスマルクの政治的遺産」の繰り返しに過ぎないものとなる。ましてや今日見られるような大衆民主主義下では、このような政治は「もっぱら悪い意味での「デマゴーグ」政治に陥る。さきにも述べたようにこの点で本講演は、『職業としての学問』と一体的にとらえなければならない。この点は、さらに後述する（二八九頁以下)。

さて、それでは、以上のような「政治への「天職」」を有した政治リーダー及び一般国民とは、具体的にはどのような資質の人間か? この点について考察を進めていくと、先の引用文中に見られた「情熱と見識」の語が重要であることが分かる。すなわち「情熱と見識」は、別の箇所では「「現実」への情熱的献身」と「見識」として現れている(S. 435f. 二一一―二一二頁)のであるが、より詳しくは、たとえば次のような意味をこめて用いられている。

「しかし、政治が軽薄な知的遊戯でなく、人間の真剣な行為であるべきならば、政治への献身は情熱によってのみ生まれ、養われるものであります。けれども、距離を置く習慣(die Gewöhnung an Distanz)――あらゆる意味で――がなければ、情熱的な政治家を高め、「不毛の興奮」に酔う政治的アマチュアから彼を区別する、あの強い精神の制御は不可能であります。政治的「人間」の「強さ」というのは、何は措いても、これらの資質を所有することにあるのです」(S. 436. 二一二頁)。

すなわち、第一に、(リーダーにおける)政治への献身的な「情熱」、ないし(一般国民における前述の、二七二頁)「自国の政治的運命の決定に共同で参加する」という積極的意欲、である。

第二には、このように熱い意欲に燃える自分を冷静に客観的見地から制御できる、自制心としての「見識」ないし「距離を置く習慣」である(この後者の「見識」ないし「距離を置く習慣」は、「精神を集中し、冷静を失わずに、現実をあるがままに受け取る能力、つまり、物に対しても人間に対しても距離を置くということ」(S. 436. 二一二頁)とも表現されている。つまり前述の「知的廉直性」である)。情熱は、こうした見識に支えられてはじめて、「現実のための情熱」となる。

加えてヴェーバーは、第三に、見識が可能となるために「責任感」が必要だとする。「指導的政治家の面目は、自分の行為の責任(Eigenverantwortung)をもっぱら自分一人で負うところにこそあるのであって、彼はこれを回避したり、他人に転嫁したりすることは出来ませんし、また、それらは許されません」(S. 415. 一九一頁)、ということである。なぜなら、この責任感がないところでは、対象への積極的働きかけができない・すなわち情熱が湧いてこないうえに、すぐれた政治家ほど「虚栄心」の虜になってしまい、「「現実」に仕えるのでなく、現実を離れ、純粋に個人的な自己陶酔の対象になる」(S. 436, 二一二頁)、すなわち客観性を喪う、からである。

すでに明らかなように、以上のことは、本書で今までにも言及してきた、信条倫理と責任倫理の関係という、『職業としての政治』で重要な問題枠組(S. 441ff., 二一七頁以下)、に深く関わっている。

ヴェーバーは、一方で、政治においては大義名分が鮮明で、また、政治家は自分の信条を明確に示し、それを貫くと(右の「情熱」の問題である)が欠かせない、と見る。これが信条倫理の問題である。

しかし同時にかれれは、政治の本質は「友と敵」の集団間闘争であり、したがって大切なのは友のため勝つことであり、そのためには権力の効果的行使が欠かせない、と見る。そしてこのような権力は、暴力や非合理性と結びつかざるをえず、そうしたものとしての政治は、「悪魔性」から逃れられない。それゆえ、職業として政治を担う者は、政治のこの現実、そこで行動する自分を冷静に客観的に見つめ、行動を効果的に制御していかなくてはならない(そのためには「価値自由」な態度が欠かせない)、とする。かれによれば、自己の信条に忠実に・美しく行動しようとして政治のこの現実を無視する者は、現実に裏切られて自分と仲間とを滅ぼすか、自覚のないまま政治の現実に順応し、欺瞞化・暴力化して自分の信条と仲間とを裏切るかするほかない。マキァヴェッリが言うように、政治において自分の信条の天国をめざそうとするならば、悪魔に誘われて地獄へ向かう道に入ることを、不断に警戒しなければならないのだ。これが責任倫理の問題である。

この後者については、ヴェーバーが一八九六年に、政治オンチの政治家である友人ナウマンに対する手厳しい批判のかたちで、次のように述べていることがらが、興味深い。

「しかし政治というものはきびしい仕事であります。ですから、いやしくも祖国の政治を進める車の輻に手を掛ける責任をみずからとろうとする人は、強靱な神経をもっていなければなりませんし、現世の政治を行なうについて、余りに感傷的であってはならないのです。だが現世の政治を行なおうとする人なら、何よりもまず幻想から自由の身になって、地上で現に戦わされている人間対人間の避け難い永遠の闘争という基本的な事実を、まず認めてかからなければなりません」（「国民社会党の設立によせて」、前掲注166『世界の大思想』第三巻四三頁）。

マキァヴェッリと同様、「友と敵」の視点がこのように鮮明になったことが、ヴェーバーの政治的リアリズムを鍛えたのである。[181] 責任倫理論は、この感覚に根ざしている。

情熱と見識と責任とは、換言すれば、信条倫理と責任倫理とは、ともに欠かせないが、これら相互の対立は深刻であり、一方だけの優位による解決はない…。そこで、両者の同時追求が必要となる。政治がもつこの緊張感に耐える強靱な人間であること、前述の「精神の堅固さ」を備えていることが、「天職として」政治を担う者の条件なのだ。ヴェーバーは言う、

「結果に対する責任を本当に深く感じ、責任倫理に従って行動している成熟した人間――老弱を問いません――が、ある一点で、「私はこうするより仕方がありません。私はここに立っています」と申しますならば、それは測り知れぬ感動を与えます。〔…〕この限りにおいて、信条倫理と責任倫理とは絶対的な対立物ではなく、むしろ、両者が相互に補い合って、「政治への天職」を持ち得る真の人間を作り出すのであります」（S. 448f., 一二五頁）。

ところで、くりかえすが、こうした「「政治への天職」を持ち得る真の人間」とは、けっして職業政治家だけのことでないし、ましてや天才的政治家だけのことでもない。この点については、『職業としての学問』のなかの、次の言明にも注意されたい。

「では、事実それ自体はどうでもよく、ただ実践的な立場をきめることだけがたいせつだと考えるひとにとっては、学問の仕事はまったく意味をもたなくなるのだろうか。おそらくは、やはり意味があるだろう。さしあたってはまず、次のことがあげられる。だれでも有能な教師であるかぎり、自分の学生に対して、不都合な事実を、つまりかれらの党派的な見解にと

って不都合となると考えられる事実をば承認することを教えるということが、教師たるかれの第一の任務である。〔…〕もし大学の教師が、自分の聴講生たちに、こういう事実を承認させる習慣をつけたならば、かれはただ知育上の手がら以上のことをしたと、わたくしは信じている」（S. 603, 一五五頁）。

ここでは、主体的な立場決定という意志力ないし決断力（「情熱」ないし信条倫理に対応する）と、不都合な事実を承認するという心の習慣（「知的廉直性」、「見識」、「距離を置く習慣」ないし責任倫理に対応する）との両項が、ともに重視されている。ヴェーバーは、ドイツの学生に主体性を自覚させるとともに、このような主体性を空虚なものにしないための知的自制心・客観的態度、そして両項を追求し、その緊張に耐える、性格の「強さ」をも身につけさせること、もしドイツの大学教師がこの任務を果たすなら、かれは「ただ知育上の手がら以上のこと」、つまり、自立的・主体的なドイツ国民の形成という崇高な課題の達成に貢献したことになる、とするのである[182]。

加えて、この関連で、『職業としての学問』が、国民の一人ひとりについて、「かれ自身の行動の究極の意味について弁明しなければならぬ」（S. 608, 一六一頁）と、責任を引き受けるべきこと説いていたことをも想起したい。ヴェーバーはそこで、自立と自己責任の自覚を、単に政治リーダーに対してだけでなくドイツの一般国民に対しても求めていた。

ということは、『職業としての政治』における「「政治への天職」を持ち得る真の人間」たることを、ヴェーバーは、ドイツの学生、ドイツの一般国民にも、求めているということである。"als Beruf"とは、この点では「プロとしての」という意味ではなく、すべてのドイツ人が、「召命・天職として」それらに向かい、右に見てきたような学問の精神・政治の精神を身につけるべきこと、を意味しているのである。

職業的・指導的政治家と国民大衆とに対してともに、ヴェーバーが以上のような資質を求めているというこの事実は、本書の考察にとって重要である。なぜなら、ヴェーバー研究においては、前述のように、この講演『職業としての政治』にはヴェーバーのカリスマ願望が発現しているとし、しかもそれがヴェーバーの社会学上のカリスマ論に直結していると見る、モムゼンの[183]説が有力であり続けてきたからである。

だが、ヴェーバーの指導的政治家像は、『支配の社会学』でヴェーバーが理念化した「カリスマ」（＝ある種の非日常的なエクスタシーの人であり、それゆえ「距離を置く習慣」・「見識」とは無縁の人間）そのものだろうか？

この点については、さきに見た講演『職業としての学問』をまず想起しなければならない。同じドイツの青年・学生を対象にすぐ前におこなったこの講演においてヴェーバーは、現代人にとってはもはや救世主とか預言者とかといったカリスマは存在しえないこと、そうした人物に対する「従士団」になり下ってはならないこと、を力説し、国民一人ひとりに自立を求めていた。加えて、『国民国家と経済政策』以来、ヴェーバーが対決してきたのは、「ビスマルクの政治的遺産」および「もっぱら悪い意味での「デマゴーグ」政治」に他ならなかった。これらのことは、ヴェーバーが、〈英雄的なカリスマと、かれに全面的に帰依する国民〉という純粋なカリスマ的支配を否定する立場だったことを意味している。〈指導的政治家　対　国民〉の関係は、程度の差はあるものの、同様に自己責任ある主体同士の、醒めた関係なのである。

確かに、自立的・主体的な国民を精神的に統合するものとして、指導的政治家が有しているカリスマ性をヴェーバーは重視していた。

この点は、かれの「直接民主制的・人民投票的大統領制」論においてヨリ全面に出ている。ヴェーバーは、ここでは大統領の権威によって第一次世界大戦後の混乱を収拾させようとしていた。そしてそのためには大統領を中心にして国民が結束することが欠かせないとし、その限りで指導者がもつカリスマ性を重視した。

しかしわれわれは、ヴェーバーの『支配の社会学』におけるカリスマそのものと、現実の政治の場における、カリスマ性（後述する「内的・カリスマ的素質」参照）をもった人間像とは、区別してかからねばならない。後者は、およそすぐれたリーダーには広く――リベラルな集団においても――求められる資質であるからである。しかもヴェーバーは、〈現実の社会では、単一の純粋な理念型がそのままの姿で発現することはない〉という立場をとっている。『支配の社会学』の「カリスマ」をその純粋のモデルのまま、ヴェーバーが現代社会に適用しようとしているなどとするのは、ヴェーバー学問方法論に対する無理解を露呈したことに他ならないのである。

ところで、この『職業としての政治』では、他にもう一つの人間類型が説かれている。官僚のそれである。官僚制に関するヴェーバーのここでの態度は、さきに見た『新秩序ドイツの議会と政府』における態度と大差はない。すなわち、ここでもまたヴェーバーは、官僚制を不可欠とする立場から、「この人たち〔専門官僚〕は廉直（Integrität）ということを大きな身分的誇りと感じていますが、もしこの誇りがなかったら、私たちは恐ろしい腐敗と卑しい俗物根性という危険に脅かされる運命にあったでしょうし、また、国家機関の純粋技術的能率も脅かされることになったでしょう」（S. 407, 一八四頁）と論じつつも、しかし他方では、そのような官僚が領分を逸脱して政治に介入する「官僚政治」が、ドイツの「残念なる」伝統である（S. 415, 一九一―一九二頁）とも指摘する（当時この「官僚政治」が醜悪を極めており、ヴェーバーはそれと対決していた）。

本書の考察にとって重要なのは、この関連で、ヴェーバーが専門官僚に必要だとする資質の内容である。それは次のようなものであった。

「官吏の面目は、上級官庁が――彼の考えに反して――彼が間違っていると思う命令を固執する時でも、命令者の責任において誠実正確に、あたかもその命令が彼自身の信念と一致しているかのように執行する能力にあるのでありまして、この最高の意味における倫理的（sittlich）紀律と自制（Selbstverleugnung）とがなかったら、全機構は崩壊してしまうことでしょう」（S. 415, 一九一頁）。

注目すべきなのは、上に見られる「最高の意味における倫理的紀律と自制」ということばである。これが上で見た「見識」の土台となる自制の資質と同様のものである。しかも、このような自制の資質は、『職業としての学問』においては「教壇禁欲」の土台となるものでもあった。ヴェーバーは、官僚が自制によってその職務に徹してこそ、指導的政治家と国民大衆とが政治を自立的・主体的に自分のものとして追求できるようになるのだと、「ビスマルクの政治的遺産」の経験を踏まえて語っていた。

『職業としての学問』における〈自立し客観的にものを見られる主体の提唱と、それを可能にするものとしての教壇禁欲の強調〉という論理構造と、『職業としての政治』における〈政治において自立し客観的にものを見られる主体の提唱と、それを可能ならしめる前提としての職務禁欲の強調〉という上に見た論理構造との、これら二つの発想上の同一性に注目したい。

ヴェーバーによれば、このような官僚制は政党のなかでも必要である。これがかれの言うところの〈「政党職員」より成る〉「マシーン」の問題である。本第三部の文脈において重要なのは、この「マシーン」と政党リーダーとの関係論である。ヴェーバーの説くところによれば、「マシーン」は、リーダーがリーダーシップを発揮するときにのみ、合理的・装置的性格へと純化しうるのであった。かれは言う、

「人民投票的なリーダーが政党を指導することにより、部下〔政党職員〕は「魂を失い」、いわば精神的貧困化とでも言えるような現象が起ってまいります。リーダーのための道具として役立つには、部下は盲目的に服従しなければならず、アメリカ的な意味でのマシーン〔…〕でなければなりません」(S. 433f. 二〇九頁)。

つまり指導的政治家は――(官僚政治からは期待できない)政治的ダイナミズムと責任意識をはぐくむという、先に見た意味において重要であるばかりでなく、さらに――官僚制を本来の装置として機能させるためにも重要なのである。そしてこのこととの関連でヴェーバーが重視するのが、「内的・カリスマ的素質」(die inneren, charismatischen Qualitäten)であった。ヴェーバーは、次のように言う、

「しかし二つに一つなのです。「マシーン」を伴った指導者民主制を選ぶか、それとも、指導者のいない民主制――天職を欠

いた、すなわち指導者の本質たる内的・カリスマ的諸素質を欠いた、「職業政治家」の支配――か、の二つに一つなのであります。そして後者は、時の党内反対派がよく「派閥」と呼ぶものであります」（S. 434, 二一〇頁）。

このようにここで「内的・カリスマ的素質」とは、〈日常性や実定的制度を超えた価値への結びつき、そこから来る、強い召命感・信条倫理をもち、かつ人を魅惑する特性を備えた個性的な人物〉がもつ特徴である。ヴェーバーは、そうしたすぐれた人物（イギリスのディズレーリ、グラッドストーンやアメリカのリンカーン、セオドア＝ローズベルト大統領のような）が、「人民投票」で選ばれトップに立って人びとの強い支持を受けつつ政治を担う関係を求めるのである[184]。そのようなリーダーが、的確な判断・決断力と実行力とに支えられつつカリスマ的素質を発揮して強い統合・指導をおこなえば、官僚――それはヴェーバーが国民に対して求めている〈自立者〉そのものではなく、自立に必要な三つの資質のうちの自制心のみを職務上で最高度に発揮しなければならない特殊な人間類型にすぎない――は、装置としての本来の働きに純化できる。そうした国においては、一方の、政治活動に必要な力動性と、他方の、組織運営に必要な合理性とがともに確保できる、とヴェーバーは考えたのである[185]。

さて、以上の考察を通じてわれわれは、ヴェーバーが、自由で自立した主体の条件としてドイツ国民と指導的政治家とに求めた資質が――晩年の『職業としての学問』と『職業としての政治』との両講演に共通して――第一には〈現実〉に対する情熱ないし政治的関心であり、それと不可分の主体的意志力であり、第二には、知的廉直性、見識ないし「距離を置く習慣」、すなわち冷静な洞察力とそれを支える自制心であり、第三には、責任感であり、第四には、それらを担いうる、性格の「強さ」ないし「精神の堅固さ」であることを確認した。このような両主体を基礎にしてこそドイツの強い国家づくりが可能になるという確信が、ヴェーバーの生涯を貫く赤い糸なのであった。

ここでは以上の点を踏まえて、〈ではヴェーバーは、この政治主体像をどこから得たか〉を考えよう。この問題を考えるとき、念頭に浮かび上がってくるのが、『プロテスタンティズムの倫理と資本主義の「精神」』と『プロテスタンティズムのゼクテと資本主義の精神』の二論文である。

ヴェーバーが『職業としての学問』と『職業としての政治』との講演で求めた人間像が、若き日のかれのアメリカ体験、それにもとづく、上記二つのプロテスタンティズム論文と深く連関したものであったということについては、フリードリヒ＝クルジウス宛の一九一八年一一月二四日付の手紙（『政治書簡集』相沢久訳、未来社、一九五六年、七五頁）が証言している。ヴェーバーはここで、敗戦下のドイツ国民を内面的に再生させるためには、

「あのまったく真面目な、道義的な「上品さ」を回復することです。〔…〕その方法としては、アメリカ的なクラブ制度ある

のみだと思います。〔…〕純粋性を保ってゆくための唯一の方法としての、「公正さ」と廉恥心との養成。これが重大なのです」。

と述べている。ヴェーバーは、人物を選別して受け容れる（＝排他的な）様々な団体をドイツ社会に構築し、それらの内における相互交渉を通じて国民の知的誠実性・品位を育成するという、真正のピューリタン的方途をおいてほかに道はないと考えている。明らかにこれは、『プロテスタンティズムの倫理と資本主義の「精神」』に出てくるような社会主体を、後述の（本書注188参照）『プロテスタンティズムのゼクテと資本主義の精神』における「ゼクテ」（＝制度化された「教会」に対する、自発的信者組織）によって形成していくという戦略に関わっている。

一九〇四年のアメリカ旅行（八月からの二ヵ月間。行程はシカゴや南部にも及んだ）においてヴェーバーは、この若い資本主義社会を支える力強い精神に注目した。この体験を踏まえて完成させたのが、上記二論文である。本第三章では、これら二論文の中身が事実認識として妥当か否かとは独立に、これらにおいて表出しているヴェーバーの思想・思考が考察対象となる（確かに、ヴェーバーの――とりわけその中期に豊かな実りを迎えた――社会学上の言明を、無媒介に〈かれの政治的立場の表明だ〉と解釈することは許されないだろう。たとえば上述のように、『支配の社会学』でかれが「カリスマ」について書いていることを、〈ヴェーバーのカリスマ希求の表明だ〉とするような短絡的な理解をしてはならない。しかし他方では、それら諸言明、とりわけ、これから扱う二論文の言明も、文脈に照らし合わせつつ、かつ全体的考察を加えつつ読めば、ヴェーバーの政治思想の現出として再構成しうる場合も、あるのではある）。

われわれはまず、『プロテスタンティズムの倫理と資本主義の「精神」[186]』を取り上げよう。ここでヴェーバーは、「初期企業家」ないし実直な自営市民について、次のように述べている。

「この「新しい型」の企業家は、冷静沈着な自制心（die nüchterne Selbstbeherrschung）をつねに堅持し、道徳的にも経済的にも破綻をきたらせぬために、まれにみるほど強固な性格（fester Charakter）を必要としたのである。また明敏な洞察力（Klarheit des Blickes）と実行力（Tatkraft）とのほかに、とりわけ確固としてかつ秀でた「倫理的な」諸資質（"ethische" Qualitäten）をもたないかぎりは、この革命にとって不可欠である、顧客と労働者からの信頼をうることはできないし、また無数の障害にうち勝ってゆく精神力をもつこと、なかんずく企業家としてなによりも重要な、とくに安易な生活などとはおよそ両立しない激烈な労働にもたえてゆくことなどは、まったく不可能なのである。〔…〕生活上の厳格な訓練をうけて成長し（in harter Lebensschule aufgewachsen）、きっすいの市民的良識と「原理」とを身につけ、さらに熟慮（wägend）と断行力（wagend）とを兼ねそなえ、わけても冷静にして（nüchtern）着実に（stetig）業務に、鋭敏（scharf）かつ全力で、うちこんでゆく人びとであった」（S. 53f. 二六二頁）。

ここに見られる、「企業家」の資質を整理するならば、次の四群に集約される。すなわち、①「実行力」、「断行力」、ないし「全力で」打ち込むという、生活に対する積極的姿勢・強い意志・パトス、②「明敏な洞察力」・「熟慮」ないし「着実」・「冷静沈着」という、醒めた理性ないし自己を客観的に見る力、③「顕著な「倫理的な」諸資質」ないし「市民的良識と「原理」」という社会性・公共心、④これらを自分の内部において有機的に結びあわせられる「強固な性格」（これの骨格を成すのは、ヴェーバーによれば、「自制心」であり、それは「生活上の厳格な〔禁欲の〕訓練」によって形成されるのであった。この点は後述する）、である。

ヴェーバーが描いた「企業家」の資質を以上のようなかたちで整理すると、この人間像が、（a）『職業としての学問』における、①主体的な立場決定という自己意志力ないし決断力、②不都合な事実を承認するという知的廉直性、③自己責任、④それらを統合できる性格の「強さ」、に対応していることが分かる。それはまた、（b）『職業としての政治』においてかれが指導的政治家とドイツ国民とに求めた、①「情熱」、②「見識」、③社会的「責任感」、④それらを統合できる「精神の堅固さ」、にも対応している。われわれはまた、『職業としての政治』における、①信条倫理の情熱、②責任倫理の冷静さ、③それらの根底を成す責任感、④これらを統合できる「男性的な厳格な態度の人間」（*GpS*, S. 438f. 二一四頁）、という論理をも想起したい。

講演『国民国家と経済政策』においてヴェーバーが力説していた「わが国民の政治的教育」ということ、ヴェーバーにとって「初期企業家」の姿は、そうした社会主体を構想するうえで重要な指針となるものだったのである。

それでは、この資質を備えた人間は、どのようにして形成可能か？　まずヴェーバーは、右に述べたように、これらの資質の根底にあるのが「自制心」であると見ていた。かれによれば、「こうした企業家には、けっして例外ではなく、むしろ一般的にと考えてもよいほど、かれらには一種の冷静な克己心（kühle Bescheidenheit）をみとめることができる」（S. 55, 二六四頁）のであり、これが当該論文で重要な意味を有している「禁欲」の問題である。そして、この「禁欲の精神」は、前述の三つの資質と具体的には次のような関係に立っている。

「それ（禁欲）は合理的な生活態度の組織化された方式を発展させたものであり、自然的秩序を克服するとともに、非合理的な衝動の力と、世界および自然への隷属から人間を解放し、さらに、人間を一つの計画的な意図によって統制し、人間の行動を絶えざる自制（Selbstkontroll）と倫理的反省とのもとにおくことを目的としていた」（S. 116, 二九六頁）。

すなわち、「禁欲」は、第一には、「自然的秩序」の「克服」ないし「世界および自然への隷属から人間を解放」する。つまりそれは、既成社会および自然という環境から人間が自立し、主体的にそれらに対峙することを可能にする。そして第二には、「合理的な生活態度」の確立に寄与する。第三には、「非合理的な衝動の力」を克服する「自制と倫理的反省」といった倫理的資質を発展させる。要するに禁欲こそが、前述の「初期企業家」の資質の機軸となるものだった。

だが、ヴェーバーによれば、この「禁欲」も、ただそれを唱えているだけでは、上のような人間形成力を発揮しない。そのためには、（前述のことばを使うならば、）「禁欲」を根本原理とするところの「生活上の厳格な訓練」が必要であった。そしてこの訓練の場であったのが「職業労働」である。人間の変革が、単なる瞑想生活といったものによってではなく、現実生活上の実践行為によってのみ可能になると見る、ヴェーバーのこの見方は、ヴェーバーと一九世紀ドイツ自由主義の精神的伝統との関連づけという本書のテーマにとって一つの重要なポイントとなる。この点がとりわけ明確であるのは、ルター派とカルヴァン派との、ヴェーバーによる次のような対比においてである。

すなわち、ヴェーバーによれば、ルターは確かに自立した主体の原点としての「キリスト者の自由」を提起し、かつそのために、上に述べたような意味での「職業労働」の重視を主張した。しかし、このルターは、「伝統主義」を破れなかったし、「そればかりではなくますます伝統主義に傾いていった」(S. 75, 二七三頁)。その原因は、第一には、伝統主義に規定されている聖書をルターが自分の職業観念の基準にしたことにあった (S. 74, 二七二頁)。しかし、われわれにとってヨリ重要なのは、次の第二の原因である。すなわちルターの思想は、ひたすら内面世界へ沈潜するという方向に進んでいった。

「とくにルター主義の信仰では、「現世」に対する関係が一般に不明確であったために、この考え〔「権力への服従とあたえられた生活への順応」(S. 78, 二七四頁) を説く思想〕はいっそうはなはだしかった。ルターの思想は、パウロの現世に対する無関心さを少しも超えるものではなく、そこからは現世を再編成するための倫理原則などは期待できなかった。したがって、現世をあるがままに認めるばかりであり、このことを宗教的義務とみなしえたにすぎなかった」(S. 173, 三二五頁)。

ルター派は、〈神の前にただひとり立つ自分〉を自覚させ、自分が内面世界の主体であること、その点で人間は相互に自由で平等であること、を自覚させた。けれども、ヴェーバーによれば、そのような内面での自由・自立だけでは、人は変革の主体にはなれない——社会を変革する主体にも、それと不可分の自己変革の主体にも。というのも、そのような内面に向かう人間(これがドイツの伝統である)には「現世に対する無関心」が避けられないからである。そうした人間は、社会に生き社会に働きかける主体へと自分自身を変えられず、社会関係を変える生活運動を軽視するのである。

そしてヴェーバーは、このルター派の内面型の自立に対し、カルヴァン派的な社会的主体性を肯定的に対置する。ヴェーバーによれば、「改革派教会の典型的な信仰は、ルター派の、純粋に内面的、感情的敬虔 (rein nach innen gerichteten Stimmungsfrömmigkeit) に対しても、また同じくパスカルの静寂主義的な隠遁 (Weltflucht) に対してもはじめから対立するものであった」(S. 108, 二九二頁)。なぜなら、カルヴァン派は、神の世界創造に貢献し、現世において神の栄光を高めるため奉仕することを重視した。この宗教倫理が、現実の生活の現場において、「倦むことなき職業労働」

（S. 105, 二九一頁）ないし「合理的に組織された倫理的生活態度（ethische Lebensführung）」の実践を促進した。そして、この種の生活を通じて人びとは、自分を新しい産業化の社会を担う主体に成長させていった。これが、本書の言う、紀律化による人間改造・新しい社会主体形成である。

以上の根底にあるのは、〈自己変革と社会変革とは、単なる内面に関わる道徳的主体によってではなく、内面を確立しつつも同時に社会にも働きかける人間、換言すれば実践「倫理」的人間によってのみ可能となる〉という思考、ヴェーバーのことばで言えば、「いっさいの時間といっさいの行為とをふくむ、全体としての生活の根本的な変革によってのみ、恩恵の威力が人間を「自然的秩序」から「恩恵の秩序」へと転化させ」（S. 115, 二九六頁）ることができる、という思考である。

このように見てくると、ルター派に対するものとしてのカルヴァン派の実践倫理を高く評価するヴェーバーの立場が、ヘーゲルの「倫理性」の立場と近似したものであることが明らかになる。ヴェーバーの立場は、ヘーゲルが〈カントやロマン主義的イロニー、ないし「インド的な純粋瞑想」の内面道徳〉に対置した立場、すなわち自由を社会活動において考える姿勢、ないし制度的倫理学の伝統を再評価する立場（『法の哲学』第五節、一四一節追加文参照。これは、マキァヴェッリでも問題になった。三五頁）と近似したものである。ヴェーバーのこの実践倫理の立場に本質的に関係するEthos、ないしEthikの語が、ヘーゲルの制度的倫理学の立場に深く関わるSittlichkeitの語と語源を同じくしているという事実は、単なる偶然の所産ではないのである。[187]

ところで、ここではさらに、次の問題にも注目しなければならない。すなわち、以上に見たような「生活上の厳格な訓練」を「職業労働」を通じて遂行するにあたって、この「訓練」、紀律化を効果あるものにしたのは、どのような社会関係・制度であったかという問題である。ここでこの問題を考える際に重要なのが、「アナ＝バプティスト派」がカルヴァン派に対して有している歴史的意義へのヴェーバーの着目である（つまりヴェーバーは、カルヴァン派を全面的に支持しているわけではない)。

ヴェーバーによれば、「アナ＝バプティスト派」が(アメリカで)「資本主義の精神」の形成に対して果たした偉大な役割は、次の二点に求められる。第一に、この教派がその反政治的態度のゆえに、「非政治的な職業生活」における職業倫理を徹底させたこと、とくに、その「冷静かつ良心的な生活紀律」ないし「正直」の徳性によって、資本主義の前提を成すべき精神の形成に寄与したこと(S. 159f. 三一七―三一八頁)である。そしてヨリ重要なのは、そのような精神が形成される場ないし社会関係に関わる次の第二点である。これについては、ヴェーバーが次のように述べるところにまず留意したい。

「カルヴァン主義の国教会のもとで、ほとんど宗教裁判と大差ないまでに峻烈におこなわれた、教会の検察による個人生活の監視は、救いを感得するための組織的な禁欲の努力によって個人の諸能力を解放することとは、むしろ反対の影響をあたえることができるものであって、事実においてもまったくそのとおりであった。国家による重商主義的統制が産業を育成することは可能であったけれども、少くともそれのみでは資本主義の「精神」を育成することは不可能であり――むしろ警察的・権力的な特質をもつ統制のおこなわれるところでは、逆にその育成を阻止したのである。――それと同様に、教会の統制による禁欲もまた、それがあまりにも厳格に警察的におこなわれる場合には、これと同じ効果をひきおこすものであった。この場合に教会は、一定の外見的な行動をおこなうことを強制したが、多くの場合に、それによって紀律的な生活態度をつくりだす主観的刺激を弱めてしまったのである。これについて論ずるにあたり、われわれは、国教会の権力的な倫理統制の作用と、自発的な服従を基礎とする諸教派の倫理統制との間には、明白な相違のあったことを見落してはならない。アナ・バプティスト派の運動が、それに属するすべての分派のなかに、「キルへ」でなくて「ゼクテ」をうみだしたことは、この運動の禁欲活動を強めることに貢献したのであり、この点ではカルヴァン主義、敬虔主義、メソディスト主義などを信奉する諸教団のうち――その強さには相違があったが――事実上の自発的な教団の形成(voluntaristische Gemeinschaftsbildung)を余儀なくされたものがあったことは、これと同じ事情のもとにおかれていたからである」(S. 161f. 三一九―三二〇頁)。

ここに語られていることの第一のポイントは、禁欲の訓練を通じて人間を変えていくことは、外から（＝上から）の押しつけによってではなく、あくまでもその人間の「主観的刺激」、すなわち自由を基底にした自発的自己制御によってのみ、可能になるということである（まさにこの見方をわれわれは、若きヘーゲルが、「権威宗教」に対する「市民宗教」に見出した原理として（一六七頁以下）、ないし悟性的・啓蒙的な「客観的宗教」に対する「市民宗教」に見出した原理として（一七七頁）見た）。

第二のポイントは、孤立的な個人であっては自己変革の意欲を持続することはできない。自己変革のためには「自発的な服従を基礎とする諸教派」のような自発的な団体の力が重要だ、ということである。そのなかにおける、自由で自立した主体の相互作用（相互審査と相互援助）の力だけが、持続的・組織的な「主観的刺激」によって個人を根本的に変革できる。ここには、〈各人の自由に根ざすことによってこそ公共への意識（徳性）が獲得できる〉という思想、「国民主義」の基底を成す思考、がはっきり出ている。

ヴェーバーのこの団体理論がヨリ積極的に示されているのが、『プロテスタンティズムのゼクテと資本主義の精神(188)』と題する論文である。ヴェーバーは、アメリカの若い資本主義社会を支える力強い精神に注目したのであったが、その際この精神が、アメリカ社会を網の目のように分節して構成している、多種多様な小集団の生活に根ざしていることに目を止めた。この認識が、本論文の基底を成している。

ヴェーバーによれば、健全な民主制にあるアメリカ社会は、「諸個人の定型なき砂の集積体ではなく、きわめて排他的ではあるが、しかし、自発的な諸集団（Verbände）の寄り集り」（S 215）から成る。アメリカ人は、「諸集団」のなかでの活動を通して、それらを自由の砦にする（＝共同の力で自由を守る）とともに、近代資本主義と民主主義政治とを担うに必要な資質を「たえず持続的に練磨」（S. 234）する場、紀律化の場にもした。

そして、前述の——カルヴァン派とは別の方向を進んだ——バプティスト派のゼクテ（自発的信者組織）は、近代精神の訓練場である「諸集団」の原型であった。なぜなら、かれらのゼクテは、一方で、「家父長的・権威主義的な拘束性」に対決するものとして諸個人の自由の砦となり、かつ、そのことによって団体生活上、個々人の主体性ないし自由の意識を高めるとともに、他方で、同時に、この団体内での自由な共同生活という諸個人の相互作用を通じて、自由な諸個人の自己変革を促し有徳化する役割をもはたしたからである。本書でさきに見たところの〈団体的自治の三つの役割〉（本書二七三頁）の発揮である。

ヴェーバーは、これら二つの意味をこめて、ゼクテこそが「近代「個人主義」のもっとも重要な歴史的基礎を築いたのであった」（S. 235）と評価する。その際、ここで個人主義が括弧付きであるのに注意しよう。これは、自治的団体が、一方で、個人に自由な活動を確保することによって自由で自立した主体に高め、他方で、その個人を孤立した個人としてではなく、共同体を担える連帯的な主体にできるということを意味している[189]。ヴェーバー的な主体像を考える場合には、カルヴァン派的な現実的・実践的主体を見るだけではなく、このカルヴァン派の国教会にも対抗した諸教派における団体的・社会的主体をも見、両者の関係を考えなければならないのである[190]。

以上の考察との関係で、次の点にも注目しておこう。アメリカの民主主義社会を自由な諸集団から構成された多元的社会と見、かつ、この自由な諸団体を、その〈自由の砦〉としての面と、その〈自由の倫理化の学校〉としての面との二点から評価する、ヴェーバーのこのアメリカ社会像は、つとにトックヴィルが描いていたそれとほぼ重なる。この点は、一九世紀の自由主義にヴェーバーを連関づける本書の考察にとって重要なので、詳しく見ておこう。まず、トックヴィルは、のちにヴェーバーが「発見」することになる、アメリカ社会を構成する諸集団について、次のように注目していた。

「アメリカ人はその年齢・階層・思想の如何を問わず、絶えず団体をつくる。通商の会社や産業の会社に誰もが属しているばかりでなく、これと異なる種類のものがなお無数に存在する。宗教的結社や道徳向上のための結社があり、真面目なものもふざけたものも、極めて一般的なものもごく特殊なものも、そして巨大なものもあれば、また微小なものもある。〔…〕

私はアメリカで、正直なところそれまで想ってもみたことのない類いの結社に出合った。合衆国の住民が巧みな技術を駆使して、多数の人々の活動に共通の目標を付与し、しかもそれが、その人々を自発的にその目標に邁進させることになっているのに、しばしば讃嘆した」（A. de Toqueville, *De la Démokratie en Amérique*, Tome 2, 1840, Édition M. Th. Genin, pp. 145–146.『アメリカにおけるデモクラシー』岩永健一郎・松本礼二訳、研究社出版、一九七二年、一〇五—一〇六頁）。

このようにトックヴィルもまたアメリカ社会の多元的構成に注目するのであったが、その際、かれが「讃嘆」しているのが、様々な結社がそれぞれのメンバーに、「共通の目標を付与し」、『自発的にその目標に邁進させることになっている」という点であることに留意したい。ここには、自治的な団体における活動を通じて主体性と連帯とをともに涵養していくという論点が窺われる。実際トックヴィルは、団体を通じた人間の変革という問題をきわめて重視する人である。たとえば、次のような言明が注目に値する。

「人間の相互作用（l'action réciproque des hommes les uns sur les autres）に依ってのみ感情と思想とが一新され、人の心が豊かになり、人間の精神もまた発展する。民主的な国家ではそうした作用がほとんどみられないことはすでに示した。それゆえ、これを人為的につくり出さねばならない。これこそ、結社のみのなしうるところである。〔…〕民主的な国民にあって、諸階層の平等によって姿を消した有力な個々人にとって代わるべきは結社である」（p. 149, 一〇九頁）。

このような人間の相互作用論が、新しい実践倫理のエートス化の場をゼクテに求めるヴェーバーの思想の根底にあるものでもあったということについては、さきに見たとおりである。そして、相互作用を通じて形成される人間の資質の一つとしてトックヴィルが重視したのが——民主主義における平等と自由とがもたらす「個人主義」を是正する——連帯意識であった。この点についてかれは、アメリカの自治的な団体制度の一つとしての地方自治をめぐって、次のように論じている。

「地方自治は、多数の市民たちに、隣人・知友の情愛を重んじさせるものであり、それゆえ、人と人とを隔てる諸本能に抗して、かれらを絶えず接近させ、互いに援け合わざるをえなくする」（p. 143, 一〇二頁）。

また、自治的な団体が有している自由の砦としての意義については、政治的結社の役割に関する次の言明にも注目したい。

「民主的な国家では、政治的結社は、いうなれば、国家を制約しようと望む唯一の有力な個体である。したがって、今日の政府は、かつて中世の国王が王国内の大領主を見たのと同じ目でこの種の結社を見ている。すなわち、それらに対して一種の本能的な恐怖心を覚え、あらゆる機会にこれと闘っている」(p. 160, 一一六頁)。

トックヴィルのこの思想を肯定的にイギリス社会に紹介したのがミルである。かれは、その自伝にあるとおり、トックヴィルの分権主義、多元的国家論の立場に大きな影響を受けたのであったが、今ここで問題にしている、トックヴィルのアメリカ結社論の箇所については、次のようにコメントしている。

「民主主義国の市民のように公務の責任に関知せず、それに対してごく僅かの影響を与えることしか期待できないような目立たない人びとにとっては、生生とした熱烈な感情としての祖国愛をもつことは困難である。かれ等は愛着の気持を固定すべき媒介的な対象をもたないために、自分の私事に固執してしまう。〔…〕従って社会状態がますます民主主義的なものになるにつれて、人工的な手段によって祖国愛を涵養することがますます必要になるが、それには自由な諸制度——市民が公共の仕事の運営に多分に、またしばしば関与すること——以上に効果的なことはない。祖国愛だけが、このような促進を要求するのではなく、人びとを隣人や同胞市民と利益や同情によって結合するすべての感情がそれを要求する」[19]。

このようにミルにおいても、自治的な諸団体を通じて個人に連帯意識と国民としての主体性とを涵養し、自由な祖国愛を育てようとする「国民主義」の志向が現れており、しかも、これがアメリカの民主主義の特性として論ぜられている。

トックヴィルとミルとの、以上のような多元的国家論は、かれらが共有する一九世紀的自由主義の立場の根幹となる部分である。そして、ヴェーバーが、アメリカの自由民主主義の社会の認識とその意義づけに関して、トックヴィルないしミルと一致を見せていることは、それだけでも、ヴェーバーの多元的国家構成の根底にある精神構造が、厳密な意味での一九世紀的自由主義の精神構造と異質ではないことを物語っている。しかも、トックヴィルたちが上記のようにアメリカの結社を評価するときに、その前提を成していたのが、旧ヨーロッパの伝統的な身分制的自由を近代的に再評価しようとする立場であった。このことは、ヴェーバー自身のエートスを規定している要素の一つとして、「伝統主義」が——「近代主義」と結合しつつも——あったということを推定させる。そしてまたこれらのことは、トックヴィルやミルと時代が重なりあうドイツ自由主義者たち（ヘーゲルがその最初の一人であった）にも同様な精神構造が発現しているということを証明しえたならば（この作業はすでに本書でおこなってきた。二三八頁以下）、ヴェーバーとドイツ自由主義との精神構造を論じることが——トックヴィルやミルが両者の媒介となりうるのであるから——突飛な試みではないということをも物語っている。

さてわれわれは、上で見たヴェーバーの団体理論——自由な市民の自発的な団体生活を人間変革の場であり、それゆえひいてはこの変革された人間による社会変革の場でもあるとする——が、さきに見たかれの団体思想とその発想を同じくするものであること、に注意しなければならない。

たとえば『新秩序ドイツの議会と政府』においてヴェーバーが、〈官僚政治と大衆民主主義下の「ケーザル主義的傾向」とに抗してドイツ国民の主体化・自立化をかちとるためには、「組織された大衆」の道しかない〉としていたのがそれである。とりわけ、かれがそこで、労働組合を重視していたことを思い出したい。ヴェーバーは、ドイツ国民を「名誉と同志愛」を有する主体（自立的な主体であること＝「名誉」とともに、相互に連帯しあう公共心ある主体でもあること＝「同志愛」）へと政治的に陶冶しようとしたのであった。その際かれは、そのためには、日常生活上での自由な団体生活を通じた訓練が重要であると見たのであり、そうした団体のなかでも有望なものの一つが労働組合であった(192)。

ヴェーバーのこのような小集団思想を見てくると、本書二四五頁以下で扱ったヘーゲルの小集団思想をこの連関でまず想起することもまた、けっして不自然なものでなくなる。ヘーゲルも、新しい主体的個人を基盤としてのみ力強い近代国家が確立すると考え、しかもそのためには自由な諸個人が、近代化された、それゆえ自発的で自由な諸団体におけ

る生活を通じて、主体的でかつ連帯的な社会的人間へと自己陶冶していくことが不可欠だとして、次のように言う、

「団体精神のうちには特殊的なものを普遍的なもののうちへ根付かせるはたらきが直接に含まれているから、そのかぎり団体精神のうちには、国家が市民の心術に於てもつところの国家の深さと強さがある」（ヘーゲル『法の哲学』第二八九節。本書二四六頁参照）。

この一種の多元的国家構成、すなわち、一方での個人の自立と、他方での国家的統合とをともに課題として設定し、そうした両極を相互に媒介するものとして、〈自由な諸団体〉を重視する思考を、われわれは拙著（本書注27）『近代ドイツの国家と法学』において、（ヘーゲルとヴェーバーとを、それぞれ始まりと終わりとに置く）一九世紀ドイツの精神史に一つの「コモン＝センス」・「時代精神」として見出したのであった。

しかもわれわれは、こうした立場がドイツだけのものではないことをも見たのであったが、しかしその際、ドイツ的なそれの特性が、他の西欧諸国の自由主義思想に比してヨリ強い国家的統合を求めるところにあるとして、ヨーロッパの多元的国家論に占めるドイツのそれの位置をも確認した。

個人の自由・それを支える団体自治を前提にしつつ国家的統合をも重視するという、多元的国家構成こそが、今まで考察してきたようにヴェーバーのものでもあった。それゆえ、ヴェーバーが、トックヴィルやミルと「ヨーロッパ自由主義」と精神構造を共通にしているとはいえ、かれは厳密には、（リーダーによる上からの統合と国民の自由・主体化と、両項を媒介する団体自治を求める）一九世紀ドイツ自由主義の精神に属していたのである。

以上のような、ヴェーバー思想を一九世紀ドイツ自由主義の伝統の（最後の）発現物として理解しようとする試みに対しては、〈ヴェーバーはドイツ的伝統の批判者だったのに、それを無視するものだ〉とか、〈あの偉大なヴェーバーを凡庸化＝平均的ドイツ教授化するものだ〉とかの異論が出ることだろう。また次のように批判する人も、いるだろう。ドイツ団体思想、とりわけ有機体論に対するヴェーバーの批判は、徹底したものだった。このことはかれが、ゼクテ論

に関する *Christliche Welt* 20 Jg. (1906) 誌上の論文 "„Kirchen" und „Sekten" in Nordamerika" において、ドイツ的なゲマインシャフト(Gemeinschaft)思想とアメリカ的なゲゼルシャフト(Gesellschaft)思想とを対化し、後者を高く評価していることからも明らかだ、と。

だが、〈ドイツの団体思想・有機体論は、個人を超個人的・情緒的団体に埋没させ、個人の自立性・主体性を塞ぐものだ〉との見方は、拙著(本書注27)『近代ドイツの国家と法学』がその八〇頁で明らかにしたように、一つのステレオタイプにすぎない。たとえばドイツ自由主義者に属するイェーリングは、その立場から個人と共同体・国家との緊密な結びつきを説くのであるが、その立場のゆえに超個人的な団体のあり方を否認し、法人否認説に与した(本書注130)。

テンニエスの有名な〈ゲマインシャフト 対 ゲゼルシャフト〉という概念対置に囚われて、ドイツの団体論者を扱う際に〈かれは、ゲマインシャフト志向の立場か、それともゲゼルシャフト志向の立場か〉と二者択一に考えるのは――これが従来の傾向であり、右のゼクテ論のなかでヴェーバー自身がそれに陥っているのでもあるが――、一つの理念型を絶対視して豊かな現実に対してプロクルステスのようにふるまうことに他ならない。

「ドイツ的」の典型とされるヘーゲルについてすら、さきに見たように(二四五頁以下)、その団体論は、〈近代的諸個人の自立性・主体性を前提にしたうえでの、そうした諸個人の連帯性〉としてあった。このことの現れとして、ヘーゲル的小集団は、一方では、たとえば「家族」に見られるように、愛情を本質とする結合でありつつも、それのメンバーには「道徳性」および「市民社会」に結びついた存在としての、内面での自立と社会的な自立とを前提にしている。それゆえこの「家族」は、言わばゲゼルシャフト的要素をも組み込んだゲマインシャフトだと言えよう。また、ヘーゲル的小集団は、他方では、たとえば「コルポラツィオン」等にみられるように、近代「市民社会」的諸個人の自発的利益団体性を本質とする結合でありつつも、その内での連帯性・仲間意識が重視されるものとして、言わばゲマインシャフト性が強いゲゼルシャフトとしてある。

二者択一的思考から同様に自由になってテンニエスの理念型を適用すれば、ヴェーバー自身における団体も、自立的諸個人の自発的結社であるとともに、その結社内での「同志愛」ないし相互援助・相互練磨といった連帯性が重視されているという点で、ゲゼルシャフト的要素をも発達させたゲマインシャフトとでも言うべきものである。〈ゲマインシャフトか　ゲゼルシャフトか〉によってドイツ的な団体思想からヴェーバー的な団体思想を切り離そうとするのは、正しくないのである。(193)

ヴェーバーのゼクテ論を評価する人はまた、ヴェーバー的ゼクテが有資格者の選別にもとづく排他的な貴族主義を有していることを重視し、この点が、（日常的な団体を基盤としているため伝統主義の巣窟となっている）ドイツ的団体理論におけるとは異質である、と反発するかも知れない。しかし、ヴェーバーにおいてこの選別の原理が重要なのは、これによって各構成員の〈自己変革〉が相互審査と自己努力のかたちで推進されうるからであり、かつ、同時にこれによって構成員の帰属意識、外部に対する内部的結束が強化され連帯性が強められるからである。この点でそれは、本書で見てきた他の人物の団体思想と異質のものではない。それどころか、一般に自由主義的な団体思想は――拙著（本書注27）『近代ドイツの国家と法学』で見てきたように――「大衆」に対立するエリート（「財産と教養」）の自由に結びつくものであって、そこでは多かれ少なかれ選別の原理・貴族主義的原理に重要な意味が置かれている。

加えて、人びとはヴェーバーの小集団論についてゼクテのみを主として重視するのであるけれども、ヴェーバー自身が、現実のアメリカ社会やドイツ社会の主体形成の場として論じたのは、もちろんゼクテそれ自体ではなく、その日常化・世俗化の延長上の諸団体（「クラブ」、「政党」、「労働組合」等）であり、それゆえ『経済と社会』等々で展開されているヴェーバーのゼクテ論をそのまま無媒介にかれの現実の政治思想と結びつけるのは、妥当ではない、という点もある。

しかも、ヴェーバーのゼクテ論とドイツ団体思想との関連という上述の問題に関しては、〈近代ヨーロッパにおいて、宗教的に自立的な諸個人がなぜこのようなゼクテ的小集団を形成するにいたったのか〉を問う必要がある。この問いによって、〈ゼクテをも生み出す母体としての、ヨーロッパの団体主義の伝統それ自体〉が考察対象になりうるからである。ヴェーバーのゼクテ論では、ゼクテが伝統を解体する役割をもったという面が重視されるのだが、このようなゼクテ形成をもたらすエートス自体が一つの伝統の産物でもあった、という面をも無視してはならない。ここに、本書三〇二頁以下に示した、トックヴィルにおける〈身分制的自由の団体と近代的結社との原理的連続性〉という考え方の重要性が浮かび上がる（ヴェーバー（"Die protestantischen Sekten...."の末尾）や、ヴェーバー研究を進めた大塚久雄（『大塚久雄著作集』第七巻二二九―二三二頁における「半共同体」の概念）たち自身がこの考え方を、不完全ではあるが提起はしていたということ、拙著（本書注27）『近代ドイツの国家と法学』の末尾で見たとおりである）。この論点もまた、「英雄」ヴェーバーと「悪しき」ドイツ的団体論とを対立させるだけでは、解明できないものである。

そしてヴェーバーにおけるこの貴族主義的要素は、単にこの「ゼクテ論」に見られるのみならず、さらにかれの指導的政治家論についても見られるところである。この点については、ミッツマンの次の指摘が興味深い。

「ヴェーバーは、真のリーダーシップをもちうるこの資格が、歴史的には貴族層にみいだされたということを示唆する多くのヒントをわれわれに残している。だがこれらの貴族層は、禁欲的合理主義の伝統に絶対的に対立するものと規定されている『経済と社会』中のニーチェ的貴族層とはまったく異なったものである。たとえば、『選挙権とデモクラシー』（一九一七年）においては一貫して一八・一九世紀の貴族的政治家の冷静、余裕、自制が強調されている。それは論者が帝国ドイツの「俗物」政治家どもの利己的感傷性と傲慢な独りよがりに較べてノスタルジアを感じている政治的叡知のひとの姿である」[194]。

ヴェーバーが掲げる政治家像には貴族的伝統が表出しているというこの事実も、拙著（本書注27）『近代ドイツの国家と法学』や『丸山眞男の思想世界』の考察を踏まえるならば、別に驚くべきことではない。すなわち、貴族主義をこのように高く評価することもまた、トックヴィルやヴェーバーの専売特許ではけっしてないのであって、それはハンゼマンやライヒェンスペルガー、ベーゼラー、ヘーゲル、トーマス＝マン、フルトヴェングラー等、ドイツ自由主義者にとっても一つの思考傾向であった。

ヴェーバーと貴族主義の伝統との結びつきは、以上のようにかれの政治思想について言えるだけでなく、さらにヴェーバー自身の体質、エートスについても言えるということについては、安藤英治（本書注194）『マックス・ヴェーバー研究』二五八―二五九頁を参照されたい。ただ、ヴェーバーを一九世紀ドイツ自由主義のコンテキストにおいてエートス論的にも考察しようとするわれわれは、「市民的騎士精神」とか「騎士的品位」とかといったものをヴェーバーに見出して感激するだけに留まっているべきではないのであって、さらに、このような「品位」ないし「精神」がドイツ自由主義の基盤を成す、（われわれの意味における）「市民」（Bürger. 本書注169）のエートスでもあったという事実（拙著（本書注27）『近代ドイツの国家と法学』四〇六頁以下）を想起するとともに、それとヴェーバーのエートスとの関係をも考察しなければならない。

「ヴェーバー問題」を解くカギが、ヴェーバーの思想を一九世紀ドイツ自由主義思想（さらにその根底を成す「国民主義」の長い伝統）と連関づけて分析する作業にある、とする、本書の見解は、日本のヴェーバー研究の動向（ヴェーバーをドイツ社会・ドイツ政治を超越した偉大な思想家とする）からすると奇異に映るだろう。[195]だが、ヴェーバーの出自やかれの青年期について考えれば、ドイツ自由主義との関連を言うことは、さほど的外れでもない。たとえば、モムゼンはこの点について、つとに次のように指摘していた。

「マックス＝ヴェーバーが、両親の家が彼に伝えてきた政治的観念にまず強く結びついたということはなんら驚くべきことではない。ヴェーバーは、父親が代表してきたような穏健な国民自由主義（gemäßichter Nationalliberalismus）の特性からまさに出発して自分の政治的発展の道を進んでいった。[196]マックス＝ヴェーバーは後年〔一九一七年〕、自分が第一義的には国民自由主義の嗣子であると感じとったのである」。[197]

モムゼンは、この観点から、若きヴェーバーとヘルマン＝バウムガルテン、トライチュケ、グナイストとの間には思想的に近似性があったとする。ただこのモムゼンも、この近似性の軸である「国民自由主義」がどういうものであり・どういう西欧史上の精神構造に関わるのか（本書「序論」参照）は、論じていない。モムゼンは、問題をビスマルク以来のドイツ政治との関係でしか見ないし、「国民自由主義」概念が一九世紀ドイツ自由主義と深い関係にある事実を、見ていないからである。

ところでモムゼンはまた、ヴェーバーが後年、「近代産業社会の構造変化を洞察した結果」、社会問題等に目覚め自由主義の限界を感じ取って、フリードリヒ＝ナウマンらのキリスト教的社会主義に結びついたとする。拙著（本書注27）『近代ドイツの国家と法学』（四〇八頁以下）において見たように、この時代の社会の構造的変化がドイツ思想界に与えたインパクトは、二方向の思想的変化を生み出した。

第一の方向は、後期イェーリングやアドルフ＝ワーグナーらに見られたように、ビスマルクによる上からの社会政策を支持し、社会問題に対して反労働者的かつ反産業資本家的に対処する方向である。かれらはドイツ自由主義がもともともっていた反民主主義の姿勢を一層強く押し出したため、とりわけ社会民主主義に敵対的となり、国家主義を強める。この立場の人びとが中心的に追求するのは、没落しつつある「市民」（Bürger. 本書注169）を強化することであり、また労働者を〈飴と鞭〉によって〈「市民」に準じる存在〉に高める道である。

これに対して第二の方向は、エールリッヒやカントロヴィッツに見られたように、社会問題を下から、すなわち労働者の主体化によって解決しようとする立場である。かれらは、その限りで民主主義へ接近した。かれらは前の世代の（右の第一の方向に属した後期イェーリングらの）ドイツ近代法学の潮流をこの立場から批判した。こうして〈転向後のイェーリングらの国家主義　対　エールリッヒらの自由民主主義〉という関係が鮮明化した（本書注27）。しかしながら同時に、このエールリッヒの民主主義がその本質において自由主義的な伝統になお強く規定されていたことは、かれが多元的国家構成の立場をとり、またサヴィニー・プフタ・前期イェーリング等における「民族精神」の立場をとっていた、という事実から明らかになる。

このような考察を踏まえると、ヴェーバーの位置も特定できる。ヴェーバーもまた、エールリッヒらと同様、労働運動による下からの社会改良というかたちでの社会問題の解決をめざした。かれらは、労働者に、その主体性を圧殺したまま上から恩恵的救済をほどこしてやるという、ビスマルクや講壇社会主義右派の社会政策を、この立場から批判した。この事実は、ヴェーバーがエールリッヒ的に民主主義に結びついていたことをも、意味している。けれどもこのヴェーバー的民主主義もまた、その根底においては一九世紀ドイツ自由主義の精神構造、とりわけその「国民主義」に深く規定されていたのである。[198]

なるほどヴェーバーは、労働者の主体性を重視しはした。だがそれは、〈大きな構造転換を経験したあとの現代社会においては、労働者が国民の強大な部分を成しているから、国家の強い統合をドイツで確立するためには、労働者をも自立的・主体的な国民に高めていくことが不可欠だ〉と考えたからである。ヴェーバーにとっては、労働者の主体化を抑えつつ市民の主体化をはかろうとする、ワーグナーらのやり方は、もはや時代遅れであった。

このことはまた、マルクスから社会（民主）主義へと流れてきた民主主義に対するヴェーバーの距離感をも意味している。すなわち、前述のように、根底においてドイツ自由主義者であったヴェーバーは、自立し主体的である国民を形成するために自治的諸団体にもとづいた多元的国家構成を一つの重要な道だとしたのであったが、労働組合に対するヴェーバーの位置づけは、この域を越えたものではなかった。つまりそれは、あくまで「名誉と同志愛」の精神の涵養を労働組合に期待するという限りでのものであった。労働組合も、国民教育、「市民」形成のための自治団体の一つにすぎなかったのである。ヴェーバーが社会民主党系の労働組合からは実践的に一線を画し続け、あくまでドイツ＝プロテスタント系の労働組合に結びついたままであったということがそれを物語っている。[199] ヴェーバーにとって労働者は、階級としての労働者としてでなく国民・市民としての労働者として位置づけられるべき存在であった。[200] いわゆる「ヴェーバーとマルクス」問題に関してもまた、一旦はこういう方向で歴史のなかに位置づけ直したうえで、その現実的意味を考えなければならない。

ところで、ヴェーバー政治思想を一九世紀ドイツの歴史、さらにはその永い前史の文脈において解釈する作業は、なぜこれまでの多くのヴェーバー研究上で不十分だったのか？　その要因としては、第一に、政治史・政治思想史の知、ないしドイツの中世以来の国制史・精神史への感覚が論者に欠けていたこと、第二に、これまでの多くのヴェーバー研究が、ヴェーバーに「価値自由」（wertfrei）な姿勢で立ち向かってこなかったことが、まず考えられる。

第一点について　西洋においても日本においても、ヴェーバー研究は主として（「国家」や「権力」を脱落させ「市民社会」レヴェルで考えがちな）経済学者・社会学者に担われてきた。このためヴェーバーをめぐって、国制史・政治史・政治思想史的把握が不完全となり、そのためもあって「自由主義」・「民主主義」・「国家統合」・「君主制」・「団体自治」など政治・国家に関わる基本的諸カテゴリーへの感覚が働かなかった。このことの問題性は、マキァヴェッリやヘーゲルを経済的観点ないし社会学的観点からのみ論じたら——すなわち経済学者風・社会学者風にのみ論じたら——どういうことが起こるか、を考えれば明らかであろう。同じ問題が、ヴェーバーをめぐってもあるのに、ヴェーバー研究では経済学者・社会学者の没国家論的ヴェーバー研究が支配的でありすぎた。

加えて、その際、経済学者に強かったのは〈前近代を批判し・西欧の近代市民社会を讃美して、ドイツの近代化をめざすヴェーバー〉の像であり、それに批判的な経済学者や社会学者に強かったのは〈近・現代社会の理論化、とりわけシステム理論の開拓者ヴェーバー〉の像であった（ともに近代主義者・現代主義者ヴェーバーのイメージである）。このため、近・現代社会がその前の社会と断絶的に扱われ、〈前近代との深い絡まりあいのなかで西欧近代やそのエートスを——歴史連続的に——考えようとしたヴェーバー〉ないし〈自分自身が前近代のエートス・精神構造を継承していたヴェーバー〉の姿が、視野に入ってこなかった。(201)

一九七〇年代後半以降、政治学者によるヴェーバー研究も増えてはきた。しかしそこでは、モムゼンが晩年のヴェーバーについて指摘したところの「指導者民主主義」の側面が——肯定的ないし否定的に——関心の中心となってしまった。このためヴェーバーの政治思想は、ファシズムにつながっていく精神史との関連（それへの地ならしをした人物の一人として）、および現代社会の大衆民主主義や官僚制への警鐘を鳴らした人物として、〈現代文明の未来を憂うヴェーバー〉において考察されがちとなった。すなわち、ここでもヴェーバーは、現代との関係で扱われすぎ、かれを前史、とくに一九世紀ドイツ自由主義の思想や運動、さらには前近代の思想史的伝統の継承者として位置づけて考察することは——本書注167の諸作品などを除いて——あまりなかった（これも、断続史観である）。

しかも、このこともあって、「自由主義 対 民主主義」の区別との関連でヴェーバーを位置づけることが、政治学者によるヴェーバー研究では、できなかった。両項の区別は、一九世紀末にいたるまでの西欧においては政治的にも階層的にも敏感に意識されてきたものの、二〇世紀に入ると当の西欧においても、カール＝シュミットが（一九二七年の『政治的なものの概念』で）改めて問題提起しなければならないほどに、忘れられてしまった。ましてや日本では、①「大正デモクラシー」や「戦後民主主義」の語が示しているように、自由化と民主化とが同時に追求されなければならない政治的状況があったし、②（民主主義に対抗して）自由主義を担った、貴族や「財産と教養」の階層が弱かったのでもあった。こうしたことのため政治学者さえ、民主主義と対抗しつつ思想形成をした、一九世紀ドイツ自由主義をその歴史的個性において把握できず、したがって、その中にも貫流した、西欧の中世以来のエートスを理解する感覚、が欠けていたのである。

第二点について　これまでの多くのヴェーバー研究がもつ特徴は、ヴェーバーに自分の思想の先駆者を見出そう・預言者ヴェーバーから現代的意義や示唆を読み取ろうとしたり、逆にヴェーバーがもつカリスマ性をはぎ取ろう・かれの犯罪性を糾弾しようとしたりする傾向をもっていたことにある（前述のようにこうした傾向は、マキァヴェッリ研究やヘーゲル研究をも強く規定し続けてきた）。大塚久雄のヴェーバー讃美、それとは対照的なルカーチやモムゼンのヴェーバー糾弾、大塚らを批判する山之内靖のヴェーバー讃美、モムゼンに対抗する雀部幸隆らのヴェーバー擁護、さらには最近の羽入・折原論争の論調などである。また歴史研究者のなかには、ドイツの Sozialgeschichte（社会史）派の出した「ドイツの特殊な道（Sonderweg）」の視点[202]が大きく影響した。このため一方では、ヴェーバーを「ドイツの特殊な道」に属するナショナリストとして批判する見方が、他方では〈ヴェーバーはアングロサクソン的意識をもった稀有なドイツ人であり、「ドイツの特殊な道」の批判者であった〉と讃美する見方が、見られた。提示しているヴェーバー像はさまざまだが、ヴェーバーを論じる者の立場・思想が――肯定の方向で・あるいは否定の方向で――（ヴェーバーが重視した「価値自由」に反する）ヴェーバー像を現出させてきたのである。

ある思想家に共鳴し・かれから学ぼうとすることも、ある思想家の権威に反発しその問題性を明らかにしようとすることも、ともに思想史研究上で一つの作業としてはあってもよい。しかしそうした作業に留まっていたら、当該思想家の歴史現象としての把握、すなわち〈かれを歴史的背景のなかに置き、今日の問題状況には直接関わらない、したがってわれわれの生き方に特段の示唆を与えることのない、思想的特性・思考や行動の態様を、一旦はそれ自体として把握する作業、そのことを通じ、当該思想家のひととなり、その時代の思想現象を認識する作業〉は、どうしても忘れられがちとなる。ヴェーバーについても、かれの思想を思想現象として歴史的に相対化する姿勢が弱かったから、一九世紀ドイツの、さらには古代・中世以来の、思想の流れや政治の動きのなかでかれを理解することが、できなかったのである。距離の認識こそが、接近への道筋を明らかにするものなのに、である。

以上のように見てくると、「ヴェーバー問題」（さらには「マキァヴェッリ問題」・「ヘーゲル問題」）とは、単に解釈上の観点の選択に関わる問題であるだけでなく、同時に、それらの問題を現出させて来た解釈者自身の学問体質の問題でもあることが明らかになる。

注

(1) 他方、東洋においては、社会と社会行動の根底にあるものを問う動きは、春秋戦国期の中国で儒家（善き統治とは何かを問い、統治者・一般人・社会制度のあり方を問うた）・法家・兵法家（統治や軍事の制度・技術に重点を置いた）に担われて活性化した。なかでも儒家の荀子は「作為」の契機を前面に押し出し、また法家の韓非子は敵・味方関係の力学をとりわけ重視した。東洋古代において広義・狭義の「政治」の覚醒は、この二人によって鮮明化した（注68参照）。

(2) 本書では「政治」の語が頻出するが、politico (politique, political, politisch) の語自体が、いつから新しい意味（本文中に述べた、狭義の「政治」）をもち始めたかの考察は、主題としていない。本書の対象は、概念史ではなく、内容的に『政治』に関わる諸行為・諸関係の特徴づけの変化、行為の技術論が実質的に深化していった経緯（精神史）である。

本文で前述したように、狭義の「政治」概念（「友と敵」の関係を主軸とした、集団内ヘゲモニーをめぐる闘争・運動）は、カール＝シュミットによって確かなものとなる。この新概念によって、①統合・運動の手段としての武力の契機と、②闘争・運動の場で巧みに身を処し目標を達する技術・マキァヴェッリズムとへの着目が進んだ。この狭義の「政治」概念の胎動は、ユグノー戦争下の“les politiques”の語に始まるだろう。ここで「政治家」は、「マキァヴェッリスト」を意味するようになったからである。

これに対して、それより前の時代に属するマキァヴェッリにおいては、「政治」(politico) の概念自体は、まだ古代的な polis の語の残映物としてあり、それゆえ広義の意味、個々人の領域に対する「ポリス的公共」の意味をもっていた。たとえば『ディスコルシ』第一巻一八章・二五章にある“vivere politico”とは、古代における公的活動に関わり、その舞台としての共和制と不可分であった。

politico の語は、西欧史においては永くこの古代的意味をもち続けた。イギリスの古典派経済学者やマルクスらが使った“political economy”の“political”でさえ、なお「政治的」の意ではなく「公的」・「広く社会の」の意であった（＝〈個々人の「家」oikos 内での経済活動 oikonomia〉という古来の観念に対し、〈oikos の外の広い社会での経済活動〉という新しい関係を意味したが、“political”自体は古代以来の意味を継承していた）。

近代が発達するにつれ、「家」の個人的世界だけでなく、個人間の（社会的・経済的）活動の場が、支配関係を基軸とする国家の場の外に拡大した。この非国家的公共世界を指すものとして、civil (bürgerlich) の概念が、国家の場 (political) と区別して使われだす。モンテスキューが『法の精神』（第一篇三章）で対比した éta civil 対 éta politique や、ヘーゲルが『法の哲学』（第二七三節、第二七六節等参照）

で対比したbürgerliche Gesellschaft 対 politischer Staatが、これである。しかしこれらにおいてもpolitique・politischは「（統治—被統治の場である）国家的公」を、civilは「対等な個人間の公」（非国家的な公共界）を意味するのだから、なお旧い語法に関わっており（civitasは元々は、polisと同じく「都市国家」を指した）、言われるほどには斬新な中身をもっていない。右のように二人がcivilを非国家的公共界とし、ヘーゲルがbürgerliche Gesellschaftとpolitischer Staatを区別したことには、新味があったが。

要するに、マキァヴェッリは政治の新しい見方を打ち出したのだが、そのpolitico概念自体は旧かったのである。

ではマキァヴェッリにおいて、政治の新しい見方が出てくるところで頻出する語は何か？　それはstatoである。この語は、統合の活動や集団間の動きに関しても使われ、たとえばarte dello statoは政治の技術を、ragionare dello statoは政治について論じること（政論）を意味したからである。だがこの使い方もまた、当時の慣用の踏襲にすぎず、マキァヴェッリが独創的に新たな意味付与をしたわけではない。

ちなみに、この"stato"の語に関しては、〈マキァヴェッリが初めて"stato"を、近代的意味での「国家」（英語でstate）を指す語として定着させた〉とする人が、今でもかなりいる。しかし、マキァヴェッリにおいて"stato"は——かれの同時代人におけると同様——、右に見た「政治」のほかに、「統合・統治の現状＝その都度の政権・支配」、「持続的な支配＝支配圏・領土・体制＝国」など雑多な意味をももっていた。「国」を指す場合も、近代的な国家からは遠いものがマキァヴェッリらのイメージしたものであった。かれらは、市民や君主の現実の動きを離れ抽象的に〈法人ないし装置としての国家〉を論じる思考を——古代人や近代に至るイギリス人と同様——もっていなかった。かれらは、あとでも見るように〈まず概念・原理を明確化し、そこから出発して体系構築を進める〉との発想で動いてもいなかった。Maurizio Viroli, *From Politics to Reason of State*, 1992. Voroli, The Revolution in the Concept of Politics, in: *Political Theory*, Vol. 20, No. 3. 1992. シャボー（Federico Chabod）『ルネサンス・イタリアの〈国家〉・国家観』（須藤祐孝訳、無限社、一九九三年）一一一頁以下。厚見恵一郎「君主の地位と統治体」、『政治思想研究』第八号（風行社、二〇〇八年）。それゆえ、マキァヴェッリ後のイタリアで広く使われ出したragione di stato (cf. Giovanni Botero, *Della Ragion di Stato*, 1589)も、本当は「国家理性」とは訳せない。"stato"は（一八世紀までは）「国家」の意以上に「政治・統治」を意味していたから、「政治・統治において都合の良い口実＝統治理由」と訳すべきである（意味する中身に変わりはないが）。

（3）　以上、丸山眞男『戦中と戦後の間』（みすず書房、一九七六年）二九四頁。拙著『丸山眞男の思想世界』（みすず書房、二〇〇三年）九八頁以下をも参照。なお、この「国民主義」的原理を福沢諭吉は『学問ノススメ』（一八七二年）において、「一身独立シテ一国独立ス」というかたちでみごとに定式化した。福沢がどこから「国民主義」思想を得たかは、興味深いことがらである。①かれの渡米（一八六〇年）・渡欧体験（一八六一年）が作用している（米英仏は自由・自立と祖国愛との結びつきが伝統である国だが、その体験が福沢の思考に影響を与えた可能性がある）とともに、②アヘン戦争や馬関戦争の体験も重要である。丸山が述べているように（『日本政治思想史研究』

東京大学出版会、一九五二年。新装版、一九八三年、三三四―三三五頁)、政治的に疎外され、時の権力に服するだけだった庶民は、馬関戦争では、下関に上陸した外国軍にも簡単に恭順を示した。奇兵隊(一種の市民軍 militia)結成は、この苦い体験にもとづく。加えて、③福沢のこの思想は、丸山が指摘しているように、マキァヴェッリやヘーゲルらにおけると同様、相似た状況下で人が共通に示す政治的反応の一つであったとも言える。この③の点は、丸山の次の指摘に関係する。すなわち丸山は、「国民主義」の根底にあるものを、「対外的危機、或は政治団体が対外的に危機に直面した時に、必然的に出現するいわば政治団体の反射的な自己保存本能の現われ」である動きだとする。それは、「一つは政治力を能う限り集中強化する方向、一つはその政治力を能う限り団体のメンバーの能動的な支持に基礎づけて行こうという方向、この一見相反する方向が同時的に出現する」ものであった(『戦中と戦後の間』二〇五頁。『日本政治思想史研究』第三章をも参照)。「覚醒」へのこの動きが、福沢諭吉や陸羯南の他、本書で扱う一連の人びとにおいて見られたということである。

「国民主義」の根元にあるものを以上のようにとらえることによって、「国民主義」やその類似の動きが、単に(古代・近代の)共和制下でだけでなく、さらに絶対主義下や(ドイツや日本の)ファッシズム下でも見られた事実も、理解できるようになる。

(4) 渡辺浩は、福沢諭吉の、本書における「国民主義」的言辞について、「「自由な主体」が国家のために「進んで」自己を犠牲にするという構想には難がある」とする(『日本政治思想史』東京大学出版会、二〇一〇年、四四五頁)。人は自由になれば私化して国家に無関心になる、と渡辺は考えるのであろう。

これに対して丸山は「国民主義」を、〈人びとが政治から疎外されてきた日本の宿業(近世・近代・現代の)〉を打ち破るうえで避けて通れない道と考えた(本書注6をも参照)。丸山にとって「国民主義」は、(思想史学上の有効な分析枠組であるとともに、)日本人の政治意識のあるべき方向を、丸山が民主主義原理とリベラリズム原理を内に緊張させつつ思考する際に根幹を成す概念であった。したがって、そうした原理を福沢らに見出した丸山からは、「難がある」などというコメントが出てくる余地はない。しかも丸山にとって「国民主義」は、世界史上で実際に広く見られたものであって、福沢・陸のそれもその一現象であり、それゆえ、「難がある」ものではなかった。実際、(丸山的意味での)「国民主義」者は、公共への自由な参加・関心こそが、人を開明し公共心あるものに高める、とも考えたのだが、これもわれわれが歴史上で多く経験するところである。

加えて、本書で扱う「国民主義」者たちは、「「自由な主体」が国家のために「進んで」自己を犠牲にする」はずだ、などと楽観的に考えていたわけではない。かれら(たとえば本書の三人)は、私化が蔓延している現実を直視したからこそ、それがもたらす危険を避けようとして、しかしその対抗策の困難さをも自覚して、教育や制度による徳化の道を真剣に模索したのであった。

(5) 以上については、拙著(前掲注3)『丸山眞男の思想世界』一一四頁以下参照。

(6) 丸山的意味での「国民主義」は、通常「ナショナリズム」の訳語として使われる、(a)「国民主義」、(b)「国家主義」、(c)「民族主義」のそれぞれと、どう関係するか？（丸山的意味での）「国民主義」の二構成要素である「自由」・「民主主義」と「統合」とのうち、「自由」・「民主主義」が前面に出るところでは、「ナショナリズム」は内容的に（a）の意味するところに近づく。これに対して「統合」が前面に出るところでは、「ナショナリズム」は権力性に結びつくので、（b）の意味するところに近づく。また「統合」の核として「民族」が前面に出るところでは、「ナショナリズム」は排他的・利己的傾向につながるので、（c）の意味するところに近づく。

丸山は、（前掲注3）『戦中と戦後の間』において、明治の後半期には、「自由」・「民主主義」を欠いたまま「統合」に向かう世風が強まる。すなわち「国家主義」・「民族主義」が前面に出、諭吉や羯南らの相対的に健全であった「国民主義」は消えていった。戦後日本もこの後遺症を引きずっている。したがって健全な「国民主義」の再生は今なお課題としてある、とする（二三一頁、二九四頁）。〔今日でも国家優先や会社主義、その他集団主義の傾向が日本にはあるので、これらの克服は課題であり続けている。〕丸山がこうした議論において使っている語のうち、「国民主義」は上の（a）の意味するところに近く、「国家主義」は（b）と（c）の意味するところに近い。

本書が扱う人物のうち、マキァヴェッリには（a）が主軸であるとともに、（c）とのつながりも感じられる。ヘーゲルでは（a）が主軸だが、その後期には（b）とのつながりも顕著となる（（c）は、言われるほどには強くない）。ヴェーバーにおいても（a）が主軸だが、また当初から強い国家としての（b）、および（c）が強かった（したがって、ヴェーバーを形容するには、「ナショナリズム」の語を使うほかない）。かれら三人はともに、強い「統合」には「自由」が欠かせないと考えた（とくにヘーゲルとヴェーバーは「自由」・「自立」をそれ自体としても価値物として重視した）。このため（a）が、（b）ないし（c）とともに、重きを成すのである。

なお、一般に使われる「国民主義」も多義的であり、論者によって、上記の（a）、（b）、（c）のどれかを意味している。たとえば「フリードリッヒ＝リストの国民主義経済学」とあるときには、〈ドイツ人の現実に適合した、ドイツ人のための経済学〉という意味なので（c）との結びつきが強い（国家の関与＝保護政策を求める点では（b）にも結びつくが、（a）の自由要求・反国家主義との結びつきも強い）。

これらと関係するもう一つの重要語である「一九世紀ドイツ自由主義」（ヘーゲルの頃からヴェーバーの頃までの思想傾向）についても、ここでまとめておく。この立場の特徴は、次の点にある。①個人の自由・自立を重視する。②同時に、強い国家のため君主制を支持する。③フランス的な民主主義、イギリス的な自由放任主義ないし資本主義がもつ問題性・その現出に対しては、近代社会に必然だとしつつも警戒心をもつ。④個人と国家を相互に媒介して「倫理性」を確保する制度として（近代化された）中間団体の伝統・伝統的倫理を重視する、以上である（①〜④の力点の置き所は人物によって異なり、左派は相対的に①に、右派は②に傾斜する）。したがって一九世紀ドイツ自由主義の思想においては、啓蒙と伝統（進歩主義と保守主義、普遍主義と歴史主義）、自由と権威（個人主義と国家主義と共同体主義）、インターナショナリズムと民族主義、理想主義と現実主義、楽観主義と悲観主義がそれぞれ対を成して共存しており、この点でこの思想は、

（丸山的意味での）「国民主義」に親和的である。

（7）本書における「国民主義」概念の使用に対しては、〈その時代の思想理解にはその時代の言葉を使うべきで、「国民主義」などという近代の概念を、国家や民族主義が未確立の時代に押しつける手法は、アナクロニズムだ〉との反発もありえよう。だが筆者がこの概念を使うのは、その中身に着目してのことである。

第一に、筆者が着目するのは〈集団を自由とリーダーシップとによって構成員の主体性に定礎したものにしようとする思想〉という、抽象化されたレヴェルでの思考である。そうした、歴史のなかで人びとが無意識に繰り返してきた思考のパターンを考えることもまた、思想史学の重要な課題である。異質性への配慮も重要であるが、同質性への眼も重要なのである。マキァヴェッリの言いぐさを使えば、人の心性や、置かれた環境・関係への反応の仕方は、時代や国を越えて、そうちがわないものなのだ。また丸山によれば、国民主義的な動きは、前述のように（前掲注3）政治体共通の「自己保存本能の現れ」なのである。

第二に、近代国民国家が成立する前の時代に見られた、この種の思考を、丸山は、（前掲注3）『日本政治思想史研究』第三章において、「前期的国民主義」ないし「国民主義の「前期的」形成」と呼んでいる。以下の、アテネ以降に関する記述で使うのは、主としてこの概念である。すなわち本書での「国民主義」はこの「前期的」なものをも包摂するものであり、したがって「国民主義」の概念を無媒介に前近代に適用するものではない。

（8）ヴィローリは、古代ローマ以来、（自由、共和主義、正義、国境を越えた連帯、と結びついた）普遍主義的なパトリオティズム＝祖国愛が見られたこと、しかしそれが一九世紀後半以降は（民族的利己主義ないし君主制と結びついた）偏狭な民族主義＝愛国心に変質したこと、を指摘している（Maurizio Viroli, *For Love of Country: An Essay on Patriotism and Nationalism*, 1995）。邦訳『パトリオティズムとナショナリズム』（佐藤瑠威・佐藤真喜子訳、日本経済評論社、二〇〇七年）。

後述するように、マキァヴェッリ・ヘーゲルでは祖国愛が規定的であるが、ヴェーバーでは権力国家　民族主義が濃くなっている、という面がある。

（9）フィヒテは、『解題――著作家としてのマキァヴェッリ、およびマキァヴェッリ語録』（*Über Machiavell als Schriftsteller, und Stellen aus seinen Schriften*）というマキァヴェッリ研究の先駆となる作品を、一八〇七年に出版している。ここでフィヒテは、マキァヴェッリの権力政治的思考を、ルネサンス期の時代背景においては必要であったと理解を示し、かつその教えを自分をとりまく、対外戦争激化の国際政治をめぐる考察に生かそうとしている。

（10）民族やその歴史・国家に関する観念は、ヘルダー（『言語起源論』（一七七二年）の第二部「第三　自然法則」）において出現したが、かれにおいても、まだ言語論の一部としてのものに留まっており、政治的内容をもたなかった。

(11) 現在までのマキァヴェッリ研究の歴史とその総括については、John H. Geerken, Machiavelli Studies Since 1969, in: *Journal of the History of Ideas*, vol. 37, 1976, pp. 351-368; Mark Hulliung, *Citizen Machiavelli*, 1983, Chap. 7, 佐々木毅『マキアヴェッリの政治思想』(岩波書店、一九七〇年)などを参照。

(12) 日本での最近刊の包括的なマキァヴェッリ研究書としては、厚見恵一郎『マキァヴェッリの拡大的共和国』(木鐸社、二〇〇七年)が挙げられる。厚見は、ポーコックらの問題提起を受け止めつつも、レオ＝シュトラウスの学派に近い立場から「マキァヴェッリ問題」の解決を探り、かつマキァヴェッリの「近代性」を論じる。厚見は、マキァヴェッリは共和国の立場だったが、その維持には領土拡大が欠かせないと考え、この立場から闘争と動員の政治論を展開したとするのである。マキァヴェッリが「拡大的共和国」を是としたという点は、佐々木毅の議論を連想させる(この見方に対する批判は、本書二七頁以下参照)。

(13) ポーコックは、古代ローマの共和主義的な政治思想(とくにキケロの思想)が、ルネサンス期イタリアのシヴィック＝ヒューマニズムによって再生され、イタリア諸都市の自治や共和政を論じる時の共通枠組(paradigm)となったと見、マキァヴェッリの『ディスコルシ』に見られる、共和制やそれを守る市民軍(milizia)を評価する思想をも、この一環に位置づける。古代の自由な共和国を理想とし、それを担う市民の軍隊を模範とする、マキァヴェッリ以降のこの傾向を、ポーコックは「マキァヴェッリアン＝モーメント」(Machiavellian Moment)と呼び、それが一七世紀イギリスの共和主義的政治思想に、ハリントンらを通じてどのように継受され、アメリカの独立運動の担い手たちFounding Fathersをはじめとする一八世紀の西洋の思想家にどのような影響を与えたか、を論じている。J. G. A. Pocock, *The Machiavellian Moment*, 1975. この見方の先駆を成すものとしては、Hans Baron, Machiavelli: The Republican Citizen and the Author of "The Prince", in: *The English Historical Review*, 76, 1961; Felix Gilbert, *Machiavelli and Guicciardini*, 1965がある。スキナーも、基本的にこの立場に立つ。Quentin Skinner, *The Foundations of Modern Political Thought*, Vol. 1, 1978. この点について、最近の議論の全体の見通しを得るには、Pocock, Between Gog and Magog: The Republican Thesis and the Ideologia Americana, in: *Journal of the History of Ideas*, Vol. 48, No. 2, 1987. Geerken (fn. 11), Machiavelli Studiesを参照。

(14) Baron (fn. 13) Machiavelli, pp. 217-253. 最近のマキァヴェッリ研究上でもっとも注目されている一人であるスキナーも、このバロン的な見方を継承している。Cf. Skinner (fn. 13), *The Foundations*, Vol. 1, p. 154.

(15) この点については、ジルバートが正当にも「『君主論』と『ディスコルシ』のちがいは、原理的なものでなく表面的なものである」と述べ、両著の共通点を挙げているF. Gilbert (fn. 13), *Machiavelli and Guicciardini*, p. 188. ジルバートは、別の論文でも次のように言っている。「『君主論』を書いたとき四〇代であったマキァヴェッリが、次の四、五年の間に立場の一八〇度転換を経験したなどということは、とうてい考えられない。」Felix Gilbert, Machiavelli in Modern Historical Scholarship, in: *Italian Quarterly*, Vol. 14, 1970, p. 21.

(16) バロンやスキナーが『君主論』と『ディスコルシ』の時期的なちがいを主張するのに対して、ジーキンは、シャボーらの研究に依りつつ次のように両者を一体のものととらえる。「ひとことで言えば、『君主論』と『ディスコルシ』の起草は同時期であり、両者は相互に他を前提しあっている。かくしてマキァヴェッリは、『ディスコルシ』を一五一三年に書き始め、〔…〕第一巻一八章まで書いて、「構想が自然と膨らんだため」、それをストップして『君主論』に着手し、同年の七月から一二月の間に書き上げた。そして一五一五年にかれは『ディスコルシ』に立ち返り、ときどきそのための筆をとり、〔…〕一五一七年にそれを完成させた」。Geerken (fn. 11), *Machiavelli Studies*, p. 357. 両著の諸特徴を総合的にとらえるためには、このような無理のない読み方から出発することが、大切である。

(17) 佐々木（前掲注11）『マキアヴェッリの政治思想』一四頁。なお同著『近代政治思想の誕生』（岩波新書、一九八一年）等をも参照。

(18) ルネサンスで人間性讃美が強まったことは、事実である。だがそれは、順調に進んだわけでもなければ、佐々木毅が考えるようには欲望肯定の方向へ徹底したわけでもない。人間性讃美に関しては、人はたとえば、（a）ボッティチェリの「ヴィーナスの誕生」（Nascita di Venere. 一四八五年頃）や「春」（Allegoria della Primavera. 一四八一―八二年頃）を、時代の象徴として挙げるであろう。しかしわれわれは、これら二作品自体も、新プラトン主義と結びついており、欲望としての人間性肯定ではなく、それから距離を置く理想主義的人間性を基底にしていることを見逃してはならない。しかもこのボッティチェリは、まもなくサヴォナローラの影響を受け、強い宗教性＝欲望否定を体現するようになる。

（b）人はまた、工学や解剖学に深い関心を示した、ダ＝ヴィンチやミケランジェロを科学的近代の象徴として挙げ、そこからリアルな人間認識への道が始まった、とするかも知れない。ところがこの二人も、キリスト教と強く結びついており、その深い精神性・理想主義を表現している（前者の「受胎告知」（一四七二―七三年）や、後者の数々の聖母子像、とくに「ピエタ」や、システィーナ礼拝堂壁画を見よ。ミケランジェロにもサヴォナローラの刻印が、一方では顕著である）。

このようにルネサンスの人間性讃美は、佐々木らが考えるような政治思想と直結する質のものではないし、過去（古代はもちろん中世とも）との断絶を意味するようなものでもない。

芸術史において――佐々木的政治思想に対応する――リアリズムへの接近が強まるのは、マニエリズム以降のことであり、たとえば女性の官能性の描出の点ではティツィアーノの「ウルビノのヴィーナス」（Venere di Urbino. 一五三八年）以降、残酷性の描出の点ではカラヴァッジョ（一五七三―一六一〇年）以降であろう。これが、「ホッブズの世紀」である（拙著『法思想史講義』上巻、東京大学出版会、二〇〇七年、二六九頁以降参照）。

(19) フィレンツェの一部知識人に広まっていた新プラトン主義の原理的・体系的思考が、マキァヴェッリの思考を形づくったとの指摘もある（『マキァヴェッリ全集』第四巻、岩倉具忠他訳、一九九九年、筑摩書房、二七二頁以下）。しかしかれの場合、古代ローマの政治論・人間論・史書・軍事学などから得た、ローマ人的思考が圧倒的であった。

(20) エルンスト＝カシラーもまた、「一人の思想家の全著作は、ある決定的な中心点から、車輪のスポークのように放射しているもの」と考える。『国家の神話』の著者カシラーの場合、それは、マキァヴェッリにおいてはリアリズムであった。Cf. Hulliung (fn. 11), pp. 230ff. 上述のようにスキナーが、マキァヴェッリの主張するところがその時期＝歴史的コンテキストによって変化していることに注意すべきだとしたのは、このカシラー的理解への異議申し立てとしても位置づけられる。

(21) Machiavelli, *Il Principe. Discorsi Sopra la Prima Deca di Tito Livio*, in: *Tutte le opere di Niccolò Machiavelli*, a cura di Francesco Flora e di Carlo Cordiè, 2. ed., 1968, Vol. 1. *Opere di Niccolò Machiavelli*, l'editore e il curatore dedicano questa loro fatica a Raffaele Mattioli, 1968（本書における原語引用は基本的にこれら両全集による）。以下、邦訳は基本的に、会田雄次編『マキァヴェッリ』（中央公論社版『世界の名著』第二一巻、一九七九年）による（部分的に改訳が入っている）。以下、章番号を本文中に示す。

(22) Cf. Martin Fleisher, A Passion for Politics: The Vital Core of the World of Machiavelli, in: M. Fleisher (ed.), *Machiavelli and the Nature of Political Thought*, 1972, pp. 125ff.

(23) マキァヴェッリを性悪論者ないし悲観的な人間観の人とする見解は、枚挙にいとまがない。典型的には、前述の佐々木毅の著作がそうである。先にも見たように佐々木は、「彼〔マキァヴェッリ〕によれば人間の特質は野心と貪欲とに尽きる」（前掲注17『近代政治思想の誕生』四五頁）とし、さらに、マキァヴェッリの三行詩『黄金のロバ』（*Dell'Asino d'Oro*）の末尾の部分の表現を根拠にして、「マキアヴェッリにとっては人間は豚以下の存在である」（同四六頁）とまで言い切っている。

しかし、たとえば先に見たところでマキァヴェッリは、立派な市民をつくるうえで法律や教育などが重要であるとしていたのだが、そうした法律や教育（といった社会制度）によって立派なものに改善できるような、そういう「豚以下の存在」がこの世に存在するだろうか？ 風刺詩等に出てくる文をその作者の根本思想の表出物だとしたのが、ここでの佐々木のまちがいの元なのである。たとえばこの三行詩第一章には、医者について、「人さまの不幸で飯を食うらしい種族のひとつが医者なのだ」とある。誰がこれをもって、〈マキァヴェッリの医者観そのもの〉とするだろうか？ 或る人物が文学作品や討論のなかで発した片言隻語を、その人物の生の全体との関連を考えないで、かれの根本思想の表出だとすることはできない。

マキァヴェッリをルネサンス期に広まったシヴィック＝ヒューマニズムの流れに属するものとする解釈を押し出したスキナーもまた、マキァヴェッリの人間論を、伝統的な見方と同様、ホッブスも共有する（一面的に）悲観的な人間論だとする。Skinner (fn. 13), *The Foundations*, Vol. 1, pp. 137, 185. スキナーは、Skinner, *Machiavelli*, 1981, 37ff. でも、マキァヴェッリの道徳論が古代以来の道徳論を解体するもの（devastating）であると強調する。だが、古代以来の道徳論は、一つだけではない（本書九四—九五頁、一〇六頁以下参照）。

(24) (前掲注19)『マキァヴェッリ全集』第四巻二一三頁。

(25) Gerhard Oestreich, *Geist und Gestalt des frühmodernen Staates*, 1969. 山内進『新ストア主義の国家哲学』千倉書房、一九八五年)。エストライヒに先行して、軍事と近世の紀律化運動との関係を説いていたのは、ゾンバルトである(Werner Sombart, *Krieg und Kapitarismus*, 1913.『戦争と資本主義』(金森誠也訳、講談社学術文庫、二〇一〇年、四五頁以下))。他に、Neal Wood, Some Common Aspects of the Thought of Seneca and Machiavelli, in: *Renaissance Quaterly*, Vol. 21, No. 1, 1968. Neal Wood, Introduction, in *Machiavell: The Art of War*, 1965, rep. 1990.

(26) この思考がアリストテレスのものでもあったことについては、vgl. Joachim Ritter, *Metaphysik und Politik*, 1969. Manfred Riedel, *Zwischen Tradition und Revolution*, 1982.

(27) 拙著『近代ドイツの国家と法学』(東京大学出版会、一九七九年)五八頁以下参照。

(28) プラムナッツは、以上の点を正しく指摘している(John Flamenatz, In Search of Machiavelian Virtù, in: Anthony Parel, ed., *The Political Calculus*, 1972)。プラムナッツによれば、マキァヴェッリの評価する、当時のドイツ――この点については、本書四六頁・一〇〇頁参照――においては「良法と civic virtue は、相互に支えあっているのであり、かつ両者はともに宗教と道徳によって支えられている」(p. 169)。当時のドイツをこのように評価するマキァヴェッリにとっては、それゆえ国は、「人民に安全を保障する」だけのものではなく、「人民を善くする」役割をもつものでもあった(p. 173)。マキァヴェッリは、プラトン以来の、教育国家観の伝統上にもあったのである。

前述のようにマキァヴェッリの思想の全体を、性悪説的な「原理的人間像」から出発して体系的に説明し尽くそうとする佐々木毅は、マキァヴェッリのこの理想主義的な側面に出くわしても、少しも動揺しない。たとえば佐々木は、マキァヴェッリの armi propri(市民軍)論と buono principe(善い君主)論とには有徳な人間が前提されていることを認める。しかしこの事実をそのまま受け容れると、佐々木の性悪論的マキァヴェッリ像が否定されてしまう。そこで佐々木は、この点については――自分のマキァヴェッリ理解に問題があるのでなく――マキァヴェッリ自身が自己矛盾を犯している証左だとする。すなわち佐々木は、これらの点に関して、『マキアヴェッリの一つのアポリア」(重大な破綻)を自分は発見した(前掲注11『マキアヴェッリの政治思想』一七三頁)、この発見によって「彼〔マキァヴェッリ〕自身の原理的人間像からの乖離が歴然となった」(同一三七頁)とする。

しかし、本第一部の考察を踏まえて考えれば、これらの「アポリア」とは、マキァヴェッリ自身のものであるというより、マキァヴェッリの人間論の一面(性悪)を、その思想全体の基底を成す唯一絶対の原理だとし、マキァヴェッリの政治思想の全体をこの「原理的人間像」からの演繹で説明しようとすることから生じた、佐々木の見方自体の「アポリア」ではないか、という疑問がわく。

(29) 有徳なリーダーを求める姿勢がヨリ鮮明に出ているのは、マキァヴェッリの『フィレンツェ史』第四巻冒頭である。ここでかれは、次のように言う。「都市〔国家〕は、とりわけしっかりと組織されていない場合には、共和制という名目で治められていても、その政府や政体をしばしば変更するものである。〔…〕ところが幸運にも、（そんなことはめったに起こらないが）ある都市で一人の賢明で善良で有力な市民が立ち上がって、彼によって法律が制定され、その法律のお陰でこうした貴族や平民の気風が弱められるか、あるいは制限されて、その結果として悪いことが行えなくなるように制限されたものとする。実はそのとき初めて、その都市は自由だと呼ぶことができ、その政体は安定して確固たるものだ、と判断できる。なぜなら、その政体は良き法律と良き制度の上に築かれているため、他の政体のように、それを維持するために誰かの力量を必要とはしないからだ。その政体が長い寿命を持つ、多くの古い共和国は、こうした法律や体制を備えている。」（第四巻冒頭。『マキァヴェッリ全集』第三巻（在里寛司・米山喜晟訳、筑摩書房、一九九九年）一六七頁。『フィレンツェ史』（大岩誠訳、岩波書店、一九五四年）上巻二七一頁）。

(30)　マキァヴェッリの混合政体論は、かれが一五二〇年末頃に書いた「小ロレンツォ公没後のフィレンツェ統治論」（『マキァヴェッリ全集』第六巻（藤沢道郎他訳、筑摩書房、二〇〇〇年））からはっきり読み取れる。ここでマキァヴェッリは、①当時のフィレンツェのように市民の平等がかなり定着している国家では共和制しか考えられない、②その際、一般に各国には上・中・下の三階層がいるので、それらそれぞれに政治的権利を保障することが国の安定化には欠かせない、③現在のフィレンツェの場合、メディチ家の人物に〔立憲〕君主的な地位が与えられるべきだ、そして、④ある国が君主制を採るのであれば、君主と民衆の調整役となり君主の孤立を防ぐ貴族の役割が重要となるので、貴族にもふさわしい権限が保障されるべきだ、とする。マキァヴェッリは、共和制を基調とした混合政体論の立場にあったのである。実際にもかれは、フィレンツェ共和国の要職に昇ったものの、もともと共和主義の闘士ではなかった。

古代のスパルタやローマの共和政を混合政体論の観点から理想的だとしたポリュヴィオスは、マキァヴェッリの時代に再評価されだし、マキァヴェッリも親しんでいた（共和制を基調とした混合政体論者のキケロも、同様にポピュラーであった）。マキァヴェッリは『フィレンツェ史』において、〈ローマの平民が貴族と共同で政権を担おうとしたのに対し、フィレンツェの市民は一四九七年以降、有力貴族を追放した。これがフィレンツェの高邁さの喪失・政治的弱体化を招いた〉とする（第二巻四二、第三巻一）。

かれはまた、『君主論』第一九章で、君主、（君主を規制する）貴族、（貴族に反発する）民衆の、三者間の利益を調整する「第三者の裁定役」として、フランスの高等法院を高く評価している。

なお、マキァヴェッリは、中・上層市民の下に位置する下層民（小商人・手工業者・労働者等）は信用しなかった。チオンピの乱の時に明らかになったように、下層民は衝動的で、しばしば僭主（独裁者）の支持者となり、また衆愚政治を招く、と見たからである（『フィレンツェ史』の第三巻一－一七・第六巻二四参照）。この点からしてマキァヴェッリを親共和主義だとする場合も、今日的意味でのそれ（下層民をも含む）ではないことに注意しなければならない（下層民蔑視・排除は、ヨーロッパ知識人の永い伝統である。後述のようにそれは、ヘーゲルやヴェーバーにも見られる）。マキァヴェッリ自身の出自は中層市民である（もとは貴族の家系だったと言われる）。かれは、ソデリーニ派（＝中層市民とも結びついた貴族）に属し、上層貴族（メディチ家と結びつく者が多かった）の政治独占には反対であった。

（31）　この種の思考、動態論的で多元的な思考を有する思想家は、とりわけモンテーニュやパスカルらフランスのモラリストに多い。かれらは、デカルト的・ホッブス的な近代思想とは別の、もう一つの近代思想の流れをかたちづくっており、思考方法の点でも別様のものを見せている。ちなみに、モンテーニュの『エセー』においても、動態論的で多元的な思考が重要なテーマになっている箇所（たとえば第一巻の冒頭）では、軍事面での事例が考察の素材となっている。これは、第一部の後半のテーマ（〈軍事学と政治論〉）との関連で興味深い点である。

同時代の日本で相似た人間観を提示したひとりが、太宰春台である。かれは、孟子や荀子以来の性善説・性悪説をめぐる議論の意義を否定して、〈人間の性質は可変であり、習慣の力や教育によって変革しうるものであること〉を強調し政策の重要性を説いた（たとえば『聖学問答』参照）。この点についいては、丸山（前掲注3）『日本政治思想史研究』参照。福沢諭吉の『文明論之概略』の立場もそうであった。なお、「性悪説」でも、人間が変革されうる存在であるということは前提にされている場合がある。生まれつきは悪でも、教育によって改善できる（＝人は悪だから、教育による改善が欠かせない）という荀子の立場がその一例である。そうした意味をこめてマキァヴェッリを「性悪論者」というならば、そう言えるかもしれない。しかし、かれにとって「人間は性善か性悪か」は、たいして意味のある議論ではなかった。かれにとって大切なのは、人間が多元的・可変的存在であり、立派に組織された共同体で暮らせばその影響で善き市民になりうるという事実であった（この点については、前掲注23をも参照）。

（32）　アルチュセール「マキァヴェッリと私たち」（一九七二－八六年。『哲学・政治著作集Ⅱ』藤原書店、一九九九年）は、マキァヴェッリが（『君主論』第一八章で）〈君主は「人間」でもなければならない〉ことをも強調している点を正当に評価した数少ない作品の一つである。しかしこの作品も、「ライオン」とは暴力性、「狐」とは欺瞞性を意味するとする従来の見方にとどまっている（七六六頁以下）。

（33）　塚田富治は、伝統的な徳論に対するこの新しい動向を、「政治」を宗教から独立した、ときには反道徳的であることをも容認する統治の技術と見なしたものと、慎重に性格づける。新しい動向においても、道徳がなお重視されているという含意であろう（『カメレオン精神の誕生』平凡社、一九九一年、一〇頁）。しかしながら、塚田のこの書ではこの含意が十分に位置づけられてはおらず、それゆえ、新しい動向に内在する、①善と悪の複合的な人間論、②道徳論と非道徳論の関係、③新しい政治論と伝統との関係などは、主題になっていない。

（34）　プルタルコス『対比列伝』は、このケースに関し、マキァヴェッリの指摘とは正反対のことを伝えている。すなわち、カミルスはこのような拠出を求めたためローマ市民の反感を買った、と。『プルターク英雄伝』（河野与一訳、岩波文庫、一九五二年）第二分冊一三四頁。

（35）　フィレンツェにあるヴェッキオ宮殿の「百合の間」（Sala dei Gigli＝二六号室）の奥にマキァヴェッリが共和政時代に執務した部屋

(La Chancellerie) があり、かれの彩色された胸像（一六世紀前半のフィレンツェの彫刻家による）と、謎の微笑を浮かべた肖像画（Santi di Tito, 1536-1603, の作品。本書二一頁参照）とが置かれている。両者はよく似ており、心の底まで見透すような鋭い眼光をもった、賢くて皮肉屋ぽいが、しかしまたまじめでやさしそうでもある人物、物静かな、だがよくしゃべりそうでもある人物、一筋縄ではいかない曲者だが人間味もある人物、をよく描出している。マキァヴェッリを冷酷な悪魔的道徳破壊者だなどと思っている人は、ぜひこれら両作品に直かに接して、その印象を反芻してほしい。

(36) 政治論・軍事思想の観点からの手厳しいキリスト教批判にもかかわらず、マキァヴェッリが敬虔なクリスティアンであったことは、ある信徒団体（confraternita）での、懺悔（penitenza）を勧めるかれの説教（(fn. 21) *Tutte le Opere*, vol. 7, pp. 53-56）や、かれの多くの手紙での「神」への真面目な言及からも窺える。ただしスキナーは、反対に見ている。Skinner (fn. 13), *The Foundations*, Vol. 1, p. 232. 清水純一『ルネサンスの偉大と頽廃』（岩波新書、一九七二年）六四頁は、一五〇〇年代のイタリア知識人について、「反教会的虚無的外見の裏にへばりついている棄てようにも棄てきれないある種の敬虔さ、神に対する人々の畏怖と憧憬とが浮かびあがってくるであろう」と書いている。

(37) シージェルは、マキァヴェッリが、virtùの観念の脱倫理化を進めながら、その帰結を予見してためらい、「伝統的な道徳の基準を放棄することを渋っている」と見、その根拠として、アガトクレスに関する本文引用の言明を引いている（Jerrold E. Seigel, "Virtù in and since the Renaissance", in: *Dictionary of the History of Ideas*, 1973, vol. 4, p. 480)。シージェルはマキァヴェッリが、政治の脱道徳化の立場を貫く〈マキァヴェッリ革命〉上において日和った、と見るのである。

しかし、問題は、マキァヴェッリが政治の脱道徳化の遂行上でためらったとか、理論的でなく不徹底で古いものが残ったとかということにあるのではなく、かれが古代の（軍事学・政治論の）伝統——脱倫理的である面をもつが同時に祖国愛・徳性・紀律など倫理をも強調する——を継承したことにある。そう見ないと、『ディスコルシ』や『戦争の技術』などに出てくる〈真摯な理想主義者〉マキァヴェッリの側面は、理解できない。

スキナーは、マキァヴェッリの思考の根本は、状況に対応して道徳的な手段と道徳に反する手段とを使い分ける「精神的柔軟性」(flexible disposition) を君主に求めたことにあるのであって、かれを悪の提唱者、あるいは「政治と道徳の隔離、その結果としての政治の自立化」の主導者とする、従来のマキァヴェッリ観は誤りだとする (Q. Skinner (fn. 13), *The Foundations*, pp. 137-138)。これは、結論においては筆者の見方と共通する。ただ、スキナーは、この関連において、マキァヴェッリが反道徳的と見える言辞を吐いているのは、議論のため強調点をはっきりさせようとしたという理由とともに、かれの「きわめて悲観的な人間観」のゆえに君主に対して警戒を説いたということにもある、とする。この最後の点は、広く見られるマキァヴェッリ観であるが、しかし、前述のように筆者はこの点についても、マキァヴェッリが実際にはそれほど悲観的な人間観の持ち主ではなく、人間の善と悪の両側面を見つつ考察していることを確認し、それをかれの多元的な思考の一環として位置づける。

ジェルミノは、マキァヴェッリのうちに政治心理学の先駆者を見出す観点から、マキァヴェッリの人間論が人間の心理の複雑な多面性（complex, and multi-faceted）を不断に意識しつつ展開されていること、マキァヴェッリは多元的な理論（comprehensive teaching, multi-dimensional character of Machiavelli's political teaching）の人であることを、正当にも指摘している。かれはまた、マキァヴェッリの一見悲観的な人間観は、立論が人間科学としてではなく統治論として展開されているという文脈上の理由、およびマキァヴェッリが警告のためにあえてショック療法的な表現をしたという理由による、とする。ジェルミノは、マキァヴェッリが人間を適切なリーダーシップによっても治療不可能なほどに反社会的なものだとは見ていないと指摘し、また、マキァヴェッリを悲観的人間観に立つ人民抑圧論者だとするのであっては、かれの熱烈な共和主義を説明することが不可能となる、と批判する。Dante Germino, Machiavelli's Thoughts on the Psyche and Society, in: Parel (fn. 28), *The Political*, pp. 59-82.

（38）ただし、「楯の反面」をも併せ見るマキァヴェッリは、同第一七章において、スキピオのこの善良さをめぐって、〈スキピオは、その度を越えた温情のゆえに兵士の気ままを許し、スペイン遠征の際、部下が反乱するという事態を招いた〉と指摘してもいる。人間味だけでなく、厳格さ・紀律もが必要だというのである。この点は、後述（五七頁・六二頁）のハンニバルとの比較において興味ある事実である。

（39）五二頁に"necessitato"の語が出てきたが、アガンベンによれば、この語は中世のグラティアヌス『教令集』（一一四〇年）での necessitas legem non habet（＝必要はルールをもたない）という定式化以来、〈正常のルールが機能しない状況〉を意味した。ここでは、聖俗の執行者が平常時のルールに反する行為に出ても、その行為者は悪人であることにはならない（緊急避難や超法規的違法性阻却に比定すべきケースだから）、とされた（アガンベン『例外状態』（Giorgio Agamben, *Stato di Eccezione*, 2003）上村忠男・中村勝己訳、未来社、二〇〇七年、五一頁以下・八六頁以下参照。ちなみに、アガンベンはかれの「例外状態」を〈法が通用するか否か〉に限定して議論しているが、マキァヴェッリが念頭に置いているのは、法だけでなく道徳も機能しない事態において君主はどうふるまうべきか、の問題である）。

ところで、政治をめぐって例外状態への配慮を説くカール＝シュミットは、他方で『政治的なものの概念』において、「真の政治理論は性悪説を採る」と述べている。これら例外状態と性悪説とは、どう関係しているか？　かれの同時代の多くの（とくに自由主義の）政治理論は、「性善」を暗黙の前提にして、理性的討議や協調の政治を論じ、「性悪」の側面、それがもたらす、政治における例外状態に配慮しなかった。シュミットの右の言明は、この歴史的文脈においては、例外への眼によって、ことがらの真相を自覚化させたものとして意義があった。

しかしながら、このシュミットの議論にも問題がある。「性悪」に一面化して人間の他の可能性を見ないのであっては、政治行為は柔軟さ・機動性を欠く。「性悪」に一面化する政治論もまた、「真の政治理論」には遠いのである。シュミットもこの点をも考えたからか、同書において他方では、〈人間を「問題をはらまぬものとしてでは決してなく、「危険な」かつ動的な存在と」見るべきだ〉とする（シュミット『政治的なものの概念』（田中浩他訳、未来社、一九七〇年）七四―七五頁）。つまりかれは実際には、単純な性悪説は採っていない。

(40) 丸山眞男『「文明論之概略」を読む』上巻（岩波新書、一九七七年）一二一頁は、以上のような限定的な問題設定を福沢諭吉が意識的におこなっていることに注意を促し、その根底にある、①「目的―手段の多層性」への目配り（＝多様な課題があり、また多様な手段の選択肢があり、個別的な状況に応じてそれらを組み合わせて進んでいかなければならないという認識）と、②「楯の反面」への想像力（＝自分がいま扱っていることがらやテーマとは異なる、別のことがら・テーマがあるのだという自覚）とを強調する。

(41) マキァヴェッリは、一五〇三年夏に書いた「キアーナ渓谷地方の反徒の処遇策について」において、古代ローマ人は、「和解し得ると期待される者に恩恵を授ける一方、和解し得ぬと判断される者が今後永遠に、災いをもたらすことのないよう彼らを処分するという、両極端の手法を用いること」を常とし、「中庸の道」を避けたとする（かれ自身、フィレンツェが、コルトーナ、カスティリオーネらの都市に対しては寛大であったのは妥当だが、アレッツォは厳しく処分するべきだった、と述べている）。前掲注30『マキァヴェッリ全集』第六巻二八頁以下。

右からも窺えるように、マキァヴェッリは「中庸の道」を嫌う人である。クライシスにおいては指導者は、どちらかに決断しなければならない、とかれは考える。(a) 戦争する隣国の間にあっては、中立でなくどちらかに加担せざるをえない、そうでなければあとで両国から疎まれる（ヴェットーリ宛の一五一四年一二月二〇日付手紙）。また、(b) 生存が賭かっている選択肢の前では人は、道徳に反する手段への決断も避けえない、とするのである。これは、後述するヴェーバーの指導的政治家像とも共通している。

(42) 前掲注29『マキァヴェッリ全集』第三巻二一三頁。

(43) 丸山眞男「政治的認識」（『社会学事典』有斐閣、一九五八年）。なお、あらかじめ断っておくが、これらの思考を政治的思考と呼んでも、それらを政治だけに固有の思考だ、と筆者が考えているわけではない。それは、経済や法においても重要である。また、政治において重要な思考がこれらに尽きる、という意味でもない。これらとは対照的な、原理を重視し一貫性を重視する思考（「信条倫理」）や、ユートピア的な思考なども、政治においては重要である。拙著（前掲注3）『丸山眞男の思想世界』二一一頁以下参照。

(44) Quentin Skinner (fn. 13). *The Foundations*, Vol. 1. pp. 129–131.

(45) マキァヴェッリの運命論を扱った論文のなかでフラナガンは、「人間が運命に打ち勝てる」とマキァヴェッリが主張したとの俗説を、次のように批判する。「確かにマキァヴェッリは、運命克服について論じている。しかしかれは通常それに続けて、その努力は結局、失敗に帰すと言う。実際、マキァヴェッリが明言しているのは、人間には運命に抗せる度合いを拡大することができるということだけであって、運命の支配をまったく排除できるということではない。」Thomas Flanagan, The Concept of Fortune in Machiavelli, in: A. Parel (fn. 28), *The Political*, p. 141. 実際、運命の猛威は、マキァヴェッリが一五〇六年頃に書いたとされる「運命について」（前掲注19『マキァヴェッリ全集』第四巻、二〇六頁以下）で鮮明に押し出されている。

（46）この見方とは反対に、佐々木（前掲注11）『マキアヴェッリの政治思想』七九頁以下は、マキァヴェッリにおいてvirtùは、「単なる欲望追求の手段概念に転化した」と言う。すなわち、もはや徳性を意味するのではなく、政治的・軍事的実力のみを意味するのだ、とするのである。同様にスキナーも、「マキァヴェッリ革命」の心髄は、マキァヴェッリがvirtùから道徳的意味を除去した点にあると見る。Skinner (fn. 23), *Machiavelli*, pp. 39ff.

（47）*La Vita di Castruccio Castracani da Lucca*, in: (fn. 21) *Tutte le Opere*, Vol. 1. Allan Gilbert, Machiavelli: *The Chief Works and Others*, Vol. 2. 1965. 対応する『マキァヴェッリ全集』第一巻（池田廉他訳、筑摩書房、一九九八年）の頁番号を本文中に示す。

（48）これらの徳性は、キケロの道徳論を想起させる。Cf. Cicero, *De Officiis*（『義務論』）, I-XXXV, I-XXXIV.

（49）公正で人間味があってはじめて固い友好関係が築ける、というこの見方も、キケロを想起させる。キケロは言う、「どの徳もわれわれに好意をいだかせ、それを備えた相手を愛させるのだが、そうした徳のうちでもとりわけ正義と親切さ（iustitia et liberalitas）の力が大きい」Cicero, *De Officiis*, I-XVII.

（50）オットー＝ブルンナーは、四元徳の精神史が、貴族的世界を基盤にし、ホメロスやヘシオドス以来、プラトンやストア派、スコラ哲学、中世の騎士道、ルネサンス期ないし近代の道徳思想へと連続したことを論じ、そのまとめとして次のように言う。「本稿でわれわれが試みたように、「近代」の萌芽を問う視座ではなく、貴族的世界の内的な一体性を問う視座をとるならば、人文主義もルネサンスも、「中世」とただ断絶したものとしてではなく、ヨーロッパ精神史上で連続しているものとして扱われなければならない。人文主義とルネサンスの歴史的な実像は、この視座によってこそ正しくとらえられる」。Otto Brunner, Die ritterlich-höfische Kultur (1949), in: Arno Borst (Hrsg.), *Das Rittertum im Mittelalter*, 1976, S. 171. これは、マキァヴェッリの思想研究においても大切な観点である。

（51）四元徳の相互関係について、ヘーフェは次のように言う。すなわち、arete dianoethike（知的徳性）としての賢明は、aretai ethikai（倫理的徳性）に属す他の三つの徳、正義、勇気、自制と質を異にする。たとえば、①社会的・個人的生活において「中庸」を選ぶことは、三つのaretei ethikaiについてはそれぞれ課題となるが、賢明については「中庸」は問題にならない。「過でも不足でもない勇気・節度・正義」はあっても、「過でも不足でもない賢明さ」はないからである。②また具体的なケースにおいて何が中庸かは、賢明さを働かせて決める。場合に応じて正義、勇気、自制のそれぞれを加減しつつ状況の必要に対処していくのは、賢明の力である、と。Otfried Höffe (Hrsg.), *Lexikon der Ethik*, 2. Aufl. 1980, S. 252f. 参照。③賢明はまた、正義、勇気、自制とは異なって、悪徳の道具（狡知）ともなる。ホッブズが述べたように、自己欲は、理性（賢明さ）に支えられることによって、最悪の悪徳となるのだ。

（52）アリストテレスは、思慮（sophrosyne＝賢明）と徳なき賢さとを区別している。ウォーリンは、思慮が四元徳の一つでありながら、非道徳の手段ともなるものであることをめぐって、次のように指摘する。「古代や中世の著述家たちは、「思慮」に疑いの目を向ける傾向を示し、それを上位の徳のなかに位置づけることは、ほとんどしていない。というのは、〔他の徳が安定性を前提としているのに対して〕思慮というものは、変化する状態に非常に敏感に対応するという性格を内包しているからである」。Sheldon S. Wolin, *Politics and Vision*, 1960. 尾形典男他訳『西欧政治思想史』第三巻（福村出版、一九七七年）七三頁。

スキナーは、北ヨーロッパにおいては、ビュデ（Budé）の『君主鑑』（*De L'institution du Prince*, 1547）が初めて、徳に対する賢明の優位（promoting prudence above virtue）、（appreciating the value of civil prudence）を打ち出し、政治上の必要のためには有徳であると装うこと（feigning the virtue）をも辞さぬマキァヴェッリズム奨励に進んだとしている（Q. Skinner (fn. 13). *The Foundations*, Book I, pp. 251f.）。ただし、ウォーリンもスキナーも、このような性質の賢明が、古代の軍事学において培われていたという事実には目を向けていない。

イギリスのルネサンス期にマキァヴェッリズムが広まり、四元徳論が後退していったことについては、塚田（前掲注33）『カメレオン精神の誕生』参照。ちなみに、ルネサンス期のイギリスに広く見られたと塚田が言うところの〈マキァヴェッリズムに一面化して道徳を顧みない傾向〉が、実はマキァヴェッリ自身の傾向ではなかったことを、われわれは今論じているのである。

ところで、以上からも分かるように、知謀と道徳との関係については、古代（ないしルネサンス期）の将師と、中世の騎士とを区別する必要がある。概して中世騎士は、キリスト教の影響のゆえに、古典古代の道徳論、とくにそこでの賢明重視に対しては一線を画していた。正義や道徳的たるべきことを賢明さによって調節すること、すなわち、場合によっては正義や道徳に反して行為することを認める思考に、反発を感じたからである。かれらはこのため、タテマエとホンネの区別ができず、戦争のタテマエに固執して、敵のワナ――それを見抜くには賢明さが欠かせない――に掛かることが多かった。このようなキリスト教的紳士としての中世騎士について、軍事学の歴史を扱った文章のなかで、ウッドは次のように指摘している。「中世の将帥は、残酷で非騎士的な相手が使うだまし打ちやワナにとりわけ掛かり易かったようだ」。Neal Wood (fn. 25). Introduction, p. XXV.

この関係においては、マキァヴェッリの描くカストルッチオは――中世的ではなく――すぐれて古代的（ないしルネサンス期的）であると言えよう。

（53）（前掲注18）拙著『法思想史講義』上巻二六四頁。この点については、Isaiah Berlin, The Originality of Machiavelli, in: *Against the Current*, 1981 が興味深い（後の注58をも参照）。

なお、〈道徳〉と〈道徳に反する手段〉とのこの種の結合、〈誠実〉と〈武力・権謀術数〉を一身において結合させていることは、西洋の将帥に固有なものとしてあっただけではなく、同時代日本の武将の精神的伝統でもあった。この点については、次の指摘が興味深い。

「『甲陽軍鑑』は諸大名の武辺気質を比較し、北条三代の氏康は、敵の油断をつくに妙をえているとのべているが、『北条記』をはじめとして北条氏をとりあげた物語の多くは、北条氏が代々知謀にすぐれていたことをあげている。しかもそのはかりごとなるものが、しばしばはかりごとをもって敵を油断させ、その油断の虚をつくといったかたちで語られている。なかには、早雲が小田原城を攻略したとき、かれはまず城主と和睦、交わりを深くする体を示し、つまり謀略をもって油断させ、急襲してこれをくだすといったような悪辣なはかりごとも語られている。しかし、戦国時代において敵をたばかることは、「互いの事」（『川角太閤記』）であり、むしろ謀略のたくみさと、敵にはかられぬこと、油断のないことが武将のすぐれたところとして語られていた。北条氏の雄飛には、まずこの知謀の抜群のうまさをあげなければならない。しかし、外敵に対する謀略を認めた戦国時代においても、内部上下に対する謀略的態度は虚言として、あるまじきこととして否定された。北条氏において、この偽り、虚飾を否定する精神は、外敵に対する知謀の重視、油断の戒めと並行して、ひときわ深く自覚されていたもののようである」（相良亨『武士の思想』、ぺりかん社、一九八四年、四三頁）。

敵に対し道徳に反する手段を採ることと、味方に対し誠実な道徳的態度を尊重することとが、武士においては共存していた。しかしながら、ある政治状況下で誰が敵であり味方であるのかや、味方がいつ敵に、敵がいつ味方に変わるのか、は分からない。したがって、ある人物に対し、単純に敵か味方かの断定をして、その前提のもとに一律に、敵に対しては非道徳的にふるまい、味方に対しては道徳的にふるまうということは、実際には不可能である。ここでは、相手の欺瞞に対する警戒心と、逆に相手を信頼しこちらも誠実であろうとする姿勢とを併せ備え、具体的状況（＝そのなかにおける自分と相手とのきわめて多様で複雑な関係）に応じて「使い分け」る、必要があるのである（以上の点については、本書八四頁以下参照）。

(54) Cf. Allan Gilbert (fn. 47), *Machiavelli, The Chief Works and Others.*（前掲注47）『マキァヴェッリ全集』第一巻。以下、この日本語版と英訳版との対応する頁を示す。

(55) マキァヴェッリは、別のところでは、「ポムペイウスやカエサルをはじめとする、第三次ポエニ戦争後のすべてのローマの将軍は、勇敢だが立派ではないという世評（fama come valentiuomini. non come buoni）を得たのに対して、それより前の将軍たちは、勇敢でかつ立派だという名声（gloria come valenti e buoni）を得た」としている。（前掲注47）『マキァヴェッリ全集』第1巻一〇一頁、(fn. 47) p. 19. ここで、問題にされている特徴のうち、valente は勇気の徳性に、buono は正義の徳性に、それぞれ対応している。

なお、四元徳の他の一つである不動心（自制）の重視については、次の言明を参照されたい。「戦闘に敗れた者の不動心（la constanza）が、しばしば勝者を失望させその勇気を挫く。〔…〕ローマ人は、ハンニバルとの戦争において、不動心をもっとも名誉ある資質として高く評価していた。どんな逆境にあっても、かれらはけっして和平を乞わなかったし、恐怖心を少しも表しはしなかったのである」（同上二五五—二五六頁、p. 190)。こうした不動心の徳性——それは古代ストア派の徳論の中枢でもある——こそが、のちにリプシウスによるネオ・ストア派の軍事・政治思想において柱になるべきものであったことについては、エストライヒの前掲書(前掲注25)を参照のこと。

(56) 筆者の観点からする賢明の考察にとって、次の指摘を踏まえておくことは重要である。すなわち、E. Cassirer, et al. (ed.), *The Renaissance Philosophy of Man*, 1968 によれば、アリトテレス哲学は、中世後半において、北ヨーロッパでは神学と結びつきドグマ化し、それゆえ経験科学の妨害となったのに対して、イタリア、とくにパドヴァ——アヴェロエス哲学の伝統が強かった——では、それは医学と結びつき、それゆえ経験科学の発展に貢献した。ガリレオなども、このイタリア的基盤上で思考したのであった (pp. 12-13)。

カシラーのこの指摘は、マキァヴェッリにおける賢明観念のイタリア的性格を明らかにする。イタリア的基盤上では賢明もまた——北ヨーロッパにおけるように「不変の秩序を認識しそれに即応した自己形成」をもっぱらとするスコラ哲学的伝統におけるそれではなく、それとは対照的な——「可変的な秩序(運命・歴史)を認識し、それに対応した機敏・多様な行動」を重視する、経験的・実践的・カズイスティックな方向に結びついた、と言えるからである。

同じ古代的賢明といっても、マキァヴェッリとの関係では、①古代の軍事学における〈実践向きの柔軟な思考につながる賢明〉を、②とりわけキケロによってストア哲学的に純粋化された賢明や、③のちにスコラ哲学的神学につながっていく、ドグマ化の方向に向かう賢明とは、はっきり区別しつつ深めなければならない。「伝統的な四元徳」とは言うけれども、それらの中身は一つだけではないのである。

(57) 軍事学は、その性質上、リアリスティックでプラグマティックなものたらざるをえない、ということについて、パレットも次のように指摘している。「戦略的な思考は、不可避的に、高度にプラグマティックなものとなる。それは、地理・社会・経済・政治の実態、およびその他の——解決手段として戦争を引き起こすところの問題や紛争を生じさせる——しばしば変化する諸要素に依存している。〔…〕戦略的な思考の歴史は、純粋理性の歴史ではなく応用理性(applied reason)の歴史である」。Peter Paret, Introduction, to: Paret (ed.), *Makers of Modern Strategy*, 1943, rep. 1971.

(58) ボールは、道徳の観念が歴史的に変化するという観点からマキァヴェッリの virtù を比較史的に考察した結果、それにもっとも近いのは、ホメロスにおける areté であると結論づける。なぜなら、ホメロスにおいて有徳であるとは、たとえば「オデュセーの任務は、自分の部下を庇護しイタカに無事帰還させるために、可能なあらゆる手を使うことを必要とする」といったように、必要に応じて道徳に反する手段をも行使しつつ任務を遂行することにあるから、と。Terrece Ball, The Picaresque Prince, in: *Political Theory*, Vol. 12, No. 4, 1984.

マキァヴェッリの virtù をオデュセーの areté と比較するのは、正しい。しかしボールは、ホメロスとの対比に集中するあまり、マキァヴェッリの virtù とギリシャ・ローマ・中世の(軍事学に集約された)伝統、そうしたものとしての戦士的徳性の伝統との結びつきを軽視してしまった。筆者の観点からすれば、オデュセーもまた、一人のすぐれた古代の将帥であり、それゆえ戦闘を遂行し部下を帰還させるために、すなわち「責任倫理」的に、道徳違反の手段をも含む戦術を行使するのであり、そうした戦士的徳性としてaretéがvirtùと共通の特徴をもっていることは不思議ではない。しかもそれは、単にホメロスの世界に限定されたものではなく、古代ローマや初期中世をも含め、戦士の世界に共通の観念なのである。

なお、この点では、マキァヴェッリと同時代の日本の武将たちの徳性に関する相良の議論が、比較史的に興味深い。相良亨『相良亨著作集』第三巻（ぺりかん社、一九九三年）。問題は、ボールの視野よりもっと広い視野において、押さえられねばならないのである。

(59) *Istorie Fiorentine*, 1532. 以下、邦訳は基本的に（前掲注29）『フィレンツェ史』（大岩訳）による。

(60) たとえば『ディスコルシ』の主題は、古代ローマの統治・政治運営に関する分析であるが、それはまた、軍事の天才であったローマ軍の、戦争の技術や心構えに関する分析でもあった。このようにして『ディスコルシ』においても、政治と軍事は混在しあい、また相互に連続しあうものとして扱われており、このため政治論と軍事思想が、その技術・心構え・思考方法などにおいて重なっている。『ディスコルシ』ではとりわけ、市民が市民軍において戦う（＝政治の主体である人びとがその祖国のために戦う戦士でもある）構造が機軸を成す。市民はこのかたちで、政治の世界と戦争の世界とを一身に背負い、両世界を連続させている。このためここには、政治と軍事の連続化が、客観的に浮かび上がるものとなっている。

『戦争の技術』の冒頭部分にも、政治と軍事を連続化させて考えるべきだ、ということが述べられている。「ロレンツォよ、多くの人がかつて次のように考えていたことがあり、いまでもなお考えている。すなわち、非軍事的生活（la vita civile）と軍事的生活とほど、相互に調和しあわない・かけ離れているものはないと。〔…〕しかし、古代の人々の生き方を見ると、両者ほど緊密に一体化し調和しあい（più unite, più coformi）、ことがらの当然の帰結として、相互に支えあっているものはない」。この言明は、直接的には、古代においては平時の生活においても、戦時への準備が怠られなかったということに関係している。しかし、それは同時に、マキァヴェッリが政治と戦争を連続的にとらえていたことの表明でもある。

マキァヴェッリのこの言明について、ジーキンは――本書の見方と共通するかたちで――次のように論じている。「〔政治リーダーの〕責務は、臣下をうまく統治すること、そしてかれらを防衛し庇護することにある。この目的のための手段として、軍事学と統治論とをともに学ぶ必要がある。マキァヴェッリの著作の主題の一つは、まさにこの、政治の技術と戦争の技術とに共通な行為態様を論じることにあった。」Geerken (fn. 11), Machiavelli Studies, p. 361.

ジルバートもまた、同様な指摘をしている。「マキァヴェッリは、軍事の思想家だったから政治の思想家となりえたと言っても言い過ぎではない。同時代の軍事問題を見る目が、かれの政治の見方をかたちづくったのである」。Felix Gilbert, Machiavelli: The Renaissance of the Art of War, in: Paret (fn. 57), *Makers of Modern Strategy*, p. 11.

ただし、ジルバートは、この点について具体的な論証はしていない。また、かれが言っているのは、論文の文脈からすると、〈マキァヴェッリは、軍事制度を刷新する必要を感じ、それゆえそれを支える政治をも刷新しようとした〉という点であって、マキァヴェッリが古代の軍事学を学んだことが、かれの政治論上の思考方法や徳論に新方向を与えた点については、問題にしていない。

(61) Cf. Ivan Hannaford, Machiavelli's Concept of virtù in The Prince and The Discourses reconsidered, in: *Political Studies*, Vol. 20, 1972.

(62) マキァヴェッリとクラウゼヴィッツの関係については、Azar Gat, Clausewicz's Political and Ethical World View, in: *Political Studies*, 1989, XXXVII, pp. 185–189 参照。

(63) 『フィレンツェ史』における、マキァヴェッリの歴史観について、ジルバートは、ルネサンス期には歴史を人間がつくるもの（history as a man-made process）とする傾向が強かった。しかしマキァヴェッリは、なお伝統的な宿命論的歴史観に立っていた、とする。「［マキァヴェッリにとって］歴史は人間がつくるものではなかった。歴史は、人間が左右できない、それ自体で定まった方向に動いていくものであった。［…この歴史のなかで発揮できる］人間の力（virtù）は、習得できるものではなく、天からの授かり物でしかなかった」。Felix Gilbert, Machiavellis "Istorie Fiorentine": An Essay in Interpretation, in: Myron P. Gilmore, *Studies on Machiavelli*, 1972, pp. 97–98. ジルバートのこの指摘は、〈マキァヴェッリにおいては、〈近代性の印とされる〉「作為」のモメントは、まだ完全には覚醒していない。かれにおいて人間の主体性は、むしろ古代的徳に定礎していた〉とする本書七四頁以下の指摘に、親和的である。

(64) Felix Gilbert, *Niccolò Machiavelli e la Vita Culturale del suo Tempo*, 1964, p. 238.

(65) 以上、下村寅太郎『下村寅太郎著作集』第六巻（みすず書房、一九九三年）一二九頁。Werner Sombart, Der Bourgeois, 1913（金森誠也訳、中央公論社、一九九〇年、一〇五頁）.

これはまた、イタリアの極度に政治・軍事的な人びとに顕著な傾向なのかもしれない。この点を窺わせるものとして、映画『ゴッド＝ファーザー』が挙げられよう。たとえばその第二部で、マフィアのボスになったマイクルは、ある日、妹コニーの子のゴッド＝ファーザー（代父）になる儀式に出、祭壇の前で司祭の問いかけに答えて、〈神を信じ、善きキリスト教徒たること〉を誓約する。ところがそのシーンは、かれが事前に仕組んだ五大マフィアのボスに対する暗殺計画が同時刻に実行されているシーンと、カット＝バックされる。マイクルだけでなく、かれの父も、かれの周辺の人びとも、敬虔なカトリック信者であり、責任感ある家長であり、仲間・家族は相互に愛し合い、弱きを扶ける心意気をもつ反面、暴力・陰謀、マキァヴェッリズムに訴え、仲間や肉親をも殺害し、妻をもたびたび欺く。ここでも、倫理上の「清濁併せ呑む」姿勢、さらには徳と悪徳を共存させその矛盾を気にしない「雑居」型思考が見られる。

(66) 永積安明『太平記』（岩波書店、一九八四年）一六五頁、一六八頁以下。

(67) 道徳重視の立場からマキァヴェッリの不道徳性を批判をするのでもなく、共和主義の立場からかれを持ち上げるのでもなく、かれにおける思考の多元性や「清濁併せ呑む」ないし「雑居」型の道徳的姿勢などを指摘するに留まる本書に対しては、〈そんなことを指摘して、どういう実践的意味があるのか〉・〈思想史研究上のニヒリズムではないか〉・〈偽善者擁護論だ〉との疑問が投げかけられよう。また、〈マキァヴェッリを、そのように分裂的に描くだけでは、思想研究にはならない。思想研究にとって大切なのは、対象を統一的に理解することだ。そのためには根底にある原理を問うべきだ〉との批判が、投げかけられよう。しかし人は、思想研究においても、対象のもつ構造はそれ自体として――すなわちもしそれが実際に分裂性を帯びているならそのようなものとして――押さえなければならない。

なお、こうした「雑居」型の道徳的姿勢は、社会学における役割理論（人を多様な役割を束ねた存在としてとらえる）や、小説家の平野啓一郎が最近出している、「分人主義」と連関するのかもしれない（平野は、「「個人」の中には、対人関係や、場所ごとに自然と生じる様々な自分がいる。それを僕は、「本当の自分が、色々な仮面を使い分ける、『キャラ』を演じる」といった考え方と区別するために、「分人（ディヴ）」と言っています」と述べている。公式ブログ二〇〇九年一〇月一一日）。しかし本書の問題提起は、平野とは異なり、規範論的提言ではない。

(68) 相互にまったく没交渉であるにもかかわらず近似した特徴が、単に技術論だけでなく根本思想の面でも、東洋と西洋との軍事学に共通に見られるということが明らかになれば、戦争ということがらの性質が、それに携わる人々の思考を規定して、相互に近似したものの見方・考え方をもたらした、と言えることになる。

工芸においてもソーシャル＝エンジニアリングにおいても、そこで必要な技術や心構えが磨き上げられれば上げられるほど、その技術や心構えは、それが扱う対象の性質にもっとも効果的に対応するものとして、文化圏のちがいを越えておのずと相似た特徴をもつ。本件でもこの点が確認できれば、マキァヴェッリが、①軍事学を深めることによって、軍事の本性に導かれ自ずと前述のような、組織化論・徳性論や思考方法上の特徴を呈するにいたったこと、また、②軍事と同様な、対象の関係（「友と敵」の関係）を有した政治に関しても自ずと相似たものにいたったこと、の二点が明らかになる。そして、これらを踏まえることによって、マキァヴェッリによる軍事学の勉強がかれの政治論に大きな作用を及ぼした、との推測がヨリ確かなものとなる。以上の点については、拙稿「古代中国の軍事学」（『早稲田法学』第八七巻二号、二〇一二年）、「近世日本の軍事学」（同巻三号、二〇一二年）参照。

(69) *The Loeb Classical Library*, Book 51, 52.

(70) ともに、*The Loeb Classical Library*, Book 183.

(71) ギリシャの軍学者では、オナサンドロスがとりわけこの、将帥の徳性を重視した議論を展開している。Onasandros, *Strategikos*, I, in: *The Loeb Classical Library*, Book 156.

(72) クセノフォンは、『ソクラテスの思い出』でも、ソクラテスと青年エウチュデーモスの会話の記録として、「敵に対して不正を働くのは正義にかなう。味方に対しての不正は正義に反する。味方に対しては常に誠実でなければならない」という結論にいたる議論と、そのすぐあとでの、「将帥が、部下の兵士たちが意気消沈しているとき、「援軍が近づきつつある」とウソをついて士気を高めるのは、正義にかなうか否か」をめぐる議論とを伝え、虚偽は、敵のみならず味方に対しても働かせてよい場合があると総括している。

クセノフォンが扱っている、この「ウソの方便」（salubria mendacia）のテーマは、古代では、ヘロドトス（Historiae, III-2）やオナサンドロス（前掲注71、p. XXIII）、そして後述のフロンティヌスにも見られる。*The Loeb Classical Library*, Book 168, IV-II-15ff.

（73）〈知謀・権謀術数〉を正しく使えるためには高い徳性が欠かせないとする発想は、日本中世の武将にも見られた。この点については、相良の次の指摘を参照。

「〔朝倉〕宗滴は、「武者は、犬といえ畜生といえ勝つことが本にて候」という言葉を吐いた人物として知られている。だが彼が単なる犬・畜生では勝てないということを、この上もなくはっきりと自覚していたことは、右のような心の緊張〔一切弱みを見せてはいけない、人から後指をさされてはならない〕を説いたことでも理解される。〔…〕部下にあなどられているのではないかなどという不安がきざしたら、わが心がもはや狂乱していると思え〔…〕宗滴のこの言葉は、このような不安が内面にきざさないような己れの確立を求めるものであり〔…〕。」相良亨『日本人の心』（東京大学出版会、一九八四年）四三―四四頁。

ここでもまたマキァヴェッリズムは、高い徳性と偉大さに支えられてはじめて、戦国の世に集団を指導しつつ己れの道を切り開いていく人間、自立的な主体の道具となりうるのであった、とされている。このようなものとして何よりも大切なのは、「あるをばあるとし、なきをばなきと」する姿勢、換言すれば、必要なら道徳に反する手段にも訴える、しかしまた、けっしてそれに呑み込まれ悪逆におぼれてしまわない、とらわれない柔軟な主体的判断力、「動じない心」（四五頁）、つまり、賢明さに支えられた自制（不動心）である。

（74）〈共和制こそが、文化を向上させ、繁栄をもたらし、国を偉大にする〉というこの見方が、一五世紀以来の多くのフィレンツェ人の共有するものであったことについては、Skinner（fn. 13）, *The Foundations*, vol. 1, pp. 83f. 参照。

（75）マキァヴェッリとクセノフォンとの思想的親近性、クセノフォンがマキァヴェッリに与えた重要な影響、クセノフォンが描いたキュロス王がマキァヴェッリ『君主論』の真のモデルであった事実、はこれまでのマキァヴェッリ研究において論じられて来なかった。思想史的な前史の検討を重んじるスキナー・ヴィローリも、ポーコックも、クセノフォンにまったく言及していない。わずかに、ニール・ウッドの前掲書（fn. 25: Introduction）や Harvey C. Mansfield, *Machiavelli's Virtue*, 1966 が、簡単に言及している程度である。

（76）Cf. *Loeb Classical Library*, Book 174, p. xxxiii.

（77）T. R. Phillips, Introduction, to: Vegetius, *The Military Institutions of the Romans*, 1985.

（78）中世盛期においては（西欧でも日本でも）、戦争は各騎士が従者を連れて個人参加するかたちで遂行され、また戦闘は小規模戦であり個々の騎士同士の一騎打ちというかたちで展開し、しばしば将帥同士の代表的一騎打ち、すなわち決闘の結果が決定的となった。また、軍事行動は宗教的ないし道徳的な大義名分のためのものであることをヨリ強く必要としたから、戦争と戦闘を決まった作法・ルールに則り、いわば正々堂々とした正面攻撃のかたちで戦うべきだとする傾向があった。この事情の下では、軍事と宗教・道徳は連続的に観念され、軍事上の情報化・合理的思考・紀律化・組織的合理化・戦略戦術の発達は望めなかった。F. Gilbert (fn. 60) Machiavelli: The Renaissance, p. 13. F. Gilbert (fn. 64), *Niccolò*, p. 195. Cf. Wood (fn. 25), Introduction, pp. xxiii–xxv. 西でも東でも、組織戦にたけたモンゴルに苦戦したのは、このためであった。

ただし中世においても、歩兵による組織戦が中心であった軍隊もある。その代表の一つは、スイスの農民軍である。かれらは、アレクサンドロス大王の使ったものと同様な、密集の長槍軍団によって戦果を挙げた。他の一つは、イギリスのヨーマンリーを主力とした長弓軍団であった。庶民のこの歩兵軍においては、紀律と訓練、戦術の発達が見られた。近世に入って古代ローマ式の軽装歩兵戦術をいち早く再興させたのは、スペイン軍であった。マキァヴェッリは、スペイン軍をこの連関において称賛する。C. W. C. Oman, *The Art of War in the Middle Ages*, Cornell U. Press, 1953. さらに、中世の騎士団においても、紀律と訓練、軍事学の発達が見られたことについては、橋口倫介『騎士団』(近藤出版社、一九七一年)参照。

(79) 以上については、F. Gilbert (fn. 57), Machiavelli: The Renaissance, p. 14; F. Gilbert (fn. 64), *Niccolò*, p. 197; Sombart (fn. 25), *Krieg und Kapitarismus*, 金森訳四八頁。中世の騎士、中世末期・近世の傭兵隊長、近代の将校の相互関係については、Rainer Wohlfeil, Ritter-Söldnerführer-Offizier, Versuch eines Vergleiches, 1966, in: Arno Borst (fn. 50) *Das Rittertum*, S. 315-343 参照。

(80) Skinner (fn. 23), *Machiavelli*, p. 5.

(81) (前掲注30)『マキァヴェッリ全集』第六巻所収の諸文書参照。Viroli, *Niccolò's Smile*, 2000, pp. 81-86.

(82) Skinner (fn. 23), *Machiavelli*, p. 32.

(83) マキァヴェッリは、フィレンツェ共和国政府からチェーザレ=ボルジア、教皇ユリウス二世、神聖ローマ皇帝マクシミリアン一世らのもとに派遣され、かれら指導者の長短相半ばする、軍事・政治の手法を身近で目撃した。かれはまた、諸国の指導者やその軍隊がイタリアをめぐって繰り広げる政治、すなわち「友と敵」の関係としての集団力学、を分析し報告する任務を遂行していった。かれは私的な手紙(とくにヴェットーリ宛の)においても、国際的・国内的な政治力学の豊富な分析をおこなっている。かれが友人に述懐しているところによれば(ヴェットーリ宛の一五一三年四月九日付の手紙)、〔商品である〕絹についても木綿についても知らない自分には、「政治を考察すること ragionare dello stato こそ、もっとも性に合った仕事」であった。

(84) マキァヴェッリは、ヴェットーリ宛の一五一三年一二月一〇日付の手紙において、書き上げた『君主論』をめぐって、「政治の技術を探求してきたこの一五年の間」quindici anni che io sono stato a studio all'arte dello stato, と記している（前掲注30『マキァヴェッリ全集』第六巻二四五頁）。この「政治の技術」arte dello stato は、「戦争の技術」arte della guèrra を連想させる。マキァヴェッリにおいて両者の理論化作業は、こういう arte 観念の下に同時進行していたのである。

(85) マキァヴェッリが古代の軍事学を学ぶことによって発達させた政治・軍事の思考は、（a）その紀律化思想がリプシウスに受け継がれて、まずオランジュ・ナッサウ家のネーデルランドに定着し、次にそこを拠点にして、グスタフ＝アドルフのスウェーデン、プロイセン、フランスなどの軍制改革と国家および社会の近代化との基軸となるとともに、（b）その共和主義的な市民軍思想がイギリスでハリントンに受け継がれ、かれを介して、アメリカ独立運動や、フランス革命運動における、リパブリカニズムの基軸ともなっていったのである。（a）は、君主国家向けの近代化を、（b）は共和国向けの近代化を、推進したのである。

(86) *Loeb Classical Library*, Book 174.

(87) 事例に即して考えるマキァヴェッリの論述形式については、丸山眞男の次の指摘が興味深い。『君主論』の場合は、さっきの日高さんのいう一般命題みたいなのがのべられて、その例証としていろいろな実例が書いてある。しかし、『ローマ史論』は文字どおりリヴィウスのローマ史の注釈のかたちをとっている。法律でいえば一種のケース＝メソッドの方法で書いてある。ローマ史の中からいろいろなケースを典型的状況として選んできて、そこから一般法則を抽出している。これはまさにわれわれが歴史なんかを読む場合の一つの読み方として、非常にいい参考になる（丸山眞男の発言「読書の姿勢」（日高六郎との対談）『図書』一九六七年六月号）。

〈思弁で原理をとらえ、そこからの演繹で抽象的な一般論を繰り広げる〉のではなく、ケースを収集しそれらを分類してコメントを加えていく、このような論述形式は、古代ローマ人が採ったものであった。それは、中世人にとっても、マキァヴェッリの同時代のルネサンス人にとっても、常用のものであった。マキァヴェッリたちは、この思考傾向の点でも、なお古代ローマ人の精神構造の継承者だったのだ。

(88) フロンティヌスがマキァヴェッリに与えた影響について、Neal Wood, Frontinus as a Possible Source for Machiavellis Method, in: *Journal of the History of Ideas*, Vol. 28, No. 2, 1967. Wood（fn. 25）. Introduction, p. xxii. Cf. F. Gilbert（fn. 64: *Niccolò*）, pp. 213f.

(89) このエピソードは、『対比列伝』中のカミルス伝にも出てくる。ローマの司令官カミルスがファレリイ人の町を攻撃しているとき、その町の教師が子供たちをだましてカミルスのもとへ（報賞目当てに）「人質」として連れて来た。するとカミルスは、その子供たちがその教師を連行しつつ帰還するよう取りはからった。この行為をめぐってもプルタルコスは、カミルスのことばとして、次のような考えを表明している。

「戦争といふものは甚だしい不正や武力的な行為によつて遂行されるものではあるが、それにしても正しい人々には何か戦争の掟がある。勝利にしても、邪悪で神々を畏れない行為から出た有利な申出を受け容れてまで、求めるべきものではない。偉大な将軍は自分の勇気を以て戦争をするものであつて、他人の卑劣な心に頼るものではない」。カミルスのこのような正義の行為に感じ入った敵は、「勝利よりも正義の方を重んずるローマの人々は、われわれに自由より敗北を好むことを教へてくれた。われわれは兵力に於てひけを取つたとは思はないが、徳に於て敗けたことを認める」と言って、ローマとの講和を受け容れた（前掲注34『プルターク英雄伝』第二分冊）。

(90) Vegetius Renatus, *Epitoma rei militaris*, Editio Altera, 1885. 抄訳として *The Military Institutions of the Romans*, John Clark (tr.), 1767. London. rep. 1944, 1985. がある。両著の頁数を、本文中に示す。

(91) Ueteres autem, 〔...〕 non tam numerosos quam eruditos armis exercitus habere uoluerunt. III-1; p. 69.

(92) Qui secundos optat euentus, dimicet arte, non casu. III-prae.; p. 68.（＝成功を求める者は、偶然に頼ってではなく技術によって戦う。）

(93) 剽窃とはいってもそれは、今日目撃するような、業績をねらっておこなうものとは、意味が異なるだろう。思想史上ではひとはしばしば、古典となった先人の文章を公共物と考え、自分の作品に借用する。マキァヴェッリが犯したのも、そうした剽窃である。潔癖一辺倒の人はともかく、思想史の研究者は、剽窃の事実にがっかりするよりも、マキァヴェッリの、リアリスティックでプラグマティックなものの見方・考え方、特徴のある徳論や紀律論が、ウェゲティウスのそれらとこれほどまでに共鳴しあうものだったという事実に、まず着目すべきであろう。

(94) V: Difficile uincitur qui uere potest de suis et de aduersarii copiis iudicare. M: Difficilmente e vinto colui che sa conoscere le forze sue e quelle del nimico.

(95) V: Numquam ad certamen publicum produxeris militem, nisi cum eum uideris sperare uictoriam. M: Non condurre mai a giornata i tuoi soldati, se prima non hai confermato l'animo loro e conosciutoli senza paura e ordinati.

(96) V: In omnibus proeliis expeditionis condicio talis est, ut quod tibi prodest aduersarium noceat, quod illum adiuuat tibi semper officiat. M: Quello che giova al nimico nuoce a te, e quel che giova a te nuoce al nimoco.

(97) V: Amplius iuuat uirtus quam multitudo. Amplius prodest locus saepe quam uirtus. M: Più vale la virtù de soldati che la moltitudine; più giova alcuna volta il sito che la virtù.

(98) V: Qui confidit equitatu, aptiora loca quaerat equitibus et rem magis per equites gerat. Qui confidit pedestribus copiis, aptiora loca peditibus quaerat et rem magis per pedites gerat. M: Chi confida più ne' cavalli che ne' fanti, o più ne' fanti che ne' cavalli, si accomodi col sito.

(99) V: Melius est post aciem plura seruare praesidia quam latius militem spargere. M: Meglio è nell' ordinare la giornata, riserbare dietro alla prima fronte assai aiuti, che, per fare la fronte maggiore, disperdere i suoi soldati

(100) V: Qui dispersis suis inconsulte sequitur, quam ipse acceperat, aduersario uult dare uictoriam. M: Colui che seguita con disordine il nimico poi ch' egli è rotto, non vuole fare altro che diventare, di vittorioso, perdente.

(101) V-1: Aut inopia aut superuentibus aut terrore melius est hostem domare quam proelio, in quo amplius solet fortuna potestatis habere quam uirtus. V-2: Magna dispositio est hostem fame magis urguere quam ferro. M: Meglio è vincere il nimico con la fame che col ferro, nella vittoria del quale può molto più la fortuna che la virtù.

(102) V: Subita conterrent hostes, usitata uiliscunt. M: Le cose nuove e subite sbigottiscono gli eserciti, le cose consuete e lente sono poco stimate da quelli.

(103) V: Nulla consilia meliora sunt nisi illa, quae ignorauerit aduersarius, antequam facias. Occasio in bello amplius solet iuuare quam uirtus. M: Niuno partito è migliore che quello che sta nascoso al nimico, infino che tu lo abbia eseguito. Sapere nella guerra conoscere l'occasione e pigliarla, giova più che niuna altra cosa.

(104) V: Quid fieri debeat, tractato cum multis, quid uero facturus sis, cum paucissimis ac fidelissimis uel potius ipse tecum. M: Consigliati delle cose che tu dèi fare, con molti; quello che di poi vuoi fare conferisci con pochi.

(105) V: Cum consilium tuum cognoueris aduersariis proditum, dispositionem mutare te conuenit. M: Muta partito, quando ti accorgi che il nimico l'abbia previsto.

(106) V: Paucos uiros fortes natura procreat, bona institutione plures reddit industria. M: La natura genera pochi uomini gagliardi, la industria e lo esercizio ne fa assai. Può la disciplina nella guerra più che il furore.

(107) V: Milites timor et poena in sedibus corrigit, in expeditione spes ac praemia faciunt meliores. M: I soldati, quando dimorano alle stanze, si mantengano col timore e con la pena; poi, quando si conducono alla guerra, con la speranza e col premio.

(108) V: In bello qui plus in agrariis uigilauerit, plus in exercendo milite laborauerit, minus periculum sustinebit. M: Colui che sarà nella guerra più vigilante a osservare i disegni del nimico e più durerà fatica ad esercitare il suo esercito, in minori pericoli incorrerà, e più potrà sperare della vittoria.

(109) 中埜肇『ヘーゲル哲学の根本にあるもの』(以文社、一九七四年)五四頁。実際、たとえばヘーゲル研究者オッツマンも、その博士論文の冒頭で次のように言っている。「「プロイセンの御用国家哲学者」ヘーゲル、「権力国家論者」ヘーゲル、「国家社会主義者」ヘーゲル、「マルクスの父なる」ヘーゲル、「近代法治国家論者」ヘーゲル〔…〕これらは、人が哲学者ヘーゲルに対し貼ってきたレッテルのほんの一部である。それら〔の一つに特化すること〕がいかに一面的で歴史を歪曲する不公正なものであるか、を明らかにすることが本書の課題である〔…〕。」Henning Ottmann, *Individuum und Gesellschaft bei Hegel*, 1977, Vorwort.

(110) イルティンクは、ヘーゲルが、一八一七年と一八一八年との講義では学生に表明していたリベラルな内容を、一八一九年夏以来のプロイセンの反動化に用心深く対応（Adaption, Anpassung）して、一八二一年出版の『法の哲学』では保守的な内容に変えた、と言う。Karl-Heinz Ilting, *Einleitung zu Hegels Vorlesungüber Rechtsphilosophie*, 1973. Vgl. Ottmann (fn. 109), *Individuum und Gesellschaft bei Hegel*, S. 224ff.

イルティンクのこの指摘を踏まえた最近の研究では、ヘーゲルの手稿や、ハイデルベルク大学時代以来のヘーゲルの講義を学生が筆記したノート――一九八三年から次々と刊行されている――を丹念に検討する作業に重点が移っている。それによって、たとえば、①ヘーゲルは近代立憲君主制の立場を基本とするが、『法の哲学』では君主の権限を強化したという点や、②『法の哲学』の序文における有名な「現実的なものは理性的であり、理性的なものは現実的である」の「現実的である」は、前の講義では「現実的であるべきだ」（＝革新的立場）であった、すなわち現状肯定の文句に変えられたという点が、指摘されている。

こうした方向でヘーゲルの政治思想研究を進めた最近の業績としては、次のようなものがある。浅野遼二『ベルン時代のヘーゲル』（法律文化社、一九九五年）、渋谷勝久『青年ヘーゲルの思索』（慶応義塾大学出版会、一九九六年）、権左武志「西欧思想史におけるヘーゲルの国家論」（『思想』八六五号、一九九六年）、同「ヘーゲル政治哲学の生成と構造（一七九三―一八二〇年）――ヨーロッパ精神史との関連において（一―三）」『北大法学論集』第四五巻三号・第四五巻四号・第四七巻五号（一九九四―九七年）、工藤豊『ヘーゲルにおける自由と近代性』（新評論、二〇〇〇年）、福吉勝男『自由と権利の哲学』（世界思想社、二〇〇二年）、加藤尚武・滝口清栄編『ヘーゲルの国家論』（理想社、二〇〇六年）、権左武志「帝国の崩壊、ライン同盟改革と国家主権の問題」（『思想』九九一号、二〇〇六年。権左の諸論考は、『ヘーゲルにおける理性・国家・歴史』（岩波書店、二〇一〇年）に収録されている）、寄川条路『体系への道　初期ヘーゲル研究』（創土社、二〇一〇年）など。またヘーゲルの手稿等を直接分析したものとして、藤田正勝『若きヘーゲル』（創文社、一九八六年）、久保陽一『初期ヘーゲル哲学研究』（東京大学出版会、一九九三年）がある。

筆者は、これらの研究から多くを学んだ。しかし筆者は、〈時々の国家政治や学内政治にヘーゲルが――保身的ないし学派意識で――対応したことで、かれの講義や著作の表現がどう微妙に変化したか〉を問うことには、興味を引かれない。第一に、筆者は、そういう時局史的な動きを超えて問題となる、ヘーゲルの機軸的思考の変動を問題にしているからだ。すなわち筆者は、ヘーゲルの政治思想を――政治史上の局面転換に応じた変化の観点から押さえつつも――マキァヴェッリ以来（さらには古代ギリシャ以来）の混合政体論・祖国愛・「国民主義」や、一九世紀ドイツの政治的自由主義といった時代の精神構造の諸潮流のなかに置いて理解しようとするものである。ヘーゲルの俗物的な政治行動が本人にもその周辺の人々にも重要事項であったことは否定しえないだろうが、かれの思想の重要性はそこにはない。

最近のヘーゲル研究は、ヘーゲルの手稿や講義録等原史料を渉猟した考察に重きを置いている。しかし、これらに携わっている研究者は主に文学部出身者が多く、それゆえ、古代以来の大きな社会構造史や国家史、政治精神史などへの眼を欠き、ヘーゲルとその周辺の人びとに視野を限定し、かつヘーゲルのその都度の言動や抽象的な言いまわし、議論に縛られがちである。

第二に、筆者は、ヘーゲルが言われるほどに保守化したとは見ないからだ。この点は、最近のヘーゲル研究で重要となっている、次の二点に関連している。

（a）立憲主義について　筆者はこの点に関し、『法の哲学』をめぐってヘーゲルに転向があった、とは見ない。ヘーゲルは、第二七九節追加文（『法の哲学』をテキストに使った講義での口頭コメント）にあるように、『法の哲学』出版後も、君主の権限を〈各担当部局の決定にお墨付きを与えるだけのもの〉に限定している、また、後述する『イギリス選挙法改正法案について』においても、イェーナ後期以来の立場が一貫している、からである。

（b）「現実的なものは理性的であり、理性的なものは現実的である」について　これは、これが出てくる前後の文脈からして、学問方法論に関する言明であり、その前半部は〈世界史には法則が内在していること〉を、後半部は〈その法則がフランス革命後において全面的に発現したこと〉を、意味している（「理性的」とは〈法則が働いている〉の意味であって、「理想的」の意味ではない）。ここでヘーゲルの基底にあるのは、自由は歴史のなかで成長している。その世界法則の展開によって、フランス革命後の西欧に自由な近代が生まれた、との認識である。したがって、右の言明は、プロイセン讃美ないしヘーゲルの反動化とは関係ない。

（111）以上、Ritter（fn. 26）, *Metaphysik und Politik*. Karl-Heinz Ilting, Hegels Auseinandersetzung mit der aristotelischen Politik, in: *Philosophisches Jahrbuch* 71. 1963/64. Riedel, *Studien zu Hegels Rechtsphilosophie*, 1969.

（112）たとえばリーデルは、ヘーゲルがアリストテレスへ回帰していったのは、イェーナ前期においてだったとする（この点は正確には、〈プラトンに見られる全体優先の思想、ないしアリストテレスにおけるこのプラトン的側面へ、ヘーゲルは回帰していった〉とすべきであろう。本書二四八頁以下）。その際リーデルは、それより前の時期については数行の言及にとどめており、しかもそこにおいて、ベルン期におけるヘーゲルをまだカント的に思考していたとする（リーデルは、カントに対するヘーゲルの違和感は、カントによる一七九七年の『人倫の形而上学』の出版を契機として初めて生じた、と見ている）。このためリーデルは、ベルン期のヘーゲルにすでに明確に示されている〈カント克服〉の志向の重要性をとらえていないし、イェーナ前期がヘーゲルの思想形成上で特異であることを過度に強調することにもなった。Vgl. Riedel（fn. 111）, *Studien zu Hegels Rechtsphilosophie*, S. 19ff. S. 64.

（113）György Lukács, Der junge Hegel. 1948. Suhrkamp Taschenbuch, 1973. S. 474. S. 713. 生松敬三・元浜清海訳『若きヘーゲル』上・下巻（『ルカーチ著作集』第一〇・一一巻、白水社、一九六九年）。

(114) 中埜肇『ヘーゲル研究』（理想社、一九六五年）三七頁。なお細谷貞雄『若きヘーゲルの研究』（未来社、一九七一年）三四一頁も同じ趣旨。拙著（前掲注27）『近代ドイツの国家と法学』一九九頁以下。

(115) ヘーゲルは、一七九三年秋にチュービンゲンの神学寮を卒業し、ベルンの都市貴族の邸宅に、住み込みの家庭教師として就職した。かれはここで、翻訳『カル親書』に見られるように、ベルンないしスイスの寡頭支配体制をルソー的民主制の立場から批判するようになっていき、雇い主との関係も悪化していった。

(116) Hegel, Die Positivität der christlichen Religion, 1795/96, in: *Werke in 20 Bänden*, Bd. 1, 1971, S. 104ff. (Cf. Herman Nohl, *Hegels Theologischen Jugendschriften nach den Handschriften der Königlichen Bibliothek in Berlin*, 1907). 久野昭・水野建雄訳『ヘーゲル初期神学論集』第一巻（以文社、一九七三年）二九頁以下。邦訳は原則として後者による。以下、本文中に頁数のみ記す。

(117) 「私的生活の公的なものへのこの自由で自発的な同化」(Lukács, fn. 113, S. 102. 生松敬三・元浜清海訳『若きヘーゲル』上巻（前掲注113『ルカーチ著作集』第一〇巻）一一七頁。

(118) 山崎純『神と国家　ヘーゲル宗教哲学』（創文社、一九九五年、二八・三一・一〇〇頁）は、この点に関し、ヘーゲルが青年期からイエーナ期まで「ポリス型の祭政一致を理想としてきた」と言う。しかし、ヘーゲルが考えているのは、宗教をも政治的結合を強化する制度として活用しようということであって、神官が政治に関わるとか、宗教原理で政治を方向づけるとかを意味する「祭政一致」ではない。

(119) ただしカントも、道徳を衝動の力に支えられたものにしようとして、神や「あの世での幸福」がもつ力に依拠しようとしたのであるから、かれにおいても理性は、実際には専制者だったとは言えない。

(120) J. Hoffmeister, *Dokumente zu Hegels Entwicklung*, 1936, 2. Aufl. 1974, S. 66.

(121) 理性と善き衝動とのこのような結びつけは、そもそもアリストテレスにおいて、そのソクラテス道徳論批判をめぐって重要な意味を有したことがらであった。たとえば『アリストテレス全集』（岩波書店版、第一一巻、四―五頁）。この点については、vgl. Otfried Höffe, *Praktische Philosophie—Das Modell des Aristoteles*, 1971, S. 69. これは、ヘーゲルが、カント道徳論という新しい方向と、アリストテレスに見られる制度的倫理学という伝統とを、理論的に統合しようとした点に関わってもいる。

(122) 若きヘーゲルが、〈カントの道徳論にどう向かいあうか〉の点で、シラー、フィヒテ、ヘルダーリンと方向を一にした点については、vgl. Dieter Henrich, *Hegel im Kontext*, 1971, S. 9ff.

(123) 〈自由な国家を担うことによって祖国愛に燃えた主体となりえてこそ、個人としての徳性も高まる〉という「国民主義」の思想は、〈マキァヴェッリとともに〉ルソーにも見られた。本文中に引用したヘーゲルの言明との関連では、ルソーの次のことばが興味深い。

「人民をわれわれは有徳たらしめようと欲するのか。それならば、彼等に祖国を愛させることから始めよ。しかし、もし祖国が、彼等にとって、外国人にとってよりも以上の何物でもなく、またそれが何人に対しても拒むことができないものしか与えないならば、いかにして彼等は祖国を愛するであろうか」。ルソー『政治経済論』（河野健二訳、岩波文庫、一九五一年）三一頁。

この関連では、ドイツではフィヒテの『ドイツ国民に告ぐ』（一八〇六年）における祖国愛が重要である。フィヒテはここで、祖国愛（＝すなわち自国の独立・永遠性を願い、自国民を愛する感情）の大切さを強調し、それが自己自身への尊敬、自己を永遠なものと見る理想主義の延長線上にあると説いた（とくに第八講）。フィヒテは、このように各人の自由と祖国の自由とを結びつけた点では、若きヘーゲルと「国民主義」を共通している。しかしフィヒテの祖国愛論は、精神論・教育論に傾斜しており、ルソーやヘーゲルらのそれのようには政治制度を扱っていない。

(124) Hegel, Fragmente über Volksreligion und Christentum, 1793/94, in: (fn. 116) *Werke in 20 Bänden*, Bd. 1. ヘーゲル（前掲注116）『ヘーゲル初期神学論集』第一巻。邦訳は基本的にこの後者による。本文中に頁数を示す。

(125) ルカーチは、若きヘーゲルがめざした、この種の人間像（カントとは異なり理性と感性の分裂を避けようとする）を、「現実的な生」ないし「全体的な生きた人間」と呼んでいる。Lukács (fn. 113), *Der junge Hegel*, S. 250.（前掲注113）『ルカーチ著作集』第一〇巻、二八四頁。なお、シラーは、まったく同様の思想を、「人間の感性的部分に属する衝動が理性的部分に属する道徳法則と調和した場合、人間は自分自身と一体となる」というかたちで提示している。Johann Christoph Friedrich von Schiller, Über Anmut und Würde, in: *Schillers philosophische Schriften und Gedichte*, 1795, 2. Aufl. 1909, S. 126.

(126) ヘーゲルは、すでにチュービンゲンの学寮時代に、「愛」(Liebe) の思想を出している。この草稿断片（Rosenkranz, *G. W. F. Hegels Leben*, 1844, Nachdruck 1977, S. 465–467）でかれは、〈神を精神のレヴェルで、その真理性を理由に崇拝し・それを通じて徳性を高める〉というかたちをとる「理性宗教」(Vernunftreligion) を目ざしつつも、それへの現実的な道として、「市民宗教」(Volksreligion) を提唱する。これは、人間の自然に内在する道徳感情 (das moralische Gefühl) に支えられた宗教であり、そこでの信仰の共同活動を通じて人びとの徳性を高めようというのである。そして、この道徳感情の核として重要なのが、「愛」であった。ヘーゲルは言う、

「それは、確かに〔カント的意味で〕道徳的ではない、すなわち法則尊重から出てきたものではない。それゆえそれは、確実で断固たるものではなく、かつそれ自体として価値物ではない。しかしそれは、〔道徳が中身とする愛他の原理をもった、各人に内在する、行動の原動力であるので〕好ましいものである」。

ヘーゲルは、カントを踏まえつつカントを乗り越える立場をこのようなかたちで、すでにチュービンゲンで出していたのである。

(127) Hegel, Der Geist des Chritentums und sein Schicksal, 1798/1800, in: (fn. 116) *Werke in 20 Bänden*, Bd. 1, S. 274ff. 前掲注116『ヘーゲル初期神学論集』第二巻。邦訳は、基本的に後者による。頁数は本文中に示す。

(128) ヘーゲルのこの思想の根底には、シラーおよび友人ヘルダーリンの「合一哲学」があるとされる。久保は、この「愛」の思想を「愛の合一哲学」と呼び、それがその後のヘーゲル思想の特徴となるとする（久保（前掲注110）『初期ヘーゲル哲学研究』一四七頁。権左（前掲注110）『ヘーゲルにおける理性・国家・歴史』第七章も参照）。しかし、ここで「合一哲学」的とされる思想もまた、その中身においては、すでにベルン期に、シラー的な「衝動」概念（前掲注125）等を基軸にして展開されていたのである。ヘーゲルの思想変化は、もっと長いスパンのなかの構造変化として、考えられなければならない。

(129) 拙著（前掲注27）『近代ドイツの国家と法学』はさらに、イェーリングらの根本的立場の一つが、「自由の自己制限」の思想であることをも明らかにした。かれらにおいては、民法は各人に自由を保障するが、それは、〈各人が社会の倫理（Sitte）を尊重し、その自由を自己制御しつつ行使する〉ということを重要な前提にしていた。

　このように倫理・徳性によって自由を自己制御することは、モンテスキューや、かれの影響下にあったルソーによっても、民主制下の自由市民が社会的に共同していくためには不可欠だとされていた。ヘーゲルの同時代では、シラーが、「美しい魂」の提唱に関連して、上に見た関係を徳（Tugend）ないし「倫理性」の問題としてとらえている。たとえば、次のような言明にそれが窺える。「徳とは、義務への傾向性に他ならない」、「人間の倫理上の（sittlich）完全性は、まさにかれの傾向性がかれの道徳的行為に参与するところに存在する」。Schiller (fn. 125). *Schillers philosophische Schriften*, S. 130.

(130) ヘーゲルのこの対比は、イェーリングの法人否認説の内容を想起させる（拙著（前掲注27）『近代ドイツの国家と法学』八〇頁参照）。イェーリングは、法人を法制度として採用することに反対した（法人否認説）。その理由は、二つあった。第一は、自然人とは別の人として法人を法的構成するのは、概念法学的技巧に走るものだ、というものだった。第二は、構成員である個人から区別された法人を構成することは、個人とその団体とを対立させることになり、諸個人の結束の理念に反する、というものだった。イェーリングは、「最近の絶対主義と警察国家」とが「個人と国家とをまったく疎遠化させ、否、対立させる」ことを批判し、これに対して、古代ローマの共和国における〈自由な個人とかれらの国家の緊密な結びつき〉、民主主義的な同一性を讃美したのである。かれは言う、「ローマ人は、国家がその国民以外の何ものでもないことを知っていた」、と。

(131) ローゼンツヴァイクは、フランクフルト期におけるヘーゲルの人間観に変化が見られるとしつつも、ヘーゲルの政治思想には〈ベルン期との間で〉変化がなかったとする。そしてかれは、〈それは、人間観の変化が、一七九八年秋まではまだ政治的立場の変化を起こすまで深まっていなかったからだ〉とする（F. Rosenzweig, *Hegel und der Staat*, Bd. 1, 1920, S. 75, 81f.）。しかし、さきに見たようにフランクフルト期のヘーゲルにおいては、単に政治思想だけでなく、愛や運命をめぐる思想といった人間観の主要部分も、ベルン期のヘーゲルのそれらから離れていない。

(132) 河野真『シェリングの実践哲学研究』(以文社、一九七三年)第二章参照。

(133) ヘーゲルのカント批判には、三つのものがあった。①さきにベルン期・フランクフルト期に出された批判は、〈カントにおいては感性と理性が相互に分裂し、道徳論が形式主義的なリゴリズムに陥っている〉というものである。②イェーナ期に出された批判は、本文中に述べたようなものである。③のちに『法の哲学』に出される批判は、〈カントの自由論・道徳論が主観主義的で一面的に内面に向かうものであり、社会制度の意義を評価できない〉とするものである。

(134) Hegel, System der Sittlichkeit, Georg Lasson (Hrsg.), *Politische Bibliothek*, Bd. 144a, 1967. 以下本文中に頁数を示す。

(135) これは、典型的にはプラトンに見られる発想である。リーデルらは、これをアリストテレス的(ないしスピノザ的)とする(Riedel (fn. 111), *Studien zu Hegels Rechtsphilosophie*)。しかし正確にはこれは、前述のように(注112)アリストテレスの思想中のプラトン的な〈全体先行の思想〉の側面に関係する。アリストテレスの、〈全体は、部分の総和ではない。逆に全体がまずあって、部分はそこから形づくられるのだ〉とする言明がこの点に関わる(なお、本書一一二頁参照)。

　イェーナ前期のヘーゲルにプラトンの影響が強かったことについては、ローゼンクランツが指摘している(Rosenkranz (fn. 126) *G. W. F. Hegels Leben*, S. 100, 104, 176f.)。また、オッツマンは、この時期のヘーゲルのプラトン的傾向を、普遍志向(Universalismus ないし Staats-Universalismus)と規定している(Ottmann (fn. 109), *Individuum und Gesellschaft bei Hegel*, S. 309ff., S. 344)。オッツマンは――ヘーゲルのイェーナ前期に特有な――この傾向を、ヘーゲルの〈全時期に共通の〉特徴だとしている。

　「普遍」・「特殊」・「個別」といった重要なカテゴリーをめぐって、ヘーゲルの論理学と社会哲学とがどういう関係にあったかを各時期ごとに詳しく分析していくことは、興味ある課題である。この種の問題関心に立脚した研究書として、Manfred Hanish, *Dialektische Logik und politisches Argument*, 1981 がある。しかし、この研究書では、肝腎のヘーゲルの政治思想像がかなりステレオタイプなものであるため、それと論理学の関係づけに成功しているとは思われない。

(136) ヘーゲルは後年、『歴史哲学』(ベルリン時代におこなわれた講義)において、この特殊性の要素(＝私的自由)について次のように述べる。

　「近代における自由の原理であり自由の固有の形態であるところの、すなわち、近代における国家と宗教生活との絶対的な基盤を成すところの、主体的自由こそは、ギリシャにとっては堕落でしかなかった」(in: (fn. 116) *Werke in 20 Bänden*, Bd. 12, S. 309. 武市健人訳、岩波文庫、一九七一年、中巻一五〇頁)。

この引用文中の「ギリシャ」を「イェーナ前期のヘーゲル」に置き換えると、筆者が論じている、イェーナ前期の特徴をよく示すことになる(ベルン期からイェーナ前期までのヘーゲルはギリシャ原理に直結していたので、この置き換えは可能である)。

後述のようにヘーゲルは、イェーナ後期には、〈個人の自由を「堕落」とするのは古代の見方であって、現代の見方ではない〉とする古代批判の立場に移る。『歴史哲学』は、この新しい立場から書かれたので、右のような古代批判となったのである。

(137) Hegel, Über die wissenschaftlichen Behandlungsarten des Naturrechts [...], 1802/03, in: (fn. 116) *Werke in 20 Bänden*, Bd. 2. 以下、本文中に頁数を示す。

(138) 「多様性」の概念をめぐる、シラーの同様な思想に注目したい。かれは言う、「理性が社会の物質的関係に道徳的統一性を付与しようとする場合には、理性は自然の多様性を損ってはならない。自然が道徳的に統一された社会の内においてその多様性を主張しようとする場合には、そのことによって道徳的統一性が損なわれぬようにしなければならない」。Schiller, Über die ästhetische Erziehung der Menschen, in: (fn. 125), *Schillers philosophische Schriften und Gedichte*, S. 168.

(139) Bezwingen の思想は、同時期の論文 "Differenz des Fichte'schen und Schelling'schen Systems der Philosophie", 1801, in: (fn. 116) *Werke in 20 Bänden*, Bd. 2, S. 66 にも示されている。また、後述のように、ここでの「外化 (Entäußerung)」は、のちのイェーナ後期の『実在哲学』においても、同じ中身の重要な概念として登場する(たとえば、「自分の直接的自我の外化 (Entäußerung eines unmittelbaren Selbsts)」二二三頁参照)。

(140) 青年期以来ヘーゲルの政治思想において重要な、この〈自由と自制〉の問題は、管見の限り今まで論じられたことがない。『自然法の学的取扱い方について』における Bezwingen の意味についても同様である。中埜肇は(前掲注114)『ヘーゲル研究』(一三四頁)においてこれを「一切を抹殺する」ことと解しているが、これでは核心がとらえられない(ただし、Hegel (fn. 134), System der Sittlichkeit, S. 45f. では、Bezwingen は Raub と結びつけられ、〈他者による自己の〉「抑圧」の意味をもつ)。

「自制 (enkrateia, sophrosyne)」の問題は、ソクラテス以来の実践倫理学においても重きを成す概念であり、ヘーゲルの思想をこの伝統のなかに位置づける作業は、今後の興味ある課題である。なお、sophrosyne が同時に Selbstbeherrschung (自制) と Sittlichkeit (倫理性) を意味していることも、ヘーゲル研究にとって重要である。「自制」がマキァヴェッリにおいて重要であったことについては、七七頁以下参照。ヴェーバーにおいて重要であることについては、二九一頁以下、二九七頁以下参照。

(141) Hegel, Die deutsche Verfassung, 1800-1802, in: (fn. 116) *Werke in 20 Bänden*, Bd. 1. 『ヘーゲル政治論文集』(金子武蔵・上妻精訳、岩波文庫、一九六七年、上巻)。邦訳は基本的に後者による。以下、本文中に頁数を示す。

(142) スミスの『諸国民の富』は出版(一七七六年)の直後に、ドイツでもその紹介と翻訳がなされ、農場経営の近代化を図るユンカー層をはじめ多くの人に読まれた。カント、ハルデンベルク、シュタインなども、スミスに親しんでいる。スミスをドイツに最初に紹介したのは、前述した(一七一頁)ゲッティンゲン大学教授のフェダーと、ケーニヒスベルク大学のクラウス(カントの同僚であった)である。

(143) Hegel, *Jenenser Realphilosophie II* (J. Hoffmeister Hrsg.) 1805/06, *Philosophische Bibliothek*, Bd. 67. この書物は、ヘーゲルが一八〇五年から一八〇六年にかけておこなったイェーナ大学での講義の草稿である。これをホフマイスターが一九三〇年に刊行した際に、上記のような書名にしたのである。邦訳としては、加藤尚武編訳『イェーナ体系構想――精神哲学草稿一（一八〇三―〇四年）・精神哲学草稿二（一八〇五―〇六年）』（法政大学出版局、一九九九年）がある。以下、本文中に両方の頁数を示す。なお、後述する *Jenenser Realphilosophie I* は、一八〇三―〇四年の講義の草稿である。

(144) Vgl. Rosenkranz (fn. 126), *G. W. F. Hegels Leben*, S. 194.

(145) この点については、Hegel, *Phänomenologie des Geistes*, Bd. 3, S. 266ff. 金子武蔵訳『精神の現象学』上（岩波書店、一九七一年）三五六頁以下参照。

(146) ヴィローリ（前掲注8）『パトリオティズムとナショナリズム』一三二頁は、モンテスキューについて次のように言う。

「モンテスキューはパトリオティズムに達する方法を二通り示しているのだが、その一つは統一と犠牲を通じてのものであり、他方は自由と私利を通してのものである。前者は純粋ではあるが不可能なパトリオティズムに至るものであり、後者は不純ではあるがより実行可能で、かつ人に訴えるものである」。

この文中の、「前者」の祖国愛は、古代の共和政を担う市民兵士に見られた。「後者」の祖国愛は、同時代のヨーロッパの自由な統一国家（とくに混合政体のイングランド）に見られる。モンテスキューは、前期においては前者の、古代ローマの自由な市民がもつ祖国愛を讃美していた。しかし中期以降の『法の精神』等では、後者の現代イングランド讃美の立場に移行した。それは、イングランドにおいてジェントリー層を中核とした、商業をも担う市民が自由でありつつ祖国愛に燃えるのを目撃したからであった（安武真隆「中期モンテスキューにおける「君主政」概念の形成（一）・（二）」『法政研究』第六五巻一―二号、一九九八年）。イングランドでは商業自体が勤勉や誠実さ等の徳性を発達させている、ともモンテスキューは見た。

イェーナ後期のヘーゲルもまた、本書二三四頁以下で見るように『ヴュルテンベルク王国領邦議会の討論の批評』、および前述したように（二一六頁）『ドイツ国制論』の新稿部分において――モンテスキューの右の変化と同様――それまでの古代ギリシャに見られた自由な祖国愛讃美から、（近代社会の原理としての）イングランド的自由の讃美への移行を見せた。

かれらに比してマキァヴェッリには、右の引用文中の、「前者」は鮮明だが、「後者」に対応するものに関しては、混合政体論は見られるものの商業の高い評価は見られない。これに対してヴェーバーには、モンテスキュー・ヘーゲル的な、イギリスの政治的徳性讃美が根底にあったので、右の引用文中の「後者」の見方が顕著である（本書注187をも参照）。すなわちこの点でヘーゲルは、マキァヴェッリからヴェーバーへの移行を自らの営みにおいて凝縮して展開させているのである。

（147） この問題をめぐる『精神現象学』の論理については、浜谷征彦「『精神現象学』における個体性の原理と相互承認」（『現代思想』一九七八年一二月号所収）が、興味深い。

（148） Hegel, *Jenenser Realphilosophie I, 1803/04*, in: G. Göhler (Hrsg.), *G. W. F. Hegel frühe politische Systeme*, 1974, S. 319, 加藤編訳（前掲注143）『イェーナ体系構想』六七頁。

（149） Hegel, *Jenenser Realphilosophie I*, S. 321, 加藤編訳（前掲注143）『イェーナ体系構想』七一頁。Vgl. Jürgen Habermas, Arbeit und Interaktion, Bemerkungen zu Hegels Jenenser Philosophie des Geistes, Natur und Geschichte, in: *Festschrift für Karl Löwith zum 70. Geburtstag*, 1967.

（150）「承認」の理論がイェーナ後期においてもつ重要性については、ジイプがリーデルを踏まえて次のようにまとめている。「承認理論に依拠することによって、共同体とその諸制度とは、自由な自己意識の概念そのものから展開されることとなった。ヘーゲルにおける、アリストテレス的伝統と先験哲学の原理との有和は、このようなかたちでなされたのである」。Ludwig Siep, *Anerkennung als Prinzip der praktischen Philosophie*, 1979, S. 190.

（151） Göhler (fn. 148), *G. W. F. Hegel Frühe politische Systeme*, S. 223, 加藤編訳（前掲注143）『イェーナ体系構想』一四九頁。

（152） 家族が人を倫理化することについてヘーゲルは、後年『歴史哲学』においても次のように述べている。「元来、人間は家庭を通じて共同生活に入るものであり、社会における相互依存の関係に入る。だから、この結合〔＝家族〕は倫理的（sittlich）なものである」（in: (fn. 116) *Werke in 20 Bänden*, Bd. 12, S. 503。武市健人訳、岩波文庫、一九七一年、下巻一五二―一五三頁）。なお、家族を「愛」にもとづく親密団体的（gemeinschaftlich）な圏だとすること自体は、『倫理性の体系』にも見られる（fn. 134, S. 36f.）が、そこでは、この倫理化の観点が欠落している。

（153） Hegel, 〔Beurtheilung der〕 Verhandlungen in der Versammlung der Landstände des Königreichs Württemberg im Jahre 1815 und 1816, in: (fn. 116) *Werke in 20 Bänden*, Bd. 4, 金子・上妻訳（前掲注141）『ヘーゲル政治論文集』下巻。以下、邦訳は原則として後者による。頁数を本文中に示す。

（154） 権左（前掲注110）『ヘーゲルにおける理性・国家・歴史』第四章は、ヘーゲルの『ヴュルテンベルク王国領邦議会の討論の批評』の背後には、ヘーゲルが支持した「ライン同盟改革」（一八〇七年から一八一四年まで続く）の影響があるという。権左はこの観点から、この論考の中身は、一八〇七年より前のヘーゲルの思想とは本質的に異なるとする。しかし本書の考察を踏まえると、この時点でヘーゲルの思想に大きな変化があったとは言えない。一八一五年のヴュルテンベルク憲法草案が進歩的だったことは本文で見たとおりだが、ヘーゲルはこれを従来の立場から支持しているのであって、変化は生じていない。政治史が政治思想理解に必ずしも常に有効とは言えない。

(155) Hegel, *Grundlinien der Philosophie des Rechts*, 1821. 藤野渉・赤沢正敏訳『法の哲学』（中央公論社『世界の名著』第三五巻、一九六七年）。以下、本文中に節番号を示す。この『法の哲学』は、一八一七年以来の講義（講義録が刊行されている）を踏まえて一八二〇年に書かれたが、検閲のため出版が遅れた。なお、このヘーゲルの本の書名は、「法哲学」とも「法律哲学」とも「法・権利の哲学」とも訳されるが、ここでのRechtは、当時の「自然法学」講義における「自然法」、すなわち「社会法則」の意味である。したがって、本来は「社会哲学」の訳語がふさわしい。これはサブタイトルからしても、中身からしても、またヘーゲルのこれまでの社会哲学的業績との関連からしても、そう言える。

(156) 見られるように、ここでの、法をはじめとする社会制度をめぐる〈カント 対 ヘーゲル〉の関係は、「自由」をめぐる〈ホッブズ 対 ロック〉の関係に対比できる。自由を、カントとホッブズは、〈拘束がないこと〉とするのに対して、ロックとヘーゲルは、〈自分で自分を方向づけること〉とするのだからである。

(157) ヘーゲルは、個人は、「倫理的な全体〔国家〕に身を捧げなければならない従属したものである。それゆえ、もし国家が生命を要求するなら、個人はそれを与えなければならない」と述べている（『法の哲学』第七〇節追加文）。同様にヘーゲルは、ベッカリーアの社会契約論に立った死刑廃止論を批判する際に、そもそも国家は個人が自己保全のため社会契約によってつくったものではなく、むしろ個人に先行するヨリ高次のものとして、個人の生命および所有をさえも「犠牲に供することを個人に要求」できる、とする（同第一〇〇節）。

　これらは、一見「全体主義的」主張のようである。しかし考えてみれば、今日のアメリカやイギリスも、こういう論理でイラク・アフガニスタンへの派兵をするし、アメリカの一部の州や日本は死刑や土地収用をする。したがって上の議論はまた、よく指摘されるような〈ヘーゲルのアポリア〉（＝個人の自立を追求しているのに、他方で個人を国家に埋没させている）といったものではない。国家の統合は最初は、個人の自立とは別の力に依拠して進められねばならないからである。

　加えて、このことは、ヘーゲルにおいて国家（とくにドイツ国家）が至上であることを意味しない。かれにおいては国家は体系上、芸術や宗教、哲学の下位階段にある。かつヘーゲルにおいては、偏狭な民族主義的利益強調は、まだ鮮明でない（後述のようにそれはヴェーバーにおいては、鮮明である）。同時にまた右のことは、君主が絶対的な統治権を実際にも行使することを意味しない。ヘーゲルは、統合のためには君主に高い権威がなければならないが、実際の統治は近代国家であればあるほど合理的な官僚機構・議会に委ねられる、とする（『法の哲学』第二八〇節追加文）。立憲君主制の立場である。

(158) 『法の哲学』の、（a）「抽象法」の部でヘーゲルは、〈人が社会関係に入る前の法〉として私法関係を理論的に位置づけ、それを、自由な人格・所有・契約を主軸に構成する。その際、自由な人格の根本は、自由な意志である。これが、自由な所有や契約の自由の中核となる（この関係が、「市民社会」において保障されることによって、権利は確かなものとなる）。

（b）「家族」の部でヘーゲルは、本書二四五頁にあるように、フランス民法典を高く評価しそれを念頭に置きながら、〈旧い超個人的な団体としての「家」のそれとは異なった〉近代的な家族像を展開する。

（c）「市民社会」の部でヘーゲルは、アダム＝スミスの理論を反映した〈私的自治を基軸とする近代的な取引社会〉を描写する。しかし同時にヘーゲルは、スミスを超えており、「市民社会」の病理をも読み取っていた。

（d）ヘーゲルはこの観点から、そうした「市民社会」を、「国家」とは別の社会関係だとし、「市民社会」と「国家」を区別した。かれはそのうえで、家族や「市民社会」内での職業団体、地方自治などがもつ〈人を倫理的なものに高める機能〉によって、抽象的な私的自由や「市民社会」の主体を、公共意識をもったものに倫理化し、自由な主体を強固な国家と相互媒介的に結びつけようとした。

(159) Hegel, Über die englische Reformbill, 1831, in: (fn. 116) *Werke in 20 Bänden*, Bd. 11. 金子・上妻訳（前掲注141）『ヘーゲル政治論集』下巻所収。邦訳は基本的に後者による。以下、頁数を本文中に記す。

(160) それはまたヘーゲル後、一九世紀の（イェーリングやギールケら）ドイツの歴史法学派の法思想において、〈「個人主義的」なローマ私法と国家的「倫理性」とは結びつきうるか・どう結びつければよいか〉という問題意識のかたちで、また（リスト、ロッシャーやクニース、ヴェーバーら）歴史学派経済学において〈アダム＝スミスらイギリス古典派経済学の〈効用計算のみで行動する人間〉として抽象化された「経済人」を、どのように公共性・国家と結びつけるか〉という問題意識（＝経済学における「政治の覚醒」。本書注168参照）のかたちで、鮮明になることがらである。

(161) もっとも Rosenkranz (fn. 126), *G. W. F. Hegels Leben*, S. 21f. は、つとにこの連続性について次のように述べていた。「ヘーゲルがシュツットガルトをあとにしたとき、かれの人格の型はすでに確固たるものとなっており、それが生涯にわたって堅持された。注意深い読み手は、青年時代の模索中に見られる言い回しのなかにすら、ヘーゲルが生涯もち続けた多くの愛用の語法や構成の仕方を見出すだろう」。

(162) 林道義「強さの思想としてのヴェーバーとマルクス」（中）（『思想』一九七四年四月号、一二七—一二八頁）。林のこの論文自体が、ヴェーバーの「二側面」を統一的に説明しようとする試みである。もっとも林の試みは、成功していない。その原因は、次の二点にある。①ヴェーバーを〈精神的独立の人で、かれにとって政治は手段にすぎない〉ともち上げる一方、比較のために持ち出されているマキァヴェッリやヘーゲルを俗説的に〈「強さの思想」の人、すなわち国家至上主義者〉とするので、比較がうまくいっていない、②それゆえまた、ヴェーバーの思想の全体像を踏まえつつ、ヴェーバーと時代精神とを比較精神史的に考察することができていないこと、に。

(163) さきに第二部では、時期ごとのヘーゲルの特徴を押さえつつも、共通する思考をも析出しようとした。本第三部でもこの視点自体は、重要であろう。しかし結論的に言えば、ヴェーバーにおいては——第一部のマキァヴェッリにおいてもそうだが——政治思想の時期による変化は、本書の観点からの考察にとっては、たいして大きくはない。

(164) Theodor Mommsen, *Max Weber und die deutsche Politik—1980-1920*, 1959, 2. Aufl., 1974, S. 21.

(165) この点は、モムゼン「マックス・ウェーバーと自由主義的価値体系の危機」（山口和男訳、『思想』六七四号、一九八〇年）に詳しい。

(166) Weber, Der Nationalstaat und die Volkswirtschftspolitik, 1895, in: *Gesammelte politische Schriften*, 1921. 邦訳は、田中真晴の訳（『ウェーバー』河出書房新社版『世界の大思想』第三巻、第六版、一九七七年）を基本的に利用した。以下 *GpS* と略し、本文中に原文と邦訳との頁数を示す。

(167) 三〇歳の若さで大学教授となったヴェーバーは本講演（当初は「経済学における民族性」と題されていた）で、〈文化水準の低いポーランド人たちが、ユンカーに雇われる農業労働者となって東ドイツに入って来、ドイツ農民を駆逐している〉と、強い警鐘を鳴らした。ヴェーバーのこの主張については、星野修「マックス・ウェーバーのナショナリズム」（東北大学『法学』第四五巻三号、一九八一年）、今野元『マックス・ヴェーバーとポーランド問題』（東京大学出版会、二〇〇三年）、同『マックス・ヴェーバー——ある西欧派ドイツ・ナショナリストの生涯』（東京大学出版会、二〇〇七年）に詳しい。外国人労働者規制は今日の民主国家においても深刻な問題であり、ヴェーバーをショービニストとすることはできないが、かれがナショナリストであることは、否定できない。この点については、ヤスパースの次の指摘をも参照。「彼は愛国者であり、どんな事情があろうとドイツを信じた。〔…〕この愛国主義が彼にとっては彼の政治的意志に対しても究極の基準であった」（カール＝ヤスパース「マックス・ウェーバー」、樺俊雄訳『ヤスパース選集』第一三巻、理想社、一九六五年）。

(168) 若いヴェーバーは、クニースらの歴史学派経済学の影響を受けた。アダム＝スミスらの古典派経済学は、〈財貨獲得のためにのみに行動する合理的人間〉として抽象化された「経済人」（homo oeconomicus）を基軸にし、したがって経済活動以外のすべての社会実践、経済以外のすべての関係・制度・機構、を議論から捨象する。これに対して歴史学派経済学は、政治・倫理・文化等の活動主体でもある生ける全体的個人を基軸とし、経済問題を、国家や宗教、法、民族性などの諸関係・制度・機構を考慮に入れ、かつ歴史の中で考察する（クニースは、イギリス人に対するドイツ人の徳性を、歴史感覚と哲学精神に求める）。このためここでは、経済現象の考察に政治現象や国家政策が重要な位置を占め、その結果、経済政策はそれぞれの国民のあり様、歴史的環境と不可分のものとなる（国家や政治体制もまた、生産力に関わる、とされる）。経済学における「政治の覚醒」が現出しているのである。ヴェーバーの思考を貫く、歴史・政治・ドイツ国家への関心は、この、ドイツ的経済学の伝統に立つところからも来る。Wilhelm Hennis, *Max Webers Fragestellung*, 1987（雀部幸隆・嘉目克彦訳『マックス・ヴェーバーの問題設定』恒星社厚生閣、一九九一年、第三章）参照。

(169) ここでヴェーバーは、「市民層」ないし「市民」（Bürger）の概念を日常語として使っており、この概念に、大ブルジョアジー（Großbürgertum）と中産層である（Kleinbürgertum）とを含めている。Vgl.（前掲注166）*GpS*, S. 27.『世界の大思想』二六頁。産業資本家も、「市民層」に入るが、そのすべてではない。したがってヴェーバーが、「私は市民層の構成員の一人」だと言うとき、それは中産層中の「財産と教養」の階層、（大学教授を含む）教養専門職層を念頭に置いての発言であって、〈自分は、産業資本家階級に属している〉ということではない。

(170) Wolfgang J. Mommsen, *Max Weber—Gesellschaft, Politik und Geschichte*, 1974, S. 49. 中村貞二他訳『マックス・ヴェーバー――社会・政治・歴史』（未来社、一九七七年）六二頁。

(171) Mommsen (fn. 170), *Max Weber*, S. 142f. Vgl. Mommsen, *Max Weber und die deutsche Politik—1890–1920* 1959, 2. Aufl. 1974, S. 422, S. 431.

(172) 今野（前掲注167）『マックス・ヴェーバー』二八四頁以下によれば、ヴェーバーは若いときから、「ケーザル主義的傾向」の弊害を避けるためには、立憲主義的な世襲君主制が、政治において落ち着きや節度を確保できるので、望ましいとしていた。

(173) 雀部幸隆は、ヴェーバーの「国益第一の視点」（＝上述の強いドイツ＝ナショナリズム）を弁護しようとして、〈それはアリストテレス以来の「公共善、レースプーブリカの実現をもって政治の要諦とする」伝統に立脚したものだ〉と言う（『ウェーバーと政治の世界』恒星社厚生閣、一九九九年、第一・二章。同『ウェーバーとワイマール』ミネルヴァ書房、二〇〇一年、第二章三節等参照）。しかし、公共善思想なるものは、古今東西を問わず、集団の統合を重視するところには広く見られる。したがってそれは、民主主義とも君主主義とも、強い民族主義・排外主義・国家主義とも結びつく。それゆえ、〈公共善思想に結びついている〉だけでは、〈だから善い思想だ〉ということにはならない。

雀部はまた、ヴェーバーの就任講演にスラヴ人排斥ないしドイツの国民的利益の強調があることに関しても、ヴェーバーを擁護しようとして、〈人間たちが悪である以上、国家強化は避けられない〉とか〈ヴェーバーの時代には通常の発想だった〉とかと言う（雀部『ウェーバーと政治の世界』三頁・七頁以下）。しかしここまで防衛線を後退させつつ守ってもらうことが、当のヴェーバーにとってありがたいことだったかは、別問題であろう。

ヴェーバーのすべてを弁護しようとすることはない。ヴェーバーが聖人である必要はないのである。マキァヴェッリやミケランジェロ、ヘーゲルがそうだったが、多分に俗物性をもちつつも、一面で天才的であれば、それで十分に天才なのだ。

(174) Weber, Parlament und Regierung im neugeordneten Deutschland—Zur politischen Kritik des Beamtentums und Parteiwesens, 1918, in: *GpS*.（前掲注166）『世界の大思想』第三巻。以下、両者の頁数のみ本文中に示す。

(175) 星野（前掲注167）「マックス・ウェーバーのナショナリズム」は、いくつかのヴェーバー論に依拠しつつ、〈ヴェーバーが中期（発病した一九〇〇年頃から第一次大戦勃発の一九一四年まで）においてはヨーロッパ的地平で近代を考えるにいたり、初期のショービニズムを克服しポーランド人の立場に立って考えるようになった。しかし第一次大戦の勃発によって、再び権力政治論・ナショナリズムを強めた〉とする。だが、ヴェーバーは、ローマ法・中世法研究から出発したのであるし、かれが学んだ環境の雰囲気からして、かれがその初期に、ヨーロッパ的視野を欠いたドイツ中心主義だったとは考えにくい。ヨーロッパ的地平で近代を考えることと、ドイツ人の国民国家を考えることとは、フィヒテ以降両立してきた精神的伝統である。なお、ヴェーバーの「ナショナリズム」に関しては、今野（前掲注167）『マックス・ヴェーバーとポーランド問題』（一一四頁以下）が、ポーランド問題や権力政治論・ナショナリズムの立場をめぐるヴェーバーの思考・スタンスの、生涯にわたる連続性を指摘している。

(176) ヴェーバーのこの発想は、ヘーゲルの発想と似ている。ヘーゲルの次のような言明に、注目されたい。「ここ数年常に上から組織化（官僚制化）が進められてきたし、この組織化が主要関心事であった。しかし、下層部すなわち全体の大群は、多かれ少なかれ未組織のまま放置されがちである。しかしながら、この下層部が組織されることはきわめて重要なことである。なぜなら、下層部は組織されてのみ、勢力（Macht）であり威力（Gewalt）であるが、そうでなければ、それは分裂したアトムの集積物であり、多数の分裂したアトム（ein Haufen, eine Menge von zersplitterten Atomen）にすぎない。下層部が正当な威力をもつのは、特殊的諸領域が組織されている状態にあるときのみである」。Hegel, *Grundlinien der Philosophie des Rechts*, 第二九〇節追加文。ヘーゲルもまた、多様な自治的団体によって国民を組織することが、団体が、①自由の砦となって権力を制約できる点でも、②また「下層部」である国民大衆を主体化させる点でも（ともに右の「勢力」ないし「威力」に注目）、③さらにはこの国民大衆の「威力」を「正当な」ものへと倫理化する点でも、重要であると主張しているのである。ヘーゲルにとっても、警戒しなければならないのは、大衆それ自体ではなく、ヴェーバーの言う、「組織されざる大衆」、砂のようにバラバラの大衆なのであった。

(177)『職業としての学問』は最近では、ニーチェ思想が顕著な作品として、別の角度から読み直されている。〈ヴェーバーにおけるニーチェ〉を強調する代表的な論者は、山之内靖である。山之内は、近代の危機を深刻に受け止める立場からの反近代主義を基本的スタンスとし、ニーチェの近代批判の再評価に向かう。山之内によればニーチェは、現代社会で進行している大衆社会化・社会のシステム化（＝官僚化や機械装置化）が人間の家畜化をもたらしているとし、そこにニヒリズムの根源を見た。そしてニーチェは、その現実に正面から立ち向かうべく「騎士的品位意識」ある強靱な主体の形成を提唱した。このニーチェに深く影響されつつ現代社会とその人間の危機を読み取って社会論を展開したのが、ヴェーバーである。ヴェーバーの諸作品、たとえば、「神々の闘争」に言及した社会科学方法論、「カリスマ」や「官僚化」と結びついた政治論、専門化・物象化を見通した「プロテスタンティズム」の倫理論などは、この近代批判と結びつけて読み解かれなければならない、と。こうして山之内は、『プロテスタンティズムの倫理と資本主義の「精神」』についても、（大塚久雄のように）近代主体の成長を肯定的に描いたものとしてよりも、その近代主体、かれに担われた近代がやがてもたらす深刻な諸問題を批判的に予言したものとして、読み直す。かれが注目するのは、ヴェーバーの次のような暗い予言である。

「禁欲は世俗を改造し、世俗の内部で、成果をあげようとくわだてたが、そのために物的富は歴史上いまだかつて、いかなる時代にもみることのできなかったほど増大し、ついには人間の上に容赦することのない威力をふるうようになった。こんにちでは、こうした禁欲の精神は、この外枠から消え去ってしまった。永久にか、否か、それについてだれが知ろう？　しかしながら、勝利に輝く資本主義は、機械の基礎の上に安住していらい、もはや禁欲からの支援をうけることを必要としない、禁欲の相続人である微笑をたたえる啓蒙主義のバラ色の精神もまた、まったく色あせてその若々しさを失い、「職業責務」の理念は、かつての宗教の亡霊として、われわれの生活のなかをさまよっている」（前掲注166『世界の大思想』第三巻二三三頁）。「この文化的発展の「最後の人々」にとって、次のことばが真理となることであろう。「精神のない専門家、心情のない享楽人、これら無益なるものは、人類のかつて到達しなかった段階に登りえたことを自負するであろう」」（同二三四頁）。

山之内によれば、大塚に代表される日本の近代主義的なヴェーバー解釈・歴史論には、近代が乱熟して生じさせるこの深刻な問題性の認識がない。大塚ら戦前・戦後の市民社会派は、そのため近代化の肯定面だけを見、実践的にも誤った。すなわち、大河内一男に見られたように、日本社会を市民社会として近代化しようというその課題設定が戦中の歴史的現実のなかで天皇制ファッシズムと結びつく生産力論を帰結させたし、あるいは丸山眞男に見られたように、西欧近代社会をモデルとしそれとの比較でアジア社会を停滞社会と捉えたことによって、アジアを植民地化して近代化しようとする天皇制ファッシズムの侵略政策を結果的には肯定する歴史論を提供したのであった、と。

このように説く山之内はそれゆえ、①現代世界のラディカルな批判者ニーチェの援用、②現代社会の診断における〈ニヒリズム状況への〉危機意識、③そうした近代化の行方を憂う立場からの近代主義批判・「近代の超克」論等において、ポストモダニズムと通底する。しかし山之内は、〈今日必要なのは、人間疎外に対決する強靭な主体である〉と説き〈もっともそれはフォイエルバッハ的な「受苦性」を内在させるべきものとされる〉、その立場から、システム的な社会把握や、社会論を言語論に解消させる「ミクロな手法」には反対する。この点では山之内は、ポストモダニズムとは別方向を指向している（山之内靖「戦後半世紀の社会科学と歴史認識」『歴史学研究』一九九六年一〇月号。同「ニーチェ以後の社会科学」『思想』一九九六年六月号。同『ニーチェとヴェーバー』未来社、一九九三年。同『現代思想』一九九六年六月号「特別インタビュー」。同『マックス・ヴェーバー入門』岩波新書、一九九七年）。

山之内の問題提起は興味深いが、ヴェーバーとニーチェを山之内式に連続化することには、筆者は賛成できない。本書で見たようにヴェーバーは、現代世界で進行するニーチェ的状況の深刻さを意識しつつも、その現代世界においても、近代精神・近代的合理性自体は尊重し、理性的な自立的人間の形成をも追求しているからである。近代化・近代的なものを評価するとともに、それが基盤を失いつつある状況を直視しその状況との対決を図ったところにこそ、ヴェーバー思想の緊張感がある。ヴェーバーは、二者択一的に事を断じるような単純な思考の人ではなかった。したがってわれわれも、かれを二者択一の思考〈近代か反近代か〉といった〉で取り扱ってはならない。本書注190をも参照。

(178) Weber, Wissenschaft als Beruf, 1919, in: *Gesammelte Aufsätze zur Wissenschaftslehre*, 4. Aufl., 1973. 出口勇蔵訳（『ウェーバーの思想』、河出書房版『世界の思想』第一八巻、一九六五年）。以下、原文と訳書の頁数を本文中に示す。

(179) ニーチェが提唱したのも、この究極的自立の姿勢をもつことである。「永劫回帰」を悟って〈すべてが無意味だ〉と知っても、「これが人生だったのか、よし、さらばもう一度！」と、その無意味な生を自分で引き受け立ち上がる――ニーチェが「超人」と呼んだのは、この種の人のことである。それゆえ「超人」とは、預言者のことではない。預言者なきこの世界においては各人が「超人」の生き様で生きる他ない、とニーチェは言いたいのである。いわば精神的「裸一貫」主義である。拙著（前掲注3）『丸山眞男の思想世界』一六三頁以下参照。

(180) Weber, Politik als Beruf, 1919, in: *GpS*, 清水幾太郎・清水礼子訳（前掲注178『世界の思想』第一八巻。前掲注166『世界の大思想』第三巻）。以下、原書と訳書の頁数を本文中に示す。

(181) 今野（前掲注167）『マックス・ヴェーバー』三二四頁参照。雀部幸隆は、マキァヴェッリの『君主論』と、ヴェーバーの『職業としての政治』とのちがいを強調する。かれによれば、前者は「悪魔性の論理にまったく身を任せる」立場であるのに対し、後者は政治における「悪魔的なものと対抗するために」政治の悪魔性を解明しているのだとする（『図書新聞』第二五七九号、二〇〇二年四月二七日）。この議論は、マキァヴェッリについては通俗的な見方にそのまま依拠し、ヴェーバーについては雀部式に持ち上げて、そうしたかたちで両者を比較した議論である。

　だが実際には、マキァヴェッリにも、「わたしは、天国へ道を誤らずに行くには、地獄へ行く道をよくわきまえ、それに踏み入らないようにすることだと思います」との思考が基本としてある（本書六八頁）。これは、「悪魔性の論理にまったく身を任せる」のとは、正反対のものである。加えて、雀部のヴェーバー像にも、問題がある。雀部の見方では、今野が指摘するような（前掲注167）、ヴェーバーにおいて生じている、〈文化的・階層的影響によってその身にしみついた強い権力政治の立場やナショナリズムのゆえに、どうしても政治の悪魔に身売りしてしまっている点〉を見る視点が、欠落してしまう。

(182) 上に見てきたような、主体性と自制心と責任感との三つの資質を兼ね備えた人間類型を、われわれはさきにも見たのではなかったか？言うまでもなくそれは、さきにヘーゲルについて見た（本書二四四頁、二四九頁）――そしてまた拙著（前掲注27）『近代ドイツの国家と法学』においてイェーリングやライヒェンスペルガー、ヘーゲルないしトーマス＝マン等に見出した――〈自由と「自由の自制」〉、ないし〈「自制」と「公共心」〉を連関されたそれである。このように、個人と国家の関係についてのみならず、あるべき国民像という点においても、ヴェーバーと一九世紀ドイツ自由主義者との親近性が問題となる。

(183) Mommsen (fn. 171), *Max Weber und die deutsche Politik*, S. 431ff. Mommsen (fn. 170), *Max Weber*, S. 60. 中村他訳（前掲注170）『マック

ス・ヴェーバー』七六頁以下。

(184) 「内的・カリスマ的素質」における「カリスマ」の語にとらわれて、〈ヴェーバーは、指導的政治家と国民の関係をカリスマとその崇拝者の関係としているのだ〉と言う人が、かなりいる。たとえばモムゼンは、この語を根拠にして、ヴェーバーが、「大衆の帰依に担われることによってビスマルクの遺産をわが手にし、これを新しく光り輝かせる」(Mommsen (fn. 170), *Max Weber*, S. 54. 六九頁) ことを希求している証左だとする。だが本文で見たように、ここでの「カリスマ的諸資質」は、すぐれたリーダーが、いつの時代でも・どこでも、一般に有している資質にすぎない。ましてやヴェーバーは、「ビスマルクの遺産」の告発者だった。

(185) 自立し主体的である国民と指導的政治家との以上のような関係は、一九一八—一九年の冬頃における、ヴェーバーとルーデンドルフとの会話のなかで、ヴェーバーが民主主義について口にした、次のような有名な言明と食い違う。「民主主義においては人民が自分たちの信頼するリーダーを選ぶ。選ばれたリーダーは人民に対して言う、さあ口を閉じて無条件に服従(parieren)せよ、と。人民と政党とはもはやリーダーに口出しできぬのである」(Marianne Weber (Hrsg.), *Max Weber, Ein Lebensbild*, 1926, S. 665)。ビーサムはこの発言を〈ヴェーバーは晩年に議会制に失望し、人民投票によって選ばれた大統領へ服従すべきだとする立場に移行した〉という自説の根拠として引用している(David Beetham, *Max Weber and the Theory of Modern Politics*, 1974,『マックス・ヴェーバーと近代政治理論』住谷一彦・小林純訳、未来社、一九八八年、二九六頁以下)。

だがわれわれは、ヴェーバーの妻によるこの間接的・断片的な資料に規定されて、ヴェーバーの直接の言明にもとづく本書の解釈を変えるわけにはいかない。理由は、次の四点にもある。

(a) ヴェーバーは『職業としての政治』のなかで、近時のイギリスに見られた「独裁君主的で人民投票的な要素」の傾向を扱った際、リーダーが「単なるデマゴーグ」に陥らないためには、前述したところの、議会における委員会制度による「報告と公の批判」によってリーダーが訓練される必要があると述べている(S. 427. 二〇三頁)。議会は、リーダーを制約するとともに、かれを責任ある合理的な主体にするのである。

(b) ヴェーバーの「カリスマ希求」が表出されているとしてしばしば問題にされる論文に、一九一九年の「ライヒ大統領制論」がある。しかしこの論文には、『職業としての政治』から読み取られる内容とそれほど異質なものは、実際には見当たらない。唯一つ問題になるのは、その末尾の次の一節である。「行政ないし官僚の長として、また(場合によっては)議決拒否権や議会解散権や国民投票権の保持者としての、人民投票的大統領は、真正の民主主義の守護神である。真正の民主主義とは、派閥へ無力にも自己放棄してしまうことを意味するのではなく、自分たちが選んだリーダーたちに従うこと(Unterordnung unter selbstgewählte Führer)を意味しているからである」(Der Präsident, 1919, in: *GpS*, S. 393)。人びとはこの箇所に、先のルーデンドルフとの対話に出てきた〈大統領へ「無条件に服従せよ」〉という思想と同じものを「見いだす」のであるが、それは上のUnterordnungを「服従」と訳すことにのみ起因しているようである。だがこの語は、たとえばder Gemeinschaft, den Sitten unterordnenという用法があるように、sich fügen, anpassenをも意味しているのであって、「服従」ではなくて「従がうこと」という軽い意味でも使われるのである。すなわち上の箇所も、「服従」ではなく、〈自分たちのリーダーに従がう〉という自然な意味に解することができる。

（c）これら『職業としての政治』や「ライヒ大統領制論」では、確かに、『新秩序ドイツの議会と政府』において情緒的であるとして消極的に評価されていた「人民投票的な」(plebiszitär) 要素が、大統領制というかたちで採用されているという変化は見られる。しかしこのことから直ちに、大統領と国民の関係が、この時期のヴェーバーの思想において単なる「カリスマ的支配」オンリーを意味するにいたったと主張することは、論理の飛躍であろう。

（d）人民投票的な大統領制を「カリスマ的支配」と結びつけること自体は、『経済と社会』に見られるが（5. Aufl. S. 153ff.）、しかしこの論述は、ヴェーバーが人民投票制度では政治において情緒性が強くなると批判していた時期のものであり、それゆえ、この論述が、モムゼンが主張するようには、直接にヴェーバーの当為（情緒政治を支持する立場への移行）を意味していたとは考えられないし、最晩年にいたって人民投票的大統領制の導入があったからといって、その時点でこの論述の世界にヴェーバーが立場を移した（すなわち一八〇度立場を転換した）ということにも、本第三部で見たような事実のゆえに、ならない。

先に見たように、ヴェーバーが人民投票的大統領制支持へ転化したとするビーサムも、別のところでは、「ヴェーバーの政治的立場の一つの特徴は、強力なリーダーシップと政治的自由という価値に、彼が同時に傾倒したことであった」と述べている（一四二頁）。これは、正しい。もっともビーサムは、ヴェーバーにおいて両価値がどう相互に関連しあっていたのかは、示していない。

以上の点については、牧野雅彦『ウェーバーの政治理論』（日本評論社、一九九三年）第五章。雀部（前掲注173）『ウェーバーとワイマール』七〇頁以下をも参照。

(186) Weber, Die protestantische Ethik und der "Geist" des Kapitalismus, 1904-05, in: *Gesammelte Aufsätze zur Religionssoziologie*, Bd. 1, 6. Aufl. 1972. 出口訳（前掲注178）『ウェーバーの思想』。以下、本文中に原文と邦訳の頁数を示す。

(187) ヴェーバーにおいては、近代初期の経済活動を担った主体はこのように新しい社会の有徳な主体であった。前掲注146で述べたように、西洋史においては、〈政治主体と経済活動の担い手とは相容れない、後者は「倫理性」の疎外態である〉とする見方が、古代以来（西洋でも東洋でも）一方では強かった。この見方から、〈経済活動の担い手は理性人であり、政治の新しい主体である〉とする見方への転換は、イギリス古典派経済学やモンテスキューを通じて始まった。前述のように（本書二二五頁および注146）ヘーゲルは、自分の思索の中で、古い見方からこの新しい見方への移行を体現した。ヴェーバーの上記の立場は、この新しい見方の延長線上にある。

(188) Weber, Die protestantischen Sekten und der Geist des Kapitalimus, in: *Gesammelte Aufsätze zur Religionssoziologie*, Bd. 1. ヴェーバーは、一九〇六年に "„Kirchen“ und „Sekten“" およびそれを改訂した "„Kirchen“ und „Sekten“ in Nordamerika" を発表した。本論文は、それらの再改訂版である。以下、頁数を本文中に示す。

(189) この〈政治的に自由な市民の結束〉の理念を追求する点で、ヴェーバーは、マキァヴェッリやヘーゲルらとともに、「国民主義」の永い伝統に結びつく。

この点で、かれらとカール＝シュミットとの間には大きな断絶がある。シュミットにおける「政治の覚醒」は、もはや市民個人を問題にしない。政治とは、友と敵に分かれた集団のヘゲモニーをめぐる闘争の場であり、それは市民個人を超えて展開するものだからである。シュミットの政治論においては、理性的市民が主体的に政治を担うことはない。シュミットの『政治的なものの概念』の出版は一九二七年であり、ヴェーバーの両講演のわずか七、八年後の作品である。しかし、シュミットと、その師の一人、ヴェーバーとの間には、政治思考に大きな溝があるのである。

(190) 山之内は、ヴェーバーが『プロテスタンティズムの倫理と資本主義の「精神」』で、プロテスタント的企業家が〈近代〉「労働の非人間化」への端緒でもあったことをすでに見抜いていた、とする。山之内は、その根拠として、かれが訳した箇所、「委託された財産に対して義務を負っているとの思想は、人間をむしろ管理する僕、あるいはまさしく「営利機械」として財産に仕える者となしつつ〔ある〕」を引用する（山之内靖『社会科学の現在』未来社、一九八六年、一二四頁）。しかしこの箇所は、プロテスタントの企業家たちが、「〔神から〕委託されたと考える職業を「神の道具」として遂行した」ことをヴェーバーが論じているところであって、とくに悲観的な意味がこめられているわけではない。確かにヴェーバーは、初期産業資本家の精神がその後、形骸化したこと、資本主義が非人間的な機構に化し、人間疎外が進行したことを論じている。だがヴェーバーは、そのことによって悲観的なニヒリズム＝「反近代」に向かったのではなく、そうした現状をうち破る新しい主体形成を追求し、〈近代が生み出した主体を新しい状況下で生かす〉ということに求めた。

ヴェーバーを一面的に近代主義者とすることが誤りであるのと同様、かれを一面的に反近代とすることもまた、誤りである。これは、かれを一面的に〈英米的リベラリズムを体現した、ドイツ批判者〉とすることが誤りであるとともに、かれを一面的に〈ドイツ的伝統を体現した権力政治論者〉とすることが誤りであるのと、同様である。注177をも参照。

(191) J. S. Mill, *M. de Toqueville on Democracy in America*, 1840. ミル『アメリカの民主主義』山下重一訳、未来社、一九六二年、五九頁。

(192) 〈ヴェーバーのプロテスタンティズム論＝初期資本主義研究の中身が、かれの政治思想と重なっている〉という、本書に指摘した事実は、かれのそうした政治思想がヴェーバーの社会認識を歪めるバイアスとなって働いたことを意味するか？　筆者は、そうとは思わない。というのも、バイアスは、必ずしも常に研究を歪めるだけのものではないからだ。人はバイアス、すなわち独自の思想によって、ことがらに独自の目を向けることも、ありうるからである。

(193) ヴェーバー的団体論を分析した林道義も、ヴェーバーの「ゼクテ」等が、Gemeinschaft でも Gesellschaft でもない、(前者から後者への「過渡的な」原理をもつ) Gemeinde であるとして、次のように言う、「したがって「共同体」の中には、このようにゲマインシャフト的な関係とゲゼルシャフト的関係が常に鋭く対立しながら共存しているのである」。林道義『ウェーバー社会学の方法と構想』(岩波書店、一九七〇年) 九四頁以下。

(194) Arthur Mitzman, *The Iron Cage, An Historical Interpretation of Max Weber*, 1971 (安藤英治訳『鉄の檻』創文社、一九七五年、二二四頁)。安藤英治も『マックス・ウェーバー研究』(未来社、一九六五年、四四九頁) でこの点について示唆している。今野 (前掲注167)『マックス・ヴェーバー』二三四―二三五頁は、ヴェーバーがイギリスの「絶妙の混合政体」を讃え、イギリス貴族をユンカーは模範とすべきだと考えていた、と言う。

(195) 今野 (前掲注167)『マックス・ヴェーバー』は、ヴェーバーを、ドイツ=ナショナリスト・一九世紀のドイツ自由主義者と理解したのだが、その際、自分のヴェーバー像が〈ヴェーバー論上で孤立したもの〉であると言っている (この点については、本書三一五頁の「第二点について」参照)。

(196) ヴェーバーは、「インド=ゲルマン諸国民における民族の性格・民族の発展。民族の歴史についての考察」(一八七九年) を一五歳の時に書いた。ここでは、熱い祖国愛を基調とし、結びは、「我々にとって唯一体質に合い、それを追求することが我々全員の課題とならなければならないような国家の状態は、立憲君主制的な、憲法〔国制〕である」となっている (今野元訳『少年期ヴェーバー 古代・中世史論』(岩波書店、二〇〇九年、八五頁)。明らかに、一九世紀ドイツ自由主義の思考である。

(197) Mommsen (fn. 171), *Max Weber und die deutsche Politik*, S. 2.

(198) ヴェーバーが、強いドイツ=ナショナリズムの立場から、テオドール=モムゼンやシュモラー〔そして古くはイェーリングやヴィントシャイト〕らとともにビスマルク支持を前面に出した、カプリヴィ政権下の典型的なドイツ人大学教授の一人であったこと、こうした点においてかれは、ビスマルクに対しアンビバレントな態度をもっていたこと、については、今野 (前掲注167)『マックス・ヴェーバー』第二章参照。

今野は、「価値自由」を強調したヴェーバーも、ことドイツのナショナルな利益が関わるとなると、節度を失う傾向にあった、と論じている (たとえば同書一〇九頁、二九一頁、三四二頁以下、三四八頁以下、三五四頁以下、三六二頁、三六七頁以下参照)。確かにこの点でのヴェーバーの言動は、エキセントリックである (愛国のために興奮し節度を失う傾向は、イェーリングや、トライチュケ、テオドール=モムゼンをはじめとして、ドイツ的な自由主義者にも広く見られた)。この点は、本書一一六頁以下で見た、マキァヴェッリと同様、矛盾する思考傾向の「雑居」、ないし清濁併せ呑む姿勢が、ヴェーバーらにも見られる、ということを意味しているのである。

(199) このことはまた、〈ヴェーバーは若いときからアングロ＝サクソン的カルヴァン派に傾斜し、ドイツのルター派的伝統と対決した〉との見方が、一面的であることを物語ってもいる。ヴェーバーのルター派的側面については、深井智朗「一九〇〇年前後のアドルフ・フォン・ハルナックとマックス・ヴェーバー」(『聖学院大学総合研究所紀要』第四九号、二〇一一年)参照。

(200) この点については、中村貞二『マックス・ヴェーバー研究』(未来社、一九七二年)三二九頁以下参照。

(201) ヘンニスは、(前掲注168)『マックス・ヴェーバーの問題設定』第一章・第三章において、とりわけタルコット＝パーソンズ以来、現代社会学者がヴェーバーを自分たちの学問に不当に引きつけ、「合理化過程」論の理論家としてしか見ず、ヴェーバーが、〈人間存在の宿命的問題性を考える伝統、「古代ギリシャに始まりルソーへいたる」「旧ヨーロッパ」の政治哲学の流れ〉に棹さして社会や歴史を考えていることを見ないと批判している。これもまた、社会学者のヴェーバー研究の近代主義性と、哲学・思想史感覚の欠如とに対する批判である。

(202) 「ドイツの特殊な道」論とは、ドイツは、他の西欧諸国とは異なって、近代化やナショナリズムが、健全な自由・民主主義と結びつかないままに進行し、権威主義や軍国主義が肥大化した。この道が、ヒトラーの全体主義を準備するものとなった、という見方である。

あとがき

本書作成中に、いろいろの名言名句に出会った。なかでも印象深いものの一つは、「天国へ行く道を誤らずに行くには、地獄へ行く道をよくわきまえ、それに踏み入らないようにすることだ」（本書六八頁）というマキァヴェッリの辞である。これは、われわれにとっては警句であるが、同時にかれの思考をよく伝えてもいる。マキァヴェッリは政治を醒めた眼でとらえ現実主義的に語ることが多かったが、それはかれが、斜に構えつつ思考したからでも、現状肯定の姿勢で生きたからでもなかった。かれは、祖国の悲惨さ、人間が見せる醜悪さを直視しつつも、それを越えて自由と結束の国を夢見、そこへの道を歩もうとした。右の辞は、その接点における緊張を示している。

相似た思惟は、その青年期以来支持してきた祖国が革命フランスに侵略されるという悲劇に直面して、その近代的再起を夢見つつも、「生を軽視する夢想はきわめて容易に狂信に移行する」（本書一九一頁）と述べて現実と向きあうヘーゲル、そして、敗戦によって壊滅した祖国で、信条倫理を軸にして強く生きようと説きつつも、だからこそ政治の悪魔性を見つめ、責任倫理を重視するヴェーバーに、見出せる。

三人はともに、天国と地獄を見定めつつ、それら両世界の混在から成るこの世を生きた。祖国の悲劇的状況に、希望を抱いて立ち向かったことで、かれらは期せずして同じ姿勢・相似た思惟を呈示した。

こうした思考が三人において重要な働きをしていたのであれば、理念的なものと現実的なものをめぐる他の問題枠組、たとえば、個人の自由と国家統合、近代と伝統、道徳と政治、性善と性悪などをめぐっても、この観点から迫る必要と可能性とがある。三人をめぐっては、これまで単純な二者択一的解釈が多かったのだが、複雑構造をもった対象の理解には複合的思考で立ち向かうことが欠かせないのである。

本書が課題としたのは、三人のそういう生き様を大きな流れの中で比較して位置づけ、それを踏まえてそれぞれの思想の再解釈をおこなうことである。

本書は、次の三つの論文を、発表後に進展した内外の研究と筆者の新しい関心とを踏まえ全面的に書き改めたものから成り立っている。（a）「いわゆる「ヴェーバー問題」について――マックス・ヴェーバーにおける「自立人」・「小集団」・「国家」の連関構造」（『法学雑誌』第二五巻三・四号、一九七九年）、（b）「自由人の連帯――ヘーゲル政治思想の形成と展開について」（『法学雑誌』第二八巻三・四号、第二九巻一号、一九八二年）、（c）「マキァヴェッリ再考――〈軍事学と政治論〉の視点から」（『法学雑誌』第四一巻二・三号、第四二巻一号、一九九五年）。

これらが筆者の研究歴上で占める位置、近時の諸研究との関係は、次のとおりである。

三論文の出発点を成すのは、ヘーゲル研究である。ヘーゲルは、学生時代から筆者がとくに関心を寄せてきた一人である。筆者は、マルクス『資本論』に魅せられ、それに関する諸研究書を読むなかでヘーゲル等にも近づいた。それらと他の歴史学的・思想史学的関心との接点として、筆者は大学院では法哲学を専攻し、一九七一年冬に修士論文「家族における「全体性と個人」――ドイツ観念論法思想の一断面」を提出した。これは、（個人と共同体の関係づけをめぐるヘーゲルの思想の歩みとその歴史的位置を、前後の家族思想史、家族史・社会史の流れのなかで考察しようとするものであった。筆者はまた、一九七五年に東京大学法学部のいわゆる助手論文をまとめた。これは、イェーリングの政治・法思想を政治史・経済史・精神史等の歴史的背景のなかにおいて理解しようとするものであり、その関連でヘーゲルやヴェーバーらをも考察した（同論文は、一九七六年より七回にわたって、『法学協会雑誌』に「十九世紀ドイツ私法学と国家」と題して連載され、一九七九年に東京大学出版会より『近代ドイツの国家と法学』と題して出版された）。

修士以来の研究上でとりわけ学恩を受けたのは、村上淳一教授と石部雅亮教授であった。

（a）のヴェーバー論（一九七九年）は、右記イェーリング研究中に、イェーリングやヘーゲルらの背景にある一九世紀ドイツ自由主義とのヴェーバーの深い関係に着目したことが契機となった。ここで筆者は、当時見られた、ヴェーバーを近代化・近代主体形成の提唱者として位置づける見方と、かれをドイツの国益を前面に押し出すナショナリスト、ないしカリスマによる統合を前面に押し出す国権論者とする見方と、ヴェーバーをニーチェ的な近代批判者とする見方との三つの見方が、ヴェーバーを一九世紀ドイツの自由主義者の〈自由な諸個人を基盤とした強い統合国家〉を求める精神構造に連関づけることによって、統一的に理解できると考えたのである。本書に言うところの「国民主義」の視座からの解釈である。

（b）のヘーゲル論（一九八二年）も、上記イェーリング研究の延長線上に位置する。筆者は一九七九年から二年間、ドイツのエアランゲン大学哲学部で、マンフレート＝リーデル教授に就いてヘーゲル研究を進めた。この時に書いたのが、本論文である。ここで筆者はヘーゲルの政治思想を、〈個人の自立を踏まえた共同体的連帯を追求したもの〉だと位置づけ、その思想が古代ギリシャ、近代自然法論、カント哲学、アダム＝スミスの経済学等々を吸収しつつ成長していく過程を追った。

上記助手論文の連載中の一九七六年頃に、筆者は丸山眞男の——とくに（本書注3）『戦中と戦後の間』（一九七六年）所収の諸論文の——ヘーゲル像や福沢諭吉像を見出し共感を覚えた。そこにおいて丸山は、たとえば「ヘーゲル国家哲学の本質的な課題は、「主体性の原理と実体的統一との綜合」といはれる様に、まさに、上に述べた近代国家に於ける自由の基礎づけにあり、その意味で、ルソーの発展なのだ」（「ラッセル『西洋哲学史』（近世）を読む」一九四六年）といった、筆者のヘーゲルやドイツ自由主義者の見方と相似た見方（「国民主義」）を提示していたからである。丸山は、この視座に立って、福沢らの思考が同時代にはユニークな緊張性をもっていたことや、福沢らの思考が国際的にはヘーゲルらの思考と類似したものであった事実を明らかにするとともに、永遠の難問である、〈個人と国家〉等の二項関係の扱いに関して、前述（七頁）の「対立的統一」の思考を提起している。

このことが契機となって筆者は、丸山眞男に再接近した。その直接の成果が、「丸山眞男論ノート――「個人と社会」の問題を中心に」（『法学雑誌』第三一巻二、三・四号、第三二巻一号、一九八四・八五年。のちに『丸山真男論ノート』（みすず書房、一九八八年）、および（本書注3）『丸山眞男の思想世界』（みすず書房、二〇〇三年）として出版）であった。

（c）のマキァヴェッリ論（一九九五年）に結晶化する研究は、上記丸山眞男論を通じて学んだ、丸山自身の政治的思惟を活用してマキァヴェッリを改めて読み直すところから、始まった。ここでは、マキァヴェッリ研究の新動向をできる限り広く踏まえて、〈もし丸山眞男がマキァヴェッリ論を書いていたら、どういうものとなっていただろうか？〉と自問しつつ執筆を進めた。マキァヴェッリについての丸山の記述は、断片的なものしかない。しかし、丸山が示した政治的思惟（動態論的・機能論的・多元的な思考）は、マキァヴェッリ解釈に大いに役立った。加えて、丸山の「国民主義」概念が重要であった。これは、「序論」で示したとおりである〔本書作成に当たっては、（a）・（b）の論文に関しても、この観点からも全面的な改定をおこなった〕。

マキァヴェッリ研究については、また次の点も大きく寄与している。筆者は一九八五―八六年に、イギリスのケンブリッジ大学に留学し、スキナーやジョン＝ダン、ダンカン＝フォーブス、ピーター＝バーク、アラン＝マクファーレンをはじめとする思想史研究者から直接学ぶ、貴重な機会を得た。とりわけバロンやポーコックらが提唱した「シヴィック＝ヒューマニズム」・「共和主義」論に接し、ドイツの「実践哲学の復興」の議論との関係に興味をもった。筆者はまた一九八九年から二年間、アメリカ（スタンフォード大学およびハーバード大学）で学んだが、そこでは上記研究を進めるとともに、それとの関連で古今東西の軍事思想の勉強をも進めた。（c）の論文は、こうしたかたちでの英米の思想史学受容にも立脚している。

上記三論文は、その後の内外の研究に対しどういう位置にあるか？——この点については、次のことを記しておきたい。

（a）のヴェーバー論は、その後、ヘンニス（本書注168）や今野元（本書注167）のヴェーバー研究に、筆者から見ての一定の共振を見出せた。ヘンニスの書は、ヴェーバーの政治思想を——それまで支配的であった社会学者のヴェーバー論に対抗して——重視し、かつそれを旧ヨーロッパの思想伝統の中に位置づけようとする点で、今野の書は、ヴェーバーを「ナショナリズム」と「個人の主体性」の二本柱においてとらえようとし、かつその根底に〈一九世紀ドイツの政治思想の伝統、とくにドイツ自由主義者の精神〉が働いているとする点で、ともに〈ヴェーバーを政治思想の伝統や一九世紀ドイツ自由主義から切り離し、近代化論、システム論や大衆民主主義論の理論家としてしか見ない〉アナクロニズム——それは今でも社会学者・経済学者・政治学者のヴェーバー論によく見られる（本書二一三頁以下）——から自由となっている点においてである。

（b）のヘーゲル論は、その後、小林靖昌（『ヘーゲルの人倫思想』以文社、一九九二年）や権左武志の著書や、加藤尚武を中心とするグループから出たいくつかのヘーゲル論（本書注110参照）に、筆者から見ての一定の共振を見出した。それらでは、ヘーゲルにおける主権国家・共和主義・主体性原理（＝リベラリズム）の相互関係を考えることが追究されているからである。——ただしこれらの議論では、ヘーゲルにおける「リベラリズム」の中身がまだ抽象的・一般的なものに留まっている。すなわちそれを、一九世紀のドイツ自由主義と緻密に関連づけて歴史内在的ないし大きく歴史的に位置づける作業が、まだ欠けている。

（c）のマキァヴェッリ論は、共振相手をいまだに見出していない。ただし、この（c）については、マキァヴェッリが学んだ古代の軍事学がかれの政治論の源泉の一つであることを指摘した、ニール＝ウッドの先行研究（本書注25、88）があることを、のちに知った（ただしウッド論文は、問題提起に留まっている）。またヴィローリの諸作品にも、出会った。ヴィローリは、*How to Read Machiavelli*（2009）や（fn. 2）*From Politics to Reason of State*（1992）において、マキアヴェッリにおける、理想主義とリアリズム・マキァヴェッリズム、共和主義的な politics 概念と reason of state の概念との共存を問題にしているからである（*How to Read Machiavelli* は、その出版年からしても著者の研究歴からしても、英米・イタリアにおけるマキァヴェッリ研究の最前線を示している）〔もっともヴィローリは、両要素共存の構造を解析していないし、politics 概念が古代政治学の伝統につながることは説いたものの、reason of state の概念を「私益追求」と結びつけるだけで、それがマキァヴェッリズムとどう関係するかは扱っていない。このことのため、リアリズム・マキァヴェッリズムのルーツや、それと politics 概念とが共存する構造のルーツ（われわれにおける古代の軍事学の問題）は、問うていない〕。

最後になったが、東京大学出版会には、大地震・大津波と原発爆裂のカタストロフィー下に直面した中、今回も快く出版を引き受けてくださったことに、心より御礼を申し上げる。編集部の依田浩司氏と山田秀樹氏は、草稿の段階から何度も原稿を通読し、個々の記述内容と全体の構成・表現態様とにわたって、相談に乗ってくださり貴重なご指示をたまわった。本書がいくらかでも読みやすくかつ読むに値するものとなっているとすれば、それは両氏とのこの共同作業による。ここで改めて深い謝意を表したい。

なお、本書は、文部科学省科学研究費（二〇〇七—二〇一〇年度、基盤研究（C）課題番号一九五三〇〇一一）による研究成果の一部である。

二〇一一年一〇月

笹倉秀夫

人名索引

ア　行

アーレント（Hannah Arendt, 1906-75）　119
アイヒマン（Adolf Otto Eichmann, 1906-62）　119
アウグスティヌス（Aurelius Augustinus, 354-430）　4
アガトクレス（Agathokles, BC361-289）　48, 58, 137f.
アガンベン（Giorgio Agamben）　329
アクィナス（Thomas Aquinas, 1225 頃-74）　71
足利尊氏（1305-58）　118
厚見恵一郎　322
アナクサゴラース（Anaxagoras, BC500-428）　140
アリストテレス（Aristoteles, BC384-322）　12, 71, 162, 221, 241ff., 247ff.
アルチュセール（Louis Althusser, 1918-90）　327
アレクサンドロス大王（Aleksandros III, BC356-323）　96f., 106, 146
アントニウス（Marcus Antonius, BC83-30）　103
イェーリング（Rudolf von Jhering, 1818-92）　272, 312, 347f.
イエス（Jesus，BC4頃-AD30頃）　167ff., 180ff., 186ff.
イソクラテス（Isocrates, BC436-338）　2
イルティンク（K.-H. Ilting）　163, 343
ヴィルヘルム1世（Friedrich Wilhelm Carl, 1781-1864）　236
ヴィローリ（Maurizio Viroli）　321, 350, 369f.
ヴェーバー（Max Weber, 1864-1920）　1-19, 263-316
ウェゲティウス（Flavius Renatus Vegetius, 383-450）　146ff.
ウォーリン（Sheldon S. Wolin）　332
ウッド（Neal Wood）　108f., 369
エールリヒ（Eugen Ehrlich, 1862-1922）　312
エストライヒ（Gerhard Oestreich, 1910-78）　325
オクタヴィアヌス（Gaius Julius Caesar Octavianus Augustus, BC63-AD14）　100

カ　行

カエサル（Gaius Julius Caesar, BC100-44）　46, 97, 103, 138f.
カシラー（Ernst Cassirer, 1874-1945）　324
カストルッチオ（Castruccio Castracani）　90ff., 130f.
カミルス（Marcus Furius Camillus, BC446-365）　145, 327, 340
カラヴァッジョ（Michelangelo Merisi da Caravaggio, 1573-1610）　323
カント（Immanuel Kant, 1724-1804）　29, 94, 162ff., 166ff., 180ff., 191, 202ff., 240ff., 247ff., 255-259, 346ff. 352
カントロヴィッツ（Hermann Kantorowicz, 1877-1940）　312
韓非子（BC280 頃-233）　317
キケロ（Marcus Tullius Cicero, BC106-43）　13, 26, 107f., 331
キュロス2世（Kyros II, BC600 頃-529）　31, 122, 124ff., 130, 137
グァルティエーロ＝アテネ公（Gaulterio de Candia, VI Comte de Brienne, 1304-56）　111
陸羯南（1857-1907）　6f.
クセノフィロス（Xenophilos the Chalkidian, BC4）　35, 208
クセノフォン（Xenophon, BC430 頃-354）　2, 26, 51, 122ff., 337ff.
クニース（Karl Gustav Adolf Knies, 1821-98）　354
グラックス兄弟（Tiberius Sempronius Grac-

chus, BC163 頃-133; Gaius Sempronius Gracchus, BC154-121) 46
ゲルマニクス，カエサル（Germanicus Julius Caesar, BC15-AD19） 141
コジモ，デ＝メディチ（Cosimo de' Medici, 1389-1464） 55, 113f.
今野元 354, 362, 369

サ 行

サヴォナローラ（Girolamo Savonarola, 1452-98） 323
相良亨 333, 338
佐々木毅 27ff., 45f., 99, 324f., 331
佐々木道誉（1296-1373） 118
雀部幸隆 355, 358
ジーキン（John H. Geerken） 323, 335
シージェル（Jerrold E. Seigel） 328
シェリング（Friedrich Wilhelm Joseph von Schelling, 1775-1854） 193ff., 220ff., 231, 258
ジェルミノ（Dante Germino） 329
ジオバンニ，デ＝メディチ（Giovanni de' Medici, 1360-1429） 112
下村寅太郎（1902-95） 117
シャフツベリー（Anthony Ashley Cooper, 3rd Earl of Shaftesbury, 1671-1713） 170
シャボー（Federico Chabod） 318, 223
シュタイン（Heinrich Friedrich Karl vom Stein, 1757-1831） 15
シュトラウス（Leo Strauss, 1899-1973） 24, 28
シュミット（Carl Schmitt, 1888-1985） 2, 5, 67, 317, 329f., 361
荀子（BC313 頃-238 頃） 76, 317
ジョヴァンパゴロ（Giovampagolo Baglioni） 39
ジョン，ソールズベリーの（John of Salisbury, 1115 頃-80） 4, 132
シラー（Johann Christoph Friedrich von Schiller, 1759-1805） 171f., 180, 346ff.
ジルバート（Felix Gilbert） 322, 335f.
スキナー（Quentin Skinner, 1940-） 24f., 158, 322ff., 328, 332
スキピオ，アフリカーヌス（Publius Cornelius Scipio Africanus Major, BC236-183 頃） 51, 62, 97f., 105, 125, 130f., 138, 141, 144, 329
スミス（Adam Smith, 1723-90） 199, 214ff., 225, 247f., 255f., 353f.
セネカ（Lucius Annaeus Seneca, BC1 頃-65） 79
ソクラテス（Socrates, BC469 頃-399） 129f.
ソデリーニ（Piero Soderini, 1450-1522） 68, 76, 82, 120
ソロン（Solon, BC639 頃-559 頃） 235
ゾンバルト（Werner Sombart, 1863-1941） 118, 325

タ 行

ダ＝ヴィンチ（Leonardo da Vinci, 1452-1519） 323
太宰春台（1680-1747） 327
塚田富治 327, 332
ティツィアーノ（Tiziano Vecellio, 1488 頃-1576） 323
ディルタイ（Wilhelm Christian Ludwig Dilthey, 1833-1911） 163, 182, 184f.
デカルト（René Descartes, 1596-1650） 29
テセウス（Theseus） 226
テンニエス（Ferdinand Tönnies, 1855-1936） 307
トックヴィル（Alexis-Charles-Henri Clérel de Tocqueville, 1805-59） 217, 239f., 302ff., 309

ナ 行

ナウマン（Friedrich Naumann, 1860-1919） 287, 312
永積安明 118
中埜肇 161
ナポレオン（Napoléon Bonaparte, 1769-1821） 220, 226
ニーチェ（Friedrich Wilhelm Nietzsche, 1844-1900） 174, 281, 356ff.

ハ 行

パーソンズ（Talcott Parsons, 1902-79） 363
パウルス，アエミリウス（Lucius Aemilius

Paullus Macedonicus, BC229-160)　79
林道義　264, 353, 362
ハリントン（James Harrington, 1611-77）　5
パレット（Peter Paret）　334
バロン（Hans Baron, 1900-88）　25ff.
ハンニバル（Hannibal Barca, BC247-183）　57f., 62, 85, 140, 146
ビーサム（David Beetham）　359f.
ビスマルク（Otto Eduard Leopold von Bismarck-Schönhausen, 1815-98）　15, 268ff., 274, 281ff.
平野啓一郎　337
ファブリキウス（Gaius Fabricius Luscinus, BC3 世紀）　145
フィヒテ（Johann Gottlieb Fichte, 1762-1814）　14, 172, 191, 202ff., 321, 346
フェダー（Johann Georg Heinrich Feder, 1740-1821）　171, 349
深井智朗　363
福沢諭吉（1835-1901）　6f., 318f.
プラトン（Platon, BC427-347）　193ff., 197ff., 207, 221ff., 247ff., 348
フラナガン（Thomas Flanagan）　330
プラムナッツ（John Plamenatz）　325
フリードリヒ1世（Friedrich I. Wilhelm Karl von Württemberg, 1754-1816. 1797-1806: Friedrich II. Herzog. 1806-16: Friedrich I. der erste König von Württemberg.）　236ff.
プルタルコス（Plutarchus, 46/48 頃-127 頃）　79, 106, 139f.
ブルンナー（Otto Brunner）　331
フロンティヌス（Sextus Julius Frontinus, 40 頃-103）　134ff.
ヘーゲル（Georg Wilhelm Friedrich Hegel, 1770-1831）　1-19, 161-260, 263f., 317, 352
ヘーフェ（Otfried Hoeffe）　331
ペリクレース（Perikles, BC495 頃-429）　10f., 139f.
ヘルダー（Johann Gottfried von Herder, 1744-1803）　321
ヘロドトス（Herodotos, BC485 頃-420 頃）　10
ヘンニス（Wilhelm Hennis）　363, 369
ポーコック（J. G. A. Pocock, 1924-）　24f., 101, 322
ボール（Terrece Ball）　334
星野修　354f.
ボダン（Jean Bodin, 1530-96）　5
ボッティチェリ（Sandro Botticelli, 1445-1510）　323
ホッブズ（Thomas Hobbes, 1588-1679）　29, 32, 352
ポムペイウス（Gnaeus Pompeius Magnus, BC106-48）　46
ホメロス（Homeros, BC8 世紀末）　11
ポリュヴィオス（Polybios, ca. 203-120 BC）　326
ボルジア（Cesare Borgia, 1475-1507）　50f., 105

マ　行

マキァヴェッリ（Niccolò Machiavelli, 1469-1527）　1-19, 23-158, 212, 227, 256, 263, 288, 355
マラテスタ（Sigismondo Malatesta, 1417-68）　117f.
マルシリウス，パドヴァの（Marsilio da Padova, 1275 頃-1342）　4
丸山眞男（1914-96）　6ff., 70, 318ff., 330, 340, 367
マンリウス（Titus Manlius Torquatus, BC3 世紀）　62, 123
ミケランジェロ（Michelangelo di Lodovico Buonarroti Simoni, 1475-1564）　38, 323, 355
ミッツマン（Arthur Mitzman, 1931-）　309
ミル（John Stuart Mill, 1806-73）　304ff.
メッテルニヒ（Klemens Wenzel Lothar Nepomuk von Metternich-Winneburg zu Beilstein, 1773-1859）　236
モムゼン（Wolfgang Justin Mommsen, 1930-2004）　264, 269f., 290, 311, 314f., 359f.
モンテーニュ（Michel Eyquem de Montaigne, 1533-92）　5, 117, 327
モンテスキュー（Charles-Louis de Montesquieu, 1689-1755）　13, 216, 248, 317, 347, 350, 360

ヤ・ラ 行

安武真隆 350
山之内靖 356f., 361
ラエルティオス（Diogenes Laertios, 3 世紀） 35, 90
リーデル（Manfred Riedel, 1936-2009） 241, 344, 367
リウィウス（Titus Livius, BC59-AD17） 13, 26
リター（Joahim Ritter, 1903-74） 162
リプシウス（Iustus Lipsius, 1547-1606） 34, 77, 132
リューサンドロス（Lysandros, ?-BC395） 107f.
リュクルゴス（Lycurgus） 235
ルーデンドルフ（Erich Friedrich Wilhelm Ludendorff, 1865-1937） 359
ルカーチ（György Lukács, 1885-1971） 164, 184f., 269
ルソー（Jean-Jacques Rousseau, 1712-78） 166ff., 222, 345, 347
ローゼンクランツ（Johann Karl Friedrich Rosenkranz, 1805-79） 353
ローゼンツヴァイク（Franz Rosenzweig, 1886-1929） 347
ロック（John Locke, 1632-1704） 352
ロベスピエール（Maximilien Robespierre, 1758-94） 226
ロムルス（Romulus） 58
ロレンツォ，デ＝メディチ（Lorenzo de' Medici, 1449-92） 55, 114ff.

ワ 行

ワーグナー（Adolf Heinrich Gotthilf Wagner, 1835-1917） 312f.
渡辺浩 319
ワレリウス（Publius Valerius Publicola, ?-BC503） 62, 123

事項索引

タ　行

著者略歴

1947 年　兵庫県に生まれる
1970 年　東京大学法学部卒業
現　在　早稲田大学法学学術院教授

主要著書

『近代ドイツの国家と法学』1979 年，東京大学出版会
『丸山真男論ノート』1988 年，みすず書房
『法の歴史と思想』（共著）1995 年，放送大学教育振興会
『法哲学講義』2002 年，東京大学出版会
『丸山眞男の思想世界』2003 年，みすず書房
『法思想史講義　上・下』2007 年，東京大学出版会
『法解釈講義』2009 年，東京大学出版会

政治の覚醒
マキァヴェッリ・ヘーゲル・ヴェーバー

2012 年 1 月 17 日　初　版

［検印廃止］

著　者　笹《ささ》倉《くら》秀《ひで》夫《お》

発行所　財団法人　東京大学出版会
代 表 者　渡辺　浩
113-8654 東京都文京区本郷 7-3-1 東大構内
電話 03-3811-8814　Fax 03-3812-6958
振替 00160-6-59964

印刷所　株式会社三陽社
製本所　誠製本株式会社

ISBN 978-4-13-030154-1　Printed in Japan

笹倉秀夫　法解釈講義　A5　三六〇〇円
笹倉秀夫　法思想史講義 上・下　A5　上・三六〇〇円 下・三八〇〇円
笹倉秀夫　法哲学講義　A5　四二〇〇円
今野 元　マックス・ヴェーバー　A5　九五〇〇円
加藤 節　近代政治哲学と宗教　A5　五八〇〇円
福田歓一　政治学史　A5　五〇〇〇円
佐々木毅　政治学講義　A5　二八〇〇円

ここに表示された価格は本体価格です．御購入の際には消費税が加算されますので御了承下さい．